2024’汤显祖国际戏剧交流月开启动仪式（杨建辉摄）

2024’中国（抚州）汤显祖学术研讨会合影（杨建辉摄）

2024’汤显祖国际戏剧交流月开幕式上，江西省委常委、宣传部部长卢小青致辞（杨建辉摄）

2024’汤显祖国际戏剧交流月开幕式上，全国对外友协副会长袁敏道致辞（杨建辉摄）

2024’汤显祖学术研讨会上，时任抚州市委书记魏晓奎致辞（杨建辉摄）

2024’汤显祖学术研讨会上，抚州市委常委、宣传部部长廖晓勇主持

中国梅兰芳文化艺术研究会会长刘祯在学术研讨会开幕式上致辞（杨建辉摄）

中国社科院文学研究所纪委书记、副所长饶望京在学术研讨会开幕式上致辞（杨建辉摄）

中国戏曲学会汤显祖研究分会会长周育德作主旨报告（杨建辉摄）

中国民间文艺家协会香港分会主席郑培凯作主旨报告（杨建辉摄）

中国古代戏曲学会会长、上海戏剧学院教授叶长海作主旨报告（杨建辉摄）

中国莎士比亚研究会会长黄必康教授作大会发言

上海艺术研究中心周锡山研究员作大会发言

东华理工大学黄振林教授作大会发言

中国传媒大学施旭升教授作大会发言

东华理工大学文法学院院长徐国华教授作大会发言

中国社会科学院文学研究所李建军研究员作大会发言

深圳大学人文学院在读博士生杨桐作大会发言

抚州汤显祖国际研究中心主任吴凤雏主持学术研讨会闭幕式

闽江学院人文学院邹自振教授作大会小结

东华理工大学师范学院副院长刘文辉教授介绍第一组讨论情况

东华理工大学黄建荣教授介绍第二组讨论情况

江西艺术研究院原院长苏子裕研究员介绍第三组讨论情况

抚州汤显祖国际研究中心副主任、秘书长陈伟铭在闭幕式上通报汤学联盟成立情况

汤显祖学术文化联盟成立大会与会人员合影

2024’汤显祖学术研讨会主会场

汤显祖学术文化联盟成立大会现场

第一组讨论现场

第二组讨论现场

第三组讨论现场

中国戏剧家协会主席、国家一级演员濮存昕在 2024’汤显祖国际戏剧交流月开幕式上演出（杨建辉摄）

2024’汤显祖国际戏剧交流月开幕式上演出照（杨建辉摄）

湯顯祖學刊

郭漢城題

第十二、十三辑合刊

二〇二四年

抚州汤显祖国际研究中心 编

商務印書館
创于1897 The Commercial Press

图书在版编目(CIP)数据

汤显祖学刊．第十二、十三辑合刊 / 抚州汤显祖国际研究中心编．-- 北京 ：商务印书馆，2025．-- ISBN 978-7-100-25280-5

Ⅰ．I207.37-55

中国国家版本馆 CIP 数据核字第 2025T8Z619 号

汤显祖学刊(第十二、十三辑合刊)

抚州汤显祖国际研究中心 编

商 务 印 书 馆 出 版

（北京王府井大街36号 邮政编码100710）

商 务 印 书 馆 发 行

山东临沂新华印刷物流集团有限责任公司印刷

ISBN 978-7-100-25280-5

2025 年 8 月第 1 版　　开本 640×960　1/16

2025 年 8 月第 1 次印刷　印张 28¼　插页 8

定价：138.00 元

目　录

临川汤公

汤显祖与邹元标交谊述略

罗伽禄

汤显祖一生交友甚多，不仅有文学家，还有思想家，也有师友、乡友、僧人、伶人等，而邹元标便是其中之一。邹元标以理学著称，他与汤显祖一样从学于罗汝芳，为罗汝芳的重要门人。他们俩交往密切，本文就此略事梳理，以求教于方家。

一、邹元标其人

邹元标（1551—1624），字尔瞻，号南皋，江西吉水人。九岁时，便能通晓五经，后从泰和胡直学，有志于学问。胡直是嘉靖年间的进士，官至福建按察使，师事欧阳德、罗洪先，得王阳明之传，与罗汝芳交往尤密。万历五年（1577），邹元标中进士，观政刑部。九月十三日张居正父亲去世，按礼，张居正必须回家"丁忧守制"三年，但张居正不愿停下正在手上进行的改革，希望万历皇帝以工作需要而缩短或取消他的"丁忧"。这有违礼制，受到许多大臣的反对。十月十八日至二十日，有吴中行、赵用贤、艾穆、沈思孝等大臣上疏反对夺情。而二十四日，邹元标不仅不惧怕酷刑，甚至认为他们的上疏还不够尖锐，于是他又写好奏疏。他在疏里言辞恳切，直接指出张居正并不是陛下所言有利社稷的人，此人"才虽可为，学术则偏；志虽欲为，自用太甚"，由是造成"进贤未广"，还有诸多问题，如"断刑太滥""言路未通""民隐未周"。如果说他夺情不归，使陛下圣学终成，圣志终定，是"宗社无疆之福"，而反过来看，"弼成圣学，辅翼圣志者，未可谓在廷无人也。且幸而居正丁艰，犹可挽留；脱不幸遂捐馆舍，陛下之学将终不成，志将终不定耶？”①邹元标还进一步指出，张居正并非“非常人”，不奔丧是有违纲常的。他说：“臣观居正疏言‘世有非常之人，然后办非常之事’，若以奔丧为常事而不屑为者。不知人惟尽此五常之道，然后谓之人。今有人于此，亲生而不顾，亲死而不奔，犹自号于世曰我非常人也，世不以为丧心，则以为禽彘，可谓之非常人哉？”②他在现场看到吴中行等人受杖刑，待杖毕，即取出怀里的奏章交给中官，并说：“此乞假疏也。”然这并非乞假疏，而是弹劾张居正的奏疏。张居正读到邹元标的奏章后大怒，在朝廷之上杖打了他八十棍，贬谪他戍守贵州都匀卫。都匀卫在万山之中，十分艰苦，而邹元标处之安然，他正好借机研究心性之学，学业大有长进。六年后，张居正去世。他被召回，授吏科给事中。不久，他又弹劾了礼部尚书徐学谟、南京户部尚书张士佩。万历十一年（1583），慈宁宫火灾，邹元标又向万历皇帝陈述时政六事，他说：“臣曩进无欲之训，陛下试自省，果无欲耶，寡欲耶？语云：‘欲人勿闻，莫若勿为。’陛下诚宜翻然自省，加意培养。”③万历帝认为邹元标是在讽刺自己，十分愤怒，降旨斥责。邹元标是首辅申时行的门生，邹元标却弹劾了申时行的姻亲徐学谟，因而申时行心怀憎恨，把邹元标贬为南京刑部照磨。由于得罪权贵，谪居南京三年后，称病告退还乡。数年之后，邹元标被召任刑部郎中，但未赴任。不久母亲去世，回家居丧。后在家乡仁文书院，聚徒讲学达三十年。明光宗时起为大理卿，升刑部右侍郎，转左都御史。邹元标为“东林”首领之一，与赵南星、顾宪成号为“三君”。天启二年（1622），建首善书院，与副都御史冯从吾讲学，为魏忠贤所忌，被迫辞官归里。卒后追削为民，夺去诰命。至思宗继位，赠太子太保，谥号忠介。著有《愿学集》《太平山居疏稿》《日新编》《仁文会语》《易谷通》《礼记正义》《语录合编》等。

邹元标从政名声很大，以至于掩盖了他学术思想的造诣。但在辞

---

①②③ 万斯同：《明史》之《邹元标》卷三百四十七，清钞本。

官归里后，他办书院从事讲学，宣传自己的思想，名声也大震，从学者数以百计。邹元标师胡直是阳明学派人物，但邹元标小时候对于阳明学并不甚了解，他在《何善山先生文录序》里说："盖良知之说，余幼而闻之，长而不能竟其义。"①邹元标对自己的从学经历做了回顾，小时候不爱阳明，也不明其义，却爱读薛瑄的《读书录》。而对于阳明学有悟是到贵州任职后，王阳明当年正是在贵州悟道。他在《重修阳明先生祠记》对于自己的心学之路回顾说：

> 忆余幼从乡先生游，言必曰先生。心窃疑之，而实嗜文清所为《读书录》也者，故日必有录，然于先生学未尝置念也。及戍贵州，留心格物之学，语人人殊，独于先生致良知事事物物之间，格其不正以归于正之语有入。因叹曰：往儒博物理于外，先生约物理于内。夫博约不同趋，内外不相谋已久。约而反求诸身者，端本之学也。然盘桓日久，知与事相持，正与不正相敌。因读先生"戒慎恐惧"语曰："戒慎恐惧是功夫，不睹不闻是本体。"又曰："不睹不闻是功夫，戒慎恐惧是本体。"曰："合得本体是功夫，做得功夫是本体。"恍然曰："功夫即本体，本体即功夫。离本体而言功夫者，是妄凿垣墙而殖蓬蒿也。"然心虽自信，而于所谓本体者，若犹有端倪可即，于心未有当也。年华浸盛，至道无闻，每一念及，潸然泪落，遂时时反观自讼。一旦有契于先生所谓"无善无恶心之体"者，遂跃如曰：先生盖已上达天德，非肤儒所能窥测。然元标从事先生之学盖三变矣。②

由此也可以看到，邹元标对于阳明学的"致良知""戒慎恐惧"等此时是有了体悟，也正如他的同乡刘元卿所言"收王氏龙场之益"。此后，他又师从罗汝芳等人，受益良多，思想日渐丰富而深刻。"识心体"

---

① 邹元标：《愿学集》卷四，清文渊阁四库全书本。
② 邹元标：《愿学集》卷八，清文渊阁四库全书本。

“识仁”就是其中的一个重要方面。清初黄宗羲在《明儒学案·忠介邹南皋先生元标》里做了归纳，黄宗羲说：“先生之学，以识心体为入手，以行恕于人伦事物之间、与愚夫愚妇同体为功夫，以不起意、空空为极致。离达道，无所谓大本；离和，无所谓中。故先生禅学，亦所不讳。求见本体，即是佛氏之本来面目也。其所谓恕，亦非孔门之恕，乃佛氏之事事无碍也。佛氏之作用是性，则离达道无大本之谓矣。然先生即摧刚为柔，融严毅方正之气，而与世推移，其一规一矩，必合当然之天则，而介然有所不可者，仍是儒家本色，不从佛氏来也。”①对于“识仁”，邹元标认为心即仁，两者有着密切关系，可以合一。《南皋邹先生讲义合编》下卷载：“问：‘仁以存心，是将仁存心否？’先生曰：‘将仁存心，心愈不仁矣。将礼存心，心愈不散矣。仁，人心也。即心即仁，即仁即礼，是凑泊得的。’”而在《愿学集》中的《识仁编序》又说：“夫仁者何？即人心也。识仁者即识人之真心也。是心也，古今圣愚人人本具。而必识者何？盖赤子之时见父而爱，见兄而敬，无作恶、无作好，和之至也，顺之极也。识萌而情动，情动而欲炽，递相牵引而真心亡矣。故先儒立教欲人识其真心。”②《识仁编》是同门杨起元为老师编辑的语录集，邹元标为老师的集写了序，在序中总结了老师“识仁”思想。

从上面两段话可知，在邹元标看来，心即仁，仁即心。心是古今圣愚人人本具，仁是人心的本质属性，因而识仁即是识真心，外心无仁。这些论述与老师罗汝芳有相承关系。

二、罗汝芳：汤显祖与邹元标交谊的媒介

邹元标与汤显祖同是罗汝芳的门人。汤显祖入罗门在先，邹元标在后。邹元标生于嘉靖三十年（1551），比老师罗汝芳小了 36 岁。汤

① 黄宗羲：《明儒学案》卷十六，乾隆四年郑氏补刊本。

② 邹元标：《愿学集》卷八，清文渊阁四库全书本。

显祖生于嘉靖二十九年(1550),比邹元标长1岁。

汤显祖在《秀才说》一文中说:“十三岁时从明德罗先生游。”①自此汤显祖就学于罗汝芳之门,汤家与罗汝芳一直保持较好关系,罗汝芳在汤承塘生日时还写有《寿汤承塘序》相赠,希望“敬献祝寿堂,质诸桥梓”。

“丙寅,建前峰书屋于从姑山,四方来学者日益众。”②丙寅即嘉靖四十五年(1566),此时罗汝芳在家居父丧,其父罗锦在上一年去世,他自宁国知府任上回家守制。这期间,罗汝芳主要在南城从姑山收徒授业与接受来访者,探讨学问。正是在这个时候,汤显祖来到南城从姑山求教于罗汝芳。左副都御史易应昌在崇祯十七年(1644)所撰的《敕封太常寺博士承塘汤先生元配吴太恭人合葬墓志铭》中说:“(汤显祖)年十三补弟子员,携谒徐公。公一见奇之,授《左》《史》《文选》《八大家文》,而若士愈开博雅一路矣。翁复闻近溪罗先生为世大儒,适讲学盱江,遣若士负笈谐建武听明德之旨。夫丱角而能文,弱冠而闻道。”③而此时从学于罗汝芳的临川人还有姜鸿绪、杜应奎,安徽的沈懋学,等等。沈懋学(1539—1582)字君典,号少林,安徽宣城人。沈懋学在家时已与梅禹金(鼎祚)师从罗汝芳学习,罗汝芳丁忧回家,沈懋学随他到南城,上从姑山学习。罗汝芳为他写有《戏赠沈君典》诗:“神功三谷口,玉冷天柱头。酌君须尽醉,能使百年愁。”④神功泉在从姑山西面的麻姑山上,三谷在麻姑山北,而玉冷泉、天柱峰均在从姑山上。少年时,汤显祖更多的时间是跟随徐良傅学习古文,徐良傅在嘉靖四十四年(1565)去世,汤显祖时年16岁。次年,汤显祖即赴南城从姑山再从罗汝芳学习。

也正是这样,汤显祖后来访宣城,与长于他11岁的沈懋学交往甚

① 本文所引汤显祖诗文均引自徐朔方笺校:《汤显祖诗文集》,上海古籍出版社,1982年。

② 曹胤儒:《盱坛直诠》下卷,台湾广文书局,1996年,第236页。

③ 毛效同:《汤显祖研究资料汇编》,上海古籍出版社,1986年,第124页。

④ 方祖猷等整理:《罗汝芳集》,凤凰出版社,2007年,第802页。

密。万历四年(1576)春天,汤显祖来到宣城,受到了沈懋学的热情接待,与梅鼎祚陪同汤显祖游览。汤显祖写下了《同宣城沈二君典表背衚衕宿,忆敬亭山水开元寺题诗,君典好言边事》诗,对于他们间的交往做了简要回顾。他们两人同应试,寓居北京。汤显祖落第,沈懋学对汤显祖表示安慰,写了一首《京中访汤义仍就宿》诗:"自尔龙溪别,南州榻已悬。倾心重此日,镜发是吾年。怪事成诗圣,闲情托酒禅。独怜千里骏,拳曲在幽燕。"①汤显祖离京时也写下长诗《别沈君典》,先是回忆在宣城的美好交游,后是表达了自己悲戚的心情:"昨日辞朝心苦悲,壮年不得与明时。处处抚情待知己,可似南箕北斗为。"②次年,沈懋学亦告假归宣城,时在临川的汤显祖也写诗相寄,如《寄宣城沈君典》《再寄君典》。

汤显祖认为老师罗汝芳"时在心眼中",时时不忘老师的教诲,与沈懋学同年进士还有罗汝芳的另三位弟子杨起元、詹事讲和邹元标。至于汤显祖在从姑山是怎么学习的,罗汝芳在从姑山是怎么讲学的,尚未见文献明确记录。但从后来汤显祖的回忆中可知,罗汝芳的教学方法是活泼多样的,让汤显祖受益匪浅。他在为邹元标《太平山房集选序》中说:"盖予童子时,从明德夫子游。或穆然而咨嗟,或熏然而与言,或歌诗,或鼓琴,予天机泠如也。后乃畔去,为激发推荡歌舞诵数自娱。积数十年,中庸绝而天机死。"③从中可以看出罗汝芳以歌诗、鼓琴、静默、兴叹及交谈等方式进行启发性教育和引导,气氛活跃,在轻松愉悦中让弟子接受教育,达到因材施教的目的。

正是罗汝芳的教学方法得当,弟子的学习方法得当,因而学习进步快,学而有得。日后诸多弟子皆成大材,汤显祖也是如此。汤显祖到从姑山读书后,罗汝芳以诗《汤义仍读书从姑赋赠》相送,诗云:"君寄洞天里,飘飘意欲仙。吟成三百首,吸尽玉泠泉。"④当汤显祖学成

---

① 沈懋学:《郊居遗稿》卷一,清文渊阁四库全书本。

② 汤显祖著,徐朔方笺校:《汤显祖集全编》,上海古籍出版社,2016 年,第 147 页。

③ 汤显祖著,徐朔方笺校:《汤显祖集全编》,第 1479 页。

④ 方祖猷等整理:《罗汝芳集》,第 807 页。

离别时，罗汝芳又以《玉冷泉上别汤义仍》相送，诗云："之子来玉冷，日饮冷中玉。回首别春风，歌赠玉冷曲。"[①]足以看出罗汝芳对这位弟子的器重与厚爱。汤显祖也没有忘记这位老师，时常怀念他。在先生去世三年后的重阳日，他赴徐闻任，过南城，上从姑山祭奠老师，并作《入粤过别从姑诸友》诗，一路到罗浮，又写下了《罗浮夜语忆明德师》诗。万历二十七年(1599)正月，与达观禅师、临川知县吴用，踏雪上从姑山祭祀先生，写有《己亥春送达公访白云石门，过盱吊明德夫子二首》，达观写有《游飞鳌峰蛋近溪先生》。在《李超元问剑集序》中汤显祖说："吾师明德夫子而友达观。"[②]日后，汤显祖与同学姜鸿绪、吴仁庆共同编印了《近溪先生语录》，还为老师的《明德先生诗集》写序。

邹元标于明万历五年(1577)中进士，此年罗汝芳入京贺万历皇帝寿，邹元标值此机会得以师事罗汝芳。后来邹元标说："丁丑近溪先生入贺。予辈会于寺中，时大众中，先生闻东溟兄言即叩首曰：'我兄说的是。'予尝想此老一叩首，平素傲心习气一时消尽。此等受益，吾旁窥者知之，毕竟此老学得力。"[③]东溟即管志道(1537—1608)，字登之，东溟为其号，苏州太仓人，受业于耿定向。考试结束后，邹元标经人介绍认识了罗汝芳，而拜罗汝芳为师，从他学习一月有余。邹元标曾回忆说："盖自予接近溪罗先生，则庶几虚而忘我矣。先生丁丑入贺，侍先生左右月余。承先生教旨，不能有所入，迄今二十年事，先生已为古人，始知先生坐我春风中不觉，于是悔且恨，恨不得先生起九原而请质之。"[④]邹元标对于当时学习情况也有回忆，他在《识仁编序》里说：

> 忆丁丑岁，先生入贺至都，予侍先生榻月余。夜半请益。先生曰："子骑乎？"余曰："然。""登高何居？"予曰："执辔身仰而前。"

① 方祖猷等整理：《罗汝芳集》，第 803 页。

② 汤显祖著，徐朔方笺校：《汤显祖集全编》，第 1495 页。

③ 李材、邹元标著，郭诺明校注：《李材四书学著作四种　南皋邹先生语义会编》，江西教育出版社，2021 年，第 232 页。

④ 邹元标：《愿学集》卷六，清文渊阁四库全书本。

> “下坂何若？”予曰：“执辔身俯而后。”先生大叫曰：“公他日无忘我！”予不省。先生行，乃草书呈先生曰：“学有宗旨，有功夫，有入门，有结果，先生卒详教我。”先生折简曰：孔门之学，求仁为宗。求仁莫先于恕。自名乎仁也。曰：“己欲立而立人，己欲达而达人。”自名乎恕也。曰：“己所不欲，勿施于人。老吾老，以及人之老；长吾长，以及人之长；幼吾幼，以及人之幼。天下可运之掌。”以言其体，则不虑而知，不学而能。体此于己，学而不厌；推此于人，教而弗倦。本体即功夫，功夫即本体。入门处即结果，结果处即入门，功夫宗旨可一言而尽也。余领之。迨回至今，始知先生所以醒予者甚且切。惜当时资愚质钝，未能直领无疑。方欲请质先生，而先生已为古人。①

罗汝芳问邹元标会不会骑马，邹元标说会骑马，他们就从骑马说开去了。罗汝芳以骑马登高和下坂时之自然仰俯来说明求仁，这是一个顺适自然的过程。这也可见罗汝芳开导弟子时善于用日常生活中的事例来解读高深的思想内容，从另一方面看，也是日用即是道。这近似偈语的话，邹元标不甚明白，在罗汝芳临行前，邹元标书面讨教。他写一行字给罗汝芳，这行字是这么写的：“学有宗旨，有功夫，有入门，有结果，先生卒详教我。”罗汝芳看了纸条后，给他做了进一步的解释，经这一解释，邹元标把问题弄清楚了。由此后来邹元标也领悟到了“功夫”和“本体”的问题，心中释然。之后，他们之间还有书信往来，探讨学问，邹元标曾写信向罗汝芳请教。他说：“不肖年来亦渐有路，妄谓此学一得即得，不得即终身不得。夫所谓即得者非影响袭取，先儒所谓用力之久而一旦豁然贯通之谓也。吾学贯通直是与天地同流，廓然无涯，更复何物可以易？此先生以为然否？望裁教之。”②但在现行的资料中没有见到罗汝芳就此问题的回答。

万历九年（1581），邹元标举荐罗汝芳为理学名臣，他在举荐辞里

---

①② 邹元标：《愿学集》卷八，清文渊阁四库全书本。

这么说："性资超脱，行谊高贞。惟道是慕，富贵功名不入其心。逢人必诲，贵贱贤否不知其类。"①罗汝芳去世后，杨起元所编辑的罗汝芳论学语录，定名《识仁编》，刊刻印行时，邹元标为之撰序。他说："识仁则生，生则恶可已，而何事之与有？同志诸君子刻是编，铨司属予引其端，余敬序之，并述先生之所以训我者引于首，盖与是编相发明，且志余负先生之教也。"②可惜此书已散佚。杨起元还从罗汝芳语录中选编了《仁孝训》，邹元标又为之序《仁孝训全书序》，序中说："盱江近溪先生赤心为道，绝无他念。其尊信新建良知白首不移。顾世之谈良知者，或索之隐微杳冥，先生揭仁孝之旨，本赤子不学不虑之真，即美大圣神之基，令人易知易从，可久可大，事业亦不越此。"③

在邹元标的心里，罗汝芳学术精深，不是一般学人可比拟的。他曾说："元标反复窥先生于微，真令人心折神悚，非后世剽谈者可比拟。"在为师写的《墓碣》里赞誉说："神隐而费，力弘而毅。呼吸万类，胎育元气。早竭心思，晚顺天成。何思何虑，斯道典刑。其心孔仁，其仁以身。周流海宇，物我皆春。"罗汝芳对于邹元标这位弟子在后期的表现也非常满意，称邹元标"肩任纲常，主盟道脉，且言出由衷，冲融恳切，见者欣动而不容已"④。

在罗汝芳弟子中，邹元标是一位重要人物。他得到了自己的同年进士、同门杨起元的推崇。在万历八年(1580)，邹元标与杨起元"联榻数宵。公两过文江，聚讲龙华者，亦不数日。然两人脉脉心期，亦如先生之与盱江期在无言之表者"⑤。杨起元还曾说："任师成人材，可谓大勇，力振古道于今日者也。"杨起元为广东归善(今惠州市)人，也是中进士那年在京城通过罗汝芳的外甥、门人黎文塘认识了罗汝芳，并师从于他，视若圣人，推崇备至。邹元标对罗汝芳的另一位弟子焦竑也是敬重的。焦竑字弱侯，号澹园，山东日照人，生于南京，比邹元标

---

①②③ 邹元标：《邹忠介公奏疏》卷之一，明崇祯十四年林铨刻本。

④ 方祖猷等整理：《罗汝芳集》，第671页。

⑤ 焦竑：《国朝献征录》卷八，明万历四十四年，徐象枟曼山馆刻本。

大了10岁,中进士时间也晚了12年,是万历十七年(1589)的状元。焦竑"讲学以罗汝芳为宗"。邹元标称赞焦竑:"与之处,如游琼林武库,探之无尽藏也。"钦佩他的知识渊博与才华。又说:"嗣是罗盱江起,学者闻其说始奋然。各各自信,然未有我友弱侯先生之超然独诣者。"①由此,也可见邹元标在罗汝芳弟子圈里,与多人有较好的交谊。

三、汤显祖与邹元标的交谊

汤显祖与邹元标相识于万历十一年(癸未,1583),这一年汤显祖中进士。他们俩的交往在邹元标的《汤义谪尉朝阳序》有提及。邹元标先是听闻汤显祖虽是才士,但未能举进士,不易交往,引起了邹元标的好奇,于是前去探访,不料受到汤显祖礼待,随后而成好友,"班荆联榻","立谈间抉肝洞肠","日夕与之探奇订讹"。他们在京城,交往一日密于一日。邹元标在万历十七年(1589)所写的《汤义谪尉朝阳序》里说:"义故一代才士,陆沉孝廉,癸未始登进士。余在掖垣,欲识其人。会谮议者曰:'是狂奴,不可近。'余心疑而过之。义从榻上起,摄敝衣冠,礼我。立谈间抉肝洞肠,余心喜。余未几调南,义选太常博士。义日无事,独垂帘探古图书,谢绝宾客。间启扃与余往来,余日夕与之探奇订讹,似不可以一时士方之。"②

同年八月,邹元标自贵州都匀卫迁吏科给事中,又因弹劾徐学谟、慈宁宫火灾上时政六事,遂谪南京刑部照磨。汤显祖写信给首辅申时行之子申用懋,希望申用懋能为邹元标求情,在《与申敬中》中说:"尊相国遂益以邹君给事黄门中,甚善。第尔瞻婉彩不足,而其贞意有余,昨闻复以直言欲调他用。执政不援,众庶不可户晓。善则归君,过则归相。他臣可言,主势难斡。位至执政,不宜此言。"③后来,邹元标在《汤义谪尉朝阳序》里也表达了感激之情,对汤显祖上书言事被贬感到

① 邹元标:《愿学集》卷八,清文渊阁四库全书本。

② 毛效同:《汤显祖研究资料汇编》,上海古籍出版社,1986年,第192—193页。

③ 汤显祖著,徐朔方笺校:《汤显祖集全编》,第1716页。

愤慨。他说："明年余复谪南，义见余喜不自禁。越两月，义发愤上书言国事，触忤权要人。上是其言而中格，竟谪义为粤典史。"①同时，也鼓励汤显祖积极面对，他说："夫贞松产于岩岫，固苍然翠也；然非霜雪之摧抑，雷霆之震惊，则其根不固，而枝叶不能不凋，义幸勉之！宁为松柏，无为桃李，宁犯霜雪，无饱雨露；俾向之烨然可惊可愕者，敛而若无若虚。"②汤显祖前期致力于治邑理政，归隐临川后，主要精力在于戏剧创作与表演，而他在剧作中主张及表现的主要是"情"，人称其言情的理论为"至情说"。邹元标劝其回归性理之学，这也是老师罗汝芳对汤显祖的希望。汤显祖曾说："中途复见明德先生，叹而问曰：'子与天下士日泮涣悲歌，意何为者，究竟与性命如何？何时可了？'夜思此言，不能安枕。久之有省。"③汤显祖在为邹元标所写的《太平山房集选序》里深情地回忆从罗汝芳学的情况，但没有如师那样去谈性理，而是"为激发推荡歌舞数自娱"。他说："盖予童子时，从明德夫子游，或穆然而咨嗟，或熏然而与言，或歌诗，或鼓琴。予天机泠如也。后乃畔去，为激发推荡歌舞诵数自娱。积数十年，中庸绝而天机死。"④"天机"是什么？汤显祖说："中庸者，天机也，仁也。去仁则其智不清，智不清则天机不神。"邹元标谈中庸之道，而汤显祖谈情不知所起。汤显祖说："公所为奏议传赞书论诗歌，无虑若干卷。大抵皆言均天下国家蹈白刃辞爵禄之事，而未尝不出乎道中庸之意。正而不羁，旁而不离。"⑤汤显祖在《答邹尔瞻》又说："弟近已绝意词赋。道者万物之奥，吾保之而已。"在《答马心易书》中还谈到邹元标的劝勉："南皋书来，慰弟茫茫海宇，遂不能容一若士。倘若士此中不能容一海宇，即便为所弃矣。"⑥尽管汤显祖主"情"，但也有谈"仁"谈"性"的时候，且谈得深刻，邹元标对之给予肯定。邹元标说："余独喜者，义志性命之学，兹固

① 汤显祖著，徐朔方笺校：《汤显祖集全编》，第 1716 页。
② 毛效同：《汤显祖研究资料汇编》，第 193 页。
③ 汤显祖著，徐朔方笺校：《汤显祖集全编》，第 1202 页。
④⑤ 汤显祖著，徐朔方笺校：《汤显祖集全编》，第 1479 页。
⑥ 汤显祖著，徐朔方笺校：《汤显祖集全编》，第 1329 页。

坚志熟仁之一机也。”而汤显祖读了邹元标之作，感叹不已，在《太平山房集选序》里说：“晚而得公文，乃始憬然叹曰，是何仁者之心而智者之言。如相马者，吾今犹未能定其色，知其人之天而已。公固谓予曰：‘非子莫为序吾文者。’因为欣言之如此。固将有事乎此而就正焉，非如世所云以托公千秋之名而已也。”邹元标也视汤显祖为知己，认为他的文集只有汤显祖配为他写序。汤显祖对邹元标称赞不已，他说：“如冰玉之清以明，如芝兰之馨，如英英乎其出云，而昭昭乎其发春也。令人挹而爱之不可忘，受而体之不可易。”①

他们之间也多有诗之往来。汤显祖中了进士之后，在北京礼部观政，次年任南京太常寺博士，邹元标也在南京，当时南京也称留都。这一年汤显祖在南京作《赠邹南皋留都》六首送给邹元标，六首都是五言古诗，前一首最后二字为后一首起始。如第三、四首诗云：“麟见岂无时，贤兴自有宜。君子秉昭质，忠孝复前规。处志毅《中孚》，折体象《明夷》。挥戈事回远，碧血理经奇。”“经奇岁屡周，横天彗已流。途穷拟开济，弦绝事调柔。维解沐昭苏，往蹇奉咨畴。遂参玄衮阙，风性蔼皇州。”②如此精心，也可看出，汤显祖对友人的尊重，他在这些诗中大多称赞邹元标才能或人品。

万历十三年(1585)七月，汤显祖又作《送邹尔瞻吏部》。此时，邹元标正任吏科给事中，官职虽然只是从七品，但他还是履职尽责，上疏言事，提出自己的主张。这一点与汤显祖也有相似之处，似乎有些惺惺相惜，他在诗中说：“蕤蕤青凤台，裛裛嘉林枝。嘉林有余荫，孤凤无停姿。”“徘徊德音远，何以慰参差。”③

万历十八年(1590)十二月，汤显祖在南京邹元标的家里见到了神交已久的达观禅师。二十年前，达观曾在南昌西山云峰寺读到了汤显祖写下的《莲池坠簪题壁二首》，认为汤显祖是一位有佛缘的人，应该尽早度他入佛门。直到二十年后的今天才再相见，于是达观说：“吾望

① 汤显祖著，徐朔方笺校：《汤显祖集全编》，第1479页。
② 汤显祖著，徐朔方笺校：《汤显祖集全编》，第341页。
③ 汤显祖著，徐朔方笺校：《汤显祖集全编》，第384页。

子久矣。”达观长汤显祖七岁，是明代四大高僧之一，在士大夫中最受推崇。邹元标与汤显祖同在南京时，他们也一同出去游玩。有一次他们游江楼，汤显祖还将情况以诗的形式记录下来，同游的还有刘应秋，他是汤显祖的同年进士，比汤显祖长三岁，两人为好友。汤显祖写下了《江楼晓望同刘司业邹吏部》诗云：“夜色明江楼，月露泛凉瑟。俯窥光响流，仰瞰星河溢。徙倚未能寝，昏旦一何疾。空波灭余雾，高台障初日。惠风衿带间，冷冷清意出。”①又有《咏杨太宰桃花园图卷寄右武尔瞻》诗云：“吏部桃花千树秋，春风春日好颜容。亦知邹子闲吹律，略放丁生一梦松。”②杨太宰即杨巍，在万历十一年（1583）至十八年（1590）七年间任吏部尚书。这是一首咏画诗，诗成之后寄给了丁右武和邹元标，分享赏画后的感受与心情。邹元标有《赠汤博士》：“苜蓿高斋夜气清，焚香趺坐玩无生。门前大树春长在，不听枝头鸟鹊声。”③

万历十九年（1591）九月，贬官往岭南徐闻途中，汤显祖作《杪秋度岭，却寄御史大夫朱公王弘阳大理董巢雄光禄刘兑阳司业邹南皋比部五君子金陵》：

> 素秩守山陵，积岁在星祠。如何别君子，垂云簸天池。清斋出凉门，尊酒各前辞。婉彼苍梧奏，澹然潇湘姿。回风吹木阑，寒生青桂枝。冥冥水波远，日暮心欲悲。宫阙有明云，嵯峨气依微。五岭望超忽，丛山阻游夷。虫豸夹我吟，翡翠拂兰漪。所思一箇臣，叹息《绵蛮》诗。何当叫我友，凌风以高驰。问路逢流星，寄言河汉私。闵嘿路方始，婵娟知为谁。千秋有佳期，百年安所希。玉津以止渴，芝华持呷饥。④

这首诗是寄给南京朱姓御史大夫、王汝训、董裕、刘应秋和邹元标

① 汤显祖著，徐朔方笺校：《汤显祖集全编》，第 504 页。
② 汤显祖著，徐朔方笺校：《汤显祖集全编》，第 610 页。
③ 毛效同：《汤显祖研究资料汇编》，第 192 页。
④ 汤显祖著，徐朔方笺校：《汤显祖集全编》，第 632 页。

五位。其中董裕也是罗汝芳的弟子，是汤显祖的同门。这诗算是告别诗，有依依惜别之意，也有前途未卜的悲凉。十一月初，汤显祖到了广州，他又想起了好友邹元标，于是他写下《至日怀邹尔瞻比部》诗："君从寒谷起，我向日南来。不知仙琯里，还有自飞灰。"①

他们之间还有书信往来，汤显祖有多封给邹元标的书信，但都很短，便条似的。如《与邹南皋》云："兄说讲学老人不宜走公门，真法言也。根底有病，老亦须发。弟自贺长至到今，未一面郡县，然反得嗔。待流俗酌中为难。薄赋并尘览。"②《答邹尔瞻》曰："李元冲过此，云，门下满腹人才，无措手处。弟云，治世人多于事，否则事多于人。世际竟未知何如也。"③又有《答邹尔瞻》说："门下书云，当令冲父大有见闻。又云，不宜令听新声。大见闻全在新声，不令听新声，恐终吴下阿蒙耳。弟近已绝意词赋。道者万物之奥，吾保之而已。而益食贫。时或间作小文，所谓白云自怡悦耳。门户过大，时官难对，无如之何也。"④可惜邹元标给汤显祖的书信散佚，其内容不详。

邹元标还与汤显祖之子开远（伯开）探讨汤显祖与罗汝芳的师承情况。开远锐意理学，在家乡建书院，并以"归仁"命名，以传承性命之学，得到邹元标的称赞，欣然为书院撰写了《归仁书院记》。邹元标说："汤仪部义仍以词赋鸣一代。其子伯开锐志圣学，一日贽而谒予，澹如也。予语之曰：'尊公从盱江游，深有契于象外之旨，顾性不受羁，常托迹以游于世，世鲜有知之者。予起而绍明光大之，尊公明德有光矣。'伯开起而言曰：'不肖之不敢自陨坠也，实家大人耳提之力。'"⑤汤显祖对于邹元标所写的记文很是赞赏，并写信给他，表示感谢。他在《寄邹尔瞻》说："吾兄大笔，有中外时贵所必不能请者。而'归仁'一记，乃为儿开远应之如响。岂真以孺子为可教耶？合发孔孟归仁之旨，真是

---

① 汤显祖著，徐朔方笺校：《汤显祖集全编》，第672页。

②③ 汤显祖著，徐朔方笺校：《汤显祖集全编》，第1846页。

④ 汤显祖著，徐朔方笺校：《汤显祖集全编》，第1847页。

⑤ 毛效同：《汤显祖研究资料汇编》，第194页。

确论。至云性慈生忽。学道人正多坐此。”[①]信虽短情却长。

四、结　语

汤显祖与邹元标因老师罗汝芳的原因而结识并成为好友，他们都对罗汝芳十分尊敬，也深受罗汝芳思想影响。在罗汝芳门下还有沈懋学、詹事讲、杨起元，又是邹元标的同榜进士，而沈懋学又与汤显祖关系亲密，这样也加深了汤显祖与邹元标的关系。汤显祖与邹元标都敢于言事，为了国家，为了百姓，可以置官职、刑罚不顾，可以说是有相近的志向。他们俩对于做官均与老师罗汝芳一样兴趣不深，甚至厌倦了官场。他们或辞官，或不赴任。邹元标热心于建书院讲学，汤显祖热心于写剧排演剧目，各有各的活法与表达思想的方式。求同存异，同样能成挚友。他们俩正是如此。他们自一相识，一见如故。关系迅速升温，以传递诗文或书信，联络感情，表达思念，也彼此欣赏对方，是一对好友。

作者单位：抚州市社科联

① 汤显祖著，徐朔方笺校：《汤显祖集全编》，第 1847 页。

汤显祖眼中的王安石

高　琦

王安石（1021—1086）与汤显祖（1550—1616），同为抚州临川之乡贤，均是抚州临川历史文化史上的标杆式人物。他们同为临川大才子，一位是北宋政治家、思想家、改革家、文学家，一位是明代戏剧家、文学家。王安石在政坛上变法改革，叱咤风云，在文学上为唐宋八大家之一，彪炳史册，影响深远。汤显祖在戏剧创作上成就突出，作《临川四梦》，享誉国内外，有“东方莎士比亚”之称。他们生活的年代相距500年左右，如果穿越时空，放在一起比较，可以看出，他们在政治思想上有关联，在人品人格上有关联，在治县理政上有关联。

本文意在对这些关联做些探析，以彰显王安石文化与汤显祖文化在当代历史文化中的精神坐标与人文价值。

一、汤显祖对王安石变法改革的评价

王安石逝世后，对王安石变法的功过是非，在历史上有过争议和不同的评价。王安石故乡临川的历代乡贤，不少人对王安石的变法、人品、文学是敬畏的，是王安石的忠实拥护者。如宋代的曾巩、陆九渊，元代的吴澄、虞集，明代的谭纶、王英、汤显祖、章衮等，清代的李来泰、李绂、蔡上翔等，他们不断地撰文著书研究王安石，敬畏王安石，为王安石的人品节操正名，为王安石变法所做的历史贡献点赞。

汤显祖作为其中的一员，就怀着敬畏心理，历史地、客观公正地点评王安石，认为王安石的变法是医国的伟大功业，“王安石信于其君，所用药物亦种种当宋人病”①。在汤显祖著作中有如下两段文字评述了王安石变法。

第一段文字,在《滕侯赵仲一实政录序》中:“……至王荆国以用宋而效异者何也,势不行也。伯者审势急,可以趣其国,不可以卒治天下。国狭,吾之所得急为;天下大,非吾之所得急为也。如以王公自治其县,青苗固效;专之方岳,则均输方田无不可者;专之边郡,则保甲保马无不可者。何也,势所得为也。是故举天下而急为之,安石不能用宋;取一国而急为之,赵仲一可以用滕。”②这段话的大意是:王安石变法在大宋朝很难适用实施,因为国情不同,形势发生了变化;地方首脑可以根据形势变化的需要而采取紧急措施来适应治理的地域,但不能仓促地治理;地域小,地方首脑可以紧急处置,管控局势,而天下大(大国),则不能断然地采取同样一律的治理方法。王安石那套变革举措,治理一个县郡是可以的,如青苗法就能有成效,而在那些偏远的小地域,那保甲法保马法就能推行,至于一般的地域,方田均输法也可推行;为什么呢?这是地情不同,形势所需,根据形势不同而分别采取的。所以,要求天下(指大国)都来紧急执行这些变法,完全照搬于宋朝,那是不行的;而在一个地方(小地域)来紧急推行,那县令赵仲一就可以用来治理滕县。

第二段文字,在《赵子瞑眩录序》说:“……国小而天下大。管仲、子产、吴起、申不害、商鞅、诸葛亮、王猛,皆以药瞑眩其国。下疑而上信,故胜而成功。王安石信于其君,所用药物亦种种当宋人病。而其时与为瞑眩者,韩、富、司马公诸人也。此皆所谓惠君良吏者,卒以不胜而止。世遂谓安石无能医天下矣。而其治鄞也,固效……”③这段话的大意是:王安石被君主宋神宗信任并加以重用,所提出的种种改革措施方案,本是可以用来治疗当时宋朝已出现的国家弊病;而当时那些昏头胀脑、头晕目眩的人,正是朝庭中把持朝政身居高位的所谓

① 汤显祖著,徐朔方笺校:《汤显祖全集》,北京古籍出版社,1999年,第1094页。
② 汤显祖著,徐朔方笺校:《汤显祖全集》,第1090页。
③ 汤显祖著,徐朔方笺校:《汤显祖全集》,第1094页。

“惠君良吏”的那批人，如韩琦、富弼、司马光等人，正是这些人的反对阻挠，终使变法不成功，半途而废或完全废止了。于是，世上(社会上)就认为王安石缺乏能力才干，不能医治好国家的大病。汤显祖这段评述是在先列举前朝各代贤君能臣的诸多变法人物成功变法改革的史实事例的基础上，再引申到王安石变法的。

在《实政录序》中，汤显祖先是评述了齐管仲、楚吴起、秦卫鞅三人以及后世的诸葛亮“以用蜀”、王景略“以用秦”的治理国家情况之后，然后再笔锋一转，说“至荆公以用宋”，说明宋朝与前代不同，国情不一样，改革变法所产生的效果也不一样，因此要审时度势，因地制宜，不能照搬照套，要逐步进行，不能操之过急。在《瞑眩录序》中，汤显祖认定王安石变法改革是符合古代圣贤之道，“固称用尧舜之道者”，是合天道的。汤显祖用医药治病作喻，表达医药救国、医药治国的理念。医药治病讲究望闻问切，对症下药，治国救国更是如此，只有把准脉动，找到病源，才能有的放矢，精准地对症下药，才会产生疗效，否则就会徒劳无功。

笔者以为，汤显祖在这两段评述中，历史地、实事求是地、客观公正地评价了王安石变法，旗帜鲜明地阐明了几个观点：一是认为王安石的变法改革，其性质意义与前朝历代圣贤的改革一样，是可以彪炳于史册的。二是认为王安石的变法改革遇到的外部阻力很大，特别是遭到那些身居高位的惠君良吏们的反对，使改革难以成功。三是认为王安石的变法改革在推行或执行过程中，必须要实事求是，从实际出发，因地制宜，依据形势变化，国情、域情、郡情、民情的实际而与时俱进，不能盲目冒进一刀切，而要区分不同情况处理。四是认为王安石的变法改革终被废止，但在一些地域实施时，有一定成效，如赵仲一治理的滕县，如一些改革举措影响还在，有的还在继续推行或执行，至于世人认为王安石无能，不能治理国家，那是一种偏见，对王安石不公正。五是肯定了王安石一些变法在一定情势之下“治其县”的可行性，并大胆中肯地指出韩、富、司马公等人保守势力的阻挠是变法“不胜而止”的重要原因之一。汤显祖的评价是很大胆也是很有见地的。

汤显祖在明代当时的政治环境之下，在否定王安石改革变法占主流的声音还在延续的背景下，能做出这样的评价，无疑是一种大胆的识见，肯定王安石的变法精神，指出不合时宜的不足，饱含着对乡贤王安石崇敬的深厚情感。

二、汤显祖对王安石式的改革人物的推崇

汤显祖在《实政录》中说“取一国而急为之，赵仲一可以用滕”，在《瞑眩录》中又说“赵君仲一治滕，伟容干，精吏事，廉而有威”[①]，认定赵仲一就是一位清官能吏，是一位王安石式的改革人物。

赵邦清(1558—1622)，字仲一，陕西真宁县人。明万历二十年(1592)进士及第，历任山东滕县知县、吏部验封司主事、四川遵义道监军参议等职。赵仲一在35岁中进士后，即到山东滕县任职。新官上任，面临的却是滕县多年不遇的春旱夏蝗、大水，饥饿者枕藉于道，人相食的严重自然灾害。当时，饿殍遍野，贫民卖儿鬻女、流亡逃命者比比皆是，惨状惨不忍睹。这对一个初入仕途、承担治理一方的父母官赵仲一来说，无疑是个巨大的挑战和考验。面对大灾荒，赵仲一并没有被吓倒，而是果敢决断，借鉴前辈先贤以及王安石治理鄞县的经验做法，既有短期的救灾方法，又有长远的脱贫措施。例如，他据实上报灾情，“乞漕粟大府钱施其民”[②]，要求上面拨粮赈济，救活饥民数万人；他顶住压力，重新丈量土地，清查出隐瞒不报、偷税漏税的土地数千顷，扩大了赋税来源；他通过县财政由政府出资买单，买耕牛数千头，租借给流民，帮助数千户灾民恢复发展生产；他大兴水利设施，鼓励耕织，增加民众就业机会，以使家庭增收；他动员百姓充分利用空闲之地，因地制宜广种果树及成材树木，发展林业、花木，整修道路，使新植树木很快发展到数万株，使县域成为令人眼睛一亮、精神一振的花

① 汤显祖著，徐朔方笺校：《汤显祖全集》，第1093页。

② 汤显祖著，徐朔方笺校：《汤显祖全集》，第1091页。

县,既发展了经济,又美化了县城……通过这一系列的改革整顿措施,抗御了灾害,恢复发展了生产。经过三年的治理,借鉴了王安石变法的一些改革措施,结合滕县实际,果断地采取一系列改革举措,使一个“贫弱之滕县”面貌大为改观,为之一新。

汤显祖与赵仲一同属朝廷命官,一个是浙江遂昌县令,一个是山东滕县县令,同一级别。汤显祖与赵仲一有过几次亲密接触,相互交流治县施政经验,两人志同道合,结下了深厚的友谊,成为挚友。

万历二十二年(1594)冬,任职遂昌知县的汤显祖因上京述职,接受考核,路过滕县时在滕县驿馆住过,并和赵仲一认识结交。汤显祖目睹滕县大灾的悲惨状况,“大祲之后,人犬相食”①,赵正在组织抗灾济民。汤显祖询问赵仲一,县里粮仓有多少存粮,赵说没有,可见当时的抗灾是多么艰难。两个人一同进京述职。三年后,汤显祖再次上京述职,经过滕县,看到滕县发生很大变化,看到的是家给人足,官仓粮满,面貌一新的景象。汤显祖详细询问了赵仲一治滕举措,了解了县财政状况。县衙后堂主管册籍的人打开账簿本给他看,只见官仓账册上清楚地记载“积金乃至羡赢三千,谷踰六万”,这就是说除赋税外,县库积聚的多余银有三千两,多余粮食有六万多石。另外,公所维修费、来往接待、收容救济、为灾民买耕牛、盖草屋、购种子等费用都不在此内,如果加上这些没有计算在内开支的费用,那县库积聚的财富就更多。短短三年,滕县除了救灾,县库的存银存粮能从无到有,从少到多,富足得这么快,真是少有的现象啊。汤显祖深知县库积聚财富的不容易,发自内心地感受并叹服赵县令是“真学问,真经济”,是匡时济世的“威风之臣”“伯才”②,把他看成王安石式的改革人物。

赵仲一不仅是一位能吏,还是一位清官。赵和一家人在滕县安居陋室,过着粗茶淡饭的日子,具有匡正祛邪、激浊扬清、关注民生、为民办实事谋利益的高尚情操,深得老百姓的拥戴。后来赵仲一因工作调动要离开滕县,老百姓舍不得他离去,苦苦挽留,临别时,滕县的百姓

---

①② 汤显祖著,徐朔方笺校:《汤显祖全集》,第1091页。

扶老携幼，聚集了几千人，洒泪为赵仲一送别，让赵仲一热泪盈眶，感动至极。汤显祖本人就是一个清官，具有清官情结，知道赵仲一的这些事迹后，非常感动，在《过河间题壁留示赵仲一》诗中云："九河已成陆，卑栖犹问津。道心能似此，沧海亦生尘。"[①]由衷地表达了他对赵仲一的敬仰之情。

汤显祖来到京城，把赵仲一治理滕县的事迹以及改革措施所取得的明显效果，向朝廷官员张位做了汇报宣传，极力推荐赵仲一可当大任，请朝廷给予提拔重用。张位曾是汤显祖的老师，时任吏部尚书。

后来，滕县百姓为纪念赵仲一这位好官清官，为他修建了生祠，汤显祖满怀深情地写了《滕赵仲一生祠记序》。此后，汤显祖还写了《滕侯赵仲一实政录序》《瞑眩录序》《赵仲一乡行录序》等序文。这四篇文章，合起来可简称"四序"。在"四序"中，汤显祖详细地记述了赵仲一治滕的政绩，治滕的改革措施所取得的效果，在治滕过程中赵仲一所表现出的大公无私、吃苦耐劳、清廉正直、惩戒邪恶、深入细致的人品节操和工作作风，并联系历史现象、社会实际做了热情洋溢的点评和称赞，把赵仲一当成王安石式的改革人物，当成清官能吏，向朝廷和世人加以推崇，敬畏佩服之心体现在字里行间。

汤显祖与赵仲一成为莫逆之交，之间不断有书信往来，文字交流，互相帮助，互相关注，命运相牵。汤显祖文集中收录的那些为赵仲一写的序言、诗词、书信，是汤显祖为赵仲一所立下的文字丰碑，是他们深厚友谊的最好见证。

三、汤显祖对王安石改革精神与道德品行的传承与践行

王安石的改革精神与道德品行成为汤显祖的学习榜样，王安石的形象屹立在汤显祖心里，成为他的精神坐标。汤显祖在家乡临川办的崇儒书院内就挂有晏殊、王安石、曾巩、陆九渊、吴澄、谭纶、吴与弼等

① 汤显祖著，徐朔方笺校：《汤显祖全集》，第513页。

乡贤的画像，作为后学的风标。当然，王安石对汤氏先祖的功德也是敬仰有加的，他在拜谒汤氏祖庙时，曾诗赞汤氏先祖“忠贞贯日，义勇参天。英气不灭，启佑后贤”①。

笔者以为，汤显祖践行和传承王安石改革精神与道德品行，主要体现在三个方面。

第一，读书立志。

王安石在《答曾子固书》中说过：“某自百家诸子之书，至于《难经》《素问》《本草》、诸小说，无所不读；农夫女工，无所不问，然后于经为能知其大体而无疑。”②说明王安石酷爱读书，涉猎广泛，知识面宽，学识渊博，故能以第四名成绩考中进士，进入仕途，为国效力。

明代学者邹迪光在《临川汤先生传》中称汤显祖“彼其时，于古文词而外，能精乐府、歌行、五七言诗；诸史百家而外，通天官、地理、医药、卜筮、河渠、墨兵、神经、怪牒诸书矣。公虽一孝廉乎，而名蔽天壤，海内人以得见汤义仍为幸”③。汤显祖藏书万册，手不释卷，知识丰满，学识渊博，著书立说。因种种原因，他的科举之路并不顺畅，后终中进士，踏入仕途，辞职归乡后，专心戏剧创作。

两人都是通过读书立志，科举考试，改变命运，在人生的道路上艰难前行。

第二，关注民生。

王安石入仕后，真正深沉下层、开始独当一面、展开手足将改革思想付诸实践的工作就是任职鄞县县令期间。王安石于庆历七年(1047)至皇祐二年(1050)在浙江明州鄞县任上。他上任之初便调查访问，花了十多天的时间跑遍十四个乡里，在了解掌握乡情民情的基础上，采取一系列举措，治水利，贷民谷，兴学校，行保甲，关注民生，为民谋利。例如，王安石率领民众十万余人兴修水利，整治东钱湖，恢复湖界，加深湖底，围筑堤堰，使东钱湖的淤塞得以疏通，百姓免受水旱

---

① 龚重谟：《汤显祖大传》，上海人民出版社，2015 年，第 9 页。

② 王安石著，刘成国点校：《王安石文集》，中华书局，2021 年，第 1280 页。

③ 龚重谟：《汤显祖大传》，第 372 页。

之苦,东钱湖重新成为造福于民的“万金湖”。王安石在鄞县“治绩大举,民称其德”,成为东南地方吏治的典范,也为他后来的变法改革做了有益的探索和先期试验。真是治鄞千日,影响千年。

汤显祖对王安石的“以民为本”、关注民生的理念完全继承并付诸实践。万历二十一年(1593)三月至万历二十六年(1598)三月,汤显祖在浙江遂昌县任知县。

汤显祖在担任五年县令期间,借鉴王安石治理鄞县及滕县县令赵仲一的治县经验,把关注民生放在首位,从实际出发,以情治昌,取得良好效果。遂昌地处偏僻,是个山区小县。汤显祖采取励农措施,每年开春后举行“班春劝农”活动,激励农民精耕细作,开荒种地,多样种植,发展农业生产,解决吃饭问题。注重保护民众安全,除害惩恶。对罪犯进行人性化管理,“纵囚观灯”,劝善感化囚犯。同时重视教育,创建书院,改善民俗。经过几年的整治,遂昌出现政清人和的升平景象,“山也清,水也清,人在山阴道上行,春云处处生。官也清,吏也清,村民无事到公庭,农歌三两声”①,遂昌成为“有情之天下”,成就了汤显祖的梦想。

第三,重视教育。

王安石在《慈溪县学记》中说:“天下不可一日而无政教,故学不可一日而亡于天下。”②意思是说,天下不能一天没有政治和教化,因此不能没有学校。王安石深知教育的重要性,在知鄞县任上,兴教办学,尊师重教,倡立书院,开启了县学(官学)与书院(民间)教育并重的多元局面。为宁波鄞县培养了大批科举人才和许多重量级的名儒大家,带给并由他们传承的千年文脉。鄞县在当时是个偏僻小县,教育落后,学子不足,读书人寥寥无几。王安石在鄞县施政的一个重点就是坚持政教并重,尤其是重视地方上的兴学教育。他借鉴邻县繁昌县的办学经验,依傍孔庙建县学,使鄞县自此始有官学。他精选良师,诚聘

---

① 龚重谟:《汤显祖大传》,第 177 页。

② 王安石著,刘成国点校:《王安石文集》,第 1448 页。

五先生入县学任教，进城办学，并与这五位先生深交。聘请的五位先生是杜醇、王致、楼郁、杨适、王说，这几位学者具有深厚的学术素养和高尚品德，重视义理，为人师表，德高望重，被称为庆历五先生。王安石充分发挥他们的聪明才智。王安石在鄞县任职期间，不但建县学，聘名师，同时也亲自执教课堂，教导鄞县学子。王安石学问深厚，功底扎实，所写的古文曾受到文坛领袖欧阳修的高度赞赏，其学问文章在明州鄞县士子中很有名气而广为传诵，因而当地士子从学于王安石的为数不少。他还建有读书堂，作为读书学习、会友授徒的场地。

汤显祖从小就受到良好的教育，体会到教育对社会对个人的重要性，因而特别热爱重视教育，在一生中直接创办了三所书院，在古代官员或文人中是少见的。

汤显祖在万历十九年(1591)在广东徐闻县任典史，发现此地依山傍海，物产丰富，而百姓却很穷困，原因就是这里缺少教化。在徐闻县，有些富人违法乱纪、巧取豪夺，而穷人愚昧无知，自轻自贱。汤显祖认识到，要改变这种状况，必须抓好风化教育，于是决定兴办书院。他将原有的破旧书院修葺扩建，面积扩大，四周围有高墙，环境安静，是读书修学的好场所。书院开学时，汤显祖亲临讲课，前来听讲课的学子很多，连教室都容纳不下。书院命名为“贵生书院”，寓意“天地之性人为贵”。贵生书院的创办，是汤显祖留给徐闻人民的大情大爱。

万历二十一年(1593)三月，汤显祖来到浙江遂昌县任知县。遂昌是个山区小县，相对落后，汤显祖认为改变落后的主要办法就是把风化教育放在首位，提高人的文化素质，树立良好的道德风尚。这既是乡贤王安石治理浙江鄞县的经验，也是他自己在徐闻县任职的体会。他分两步走，根据实际条件和经费情况，先建射堂，后建学舍，然后把射堂和学舍合在一起，称“相圃书院”。书院以“相圃”为名，是取义于孔子习射于矍相圃之事，鼓励学子学习礼仪，提高道德修养。他亲自到书院讲课，为学子批改作业。相圃书院是遂昌历史上的第一座书院，汤显祖为遂昌人民办实事办好事办书院的创举受到遂昌人民的高度拥护，纷纷称赞汤显祖的功德。在他离开遂昌的任职后，遂昌人民并没有忘记汤显祖当年留下的德政，在他六十寿诞时，特意派出代表，延请画师，不远千里来到汤显祖家乡临川，专门为汤显祖画像，以便在相圃书院内立生祠纪念。千年遂昌，五百多任县令，唯有汤显祖一人得到这种特殊的尊敬，汤翁的“以情治昌”的情怀值得永远传承。

汤显祖于万历二十六年(1598)三月辞职归临川后，并没有闲着，一方面专心创排戏剧《临川四梦》，一方面尽其所能为家乡办些实事。他情系家乡，教育情怀强烈，深知办教育对培养人才的重要性。位于抚州城内的临汝书院原址南湖被淤塞，书院被毁又不可复办或重建新的书院，于是抚州的名流和缙绅聚在一起商议，要重新选址修建书院。汤显祖积极参与，出谋划策，捐款资助，最后选定在城内被废的下桥寺旧址修建书院。新修建的书院命名为“崇儒书院”，崇儒的意蕴就是崇尚大儒之学。当时修建好的崇儒书院很是伟观，环境优雅，书院之外江水如带，书院之内池塘掩映，竹树青翠。崇儒书院成为会讲读书之场所，又是祭祀抚州乡贤之祭堂，书院内挂有晏殊、王安石、曾巩、陆九韶、陆九龄、陆九渊、吴澄、吴与弼、陈九川、吴悌、谭纶、舒化、陈炌、董燧等众多抚州先贤的画像，以供后学祭祀，作为学习的榜样。

综上所述，汤显祖能尊重历史，实事求是，顶住压力，客观公正地评价王安石。汤显祖对乡贤王安石是尊崇的，是敬畏的，并努力践行王安石的变法思想和理政经验，称得上是王安石的忠实传承者，他对王安石的评价与识见，为传承王安石文化做出了重要贡献。对汤显祖的这个文化贡献，我们必须重视，应视为同样是留给家乡人民的一份珍贵的文化遗产。

作者单位：东华理工大学

汤显祖与伴郎周孔教

杨华林

明隆庆三年(1569)腊月初四日,20 岁的汤显祖与 16 岁的吴玉瑛成婚。在成婚典礼上,汤显祖身边有个帅气的伴郎,名叫周孔教。

那么,周孔教是个什么人呢?

周孔教(1548—1613),字明行,号怀鲁,临川城南韩家铺上周村(今属上顿渡)人,从小聪明颖异,才思敏捷,赋诗作文,时有佳句。他比汤显祖大两岁,但与汤显祖同时考取秀才。他家离汤显祖家大概只有十几里,与汤显祖交往方便,因而两人非常友善。他们为秀才时,经常在一起游玩。汤显祖后来写有《诸生时同周明行天宁寺房头不见》诗,云:"少小能为文字禅,砚池花雨竹窗前。海珠夜落苍龙影,泪向谁家一滴泉?"这里的"文字禅",是指通过文字、诗文领悟禅理;砚池花雨,形容写作时的灵感如落花纷扬,砚台旁仿佛飘落花雨;"海珠",借指月亮;"苍龙影"比喻竹子在月光下的黑影;一滴泉,是天宁寺的一眼泉水,泉水很小,但一滴一滴,终年不涸,王安石等名人为该泉题过诗。汤显祖这首诗的大意是说年少时就能以文字悟得禅意,在竹窗前的砚池边,笔墨挥洒间仿佛有落花如雨。深夜里,如海珠般的月光洒落,映照出苍龙般的竹影;心中的泪水,又该滴向谁家的清泉呢?全诗通过回忆年少时光与眼前空寂之景的对比,抒发了对故人的思念。正因为汤显祖与周孔教诗书时感情深厚,结婚时自然会请周孔教来做伴郎。

成婚之后,汤显祖和周孔教又到学馆攻读。隆庆四年(1570)秋天,汤显祖和周孔教一起来到省城,参加乡试。当时几千秀才参加考试,只录取 95 个举人,录取率非常低。他们从万马丛中杀出,又一同考中了举人。万历八年(1580),两人又一起上京参加会试。汤显祖因再次拒绝了张居正的结纳,放弃会试,又到南京国子监游学。而周孔教则在这一年考中了进士,授福建省福清县知县,但因父亲亡故回乡守孝而未赴任。

万历十一年(1583),汤显祖终于考中了进士,在北京礼部观政(实习)了一段时间后,次年授官南京礼部太常博士。此时,周孔教为父亲守孝期满,被分发到浙江临海担任知县。他上任时路过南京。于是两位好友在南京见了面。分别时,汤显祖写了《送周明行临海》诗,云:“旌盖霏霏绕曙霜,仙凫秋映雁南翔。川分关岭江云尽,山入高丽海岸长。千里家园驰御母,三台列宿始为郎。知君未爱元明饭,暂与加餐思不忘。”这里的“元明饭”,暗指官场的俗务、虚浮或束缚;“暂与加餐”是化用古诗“努力加餐饭”的经典表达,以劝友人保重身体。全诗描写了送别的时间和情景,描写了临海的地理位置、山川特点,大意是:你华丽的车子碾着清晨的严霜,跟着天上的大雁飞向南方。你现在是郎官,又是父母官,有广阔的天地任你驰骋,希望你尽展所学,造福百姓。知道你不爱官场的俗务,只愿你保持本真的品格,并保重自己的身体,既含对友人远赴他乡的牵挂,亦有对其仕途的期许。

在南京,汤显祖有一次送别年轻时的书社好友姜耀先时,又想起了周孔教,特写了《送姜耀先寄怀周临海》诗,云:“偶尔封书去海涯,烟霜长是惜容华。即知张绪当年柳,正作河阳一县花。堂上琴声凄绿水,楼前巾帻起朝霞。思君欲似西园语,相送河桥日未斜。”全诗用典甚多。诗中的“张绪”,是南朝的大臣。史载:张绪谈吐风流,听者皆忘饥疲,宋武帝说他像杨柳一样风流可爱。诗的大意是说:我偶尔寄封书信到海涯,暮秋时节肃杀的烟霜一定会长久地爱护你的容颜。你有着张绪当年一样可爱的风流才华,在临海你如西晋潘岳满城种花,惠政传为佳话;你还如孔子弟子宓子贱任县令时那样,公堂之上以琴声治理政务,连绿水也仿佛染上雅韵,又像晋朝名士推起帽子观赏朝霞,尽显清朗风华。思念你的心情就好像在雅集之地西园说过的话,相送到河边桥头日头也未倾斜。希望你的事业像我们相别时那样如日中天！鲜明生动地表达了对周孔教的推崇与怀想。

在以后的岁月里，汤显祖与周孔教聚少离多。但即使天各一方，他们的思想也是相通的。

在修建书院问题上，周孔教与汤显祖有共识。

抚州城中原有一所临汝书院，始创于南宋淳祐九年(1249)。因地处南湖，又称南湖书院。明朝初年，因南湖淹塞为田，书院遂废。后来，汤显祖的恩师，南城著名思想家、教育家罗汝芳来抚州，每每会讲于禅寺，讲了月余便告别而去。抚州缙绅舒化、高应芳、陈文燧、曾如春、黄廷宝、汤显祖等人先后先议论道："在宋朝，先贤黄勉斋创办南湖书院，以开来学。当时临川人才济济，到处都有诵读之声。现在我等寄迹寺院，怎么对得起先人之训？"屡图恢复书院，但都没有结果。

周孔教在临海任知县期间，"廉慎自持"，"惟惠民为务"，"经画皆可垂久"，"治以教养为先"，大力兴办义仓、社学，被评为全省"治行第一"。万历十七年(1589)被提升为监察御史、直隶巡按御史、河南道御史。巡按北方最大的长芦盐场和河南省，后奉命督理畿辅(国都附近地区)学政。但因母亲万历二十一年(1593)四月廿日去世，他便回乡守孝。

大概是万历二十二年至二十三年(1594—1595)间，汤显祖在遂昌当知县，而在家乡为母守孝的周孔教则担起了修复书院的大任。他根据南湖淤塞已不可恢复的情况以及众人的意见，决定在离原南湖书院稍远的东边城外的下桥寺修建一座书院。他向抚州知府、临川知县报告此事，得到他们的支持。他与知府、知县一起捐献银两以作倡导，筹集经费，购买材料，聚集工匠，不到 3 个月，就在下桥寺空地上建起了一座书院。书院里既有讲堂，又有祭祀先贤的祠堂，还有休闲观景的小阁和亭子，规模远胜原先的南湖书院，并且置办了学田，以图书院长期办下去。书院祠堂内祭祀晏殊、王安石、曾巩、陆九渊、吴澄、吴与弼等诸贤，作为后学风标，使书院成为既是会讲读书之所，又是纪念抚州乡贤之处，故称"崇儒书院"。

周孔教如此热心创办崇儒书院，说明他对汤显祖等人恢复书院的主张是非常支持的。汤显祖在文章中也热情赞扬周孔教“捐资修学，拨田崇儒”的义举。

在援朝抗日问题上，汤显祖与周孔教的观点也是相同的。

万历二十年(1592)，日本国的关白(相当于摄政王)丰臣秀吉率兵10万侵略朝鲜，通过釜山，很快占领平壤，朝鲜全境几乎被攻占。朝鲜国王李昖北逃义州，向明朝求援。明朝派李如松统领4万大军抗倭援朝，取得平壤大捷。但在碧蹄馆之战后，明、日双方陷入僵局。宰相赵志皋力主和议，兵部尚书石星也由主战转而倡导和议，将明军撤回。但是封丰臣秀吉为国王的“封贡和议”很快失败，战云密布。究竟如何对付倭寇呢？万历二十四年(1596)四月二十八日，守孝期满复任河南道御史的周孔教给万历皇帝上书，极力反对赵志皋、石星等人的封贡和议主张，他指出：“今日倭情，不封固变，即封亦变。”中朝关系唇齿相依，“朝鲜失，则辽阳危；辽阳危，则神京震”。因此“惟有守朝鲜为上策”。建议万历皇帝“及今就近，亟选愤战廉勇骁将，精简锐士，电赴朝鲜，卒合朝鲜之卒”，“同心共智，并力死守”。并请求万历皇帝对倡议封贡的赵志皋、石星等大臣进行严肃惩处。周孔教的爱国主张为万历二十七年(1599)援朝抗日战争胜利打下了舆论基础，得到很多大臣的称道，万历皇帝也给予嘉奖。

周孔教在朝廷力主抗倭时，正在浙江担任遂昌知县的汤显祖虽然远离朝廷，官卑职小，但也力主抗倭。他在写给刘应秋的信《答刘中允》中说：“倭事遂少信臣，可怪可惧。禁庭颇、牧为竟如何？若倭遂有朝鲜，亦似元昊在西。天必不使北胡有人以轻中国。”他认为，绝对不能让日本占领朝鲜，否则后果堪虞，就像宋朝时候李元昊建立西夏，成为大宋的心腹之患一样。很显然，他的这个观点，与周孔教的观点具有一致性。万历二十七年(1599)，汤显祖的好友、时任平播军监军的临川人傅参戎入朝作战。汤显祖写有《傅参戎朝鲜过家有作》诗歌，对傅参戎入朝参战给予热情鼓励，支持对日作战，夺取抗倭胜利。

万历二十六年(1598)，汤显祖弃官归里。次年(1599)，他创作的名剧《牡丹亭》问世，风靡天下，引起了文坛极大的轰动。当时的学者沈德符曾说:“汤义仍《牡丹亭梦》一出,家传户诵,几令《西厢》减价。”

万历三十二年(1604),周孔教以资望被推为右佥都御史、应天巡抚,成为封疆大吏。当时的应天是江南大省,驻苏州,管辖南直隶之下江南诸府及江北安庆府即南京、江苏(含今上海)和安徽全境,辖境甚宽。当时,汤显祖的《牡丹亭》特别受到江苏一带昆曲界的青睐。周孔教担任应天巡抚期间,尽管公务繁忙,但仍非常关心《牡丹亭》的流行情况。汤显祖的《哭娄江女子二首》序言中说:“因忆周明行中丞言:向娄江王相国(王锡爵)家劝驾,出家乐演此(《牡丹亭》)。相国曰:‘吾老年人,近颇为此曲惆怅。’”从这段记载中,就可以得知周孔教将《牡丹亭》在苏州上层家庭演出的情况以及上层人士的反应告诉过汤显祖,说明周孔教成为达官贵人后对老友汤显祖所创作的戏剧是赞赏的。

万历三十七年(1609),虚龄六十三岁的周孔教被提拔为右副都御史、河道总督,但周孔教没有上任,而是辞去此职,第二年八月回乡养老。在家仅生活了两年多,到了万历四十一年(1613)正月二十七日,就与世长辞。此时的汤显祖虚龄六十四岁,已垂垂老矣。但他满怀感情,为周孔教写了《怀鲁公像赞》,记述了周孔教一生的业绩。说他“溯立朝大节,其气正观;贻谋大计,其泽远矧。抚民而己饥己溺,归田如某壑某丘。忧世乐天,不失孔孟家法”。就是说周孔教在朝气节,光明正大。谋划家族大计,恩泽深远。巡抚百姓时,视百姓疾苦如自身挨饿受溺;归田隐居后,寄情山水如陶渊明栖身丘壑;忧念世情而乐天知命,不失孔孟之道的家法。并说周孔教“容温而肃,度宽而严。留两间之正气,行壮志于当年。位高不亢,志大弥坚”。就是面容温和而神态庄重,气度宽厚而内心严正。留存天地间的浩然正气,在壮年时施展远大的志向。地位崇高却不高傲,志向宏大且更加坚定,对周孔教给予高度赞扬。

周孔教应天巡抚任内的万历三十四年和三十五年(1606—1607),江南出现严重水灾,绝大部分作物颗粒无收,百姓流离失所,苦不堪言。面对严重灾情,周孔教制定了“发粟、转糴、通商、劝施、弭暴、缓狱、散米、煮糜、给种、修墟”等 23 条抗洪救灾措施,督责全省各级官吏

"推诚而行之"。由于周孔教抗灾措施得当,救活了许多灾民,苏州百姓都交口称赞他是救命恩人。离任后,苏州人民不仅为他立碑,还建立祠堂祭祀他。后来该祠被并入江苏无锡惠山广为人知的五中丞祠,周孔教与周忱、海瑞、汤斌、李星源四位明、清巡抚一起,受到百姓的广泛尊敬。周孔教著有《周中丞疏稿》《怀鲁先生集》《荒政议》《救荒事宜》《千金堤志》等书行世。当代有专家对其灾荒救济思想进行研究,肯定其荒政主张的历史进步性及对当今的借鉴意义。现在,临川区也将上顿渡九方城东的一条路命名为孔教路,作为对周孔教的纪念。

而汤显祖呢,因为创作了"玉茗堂四梦"(《牡丹亭》《邯郸记》《南柯记》《紫钗记》)特别是《牡丹亭》而名闻天下,受到人们的推崇,历代都有不少人演其剧作,赏其剧作,并对之进行研究。2000 年,联合国教科文组织把汤显祖列为世界百位历史文化名人之一,和同时期的英国文豪莎士比亚、西班牙文豪塞万提斯并列。抚州建有汤显祖纪念馆、汤显祖大剧院、梦园、三翁花园,多次开展汤显祖纪念活动和戏剧节活动。汤显祖任官 5 年的浙江遂昌也建有汤显祖纪念馆、汤显祖公园等建筑,也经常开展各种活动纪念汤显祖。总之,历史没有忘记 450 多年前那个新郎和伴郎,让他们的思想"活"到了当下。这对于抚州文化界来说,确是一件盛事。

作者单位:抚州市委统战部

端严庄悫　耕读继世:汤显祖家族家风的四重特质

徐伟鹏　艾传贵

汤显祖(1550—1616),字义仍,号海若,万历十一年(1583)进士及第,历官南京太常寺博士、詹事府主簿、礼部祠祭司主事、徐闻县典史添注、浙江遂昌县令,万历二十六年(1598)弃官后归隐临川。他为人耿介不阿,奉职毖慎,科举时曾言"吾不敢从处女子失身也"①,拒绝权贵招揽;为官时则因见"两政府进私人而塞言者路"②,愤而上《论辅臣科臣疏》,后虽因此被贬徐闻而气节不改;其为文亦不曲附潮流,主张文学当以真情实意为主,因此他的戏曲作品常有突破旧韵之处,然而内容却情真意切,感人至深。如其代表作《牡丹亭》一经上映,即"家传户诵,几令《西厢》减价"③,如今"临川四梦"上映已逾四百年,常演不衰,则更可见其中具有穿越历史的人性光辉。《明史・汤显祖传》评其"意气慷慨",即是就其本性所论,为官为人俱是如此。也正是这份"意气慷慨",决定了他在仕途上的坎坷颠簸和最终在文学上取得的崇高成就。那么这份"意气慷慨"缘何形成呢？应该说汤氏的家风家教是其中最重要的原因。

一、汤氏"耿介忠义"家风特征的形成与表现

性情耿介是汤氏多数男丁的一致特征,在《文昌汤氏宗谱》(以下

① 汤显祖著,徐朔方笺校:《汤显祖全集》,上海古籍出版社,2015年,第3137页。

② 汤显祖著,徐朔方笺校:《汤显祖全集》,第3138页。

③ 毛效同编著:《汤显祖研究资料汇编》,上海古籍出版社,2017年,第2299页。

简称《宗谱》)的记载中，汤显祖的父祖、兄弟、子侄也多有此类品性。汤氏之所以能够保持这种门风，首先是因为其虽为书香门第，祖父汤懋昭“心存远大……望重儒林”①，父亲汤尚贤“为文高古，举行端方”②，也有意教导子弟科举出仕，但绝非汲汲于功名利禄之家。文昌汤氏的开基之祖汤伯清(字亮文)颇有天资，据《宗谱》所录《亮文公传》记，他幼年入学即“补弟子员，每试辄夺前茅，文名震士林”，成年后更是文名远播，州郡屡有征召，他皆固辞不出，一心在家读书教子。作为开基之祖，汤伯清这种既德茂才繁又超然独立的品性对后世子弟影响深刻，汤氏的后代所以人才辈出，家道日隆，“皆公之盛德所致也”。恰恰这种能够在世俗的潮流中保持相对独立的宝贵品格，正是造就“戏圣汤显祖”的关键所在。

汤显祖的祖父汤懋昭(1487—1566，字日新，号酉塘)对子弟教育也颇为着意。他常常“于子质暨贤，每读书至夜分，与厥室魏偕坐而伴之，未尝厌驰。逮昧爽，又督劝以就学，而以光昭子高公为念”③，为汤尚质(字毓贤)、汤尚贤(1528—1615，字彦父)兄弟奠定了以儒学为基础的知识体系。汤显祖曾在诗作中形容伯父汤尚质称“大父喜书诗，大母爱林池”，“伯也垂双鬓，公然一老儒”④，可见其不仅满腹经纶，从仪表上看来也是一名标准的儒士形象，但是由于他“精神不足”，最终未能在仕途功业上有所成就。事实上汤尚质本人对功名毫无执念，他性情豁达浪漫，喜爱戏曲以至于青年时曾亲随戏班四处游走，参与演出。此外他还颇喜佛道之言，常有仙游之意。汤显祖在《和大父游城西魏夫人坛故址诗序》中便称“家君恒督我以儒检，大父辄要我以仙游”。面对这样一个略显不羁的儿子，父亲汤懋昭虽然“恒歉其学业未就”，然亦未强逼，只命其综理家业。

---

① 毛效同编著：《汤显祖研究资料汇编》，第 122 页。

② 毛效同编著：《汤显祖研究资料汇编》，第 125 页。

③ 王上海、程小辉、刘莹琳等：《江西抚州汤显祖家族墓出土墓志》，《文物》2018 年第 8 期。

④ 汤显祖著，徐朔方笺校：《汤显祖全集》，第 622 页。

汤尚贤对诸子的教育亦不刻板苛求。汤显祖的六弟汤寅祖少年时便表现出了不凡的学术潜力，《宗谱》中言其"生有异质，警敏非常，读书不俟终日，能阅数十卷"①。汤尚贤对这位聪颖的儿子十分喜爱，但不是寄希望于科举出仕，而是以"大儒期之"，希望他能够在学术上有所成就。一次汤显祖偷偷教授寅祖科举所用的八股时文之术，父亲发现后即怒责之曰："尔误彼耶，何得以科名乱其心智！"从以上种种皆可见出，汤氏自开基文昌以来，虽然坚持诗书传家，却并不狂热于功名科举。

这种耿介独立的品性首先可从其家族藏书中略见一斑。汤氏从开基之祖汤伯清起便有藏书的爱好，至曾祖汤廷用（字勤圣）时规模已经十分庞大。汤显祖在《广意赋》中道："鸠遗书盖四万卷余兮，招余曾与余祖。"②古时书籍价高，藏书四万多卷所需要的投入一般家庭承担不起，其藏书目录也就显得尤为贵重。因此从这份历经几代人才积累起来的贵重书目中就更能够见出其对百家学问的偏好。汤氏藏书最大的特点即不限于四书五经、孔孟程朱，而是一种包罗万象的人间百科。如果有人去翻动他们的书架就会发现，其间"天官、地理、医药、卜筮、河渠、墨兵、神经、怪牒诸书"③莫不俱有。这对任何一个充满好奇的孩子来说都是一座宝藏，坐拥万卷藏书的汤显祖自然也是无书不读，甚至对那些所谓"闲杂之书"更为喜爱。邹迪光在《临川汤先生传》中便记其于"五经而外，读诸史百家、《汲冢》、《连山》诸书矣"。而大量，甚至略显庞杂的知识储备正是汤显祖日后进行文学创作所必需的基础。

此外值得注意的是，在逐渐积累的汤氏藏书中还包括有大量的戏曲剧本，其中仅"世不常有"的元代院本便多达千余种。古人获取书籍的途径有限，而要寻得某种罕见书籍更是十分困难。汤氏既能在戏曲领域搜集得到如此规模的珍本、善本，必定耗费了许多时间精力。可

① 毛效同编著：《汤显祖研究资料汇编》，第 132 页。

② 汤显祖著，徐朔方笺校：《汤显祖全集》，第 279 页。

③ 毛效同编著：《汤显祖研究资料汇编》，第 82 页。

见在汤氏家中喜爱戏曲的并非仅有汤尚质、汤显祖二人,这必定是一种已经延续了几代的家族风尚。

其次,关键在师教。汤显祖幼年从学于长辈和家塾教师的经历自不必说,后来父亲为其所择教师也多有耿介之名。十三岁那年,汤显祖正式开始了他“负箧曳屣”的求学生涯,家中为他所选的第一位老师便是素有耿介之名的东乡才子徐良傅(1505—1565,字子弼,号少初,理学名臣徐纪之子)。这位老师曾在吏科给事中的任上因谏言触怒权贵而被投入诏狱,恰逢天下大雨,诏狱积水严重。许多囚犯不堪水浸之苦,哀号哭喊,请求狱卒为之换一干爽囚室。唯独徐良傅铁骨铮铮,“立水中七昼夜,不移踵”[①],绝不向权贵屈服求饶。最终那权贵无可奈何,只得将他削职为民,放归乡里。

徐良傅解职后回到临川,在拟岘台开馆授徒。汤尚贤久闻其名,前去请教后更是愈发敬佩,于是命汤显祖也来从学。跟随徐良傅求学的这段经历对汤显祖影响极为深远,甚至在以后的科举之路上也效仿乃师,不以阿谀权贵为进身之路,在仕途中亦敢于冒死进谏以匡时弊。汤显祖就是因为上奏《论辅臣科臣疏》而被贬徐闻,几乎葬送仕途。

嘉靖四十四年(1565)徐良傅身染疽病,不幸去世。恩师去世后,汤显祖写下了《挽徐子拂先生》,序中言:“哲人下寿,哀何时已?”极尽悲痛。后来他又为恩师作《徐子弼先生传》,洋洋洒洒三千余言,满是崇敬爱戴之情。直至晚年,汤显祖去世之前仍作《负负吟》以怀念恩师而喟叹自己行将就木却仍有负于恩师所期的遗憾与无奈。

十三岁那年,汤显祖在跟随徐良傅学习以外,还有幸在书院讲会中结识了心学大家罗汝芳(1515—1588,字惟德,号近溪,泰州学派代表人物,世称“明德先生”)。因此在徐良傅去世后的第二年,正满十七岁的汤显祖又一次开启了负笈远游的问道之旅。目标正是罗汝芳在南城开设的从姑山房,而这位以学术为志业的明德先生亦是真情至性之人。罗汝芳曾在万历五年(1577)官拜右参政,其后不久入京进表,

① 汤显祖著,徐朔方笺校:《汤显祖全集》,第 2141 页。

应邀至城外的广慧寺讲学。这一举动令厌恶“王学”的权贵十分不满，他们指使言官借机弹劾罗汝芳“事毕不行，潜往京师，摇撼朝廷，夹乱名实”①，勒令致仕。而先生那位已转投首辅之门的状元弟子沈懋学早就对这类讲学活动十分不满，他在《寄罗近溪先生》中亦说“迩来辩说多借禅锋，且一体为名，不分真伪。奸雄亡命，归斯受之。一人交游，便称同志。假途托迹，妄拟清流。眷此颓波，莫知所底”，语气逼人，全无弟子之礼。外界对广慧寺讲学一事纷纭扰攘，争论不休，但其实明德先生早已对污浊混乱的朝政失去兴趣，借此机会正好拂袖而去，回乡讲学，以遂己志。

汤显祖时时不忘乃师教诲，钻研刻苦，深得先生喜爱。他曾两度获得恩师赋诗相赠，其一为《汤义仍读书从姑赋赠》：

君寄洞天里，飘飘意欲仙。
吟成三百首，吸尽玉冷泉。②

“玉冷泉”为从姑山一景。据罗伽禄先生考证，罗汝芳丁父忧时曾修葺此泉，并增建一池，名此泉为“玉冷”，池为“浸碧”，指喻胸中学问尽在于此。因而从这首赠诗中便可见出先生对汤显祖的赞赏喜爱之情。汤显祖亦时时不忘师恩，仕宦沉浮之中曾数有《入粤过别从姑诸友》《罗浮夜语忆明德师》《己亥春送达公访白云石门，过盱吊明德夫子二首》等诗作，怀念老师，也勉励身处困厄中的自己。后来汤显祖如此热心教育，明德先生的影响不容忽视。

再次，最重要的是身教。汤显祖的父亲汤尚贤（1528—1615），字彦父，号承塘。据易应昌《敕封太常寺博士承塘汤先生元配吴太恭人合葬墓志铭》（以下简称《合葬墓志铭》）记载，承塘公仪表俊美，“望之如玉山琼树，海鹤岩松”，性格“方正疾恶”，尤其刚烈，“生平无蹑足附

---

① 刘上洋：《汤显祖与江右文化》，《江西社会科学》2020 年第 1 期。
② 毛效同编著：《汤显祖研究资料汇编》，第 165 页。

耳,及儿女唧唧呪呪态"①。他的文章一如其人,正大端方,读之凛然,"学者佥称畏友"。汤尚贤教育子弟则以严格著称,见到族人中有轻浮放浪,败坏家声者,他也会毫不客气地予以教训。应该说,汤显祖性格中的耿介之气就是受到了父亲和老师言传身教的影响,此后为官亦以忠直著称。万历十九年(1591),全国各地洪旱灾害频发,边境战事不断,国内民怨沸腾而皇帝仍然无动于衷,各级官吏贪墨惊人,朝廷党争愈演愈烈,大明朝廷实已陷入生死存亡的境地。时任南京詹事府主簿的汤显祖心忧之下,愤然以《论辅臣科臣疏》上呈皇帝,朝野为之震动。在奏疏中,他不惜开罪当朝首辅申时行(字汝默),直陈弊政道:

> 言官岂尽不肖,盖陛下威福之柄潜为辅臣所窃,故言官向背之情,亦为默移。御史丁此吕首发科场欺蔽,申时行属杨巍劾去之。御史万国钦极论封疆欺蔽,时行讽同官许国远谪之。一言相侵,无不出之于外。于是无耻之徒,但知自结于执政。所得爵禄,直以为执政与之。纵他日不保身名,而今日固已富贵矣。给事中杨文举奉诏理荒政,征贿巨万。抵杭,日宴西湖,鬻狱市荐以渔厚利。辅臣乃及其报命,擢首谏垣。给事中胡汝宁攻击饶伸,不过权门鹰犬,以其私人,猥见任用。夫陛下方责言官欺蔽,而辅臣欺蔽自如。②

这项风波虽以汤显祖被贬徐闻而终结,但疏中所斥的首辅申时行当年便被准许致仕,礼、户两科给事中等人则以不谨落职。应该说汤显祖为辅佐朝廷,去除弊政而与当朝权奸的斗争正是其置死生仕途于度外的大忠大义之举。

万历二十五年(1597)后,神宗下令在浙开矿,并派宦官税使搜刮民财,百姓苦不堪言。汤显祖在《寄吴汝则郡丞》中言"搜山使者如何,

① 毛效同编著:《汤显祖研究资料汇编》,第 126 页。

② 毛效同编著:《汤显祖研究资料汇编》,第 140 页。

地无一以宁，将恐裂”，另诗又作“当知雨亦愁抽税”，可知弊政之重。汤显祖只是一县之令，无计可施却又不忍看到百姓陷于弊政，困苦挣扎。因此在深思熟虑之后，他决心在万历二十六年(1598)入京上计后辞官回乡。邹迪光在《临川汤先生传》中对当时的情形描述道：“公以倜傥夷易，不能……睆长吏色而得其便。又以矿税事多所蹊蹩，计偕之日，便向吏部堂告归。虽主爵留之，典选留之，御史大夫留之，而公浩然长往，神武之冠竟不可挽矣。”当时有许多同僚为汤显祖辞官感到惋惜，也有许多高官极力挽留，奈何他去意已决，既然身为亲民之官而无法照管属民，纵不去职，多居又有何益。

汤氏子弟之耿介则受汤显祖影响为多。如汤显祖三子汤开远(1598—1640，字伯开)居家则曰孝，为国则尽忠。崇祯五年(1632)，他以举人出任河南府推官，因见朝廷多所过失，数呈谏章，其一曰：“皇上急于求治，诸臣救过不给。临御以来，明罚敕法，自小臣以至大臣，与众推举或自简拔，亡论为故为误，俱褫夺戍配不少贷，甚则下狱拷追，几于刑乱国用重典矣。”①与《论辅臣科臣疏》一样，汤开远在奏章中不留情面地指出了皇帝的过失。崇祯见之大怒，责令指实，否则将付有司严办，而开远毫不畏惧，再次上疏，如此反复，规劝帝心，其忠之在心，直之在行，可见一斑。

崇祯虽然数次威胁要重惩开远，然而一则地方大员如名将左良玉(1599—1645，字昆山)等多次上奏保全，二则皇帝内心也渐渐明白了开远的良苦用心，谏诤虽然刺耳，然无不是为国为民。崇祯十年(1637)年冬，太子出阁，汤开远又上奏道：“陛下言教不如身教。请谨幽独，恤民穷，优大臣，容直谏，宽拙吏，薄货财，疏滞狱，俾太子得习见习闻，为他日出治临民之本。”②崇祯深纳其言。《明史·汤开远传》共2 480余字，其中用了近2 100字的篇幅收录汤开远的谏章所诤。从汤显祖到汤开远，可谓忠直舍己，父子相继。此外汤开远在明末乱世

① 毛效同编著：《汤显祖研究资料汇编》，第140页。

② 毛效同编著：《汤显祖研究资料汇编》，第144页。

中还曾数次平息叛乱,安抚地方,有绩有劳,“朝议将用为河南巡抚,竟以劳瘁卒,官、军、民咸为泣下”。

再有如汤维岳(1591—1658),字生甫,号山公,显祖弟儒祖之子。儒祖早逝,维岳四岁起便跟随伯父汤显祖一起生活,“教养婚配与诸子无异”。他“七岁能文,古劲高雅,迥不犹人,先生珍奇之”,继而于崇祯三年(1630)乡试中举,初任象山令,“廉介寡合,忤大吏,解组去,曰:‘遂昌在望,吾不忍负吾诸父也。’”后补南靖令,御敌守城,“寝处雉堞间,未尝解带,士民因得恃以为固”。他与堂兄汤开远一样,可称“青操峻节,无愧家门”①。

二、汤氏“孝谨慈爱”家风特征的形成与表现

不同于男丁的耿介多义,汤氏妻母既持家谨严,也侍亲孝敬,育子慈爱,和睦亲族。他们与男丁一起在家中形成了乾坤并举、刚柔相济的和谐局面。这种流传在汤氏女性中的传统亦有一种渊源,根据现有资料,至少可上溯至高祖汤伯清的夫人艾氏。据 2017 年在汤显祖家族墓园中出土的《明故汤孺人艾氏墓志铭》记载,艾氏讳兴珍,同郡艾仕让之女,“既归汤,则尽妇道以事舅姑,殚妻道以相夫子,广慈惠以育嗣姓,执俭勤以治生理,而女红妇事咸精其能”②,是文昌汤氏家族昌盛、门第崇峻的良好开端。

传至祖母魏氏,则因其高寿而得以亲自抚育幼年的汤显祖。魏氏与显祖感情极深,汤显祖曾亲自为祖母撰写《祖母魏夫人迁祔灵芝园墓志铭》,其中道,祖母为同郡魏鹗之女,祖父汤懋昭之继室。她治家“振以端严,逮事廷用公瑄(按,汤廷用,幼名瑄)以孝,助公以仁,而宜家以敬”。每逢佳节,家中子妇多欢笑宴玩,而“祖母谨祀先如礼,讫,闭户坐,凝如也”。魏氏的端庄有礼,使家中逐渐形成了以“严净”为特

---

① 毛效同编著:《汤显祖研究资料汇编》,第 147 页。

② 王上海、程小辉、刘莹琳等:《江西抚州汤显祖家族墓出土墓志》,《文物》2018 年第 8 期。

征的家风家法。她教育儿孙亦依此法，“慈而有礼，视明而听察，色毅而言庄”。

魏夫人在诸孙中最爱显祖，常带在身边教养，至显祖十四岁已为诸生时，仍亲自照管他的饮食起居。汤显祖在他二十九岁时所作《龄春赋》序言中讲述了自己在祖母膝下成长的一些细节：“余太母为魏夫人，年九十一二矣。动为小子治宾客，暴书器。小子或违去信宿，则卦卜。至游太学，应诏辟，为严装送发，不啼也。小子受恩念深至。儿时病，不好床席，常以太母腹为藉，至十余岁，补弟子时，尚卧其肘。以是外出夜梦，常惟梦太母耳。”这种时刻萦绕脑际、屡入梦境的对祖母的思念之情甚至还曾救过汤显祖一命。在万历八年(1580)赴京会试的舟中，汤显祖与“童年士钟某，视覆纸皆祖母标识，因咽泣不自胜”，此时忽然发生撞船事故，船中漏水严重而船家早已醉倒睡熟，幸赖“吾与钟以悲伤故，不能寐，闻水声，起促火走别艇以免。一舟人惊谢曰：‘老妇人之灵以济也。’”①魏夫人一生治家教子，抚育诸孙，为“严净”家风的沉淀和发展营造出了可见、可信、可守的氛围风气。也正因此，汤显祖才在祖母的墓志铭中再次强调说：“吾祖、吾父得以诸生强立于有司、乡士大夫之间，吾伯父得为乡长者，而各以长寿宜子孙，皆祖母劳思之力焉。”②

汤显祖的母亲吴氏为同郡吴允熲之女，易应昌《合葬墓志铭》中载，吴氏“归翁，事舅姑也孝，奉伯姆也恭，御内外大小之人也慈”。汤显祖的父亲性情刚烈，有时与人不快，则由母亲“乘间劝阻，托亲属调停，卒得集睦如初，斯其所全者大”。吴氏与汤父性格正相互补，可谓“以坤之柔，济乾之刚而世运泰；以恭人之顺，济翁之健而家道康”。

在谨孝家风中长大的汤显祖自然也遵乎礼法、敬爱亲长，孝养双亲。《临川汤先生传》中载，显祖“与家人俱，皓皓熙熙，相剂而出，笑颦

---

① 汤显祖著，徐朔方笺校：《汤显祖全集》，第288页。

② 王上海、程小辉、刘莹琳等：《江西抚州汤显祖家族墓出土墓志》，《文物》2018年第8期。

不假,而光霁自若;与其两尊人居,则柔气愉色,逆所欲恶,而先意为之……与其五兄弟俱,解衣分餐,弼其逮而补其缺失,务令得两尊人欢。以一人而兼兄弟五人以事其亲,故两尊人老而致足乐”。汤显祖的侍亲之道还远不止于此,万历三十四年(1606),汤父八十大寿,曾任礼科给事中的吉水进士罗大纮(字公廓)托门生带来一篇《寿序》,其中描述汤显祖的侍亲之法道:“盖闻事亲之道,有犯无隐,严威俨若,古人绌焉。乃称色养,难哉！义仍气盖一世,至其庭闱之间,绰约若处子,而又善为变宫变徵之乐,时使歌者奏其新声,则不独以色养矣！色养养志,声养养神,神之听之,终和且平……翁嬉笑樽俎间得之,抑尤奇矣。”①由“色养”而至“声养”,既是身为戏曲家的汤显祖之所长,也可见其侍亲之体贴入微。

三、汤氏“耕读传家”家风特征的形成与表现

耕读传家是汤氏由来已久的传统,教育子弟更是历代汤氏的第一要务。这种教育不仅有诗书经史的学习,更重要的是在家风品性上的传承。汤显祖的高祖汤子高便是这样一位在学问品性的家传上,能够起到承上启下作用的关键人物。据《明故义士汤公子高墓志铭》所记:“公资禀深厚,夙遵庭训,敦尚孝友,不事表襮,以敬谨孚于人,而远近咸仰之。”对于谋划家族发展,教育后生子弟,他不仅眼光极为长远,对所需资费更是毫不吝惜。墓志铭中言其“既而延师友,课子姓,资讲论为事。各乡膏腴之产,乃分命诸子以掌之,盖为储蓄之具也”。正如汤子高自号以“耕读轩”之谓,他上承家业,下启子弟,以“耕读”二字奠定了临川汤氏家风的核心特质。

汤显祖的父亲也十分强调子弟教育,曾不计花费“建家塾以开继绪”,并“敬礼师傅,乐宾客”,将州郡中的青年才俊如帅机、饶仑、周献

① 黄芝冈:《汤显祖编年评传》,中国戏剧出版社,1992 年,第 312 页。

臣、谢廷谅等人延请至家，“与若士唱和，进食称觞，朝夕无废”①，为汤显祖兄弟营造了良好的成长环境。后来众人各成进士，闻名于世，时人皆称其有知人之明。在父亲的教导下，汤显祖发奋自励，刻苦用功，他曾在十四岁时作有一首《入学示同舍生》，以示其志：

上法修童智，齐庄入老玄。
何言束修业，遂与世营牵？
软弱诸生后，轩昂弟子员。
青衿几曾废？漆简自应传。
騄耳团珠泽，光鳞出紫渊。
唐虞将父老，孔墨是前贤。
《小畜》方含雨，《中孚》拟御天。
高明曾有旧，垂发更齐年。
为汝班荆道，无忘《伐木》篇。②

汤显祖也经常以诗书耕读之道教育和鼓励家中的兄弟子嗣。他在青年时便曾写过一首《正觉寺示弟儒祖》诗曰：“尔兄才地本无余，长日东皋自秉锄。为道三荆悦同处，仍从双树偃精庐。窗间白发催愁镜，烛底苍头劝读书。万卷苦人难一一，三车时听讲如如。”③诗中告诫儒祖，虽然读书问道是一件极为辛苦的事，但前路漫漫而少年易逝，莫等闲，白了少年头，空悲切，而显祖的这位大弟亦无愧乃兄，堪称青年才俊。

汤儒祖(1559—1594)，字纯甫，号少海。据《明敕赠文林郎少海汤公元配潘太孺人合葬志铭》中所记，儒祖继承了父亲的俊朗丰神，“生而岐嶷，貌白皙，美须眉，丰肌伟干，望之如玉山”。他与汤显祖一样少

① 毛效同编著：《汤显祖研究资料汇编》，第127页。
② 汤显祖著，徐朔方笺校：《汤显祖全集》，第99页。
③ 汤显祖著，徐朔方笺校：《汤显祖全集》，第261页。

年聪慧，读书十行俱下，且极勤奋刻苦，“每夜参半，隔窗灯火朗朗，犹闻书声”①。因此总角之年便已补博士弟子员，与显祖合称“二龙”。在诸兄弟中，他与显祖友爱最笃，多有唱和，后来还将这些诗作合为一集，名曰《友于集》。

三弟汤凤祖（字仪庭）与父兄一样性情真诚耿介，《宗谱》所录陈际泰撰《仪庭公传》中即称其“正直成性，与人洞见肺腑，以是居官所至，上下信之”②。他曾以恩诏通判太仓，“遍篆诸属邑，皆有惠政”。解官归隐后亦“杜门谢交，足迹不至公府，安于家食为快”。与汤显祖居官、归隐极为相似，可见为家风所教。

汤显祖夫妇对子弟教育亦颇尽心。汤显祖的发妻吴氏出身名门，其祖父吴槐曾担任过知州，因此吴氏自幼也接受了良好的家庭教育。她与显祖成婚后感情极好，教子极勤。在父亲的教育，母亲的督促下，长子汤士蘧（1578—1600，字友尼）三岁能经，五岁能颂赋如《二都》《二京》。据丘兆麟（字毛伯）所作《重刻汤友尼觉花编序》中所记，他曾亲眼见到士蘧六七岁时所点定的《诗》《书》《易》《礼记》《春秋左氏》及昭明太子《文选》、《通鉴纪事》诸书，“钩玄纂要，手迹宛然”。丘兆麟还曾见到士蘧十五六岁时所为的《望匡庐》《抵绝交》等赋作，并认为这些赋作“踔躏横绝。此岂夫人童子而顾安于述者？渐清成教，天赋超绝，所为先生家学不虚耳”③。汤显祖对士蘧也抱有很高的期望，曾赞其具有“王佐才”，只可惜英年早逝。

次子汤大耆（字尊宿）同样“幼颖敏轶群，禀遵庭训，肄业成均，尽友天下名士。博观奇书，钩玄咀华，语出惊人”④。万历二十八年（1600），大耆远游南京参加科考。汤显祖深知如南京这样灯红酒绿的大都市最易使年轻人沉沦其中，因而特意写下《望耆儿两首》告诫这位

① 王上海、程小辉、刘莹琳等：《江西抚州汤显祖家族墓出土墓志》，《文物》2018年第8期。

② 毛效同编著：《汤显祖研究资料汇编》，第131页。

③ 毛效同编著：《汤显祖研究资料汇编》，第135页。

④ 毛效同编著：《汤显祖研究资料汇编》，第138页。

初出茅庐的年轻人“游闲不是儿家业,大好归来学种田”。务使大耆明白“诗书耕读”才是汤氏最可宝贵的传家之法。

四、汤氏“勤俭好施”家风特征的形成与表现

文昌汤氏从开基之初便颇为富裕,至第二代汤子高时家业愈发兴盛。据《明故义士汤公子高墓志铭》记载,当时汤氏“负郭有田百余亩,则躬督僮仆以耕之,盖为祀饷之具也”。仅祭田便有价格最高的“负郭之田”百余亩,可见其家资雄厚。汤子高的夫人艾氏《墓志铭》中亦称“试观诸野,则阡陌之广甲于他姓,必曰汤焉;再观诸市,则室屋之华甲于他姓,亦必曰汤焉;而赀贿牛马之属,又皆视诸上下而独盛焉者也”。然而如此富有的汤氏却从未恃富骄横,欺男霸女,反而在生活上极为勤俭,乐善好施,对周济邻里、修路架桥尤为热心。如家资鼎盛时期的汤子高便“不嗜酒,不偷安。衣取蔽寒,食取充腹,其自奉澹如也”①,乡民有难,则“爰输粟若干石,备以赈之”,且“泽及于邻里,而无德色”,丝毫不会因此心生傲慢,郡守吕公杰为汤氏的品行感叹不已,坚持为他们的善举旌表嘉奖。

祖父汤懋昭为人勤俭质朴,汤显祖在所撰《明故西塘汤君墓志铭》中道,祖父“虽承积累之余而足以侈其服食,且身不衣罗绮,口不嗜肥甘,一以俭约自持,用是利源日裕,而仓有余粟”。节俭的汤懋昭对于周济族人、乡邻却从未吝惜,“每于不给者,辄发粟以济之。而不能偿者,亦恕之而弗取”。更难能可贵的是,他“若其事父母以孝,友兄弟以礼,慈诸侄若己出。姻友之敬,久而不衰。横逆之来,一忍以胜之。虽于人之至微者,而称谓亦不轻斥其名,宁过于礼貌而弗嫌。至于仆婢庄人之类,莫不感慕”。②在汤懋昭以身示范的感召下,汤氏家中遵德守礼之风日渐浓厚,渐成一乡之表率。

---

①② 王上海、程小辉、刘莹琳等:《江西抚州汤显祖家族墓出土墓志》,《文物》2018年第8期。

父亲汤尚贤更是一位关心乡里的贤士，他曾十分慷慨地“捐万石以赈荒歉，出千金以修桥梁，尚义而不计利”。他自己的生活则十分俭朴，常常“冬褐夏葛，有晏子一裘三十年之癖”。夫人吴氏亦终身布衣，“罗纨绵绮，见辄斥之”。尚贤喜诗书，常诵读至夜，夫人即“纺绩佐其膏火之需”；尚贤亦喜宴客会友，夫人则“脱簪珥质衣裳，丰其匕箸之藉”。①可见他们对自己的日常用度约束严格，虽有家财，却无靡费。

父祖以来勤俭好施的品德在汤显祖一代也得到了传承。汤显祖宦游十五载，为官极清廉而又乐于捐资助学，不仅被贬徐闻时曾出资修建贵生书院，后来转任遂昌，见县中修建书院资金不足，便又一次慷慨解囊道“予为县官，于禄入固无所爱”②，随即捐出了本就微薄的薪俸。与此同时，他作为县令始终坚守着自己的廉洁底线，如在给门人叶时阳的信中他便无不自豪地表示：“平昌四年，未尝拘一妇人。非有学舍、城垣公费，未尝取一赎金。此又可质之父老子弟而无择言者也。”③因此汤显祖虽然为官多年，但并没有留下多少积蓄。尤其隆庆六年家中失火，不仅藏书与祖宅尽毁，更使汤氏家道陡然中落。汤显祖曾在诗作《吾庐》中对大火之后的艰辛境况描述道：“藏书倏以火，林藻积披离。十载居无常，辛勤严与慈。”

尽管汤氏境况已至于此，但汤显祖一面仍极慷慨：“人有困阨，昏夜叩门户而请，即有弗逮，必旁宛助之，不以贫无力解。人谓公迂。公曰：‘施济不系富有力；必富有力，安所得冯驩、郭解乎？’”④另一面则教导子弟持家务必勤俭，此为汤氏家业兴旺、长盛不衰的根本所在。正如他在《智志咏示子》中所言：“有志方有智，有智方有志。惰士鲜明体，昏人无出意”，只有勤劳才能催生远大的志向，亦只有志智兼备才能有所作为；也正如其在《粒粒歌》中所唱的“米粒粒，我所入，不爱惜之真可泣。书篇篇，我所笺，不爱惜之真可怜”，只有俭朴才能让人懂

① 毛效同编著：《汤显祖研究资料汇编》，第126页。
② 汤显祖著，徐朔方笺校：《汤显祖全集》，第1590页。
③ 汤显祖著，徐朔方笺校：《汤显祖全集》，第1937页。
④ 毛效同编著：《汤显祖研究资料汇编》，第82页。

得珍惜，也只有懂得珍惜才能免于堕入无边恶欲。对于勤俭持家的妻子，汤显祖大加赞赏，曾作诗《内人入斋》道："清斋素服光如月，自赏香璎茉莉花。"尽管妻子衣着俭朴，清斋素服，但汤显祖依然感觉她光华照人，有香璎茉莉般沁人心脾的动人之处。何也？以德之故，非绮罗也。至汤显祖去世之前，还自作《诀世语七首》曰："一祈免哭；一祈免僧度；一祈免牲；一祈免冥钱；一祈免奠章；一祈免崖木；一祈免久露。"告诫子孙，他的一切葬礼形式皆应从简，而简单的葬礼亦无妨于千古流芳。

五、汤氏家风的传衍与影响

汤氏无疑是临川最有名的书香门第之一，即从可查证的确切文献看，至少自汤显祖以上五辈都是当世名流，饱学之士，在本郡享有很高的声望。同时从《抚临汤氏宗谱》所收录的数篇《原序》看，其中亦不乏名家褒扬之语。如朱熹(字元晦)在《序》中便称："今阅汤氏谱……非大忠大孝而能之乎？吾世之去祖未远，问其所自而懵然者，愧于汤氏多矣。"以此可知，至少在南宋时期汤氏便已颇具规模，且家族治理亦颇有成效，已有声名在外。此后至明代则有兵部尚书宜黄谭纶(字子理)赞叹道："抚郡汤姓卓然，为当代名宗。"清代李绂之后礼部侍郎李友棠(字茗伯)亦为之作序，赞赏之词溢于纸外。由宋至清，汤氏始终门风不坠，维持了其作为书香世家在地方上的声望，而在汤氏家风传衍过程中除家人子弟的言行以外，最重要的就是《族谱》《家规》。

《家规》是一个家族的家风家教在数十年甚至数百年发展历程中凝聚而成的结晶，是一个家族吸取历史经验教训子弟的宝贵箴言，也是我们了解这一家族家风的直接窗口。文昌汤氏在长期的发展中便形成了这样一部规典，它由汤子高的八世裔孙于清康熙五十二年(1713)所撰。他在起首处便直言《家规》的重要作用道："《诗》曰：'天生烝民，有物有则。'《书》曰：'惟民生厚，因物有迁。'是知人匪无良，教之诲之，不容稍缓，矧在一家其可勿训。兹于癸巳冬月重修谱志，余乃摭古典,采方言,取其浅近易晓者,编为十二条,又编为七戒,凡皆以为善后之资,汝后人务宜遵而毋违。”

其中如第三条言“忠”曰:“忠者,何尽已之心谓也。事君而不尽其心则为奸佞,为谗谄。当时非之,后世讥之。是必思君之爵禄我,匪徒富贵我也,以作忠望于我也。我之事是君,讵可容悦为也?当竭忠报其国也。公而忘私,国而忘家。天下有道,则疏附先后,制治于未乱,保邦于未危;天下多故,则灾捍患,为生民保障,为天子干城。此达而在上之忠也。若穷而在下,则言必忠信。为人谋而无不忠,斯州里可行也,蛮貊可行也。吾子孙曷可失其忠心。”①

从此《家规》对“忠”的阐述又依稀可见汤显祖、汤开远、汤维岳的忠义耿介之气。汤显祖曾在《论辅臣科臣疏》中对皇帝直言:“陛下经营天下二十年于兹矣。前十年之政,张居正刚而有欲,以群私人嚣然坏之;后十年之政,时行柔而多欲,又以群私人靡然坏之。皇上大有为之时可惜也。”《家规》中所谓“我之事是君,讵可容悦为也?当竭忠报其国也”又与文昌诸汤公而忘私的勇气与意蕴何其相似。

又如第七条“廉”曰:“廉者,有分辨临财毋苟得之谓也。故以廉名者,非必巢由、务光之辈,而后可尚也。苟道义无愧,则舜承尧禅,禹承舜让,亦不害其廉。以不廉名者,非必盗蹠、齐人之行而后为失也。是以原思有宰粟之辞,而孔子止之,曰:‘毋受之,无妨于廉也。’齐王有兼金之馈,斯当乎廉也。廉之当辨也如此,我子孙盍以自励。”

汤氏《家规》对“廉”的底层逻辑进行了深入剖析,指出“廉”的关键不在于“财”,而在乎“道义”,只要合乎道义,即便受之千金,也无愧于心;然而如果为“道义”所不许,那么即便只取一粟也难逃人言世论的谴责。这种见解深刻的《家规》条文既是基于先人经验与思考的总结,更能够为后来子弟在曲折的人生道路中提供醒世良言,是汤氏家风传衍过程中的横帆宝船。

应该说,文昌汤氏的端严家风是在一代代汤氏族人以身作则、身

① 临川《文昌汤氏宗谱·家训》(七修),文昌汤氏藏。

体力行的生活实践中逐渐形成的，这其中既有父辈兄长的言辞训导，也得益于慈母的谆谆教诲，宋、元、明、清以来家风严整，代不乏人，称其为临川之“巍巍望族”，可谓无愧。

作者单位：徐伟鹏，中共吉安市委党校（江西吉安干部学院）；
艾传贵，抚州市汤显祖国际研究中心

宜黄地方文化对汤显祖的影响之探究

许爱珠

宜黄乃历史文化名城，自三国吴太平二年(257)，分豫章郡之临汝、南城立临川郡。同年，析临汝地立县，是为建县之始。因县治在宜、黄二水汇合侧，故名宜黄，属临川郡，迄今已有 1 900 多年的历史。宜黄自古宗教发达，道教名山众多，还是曹洞宗祖庭。自南宋以来，又成为著名的戏曲之乡。

众所周知，在一代名将谭纶之后，汤显祖扶持、培养了宜伶，发展了宜黄—抚州的戏曲文化。但我们却往往忽略了一个基本事实，那便是宜黄作为南方的戏曲活动中心，必然是对年轻的显祖有着深刻的影响。由于历史的久远、文献的阙如，我们无法获知汤显祖具体怎样受到宜黄地域文化的影响，但我们从谱牒文化的吉光片羽之中，尚能判断年轻时期的汤显祖就与宜黄有着密不可分的关系。当然，宜黄的仙释文化和汤显祖的诸多诗作，少年汤显祖便随祖父留迹于包括宜黄在内的名胜大山，青年汤显祖与名臣谭纶的往来酬答，也是重要的佐证。我们认为，正是由于年轻时期汤显祖与宜黄之间的密切关系，才进一步促成其晚年请宜伶演出“四梦”这一戏曲盛事，为宜伶撰写《宜黄戏神清源师庙记》这一千古名文。

一、少年时代起就与宜黄亲友、名臣交往，对宜黄相当熟悉

(一) 文昌汤氏在宜黄有亲戚

图 1 所示文昌汤氏族谱，由汤显祖第十三代裔孙汤廷水手绘而

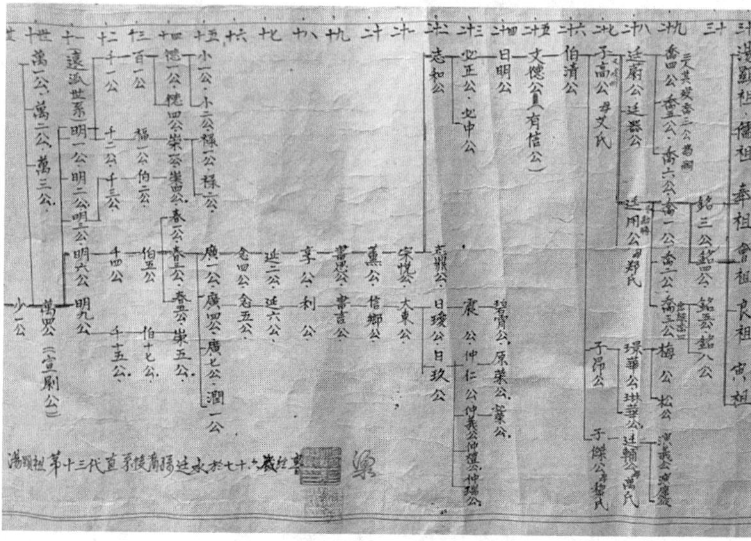

图 1　文昌汤氏族谱

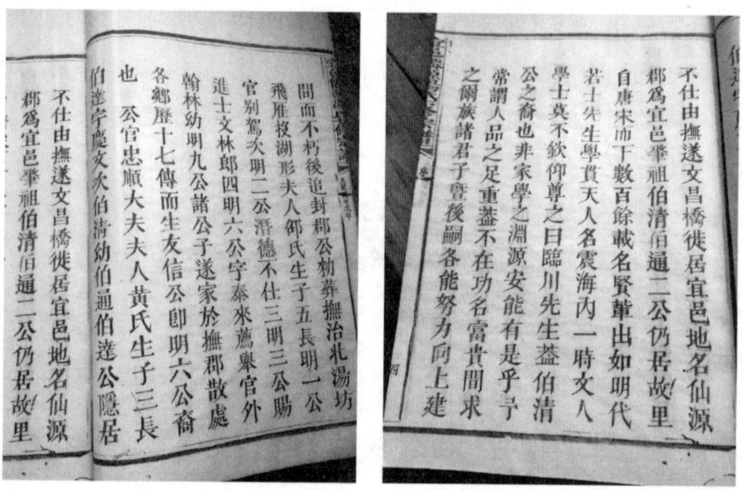

閒而不朽後追封郡公刺葬撫治北湯坊
飛雁投湖形夫人鄧氏生子五長明一公
官别駕次明二公潛德不仕三明三公賜
進士文林郎四明六公字泰來薦舉官外
翰林幼明九公諸公子遂家於撫郡散處
各鄉歷十七傳而生友信公即明六公裔
也　公官忠順大夫夫人黄氏生子三長
伯達字處文次伯清幼伯通伯達公隱居
不仕由撫遂文昌橋徙居宜邑地名仙源
郡爲宜邑肇祖伯清伯通二公仍居故里

不仕由撫遂文昌橋徙居宜邑地名仙源
郡爲宜邑肇祖伯清伯通二公仍居故里
自唐宋而下數百餘載名賢輩出如明代
若士先生學貫天人名震海内一時文人
學士莫不欽仰尊之曰臨川先生蓋伯清
公之裔也非家學之淵源安能有是乎予
常謂人品之足重蓋不在功名富貴間求
之爾族諸君子暨後嗣各能努力向上建

图 2　宜黄汤氏族谱内页

成。笔者和汤廷水先生交流过，因为是早几年的成果，这张图谱有些地方需要更正。比如友信公才是汤伯清也即亮文公的父亲。这个文昌汤氏世系图，和宜黄汤氏族谱的有关内容正好有密切关系。

我们先看以下宜黄汤氏族谱的部分内容，见图 2、图 3。

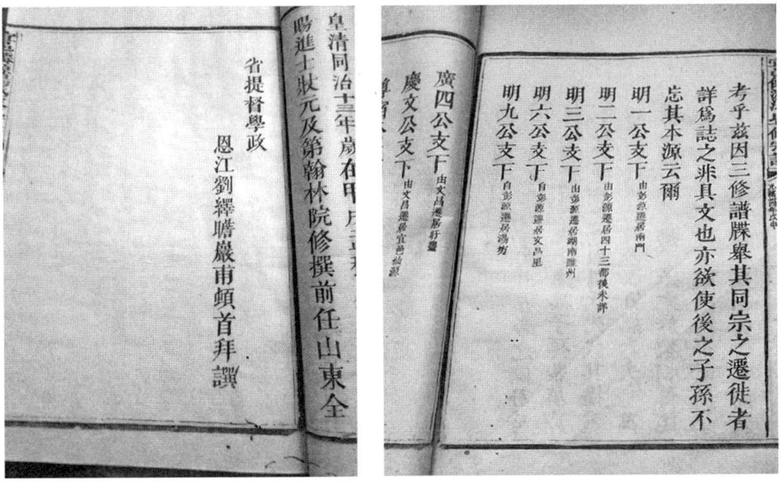

图 3　宜黄汤氏族谱内页

图 2、图 3 是由刘绎在清同治十三年(1874)撰写的宜黄汤氏宗谱序文的一部分内容。出生于江西吉安永丰县恩江镇城南的刘绎,字瞻岩,又字景芳,号岳云居士,于道光十五年(1835),三十八岁时参加殿试,最后皇帝御批"写作俱佳,通榜无出其右者",名列一甲第一名。他也是清代著名的教育家、文学家、书法家、谱牒学家及地方志专家。我们从序文中可知,宜黄汤氏乃友信公的后代,友信公生三子,长子伯达字庆文,次子伯清,幼子伯通。刘绎特别指出,伯达公也即庆文公隐居不仕,由文昌里迁(宜黄)仙源郡(今南源乡),为宜邑肇祖,伯清伯通二公仍居故里(文昌里)。

从伯清(亮文公)—子高公—汤廷用—汤懋昭—汤尚贤—汤显祖,共传承六代。文昌汤氏和宜黄汤氏共属于临川汤氏的后裔,应该说,在宗亲文化的关联上还是比较密切的。我们目前还没有找到确凿证据,证明文昌汤家和仙源汤家有交往,但至少我们可以从汤显祖在宜黄的其他活动中可知,汤显祖在宜黄应当有比较稳定的落脚之处,而到底是不是就是仙源郡的汤家,还需要以后进一步寻找证据。

(二)汤显祖在宜黄有至交

汤显祖在宜黄有至交,基于两则佚文。

这两则佚文，见于宜黄许氏北宗（即宜黄老县城城北，又叫邑北）族谱，是在清宣统己酉（1909）九修基础上修撰而成的第十修族谱（1996）。而九修老谱之前还遗存有清嘉庆癸酉（1813）六修，清乾隆戊戌（1778）四修，清康熙辛卯（1716）三修的诸多资料。现原文实录如下：

其一，汤显祖为宜黄邑北许氏第十世策五公许凤宇所著赞文：

（十世）策五公徐凤宇先生赞

昔在胜国，穆神代兴，时为中世。维彼穆庙，享国日浅，宇内平治。神庙继之，福祚灵长，文恬武熙。泽被遐迩，靡不乂安，以遨以嬉。公生于斯，冬可以裘，夏可以绨。公隐于斯，黄山之麓，宜水之湄。于焉游息，冈高谷深，晔晔紫芝。有屋数椽，有田百亩，有圃一畦。有琴一囊，有经一箧，有子一燕。公顾谓子，田庐与汝，琴经遗儿。吁嗟公姓，克成厥志，以表于宜。揆阙本原，敷蓄自公，宜世世祀。

明赐进士第授太常博士迁南祠部郎

愚弟汤显祖若士氏顿首拜撰

其二，汤显祖为许氏族人所著祭文：

又祭文

伊昔桑户，子反琴张。相与相为，死生相忘。游方之外，逍遥彷徨。继世而新，唯予三人。相视莫逆，与古为邻。嗟来桑户，汝已返真。缅想平昔，明明不隔。假物托体，偶俱游适。疙决痈溃，时犹旦宅。书与君交，两髦垂首。癸酉之春，乃与秋偶。要殊后先，情无返以。风雨萧萧，把臂定交。君刓书锷，秋也寂寥。性不易方，异味同调。君书在隅，秋屏郊居。朝夕言面，书密秋疏。形有疏密，神则偕俱。君之惠和，在古无多。日熏风暄，洵恬不波。挹注衰俗，归则□那。厉虐之迍，孰识其原。伤心具尔，负痛灵根。奄忽同归，孝魂友魄。日薄虞渊，寒冰凄然。山阳笛奏，向子悲咽。故交零落，目断霜天。愦愦从俗，以观众目。愧彼两贤，鼓琴编曲。吁嗟乎！子之往也，吾无以为质矣。鼎折足，刍一束，人如玉。虽欲勿哭，焉得而勿哭。

明赐进士第授太常博士迁南祠部郎

汤显祖若士氏顿首拜撰

从原文内容看，第一则主要是称赞宜黄许氏第十世许凤宇的祖先世代于国有功，而凤宇本人则是隐士高人，不求闻达，品行高洁，许氏后人应世世瞻仰。第二则文章没有明确的题目，但从两篇文章内容及落款方式看，很有可能仍是写给许凤宇的祭文。文章一开始就以《庄子》中所载桑户、子反、琴张三子相与为友、相忘生死的典故，来寄托汤显祖对于许姓友人的哀思，我们可知他们应该是知己，是密友，而且文中还提到逝者和汤显祖本人相交于"两髦垂首"之时，可见他们还应该是发小的关系。他们朋友三人兴趣相投，都喜欢诗书琴曲，常一起鼓琴编曲，甚为欢喜。如今贤友已逝如大鼎折足，令汤显祖伤心不已，想不哭却忍不住不哭。联系前文所记载的许凤宇的行事为人，和此文中描写之人有诸多契合之处，因此，我们可以认为，汤先祖所祭奠的，很可能就是许凤宇。当然，由于两篇文章都语焉不详，因此也并不排除是许氏另一位与汤显祖一同长大的族人，而这位许氏族人，也是道骨仙风，大隐于市。

关于两则佚文之真伪，我们可结合宜黄许氏的世系源流及与汤显祖包括谭纶等抚州历史名人的渊源关系，以及文章在写作时间上的合理性，以帮助我们廓清疑团。

宜黄许氏一族，乃中原汝南许氏高阳郡的后裔。《新唐书》记载，许氏"自容城（今河南鲁山）徙冀州高阳北新城都乡乐善里，秦末有许猗，隐居不仕"。自许猗始，许氏世居高阳。汉朝时有多人入朝为官，多有政声。如许毗，许猗曾孙，曾任侍中、太常。许德，许毗子，曾任汝南太守。许据，许德子，曾任大司农，为九卿之一。到魏晋南北朝时期,高阳许氏更加兴旺发达,许据子孙继续世代为官,如:许允,许据子,魏时为中领军,镇北将军;许奇,许允子,晋朝时曾任尚书祠部郎;许猛,许奇子,幽州刺史;许皎,许允孙,会稽内史;许询,许皎子,晋朝名士,一生隐居山林,与书圣王羲之交友,吟诗饮酒,挥毫泼墨,终老于山林。许询是东晋玄言诗人的代表,晋简文帝称其“玄度五言诗,可谓妙绝时人”(见《世说新语·文学》)。

唐中书令许敬宗乃许询的第八代孙①,而许敬宗第十六代孙许会(993—1069)是北宋时期迁入江西临川石鼓的始祖。据王安石宋庆历三年(1043)②所作的《肇修石鼓许氏宗谱序》一文中记载:“(许)会为进士,方壮时,亦慨然好议天下事,今为太庙斋郎。”据《临川金溪许氏世系宗谱》记载,许会乃宋宝元解元,擢进士及第。庆历八年调任抚州知州,遂居家徙歙东往临川,居石鼓。生子三,长子许博笃志义方,不应举辟。许博生子五,次子文郁生于宋仁宗宝元元年(1038)。文郁公诗书自娱不求闻达,有隐君子之风。元祐年间(1086—1090)文郁公迁居宜黄仙桂乡俗里硖石(又名渣浦、洙塘,今宜黄县棠阴镇硖石村。——笔者注)。文郁生子四,长子士英。士英以下四传至宗宏公,从硖石迁至县城凤岗镇。民顺公而上宋之代凡三。元、明、清时期的宜黄许氏后代,仍然继承了许氏祖先两大特点:要么入朝为官,忠孝两全,要么隐世而居,不求闻达。尤其是宜黄邑北一支,在当地影响很大,后代与宜黄县其他望族如吴氏、谭氏、罗氏、欧阳氏、黄氏等多有来往和联姻。同邑名人谭纶为许氏五世撰写墓表,清朝黄爵滋乃许氏外孙,也给许氏十六世许光亭撰写过七十大寿传文。许氏在抚州作为汝南名裔,也是颇具声名。由此可知,许氏宗族在整个抚州地区影响甚大。直至20世纪80年代,宜黄县城仍然保留了许氏大宗祠,位居县城中心,其规

---

① 之所以特别提到许询和许敬宗,不仅仅是因为他们二人历史影响较大,而且他们两位都给许氏宗谱写过序文,随宗谱一直得以传世。

② 王安石为临川石鼓许氏宗谱所作序文,文章的真实性不存在疑义,这篇序文不仅大量见诸于安徽、江西、浙江等各许氏分支宗谱,最重要的是欧阳修也写过《宜黄乐安许氏源流序》一文,是为其家乡吉州永丰河坪许氏所托,文中明确记载:“宋荆国王文公介甫序,宜黄硖石许氏族谱,谓许氏之先,由临川之栖源,徙居硖石……”

模之大，无出其右，令人依稀可见许氏宗族当年的盛名和气魄。

笔者依据目前所掌握的宜黄许氏族谱，可以确定宜黄邑北民顺公乃开基始祖。民顺公以降世系年表，表字统一为“顺肇敬彦尚　天震以一世　廷启应文章　思承树堂德　宗开传太岳　祚衍本高阳”，其派行分六房，其中有一支自渊公迁居永丰河坪。明代宜黄许氏有谱可循的是第四代仁三公许彦达，生于 1412 年，许凤宇为许彦达的第六代孙，如果按 25 岁为一代计算，许凤宇出生于 1546 年左右，而汤显祖生于 1550 年，以上所录赞文的人称落款中，汤显祖自称为愚弟是说得过去的。

以上所录两文，从表达的内容看，赞文对许氏远祖给予很高的评价，说明汤翁对抚州许氏世系源流非常了解，另一方面，许凤宇（或者还有另一位许氏族人）不求闻达，琴书自娱的名士做派也令汤氏激赏不已。

从目前掌握的材料看，这两则佚文最大的问题在于都没有时间落款。导致这一问题的原因很多，比如多次修谱过程造成漏登，或者老谱损坏无法辨认，或者是其他原因。这有待于以后进一步研究和考证。但“又祭文”一则中出现的一个时间给了我们很关键的提示，这就是文中提到的“癸酉之春”。我们以一个甲子为限，在汤显祖的人生岁月里，“癸酉之春”只能是 1573 年的春天。围绕着这个时间，联系汤显祖当时的人生活动轨迹，我们可知这正好是汤显祖第一次会试（1571）落榜之后的两年。这期间汤显祖郁郁不得志，受其祖父“仙游”思想影响，他前往宜黄云盖山怀仙，并和诗为证。①同时，1572 年除夕之夜，邻家失火，家道尽毁。汤显祖前往宜黄避难，在时间上是完全吻合的。而 1573 年汤显祖又撰《壬申除夕，邻火延尽余宅，至旦始息。感恨先人书剑一首。呈许按察》一诗。经查，这首诗中所提的许按察，乃许子良（1537—？），浙江仁和人，字直夫。明穆宗隆庆二年（1568）进士，授闽县知县，治行第一，擢监察御史，按河南，改江西。②

---

① 参见汤显祖著，徐朔方笺校：《汤显祖诗文集》，上海古籍出版社，1983 年，第 17 页。

② 参见蒋廷锡辑：《古今图书集成》，第 409 卷，金海湾电子音像出版社和广西师范大学出版社联合出版，1998 年。

两则佚文所记之许氏族人，目前未知是否和许按察有无关系，但至少我们不能断定毫无关系。联想到“又祭文”提到的逝者和汤显祖本人相交于“两髦垂首”之时，我们至少能推断宜黄许氏和临川汤氏两家乃故交也未为不可。

要之，囿于许氏家族与抚州历史文化名人的交集甚多，佚文中对许氏家族的高度赞誉，而许凤宇等许氏后代不求闻达，相忘江湖的仙道做派，这和汤显祖固有的“仙游”思想不谋而合，加之嘉靖癸酉年(1573)这一关键时间节点的出现，笔者认为，这两则佚文伪作的可能性非常小。

（三）青年汤显祖有关宜黄的诗作不少

我们已知汤显祖本人早年有关宜黄的诗作不少，收入徐朔方先生笺校的《汤显祖诗文集》中的有：隆庆六年(1572)所作《送谭尚书行边》《重酬谭尚书》二首诗，隆庆七年(1573)作《壬申除夕，邻火延尽余宅，至旦始息。感恨先人书剑一首。呈许按察》，隆庆八年(1574)作《留别大司马谭公》，还有不能确定写作时间的《和大父云盖山怀仙之作》。如此之多与宜黄有关的诗作，再加上上述两则佚文，我们可知二十五岁之前的汤显祖，往来于宜黄的时间不少，且积极结交宜黄的当地名门望族，对宜黄很熟悉。《和大父云盖怀仙之作》一诗，说明汤翁随祖父去过宜黄的云盖山。云盖山是宜黄著名的道教圣地。汤显祖深受祖父、父亲的影响，对道教兴趣甚浓。宜黄的中华山、圣华山、天宝山、仙华山等也都赫赫有名。

而青年汤显祖与宜黄名臣谭纶往来酬答，更是文坛佳话。谭纶(1520—1577)，字子理，宜黄人，嘉靖二十三年(1544)进士。历任台州知府、浙江按察司副使、福建巡抚、陕西督抚、两广总督、兵部尚书等职。万历五年(1577)卒官。赠太子太保，益襄敏。著有《谭襄敏公奏议》等书。1571 年，谭纶告假回乡，汤显祖当时生病，便托人送宝剑一对、诗书一封前往拜谒。二人之间从此殷勤往来，互有诗文酬答。收入《汤显祖诗文集》的有《送谭尚书行边有序》《重酬谭尚书并序》《留别大司马谭公有序》等。

以上所述,可引发我们进一步的思考。一直以来,我们谈论汤显祖和宜黄的关系,一般都更关注汤显祖从遂昌挂冠回乡之后,开始专心戏曲创作,悉心调教宜伶,扩大宜黄腔的影响,推动宜黄清源祖师戏庙建设等。但基于宜黄汤氏与文昌汤氏的密切关系,基于这两则佚文,我们联系汤显祖早年在宜黄的活动轨迹和相关诗作,觉得有必要重新梳理汤显祖与宜黄戏曲的关系。或者说,我们应该进一步重视宜黄独特的人文及自然环境对于汤显祖的早期影响。

二、明代宜黄戏曲活动对年轻时期的汤显祖有深刻影响

当历史来到明代初期,在传统文化的长期孕育下,抚州戏曲逐渐成熟,形成了抚州戏曲发展史上的第一次高峰。这个高峰的顶点,便是宜黄历史上第一次出现了影响深远的宜黄腔。小小的宜黄县,在独特的历史机遇面前一跃而上,很快成为南方远近闻名的戏曲活动中心。

明代初期,朱元璋为了稳固统治,在经济及文化等各方面采取了各种举措,直接促进了农业的恢复与发展。经济上的发展以及人们生活的安定,为文化、戏曲的繁荣发展奠定了良好的物质基础。农林产品的丰富直接促进了商业贸易的活跃和繁荣。抚州属鄱阳湖流域,居于江西东部的中心地带,抚河及赣江交流贯通其境。境内河道交错,山水相接,山地较多,属中南丘陵地区,农业一向较发达,是一个典型农业地区。随着明代经济的不断发展,抚州外出经商人数很多,势力较大,有人把抚州商人与广州行商及山西、徽州商人并称为明清时期全国最大的四个商人集团①,这是有道理的。粮食作物的发展,大批工商业人口的外流,经济作物的种植,使这一时期抚州农村市场较为活跃。其典型标志,便是开始大量出现墟市,农村市场也很发达,直至

① 徐晓望:《明清闽浙赣边山区经济发展的新趋势》,载《明清福建社会与乡村经济》论文集,厦门大学出版社,1987年。

明中期，其数量远超过同一时期的福建和珠江三角洲等地区。据《大明一统志》裁，福建全省有五十一个州县，平均每州县仅有城市三百一十个，不及抚州府平均数的五分之一。

明代抚州不仅出现了大量的墟市，且出现了如金溪的浒湾、宜黄的棠阴和临川的上顿渡等商业和手工业较为繁荣的市集，其规模与层次都很高。尤其是宜黄棠阴，进入明代以后的棠阴镇在宜黄的经济和文化地位远远超过宜黄县治所在地凤冈镇。当地有句谚语，叫“小小宜黄县，大大棠阴镇”。这说明棠阴镇已经是一个远近闻名的地方经济中心，其核心经济产业便是自唐以来发展而成的夏布经济。

明代嘉靖、万历以后，江南布商开始活跃起来，宜黄夏布商人亦如此。盛产夏布的棠阴镇，成为布商们凑集之地，他们大多溯宜黄河而来。到了清代，江西水陆路交通更为便利，棠阴陆路可往南城、南丰然后经新城(今黎川县)进入福建，水路经宜水入宜黄河，入抚河，再入赣江，然后向北可经鄱阳湖到九江湖口连接长江水系，可到汉口、安庆、芜湖、南京、镇江、扬州等地，向南可沿赣江经大庾岭进入广东。因此，棠阴夏布业除本地商人之外，还聚集着许多外地客商，比如山东、山西、河南、江苏等各省商人。各省商人派专人常驻棠阴收购或开设会馆，通常是实力雄厚的大商人。比如山西晋商在棠阴开设夏布会馆，会馆设在今棠阴老政府阶下，当时又称“源庙”，会馆深 60 多米，宽 30 多米，馆中有上下两个天井，左右两侧厢房设为收购夏布客房和仓库数十间，下厅堂为验货处，将各色夏布长宽不同、质地不同、粗细不同的逐一进行分类定价，晚上兼作“议事厅”。①

本地有些富商则在汉口、上海、宁波、泉州等地开设有分行。此外，据清同治《宜黄县志》记载，康熙三十七年(1698)宜黄客商在湖北汉口镇循礼坊(旧有溪会馆)捐建了汉口凤冈公所，这显然与宜黄包括夏布在内的贸易有关。

随着宜黄夏布驰名江南，水陆两路，商贾穿梭。小小宜黄县，无论

---

① 参见宜黄县文史办:《宜黄文史资料》第一辑，内部资料，1993 年。

货物还是人员，更多地从宜黄河出发，入抚河，汇赣江，进鄱湖，再达长江。宜黄通过江西发达的水域交通，与全省乃至整个南方地区，建立了畅通无阻的区域性流动网络。所谓商路即戏路，外地戏曲随之而来，本地戏曲适时外传，方此之时，宜黄县成为南方（尤其是抚州）戏曲活动中心的重要条件便形成了。

首先，宜黄县本土已有的戏曲包括傩戏、傀儡戏（木偶戏）、承恩灯戏、通直灯戏（又称盘灯戏，因演《二郎神》剧目，俗称二郎班）等也已经独立发展，成为成熟的地方剧种。道光《宜黄县志》载，明洪武年间（1380 年前后），宜黄崇十七都（今新丰乡护竹村）一带流行“二拜傀儡”表演，每届九月二十八日华光神生日，必行扮演祭祀之仪。戏中角色有二，一扮华光、左手掌印，右手执剑，一饰丑妖、各戴面具，登台开呵，演华光诛妖，作各种舞蹈动作，唱“下更调”，伴之锣鼓、木鱼，或加唢呐，专演“大判官”、“大破王”诸事，称之“二拜傀儡”，相沿为习。此为早期“对子戏”之雏形。另据清道光《宜黄县志·户口田赋》记载，明永乐年间，灾疫严重，人们跳傩以逐疫。

宜黄的傀儡戏（木偶戏）不仅丰富多样，而且开始外传，一个实证便是，浙江省江山市廿八都木偶戏是“明正德年间自江西（宜黄）传入”，“清顺治年间（1644—1661）由江西宜黄县人迁居廿八都时传入古镇，清道光年间（1821—1850）趋于鼎盛，至今已历十几代，有三百余年历史。清同治、光绪年间，宜黄派木偶戏传至廿八都乡山峰村灰山艺人黄祥光，后经历代发展，组成戏班，在江山山区及福建浦城、江西广丰等地活动”。①廿八都是浙西名镇，素有“八闽咽喉”“枫溪锁钥”之称。该地木偶戏系提线木偶，于明代自江西宜黄传入，以师徒相授形式传承十八代。1949 年前，廿八都木偶戏班活跃在浙、闽、赣三省边境的仙霞山区，人称“戏祖”。廿八都木偶戏历史悠久，保存有部分明、清木偶头像道具、传统木偶的手抄剧本和弋阳高腔遗韵。②

---

① 徐槊蔓：《廿八都木偶戏》，《浙江档案》2016 年第 8 期。

② 廿八都木偶戏，国家级非物质文化遗产代表性项目名录。https://www.ihchina.cn/news_1_details/13450.html，访问时间：2025 年 5 月。

除了本土戏曲的发展丰富，明代的宜黄县更多的是外地重要戏曲声腔的传入。这便如汤显祖《宜黄县戏神清源庙记》所载："江以西弋阳，其节以鼓，其调喧。至嘉靖而弋阳之调绝，变为乐平，为徽，青阳。我宜黄谭大司马纶闻而恶之。自喜得治兵于浙，以浙人归教其乡子弟，能为海盐声。"由此可见，明嘉靖以前，宜黄县就先后传入弋阳腔、乐平腔、徽州腔，青阳腔，之后又出现海盐腔。

嘉靖三十九年(1560)，谭纶因丁父忧回老家宜黄期间，奉命调浙兵入赣，击溃了林朝羲部。为庆祝战绩，特派随军戏班演出并教乡里子弟习度海盐声。海盐声典雅悦耳，"体局静好"，加之谭纶的偏好，海盐腔便很快流行于临川、南昌等地的士大夫阶层中，许多名门望族，置办家班，搬演海盐腔传奇。南昌宁王朱权后裔朱多煤也在王府中办起了戏班。明陈弘绪《江城名迹》载：

> 匡吾王府，建安镇国将军朱多煤之居，家有女优，可十四五人。歌板舞衫，缠绵婉转。生曰顺妹，旦曰金凤，皆善海盐腔。而小旦彩鸾，尤有花枝颤颤之态。万历戊子，予初试棘围，场事竣，招十三郡名流，大合乐于其第，演《绣襦记》。①

我们由此可知明代后期南昌也开始流行海盐腔了。谭纶对于宜黄腔(海盐腔)的贡献是巨大的。万历五年，谭纶在家乡去世，但海盐腔已经流行开来，二十多年之后，宜黄传唱海盐腔的艺人，"食其技者殆千余人"。海盐腔在这一地区的盛行由此可见一斑。我们可以想象，汤显祖对于戏窝子宜黄必然是自年轻时期起，相当熟悉，才能在《庙记》一文中对几十年来宜黄县的戏曲声腔变化如数家珍，对戏班子了如指掌。

而最能说明汤显祖受宜黄文化影响的，便是他在之后的戏曲创作中大量使用"宜黄土音"。

---

① 陈弘绪：《江城名迹》，中华文库，https://www.zhonghuashu.com，访问时间：2024年8月。

明代范文若在《梦花酣·序》云:“且临川(指汤显祖)多宜黄土音,腔、板绝不分辨,衬字、衬句凑插乖舛,未免拗折人嗓子。”吕天成《曲品》卷上:“吾友方诸生曰:‘松陵具词法而让词致,临川妙词情而越词检。’善夫,可谓定品矣!乃光禄尝曰:‘宁律协而词不工,读之不成句,而讴之始叶,是曲中之工巧。’奉常闻之,曰:‘彼恶知曲意哉!予意所至,不妨拗折天下人嗓。’”王骥德《曲律》卷四《杂论第三十九下》:“临川之于吴江,故自冰炭。吴江守法,斤斤三尺,不欲令一字乖律,而毫锋殊拙。临川尚趣,直是横行,组织之工,几与天孙争巧,而屈曲聱牙,多令歌者齚舌。吴江尝谓:‘宁协律而不工,读之不成句,而讴之始协,是曲中之工巧。’曾为临川改易《还魂》字句之不协者,吕吏部玉绳以致临川,临川不怿,复书吏部曰:‘彼恶知曲意哉!余意所至,不妨拗折天下人嗓子。’其志趣不同如此。郁蓝生谓临川近狂,而吴江近狷,信然哉!”但汤氏《玉茗堂尺牍》卷一有《答吕玉绳》书,并无是说,而卷三《答孙俟居》书,则有是语:“弟在此自谓知曲意者,笔懒韵落,时时有之,正不妨拗折天下人嗓子。兄达者,能信此乎?”①

汤显祖《牡丹亭》最受推崇的是词采高妙,最受非议的是韵律多乖。他和并世曲家沈璟,形成鲜明的对比。

现以《牡丹亭》为例,我们对汤翁文本中的“宜黄土音”尝试做一归纳和说明。宜黄方言属赣语抚州片,抚州方言主要分布在江西抚河流域和福建省西北部。包括临川、崇仁、宜黄、乐安、东乡、进贤、金溪、南城、黎川、资溪、南丰、广昌以及福建的建宁、泰宁、光泽、邵武等 16 个县市区。同赣语其他片相比,本片在语音、词汇、语法上的一致性最强。②赣语是古代中原话融合本土语言而形成的一种汉语,被称为中国语言的活化石。特别是抚州话,以它的千年不变,备受语言学家的青睐。而宜黄由于交通闭塞,古汉语发音特点尤为明显,并带有鲜明的地方特点。以下着重号的文字是笔者从中国戏剧出版社 2010 年出

① 汤显祖:《答孙俟居》,《玉茗堂尺牍》,徐朔方笺校:《汤显祖全集》诗文卷四十六,北京古籍出版社,1999 年,第 1392 页。

② 李荣、熊正辉、张振兴:《中国语言地图集》,朗文出版(远东)有限公司,1987 年。

版,吴凤雏评注的《牡丹亭》一书中找出的部分“宜黄土音”,注为笔者所加。

第一出　标目　【汉宫春】(末):“……果尔回生……”(注:果然的意思,第3页)

第二出　言怀　【鹧鸪天】(生)二十过头……相依过活。(注:超过的意思,第6页)

第四出　腐叹　(末)“人之患在好为人师”,(丑)“人之饭,有得你吃哩”。(注:宜黄话包括抚州话h都需要发f音,所以患和饭才能谐音,第17页)

第六出　怅眺　(韩秀才)“虽然乞相寒儒,却是仙风道骨”。(注:土话,乞丐样子,第25页)

第十出　惊梦　(老旦)“孩儿,这花园冷静,少去闲行”(注:这两个字土话读作郎锵,第49页)

第十二出　寻梦　【嘉庆子】“……咱噷这口,待酬言。”(注:这和一般发xin的读音和意义都不同,第58页)《牡丹亭·吴凤雏评注》:“噷(hm):闭。噷这口,闭着嘴巴不说话。”(第61页)

第十六出　诘病　【清平乐】“……风雨于花生分劣,作意十分凌藉。”(注:土话读作上份,第76页)

【前腔】(老旦)都是小奴才逗他,大古是烟花惹事,莺燕成招,云月知情。(注:估计的意思,第76页)

(老旦)这等着鬼了。(注:土话读作扽唾,相当于撞着的意思,第77页)

第十八出　诊祟　(末)“你因为后花园汤风感冒,感下这疾,荒废书工。”(注:这个是最典型的宜黄土话,和临川话都不同,临川土话应该读作航风,但意思都是着了风寒的意思,第87页)

第二十出　闹殇　(旦)有心灵翰墨春容,傥直那人知重。(注:典型的宜黄土话,土话读作膛,后面应该还加一个字膛怪,表达就更明晰,意思是说不定会,第97页)

第二十出　离魂　(外)【前腔】天天,似俺头白中年呵。(注:宜黄

口语，读作仙啊仙，意思是天啊，第 98 页）

第二十三出　冥判　（净）【鹊踏枝】一溜溜女婴孩，梦儿里能宁耐！（注：宜黄土话，意思是有能耐，第 114 页）

（净）【幺篇】……可哨见纸铜钱夜市扬州界。（注：宜黄土话，意思是瞥见，第 116 页）

第三十三出　密议　【前腔】（净）只说前几日小姑姑，党了凶煞……（注：典型的宜黄土话，读作烫，意思是撞上了，第 165 页）

结　语

南宋洪迈《夷坚志》分别有两条记录与宜黄有关，一是宜黄细民胡五每逢乡社聚戏，便参加演出；一是宜黄村人詹庆演出技艺高超，“仅度一字之音，便见功夫，神妙之极”。可见，宜黄自南宋以来便是戏曲之乡。明代时期，谭纶和汤显祖都为宜黄戏曲的发展做出了重要贡献。汤显祖作为宜黄汤氏的亲戚，起用宜黄子弟用宜黄腔演出“临川四梦”，又欣然为宜黄子弟撰写《宜黄戏神清源师庙记》，由此叙写了汤翁与宜黄地方文化的历史佳话。

作者单位：华东交通大学人文学院

文献文物

《汤显祖全集》笺注订补二十八则

万安飞

徐朔方先生编年笺校的《汤显祖全集》对汤显祖的交游、人事关系和诗文的创作年代做了非常细致的考订。自出版以来,推动了中国古代戏曲和汤显祖研究的发展,其贡献之大,迄今无人能出其右。但是,汤显祖的诗文数量大,涉及面广,难免会有一些失误或差错。因此,许多专家学者不断地进行了补充和订正。其中马泰来的《〈汤显祖诗文集〉徐笺补正》[①]补正19条。吴书荫的《〈汤显祖全集〉笺注补正》[②]补正31条,又在《汤显祖交流和诗文创作年代考略》[③]补正50条,在《汤显祖交流和诗文创作年代补考》[④]补正48条。高虹飞的《汤显祖尺牍相关问题考订》[⑤]对汤显祖22封尺牍的交流对象与写作时间进行考订,又在《汤显祖尺牍相关问题再考》[⑥]里对40封尺牍的交流对象、写作时间等问题进行了考订。孙秋克的《〈汤显祖全集〉笺注订补十四则》[⑦]补正14条。

徐朔方先生本人对汤显祖诗文的笺校也是一直不断努力完善。

---

① 马泰来:《〈汤显祖诗文集〉徐笺补正》,《文学遗产》1984年第4期,第112—114页。

② 吴书荫:《汤显祖及明代戏曲家研究》,复旦大学出版社,2018年,第1—23页。

③ 吴书荫:《汤显祖及明代戏曲家研究》,第24—45页。

④ 吴书荫:《汤显祖及明代戏曲家研究》,第46—69页。

⑤ 高虹飞:《汤显祖尺牍相关问题考订》,《文献》2016年第4期,第13—25页。

⑥ 高虹飞:《汤显祖尺牍相关问题再考》,《中国典籍与文化》2017年第1期,第143—154页。

⑦ 孙秋克:《〈汤显祖全集〉笺注订补十四则》,《昆明学院学报》2021年第43卷第2期,第78—83页。

1962 年 8 月,中华书局上海编辑所(即上海古籍出版社前身)出版了《汤显祖集》(这套书的诗文部分由徐朔方先生笺校,戏曲部分由钱南扬先生校点)后,1973 年,上海人民出版社重印《汤显祖集》的时候,徐朔方先生就开始对笺注进行增补。1982 年,上海古籍出版社将《汤显祖集》一分为二,徐朔方先生整理的《汤显祖诗文集》和钱南扬先生整理的《汤显祖戏曲集》分别印行。1999 年,北京古籍出版社出版了徐朔方先生独力编成的《汤显祖全集》,徐朔方先生又对部分编年笺释加以补证。遗憾的是,历次出版都对笺校有所增补的汤显祖诗文集,却在 2015 年上海古籍出版社出版的《汤显祖集全编》时,只是着力于汤显祖作品辑佚,就笺校方面而言并没有在徐朔方先生笺注的基础上做出增订,也没有吸收马泰来、吴书荫、高虹飞、郑志良等专家学者的考订成果。

笔者在研读汤显祖诗文的过程中,也对《汤显祖全集》(北京古籍出版社,1999 年)中一些作品之笺注,做了许多考订和补笺,在此选出二十八则供读者参考,期冀专家学者批评指正。

(一)《汤集》卷二,页 31《承春阁酒楼上逢姜十以剑换酒留别》

徐朔方对诗题“承春阁”无笺注。同治《临川县志》卷八《地理志·古迹一》:“承春阁,旧子城东门,即今春台。嘉庆八年台圮,邑人危惊肇独力修建,费钱三千余缗。《重修春台记(本朝邱先德)》:郡治之东有阁曰春台,古承春阁也。阁本郡治子城,曰承春门。唐中和五年,危刺史全讽建,与通教、望云二门南北相埒。后易为阁,曰武当,曰飞云,与春台为三。矗然鼎峙,阛阓辐辏,而春台适当其中,于形势称雄壮焉。”①“承春阁”地名,今抚州城区至今沿用。

(二)《汤集》卷四,页 116《与徐三秀才石梁观水》

徐朔方笺注“石梁”为文昌桥。不对。从“正苦北门贤,往起东陂田”,文昌桥往东是街市。“桥门度千舫”,如果是在文昌桥上,是看不

① 童范俨修,陈庆龄等纂:《中国地方志集成·江西府县志辑(影印本)·同治临川县志》,凤凰出版社,2013 年。

到桥门的。由诗句可推断，此“石梁”当为千金陂。

（三）《汤集》卷六，页 187《沈性父司法永平》

徐朔方笺注：“作于万历十一年（一五八三）癸未，在北京为礼部观政进士。三十四岁。”误。据《万历十一年进士登科录》记载，“沈之吟，贯浙江湖州府乌程县，民籍。府学生。治《春秋》。字性甫，行五，年二十六，七月二十七日生”。沈之吟字性甫（父），沈性父就是指沈之吟。光绪《永平府志》卷五二《列传 · 名宦四》有传：“沈之吟，浙江乌程人，进士。万历十三年任永平推官。扶持义类，绰有仔肩……擢南京给事。”①传记中明确记载沈之吟是万历十三年任永平推官，故此诗当作于万历十三年（1585）。再由诗中“苕湖嘤谷正春声”，可进一步确定作于万历十三年春。

（四）《汤集》卷六，页 189《南漳鲁子与出理广州过别》

徐朔方笺注：“当作于万历十一、二年（一五八三、一五八四），在北京礼部观政。三十四、五岁。子与名点，湖广南漳人。以上据《题名碑录》。”鲁点中进士后，与汤显祖一起观政。据光绪《广州府志》卷一八《职官表二》记载：“鲁点，湖广南漳人，进士，（万历）十二年任。”②“南漳”是指鲁点的籍贯湖广襄阳府南漳县。既然是“出理广州”，那时间当然是在万历十二年。再由诗中“参差六月天池水”可定此诗作于万历十二年六月。

（五）《汤集》卷七，页 201《别梅固安》

徐朔方笺注：“或作于万历十二年（一五八四）甲申秋，自北京南下就太常博士任途中。三十五岁。梅国祯为汤显祖同年进士，授固安知县。据《明实录》十六年三月始擢为御史。”误。汤显祖于万历十二年八月到南京就任太常博士。据咸丰《固安县志》卷五《官师 · 名宦》记载：“梅国桢，湖广麻城人。万历十一年由进士知县事。”③“薄暮离情

---

① 燕山大学中国长城文化研究与传播中心编：《秦皇岛长城地域明清方志丛书 · 光绪永平府志（上下）》，燕山大学出版社，2025 年。

② 戴肇辰、苏佩训修，史澄、李光廷纂：《光绪广州府志》，上海书店出版社，2003 年。

③ 咸丰《固安县志》，清咸丰九年（1859）刻本。

向汾水，白沟河上遶秋声”，点明了作诗时间是秋季。则此诗当作于万历十一年秋。

（六）《汤集》卷七，页227《送魏光禄便过归觐（光禄前为侍御，时哭其弟茂权）》

徐朔方笺注：“据顾宪成《泾皋藏稿》卷二〇《哭魏懋权文》，吏部主事魏懋权卒于万历十三年七月，诗作于同时而略后。”不确。魏允贞，字懋忠，号见泉。河南南乐人。万历五年（1577）进士，与弟允中、允孚并称“南乐三魏”。历任许州判官、右通政、右佥都御史、山西巡抚、兵部右侍郎等职。一生刚直不阿，清操绝俗，直言敢谏，守边有功。卒谥“介肃”。事具赵南星《明通议大夫兵部右侍郎见泉魏公传》（《赵忠毅公文集》卷一一），《明史》卷二三二有传。《魏仲子集》卷六《题母墓碑阴》称其母“壬寅生兄允贞，甲辰生不肖中”。甲辰当为嘉靖二十三年，魏允中即生于是年。顾宪成《顾文端公集》卷十八《哭魏懋权文》与《再哭魏懋权文》均明言其卒为“万历十有三年”。钱谦益《列朝诗集小传·丁集上》“魏考功允中”条称其“寻移考功，病卒，年四十二”，自嘉靖甲辰下数四十二年正是万历十三年。魏允中确实是卒于万历十三年乙酉（1585）。但此诗题注：“光禄前为侍御，时哭其弟茂权。”魏允贞上年为光禄侍御，今年授光禄寺丞。赵南星《赵忠毅公文集》卷一一《明通议大夫兵部右侍郎见泉魏公传》：“闻仲氏之讳，公不胜痛，念老亲其何能堪？疏请致仕，吴江相寝之，而徙公光禄丞，过家殡仲氏。以太公之命入都。”魏允贞授光禄寺丞归里葬弟，应在万历十四年，汤显祖诗作于是年。

（七）《汤集》卷七，页229《送饶伯真之天台，兼讯王给事明德长君五松子》

徐朔方笺注：“王给事名士性，临海人。万历十三年丁忧归，诗当作于此后二、三年内。姑系于前诗之后。饶伯真，不详。明德长君五松子，罗汝芳之长子。”误。据《罗明德公文集》卷四《二子小传》和罗怀智《二父传略》所记，罗汝芳长子罗轩、幼子罗辂于万历七年（1579）访道广东肇庆，先后病逝，根本不可能在万历十三年左右，汤显祖还托人打听他们的音讯。据《王太初年谱》记载，万历六年年初，王士性从家乡临海出发赴京谒选，得河南确山知县。而这年，罗汝芳结束宦游生涯，由京城返乡。其长子或流连天台。此时汤显祖在家。饶伯真或为汤显祖同乡，出发到浙江天台。另据《二子小传》记载："舟次东昌，轩请留吴宜人同居吕鸿胪书舍，而辂则偕余入京。至则即补守东昌，不三月而遂宪副滇臬，事皆默符所料。及次年冬，辂随入滇。"①罗汝芳入京入滇，都只是次子罗辂跟随，而长子罗轩行踪没有记载，参考《二子小传》和罗怀智《二父传略》所记，其有"访道"之举，此诗应系于万历六年戊寅(1578)。

(八)《汤集》卷八，页272《闻李元冲无锡入铨》

徐朔方笺注："李元冲字复阳，江西丰城人，汤显祖同年进士。时由无锡知县改官礼部主事。入铨是吏部，当是传闻之误。见《常州府志》。"据《万历十一年进士登科录》记载，"李复阳，贯江西南昌府丰城县，民籍。府学生。治《易经》。字宗诚，行八，年三十，十二月初七日生"②。也就是说"元冲"可能是其号，其名应该是名"复阳"，非字"复阳"。又同治《丰城县志》卷一四有传："李复阳，字宗诚，丰城湖茫人。万历进士，任无锡知县……姜士昌以贤才荐，晋礼部主事，调吏部文选司主事，甄别人才惟允。寻擢南尚宝寺少卿，历通政司参议。"③也就是说李复阳因"姜士昌以贤才荐"，由无锡知县改官礼部主事，又"调吏部文选司主事"，徐朔方笺注"入铨是吏部当是传闻之误"，此语非也。

(九)《汤集》卷十，页378《送黄观察云南》

此诗徐朔方未有笺注。考汤集卷十八有《关南上桥寺候黄观察善卿殡不至，漫占催装诗三首，奉呈挽唱诸君子》，徐朔方笺注："黄观察善卿，或名廷实，临川人。汤氏同年进士。曾官四川按察副使、山东参

---

① 罗汝芳著，方祖猷、梁一群、李庆龙等编校整理：《罗汝芳集　上下》，凤凰出版社，2007年。

② 宁波市天一阁博物馆：《万历十一年进士登科录》，宁波出版社，2006年。

③ 王家杰修，周文凤、李庚纂：《中国地方志集成·江西府县志辑(影印本)·同治丰城县志》，凤凰出版社，2013年。

政。见《抚州府志》卷五十一。”据《万历十一年进士登科录》记载,“黄廷宝,贯江西抚州府临川县,民籍。国子生。治《诗》。字善卿,行三十一,年三十二,二月二十三日生”。黄廷宝字善卿,黄观察善卿就是指黄廷宝。同治《临川县志》卷四一《人物志二 · 宦业下》有传:“黄廷宝,号二瞻,万历癸未进士。授虞衡司主事,榷税杭州,商告困,廷宝疏于朝,得减税额,至今尸祝焉。入理节慎库,吏侵赏边银无算,查核补给,置吏于法,上奖其‘明能烛奸,清可厉俗’。出为云南督学佥事,晋四川按察副使,赞平土寇马应龙之乱,官至山东参政。著《滇游草》《问学真语》及《藩臬偶谭》等书。祀乡贤祠。”由传记可知,黄廷宝“为云南督学佥事”,因此《送黄观察云南》当作于黄廷宝赴任云南督学佥事之时。

(十)《汤集》卷十二,页516《戊戌觐还过阳谷店。览丁亥秋壁间旧题,惘然成韵,示赵滕侯》

徐朔方笺注“阳谷店,今山东阳谷”,不确。阳谷店,即今山东平阴县王古店,在平阴县南端与东平交界处,据载为春秋时阳谷邑、汉阳谷亭、隋所置阳谷县故城。据民国二十五年重修《东平县志》卷第十五《古迹志 · 故城》记载:“阳谷县故城:(东平)县治西北三十五里。《春秋》僖三年会于阳谷。隋开皇十六年置为县。宋开宝六年城圮于河,太平兴国四年徙治上巡镇,后因之。其故城即今阳谷店。”①

(十一)《汤集》卷十四,页602《望耆儿二首》

徐朔方笺注“作于次子大耆往南京后,参看前诗”,将此诗系于万历二十八年,误。大耆于万历二十八年七月到南京(秣陵)处理其兄士蘧丧事,并在太学求学。“雨过杏花寒食节,秣陵春色也依然”,从诗中“寒食”“春色”等诗句可证实,应该作于万历二十九年(1601)春。

(十二)《汤集》卷十五,页627《壬寅中秋后三夕,送刘天虞归秦至延桥别作》

对于此诗创作时间及涉及的人物,徐朔方已笺注,但对诗题中的

---

① 江乾达修:《民国东平县志》,凤凰出版社,2004年。

地名“延桥”没有笺注。延桥是今临川区太阳镇延桥村，是古时交通要道，汤显祖祖父在此置有产业。同治《临川县志》卷一下《地理志 · 疆域》载：“临川县，附郭，广八十里，袤一百五十里。东至东乡县八十里，距交界延桥四十里。”同治《临川县志》卷七《地理志 · 津梁》：“延桥、易塘桥、涌桥、湖头桥、吴城桥、大路桥……孔家桥，已上在七十四都。”《明故酉塘汤君墓志铭》记载汤显祖祖父在延桥有产业：“汤为吾邑望姓，世居文昌桥之东，而公犹颖出者。公讳懋昭，字日新，号酉塘，为大父子高公之长孙……建庄于陆都之酉塘，而公之取号以之……近东邑之延桥岭，依祖庄之右，亦建一庄焉。不惟能恢复子高公诸孙既失之业，而犹充拓之无已。”①

（十三）《汤集》卷十五，页631《清明悼亡诗五首》

徐朔方笺注：“约作于万历三十一年（1603）癸卯清明，吴氏夫人卒后二十年。家居。五十四岁。”误。“不应廿载还轻浅”“廿年松柏寄山阿”，表明诗作于汤显祖原配正妻吴氏去世二十年以后。据《明敕赠吴孺人墓志铭》所载，吴氏生于“甲寅年十二月初二戌，殁乙酉年十二月初十日巳”②，即于嘉靖三十三年（1554）生，万历十三年（1585）卒。则诗作于万历三十三年（1605）。

（十四）《汤集》卷十六，页713《送徐婿德胤二首》

徐朔方笺注：“或作于万历四十三年（1615）乙卯前后，家居。六十六岁。”但对于徐德胤，徐朔方未有笺注。查汤氏家谱，也没有发现有价值的记载。据临川罗针城前《金城徐氏家乘》记载：“（徐）呈辉。仲佳次子，字德胤，号体成，行列，原行雉七，邑庠生。娶进士汤显祖之女，葬城壕山。继娶（云山）鄢坊周氏，生子一，原寿。女一，适田西曾。”汤显祖一生生育七女六男，存活在世的有三男三女，三男分别是大耆、开远、开先，三女不知名，一嫁金溪县游垫胡桂芳之子胡兆安，一嫁临川县城前徐仲佳之子徐德胤，尚有一女不知嫁于何氏。

---

①② 王上海、程小辉、刘莹琳等：《江西抚州汤显祖家族墓出土墓志》，《文物》2018年第8期。

（十五）《汤集》卷十七，页738《养龙歌。送谢玄瑞吴越游，兼呈郭开府》；《汤集》卷十七，页739《送谢玄瑞游吴》；《汤集》卷二十，页950《春夜有怀谢芝房二首》

《养龙歌》和《送谢玄瑞游吴》，徐朔方笺注："谢玄瑞，名三秀，一字君宷，贵筑人。万历间学官，有《雪鸿集》。见《静志居诗话》卷十七。"笺注过于简单。道光《贵阳府志》记载："三秀，贵竹人。性卓越，幼有令誉，博览群书。为诸生时，巡抚郭子章、提学副使韩光曙皆奇其才。以吟咏擅，黔南士大夫咸乐与之游。久之以贡生起家，历授三学教官。已乃弃去，游楚浙，与当世诗人李维桢、汤显祖、王登、何无咎诸人相酬倡。"①《养龙歌》和《送谢玄瑞游吴》作于何时呢？徐朔方没有做笺注。从诗题可知，诗作于谢三秀弃教官后游楚浙之时，大致在万历二十九年(1601)。这一年，谢三秀与同乡杨师孔在北京参加进士考试，谢三秀落榜，杨师孔得中。是年夏，二人同游北京西山、黄金台等名胜，又取道京杭大运河南下，到江西临川拜访汤显祖，谢三秀作有《汤祠部义仍先生招集玉茗堂赋谢诗》："草堂遥夜带春星，谡谡松风韵可听。题柱声名高画省，著书岁月老玄亭。寒宵对雨樽仍绿，末路逢人眼倍青。怀抱为公倾欲尽，昔言裘马向飘零。"②汤显祖对谢三秀极为推崇，在《养龙歌》一诗中，称他怀有"经略才"并视之为不可多得的"知己"("君不见黔台水镜留青螺，一人知己将无多")。因而，当谢三秀游江南时，汤显祖便与之情投意合，相见恨晚。他将这种喜悦的心情记录在《送谢玄瑞游吴》的诗中："几年空谷少闻莺，恰恰惊春得友声。家在东山留远色，客来南国见高情。樽开元夕花灯喜，坐对前池雪水清。万里龙坑有云气，飞腾那得傍人行。"谢三秀游吴返黔后，汤显祖对他思念尤深，在《春夜有怀谢芝房二绝句》中，说："几年元夕"，"每到灯时举一杯，参军书去隔年回"。

《春夜有怀谢芝房二首》诗题中的"芝房"是不是谢三秀呢？三秀，

---

① 黄家服主编：《中国地方志集成·贵州府县志辑·道光贵阳府志》，巴蜀书社，2016年。

② 徐进编注：《江西名胜诗选》，江西人民出版社，1986年，第397页。

灵芝别名。《九歌·山鬼》:“采三秀兮于(巫)山间。”王逸注:“三秀,谓芝草也。”马高八尺以上者为龙。今遵义县养龙司,传说出龙马,能日行千里,曾上贡京都,得皇帝赏识。在《养龙歌》一诗中,汤显祖以养龙灵窟龙驹隐喻谢三秀,称许为“谈深具晓经略材”,可惜其抱负鲜为世人了解。诗中祝愿他能得“天子远相致”,像龙马那样神奇遇合。在《养龙歌》结尾,汤显祖更是直称谢三秀为“芝房”。“办作芝房《天马》歌”,要为谢三秀作《天马》歌。

(十六)《汤集》卷十九,页836《城南泣李孝廉东宿》

此诗徐朔方未有笺注。李东宿为李东明、李东成的弟弟。同治《临川县志》卷四十二下《人物志四·儒林》:“李东明,号勿斋,受学于罗近溪汝芳,潜心为己之学。年未四十贡于乡,遂弃举子业……弟东宿,万历辛卯举人,有才名。”①同卷还有“李东成,号恒斋,东明弟也。五岁能属文,罗旴江汝芳一见器之,以亲老谢去举业……弟东宿,子学旻,孙来泰俱以科名显”。同治《临川县志》卷三十六下《选举志·举人》:“万历十九年辛卯,李东宿、徐子登。”同治《临川县志》卷一下《地理志·疆域》:“殿选蜚英坊,为万历辛卯科李东宿、徐子登、吴应晋、李光德、何宗圣、戴兆京、谢天佑立。”李东明、李东成与汤显祖均为罗汝芳得意门生。李东成的儿子李学旻(字本仁,号如衷)拜汤显祖为师,汤显祖作有《与门人李本仁》。

(十七)《汤集》卷二十,页868《读延庚楼诗有怀》

此诗徐朔方对卧冰桥、黄桥等地名未有笺注。卧冰桥就是孝义桥,传说王祥卧冰求鲤之处。同治《临川县志》卷七《地理志·津梁》:孝义桥、小桥,东湖水由此入河。同治《临川县志》卷八《地理志·古迹一》:卧冰池,在府城东孝义寺,俗传晋太保王祥故宅,张右丞澂诗“虽赝犹堪赏,前贤况可师”。同卷有刘克庄的《忠孝堂记》:“郡旧有颜公祠,前人纪咏详矣。王公卧冰池在孝义寺,距城五里许,相传其奉母避

---

① 童范俨修:《中国地方志集成·江西府县志辑·同治临川县志》,江苏古籍出版社,1996年。

地于此，寺即故宅。自昔至今，未有表章之者。提举常平郑侯逢辰既至，怀贤谒祠，访古得池，有慨于心，更卜爽垲，合而祀之，且请敕额于朝。”黄桥是崇仁县的黄洲桥。道光《崇仁县志》卷四《建置志·津梁》：“黄洲桥，跨南北二城……明成化辛丑岁夏毁，知县陈翱督邑人重新之，历五载功竣，邑人吴宣记，并书‘黄洲桥’额。正德辛巳岁，圮于水……万历四年五月，大水坏墩石，王陈氏复捐三百金加修，罗汝芳记。万历十八年毁，义士刘天启独力修之，期年蒇事，费二千余金，知县裴彬命改名曰‘天启桥’，邑人吴道南记。”“吴太守钺”笺注过于简略。吴钺，道光《崇仁县志》卷十五有传：“(吴)钺，字宿威，号黄洲，孜子。以进士通籍，授行人司行人。屡奉使犒军湖广，宣诏陕西。升南京广东道监察御史，奉敕清军两浙。丁艰满，改除陕西道，巡按应天等府，新铜陵等县之学，复安庆吴塘之堰。旋守松江。松固泽国，其上海青龙镇，受吴江、淀湖诸水害尤剧。宿威议凿渠筑堤，论者难之，卒有成。郡俗豪者假贷倍息，不足则没人田园、子女以为常。税粮百余万石，粮长之役，苦逾谪戍，富者独免，且藉以鱼肉贫弱。宿威俱严革之。宁藩之变，南征供物，多取给于松，宿威捐俸以给，不取诸民。既去，嗣守得府藏遗贮二百金，白诸当道，转致之。宿威性严介，不稍假借。以谗落职，家居十数年卒。”①

（十八）《汤集》卷二十，页 870《送别驾胡用光年兄归养》

此诗徐朔方未有笺注。吴书荫认为：“胡用光或是胡笃卿，字培元，宁国府太平县人……胡笃卿与汤显祖同年进士，故汤氏称之为年兄，而用光当为笃卿之号。”②胡用光确实就是胡笃卿，但是用光不是其号，是其字。据天一阁藏《万历十一年进士登科录》记载：“胡笃卿，贯直隶宁国府太平县，民籍。国子生。治《易》，字用光，行一，年二十六，九月二十日生。”惜查各种版本的《抚州府志》均无其任抚州同知的具体年份记载。

---

① 道光：《崇仁县志》，中国方志丛书，台湾成文出版有限公司。

② 吴书荫：《汤显祖交游和诗文创作年代考略》，《中华文史论丛》2003 年第 74 期。

（十九）《汤集》卷二十，页 877《观游德君南阳草屋图歌》

此诗徐朔方未有笺注。游德其人可考。民国《霞浦县志》卷三十五《隐逸·列传九》有传："游德，字廷光，号檠涧，柘洋人。早慧。受经即通大意，性至孝，将赴试，母泣送之，遂筑室南阳，取武侯淡泊明志之意，颜其庐曰'隆中半榻'，奉二亲居之，朝耕暮读，超然世外。与弟廷奎，极友爱，躬行孝弟，乡里化之。以子朴贵，赠副使，建坊颜曰'清时高蹈'，著有《隆中半榻稿》。"①《观游德君南阳草屋图歌》在民国《霞浦县志》卷二十五《艺文志》里亦载，作者署名为："明知县，汤显祖，临川人。"游德是游朴的父亲。游朴与汤显祖有交集，万历十二年（1584），汤显祖任南京太常寺博士时，曾作《送汤义仍授南太常》送行。十七年，游朴出任广东按察司副使，治广东屯田、水利、盐事。至二十年十二月，迁湖广右参政，在广东任职三年有余。而汤显祖在万历十九年（1591）贬官徐闻，二十年（1592）春返回临川，二人在广东任职期间，存在交往的可能性，极有可能在万历二十年春，游朴回到广州，而汤显祖恰领命北还，上任遂昌知县。二人在广州或有相逢。游朴向汤显祖展示其父《南阳草屋图》，汤显祖有感而作此诗。时间可系于万历二十年。

（二十）《汤集》卷二十，页 897《送叶鹿吴明府》

徐朔方笺注："为江西金溪知县叶继美作。继美，浙江嘉善人。汤氏同年进士。见《抚州府志》卷三十六。"徐朔方未标注此诗创作时间。同治《金溪县志》卷十五《官师·明知县》载："叶继美。嘉善人，进士。万历十三年任。"②因此，此诗可系于万历十三年（1585）。

（二十一）《汤集》卷二十，页 897《送王可大遂昌》

此诗徐朔方未有笺注。吴书荫先生考证："王可大其人可考。名有功，字可大，吴县（今属苏州）人。汤显祖同年进士。万历十二年，任浙江遂昌知县，'六载治平，擢监察御史'（光绪《遂昌县志》卷六《职

---

① 罗汝泽等修，徐友梧纂：民国《霞浦县志》，民国十八年铅印本。

② 程芳修，郑浴修等纂：《中国地方志集成·江西府县志辑·同治金溪县志》，江苏古籍出版社，1996 年。

官》)。据明何出光、陈登云等所撰《兰台法鉴录》卷二〇载,万历十七年,王有功选为广东御史,十八年巡茶陕西,二十年巡按广东。后为忌者所中,二十四年削职为民。归家十余年,蔽庐不避风雨,殁无以殓。天启初,赠光禄寺少卿。民国《吴县志》卷六六有传,录自邹元标所撰《王有功传》。此诗应写于万历十二年送王氏赴遂昌知县任,时汤显祖在北京礼部观政。"①吴书荫所考证的人名正确。据《万历十一年进士登科录》所载:"王有功,贯直隶苏州府吴江县,军籍,吴县人。国子生。治《易经》。字可大,行二,年三十一,十一月十二日生。"②王有功,字可大,王可大就是王有功。但是吴书荫所考证的诗作系年错误。光绪《遂昌县志》卷六《职官》载:"明知县……王有功,吴县人。万历进士。浑厚练达,砥节开诚,嶕意振作士风。建文昌阁。六载治平,擢监察御史。万邦献,南城举人,(万历)十七年任。"③王有功"六载治平,擢监察御史",其后任万邦献万历十七年任,可推算出王有功于万历十一年任遂昌知县,非万历十二年。再由"仙县莲花背海潮""农歌春影碧栏桥"诗句可以进一步推断,《送王可大遂昌》作于万历十一年(1583)春夏之间。

(二十二)《汤集》卷二十,页904《送南盩厔》

此诗徐朔方未有笺注。吴书荫先生考证:"南盩厔其人可考。即汤显祖同年进士南邦化,字号不详,山西安邑人。历任陕西熬、澄城知县,刑部主事……万历十一年,进士及第后,与汤显祖等在北京礼部观政,十二年赴盩厔县令任,送行诗当写于这一年。"④据《万历十一年进士登科录》记载:"南邦化,贯山西平阳府安邑县,军籍。国子生。治《诗经》。字以德,行二,年三十三,正月初七日生。"吴书荫先生言南邦化字号不详,实其字"以德"。吴书荫先生认为南邦化是万历十二年赴

①④ 吴书荫:《汤显祖交游和诗文创作年代补考》,《国学研究》第16卷,2005年12月。

② 宁波市天一阁博物馆:《万历十一年进士登科录》。

③ 胡寿海、史恩纬著,王闰吉、魏启君校注:《遂昌文献集成·光绪遂昌县志》,西泠印社,2023年。

盩厔县令任，不知有何依据。乾隆《(陕西省)盩厔县志》卷五“官师”：“南邦化，山西安邑人，由进士任。”①并没有言明是万历十二年任职盩厔县。由送行诗里“雨气秋深亚柏桥”等句，可以推断，送行诗当作于秋季，是时，汤显祖观政于北京，为万历十一年(1583)秋。如果是万历十二年秋，则此时汤显祖已经到南京上任了。

(二十三)《汤集》卷二十一，页938《送林贵县》

此诗徐朔方未有笺注。吴书荫先生考证：“查民国《贵县志》卷一五‘职官表上’，万历间任知县林姓者仅林朝钥一人。林为南海县人，汤显祖同年进士，官至户部主事。故送行诗写于万历十一年或十二年秋季。”②此推论错误。光绪《南海县志》卷二十《选举志一》记载：“万历朝……林朝钥，莆田知县。”康熙《兴化府莆田县志》卷七“职官”记载：“林朝钥，南海人，万历十一年由进士任。”③由此可知，万历十一年林朝钥实任莆田知县，而并非贵县知县。对于林朝钥任贵县知县的时间，民国《贵县志》只有“林朝钥，南海人，进士，万历间任”的记载。但是贵县龙岩景区有“古怀第一山。万历庚寅岁，南海林朝钥书”的摩崖石刻，庚寅岁，即1590年。贵县南山寺碑也有林朝钥的诗刻：“段竹亭都阃、鲍慎余将军偕黄爱吾明府，招游南山寺。灵岩迢递郁葱茏，岩里分明敞梵宫。法鼓不传真境寂，昙花初放石坛空。浮图标胜三千界，丹鼎留奇万古风。何事主人淹赏兴？笙歌归路挂晴虹。”这一年是1588年。据此，1588—1590年贵县知县均为林朝钥，其赴贵县任知县的时间最迟为1588年。“直下宝江明月影”“能开二十四峰云”，非常针对性地记录了林朝钥由广东到贵县的路线：苍梧(梧州西江)—浔江—郁江(贵县)。估计二人于万历十五年(1587)一同到京城述职结伴而归，约于此时林朝钥任职贵县。

---

① 章泰纂修：《盩厔县志》，线装书局，2001年。

② 吴书荫：《汤显祖交游和诗文创作年代考略》，《中华文史论丛》2003年第74期。

③ 金皋谢：康熙《兴化府莆田县志》，清康熙四十四年(1705)刻本。

（二十四）《汤集》卷二十一，页 963《别墅同饶见石、李本仁、曾在中、甘伯祯》

此诗徐朔方未有笺注。饶见石可考。同治《临川县志》卷四十《人物志二·宦业上》有传："饶继范，字见石，万历癸卯乡举。知孝感县，首建程子祠。廉静而宽，雨旸朝祷夕应，民以为神，去任二十年，犹讴歌之。居乡严苦自惕，议论不苟。力回侈俗，宴会撤歌曲，酒止七行，盖有古介士风焉。与清廉宴，升池州知州。"李本仁也可考。同治《临川县志》卷四十二下《人物志四·儒林》有传："李学旻，字本仁，号如衷。父东成，有隐德，汤显祖为作《隐君子传》。本仁从诸父哲东明穷濂洛之学，复游汤显祖之门。"①

（二十五）《汤集》卷三十二，页 1142《汪闇夫制义序》

此文徐朔方未有笺注。汪闇夫可考。谭元春《鹄湾文草》卷四亦有《汪闇夫时文序》，这两篇文章应该是给同一人制义文章所写的序言。清代陈诗原《湖北旧闻录》卷四十五·杂记二《琐记·冷赏》记载了汪闇夫参加考试的故事："万历戊午秋，黄冈樊宪副维城方在诸生，偕何遽宿闳中、汪闇夫爆南应试武昌，寓止洪山寺小庵。庵有千叶莲，植而不花。樊浴其庭见之。僧曰：'向未开花，自君至之日，始蓓蕾，数日后当开耳。'明日，复浴，则已敷鲜枝头，数之正得三朵。樊戏谓遽宿、闇夫曰：'此三人，应吾三人兆也。'遽宿以为然。闇夫笑曰：'诞乎！'樊曰：'余先折一枝供案上，如萎则已，茂则兆也。'既而果茂。遽宿亦自摘，供之三日，樊之花尽，何之花方茂，汪独不摘。及榜放，三人皆中式。樊连捷去，何至壬戌始第，汪止孝廉卒。崇祯乙亥，樊以宪副投闲，何方转学宪。花若得气之先者矣。"②从中我们可以得知：汪闇夫就是汪爆南。光绪《黄冈县志》卷七《选举》："（万历）四十六戊午：汪

① 童范俨修：《中国地方志集成·江西府县志辑·同治临川县志》，江苏古籍出版社，1996 年。

② 陈诗编纂，皮明庥、李怀军标点，张德英、皮明庥校勘：《湖北旧闻录》第 1 册，武汉出版社，1989 年。

熿南，元极子，经魁。”①

（二十六）《汤集》卷四十四，页1289《与司吏部》

徐朔方笺注：“作于万历十三年(1585)乙酉，在南京太常博士任。三十六岁。据袁宗道《白苏斋类集》卷十一《巡抚福建右副都御史传野司公墓志铭》及《抚州府志》卷三十五、三十九，司汝霖后复本姓张，改名汝济，江陵人，隆庆二年进士。以临川知县迁吏部郎，官至福建巡抚。又墓铭云‘癸未(1583)晋验封郎中，甲申(1584)春予告休沐，丁亥(1587)复补验封，寻进考功’如纪年无误，若士此书或作于去年，如是任官南京应自十一年始，然如是则与十二年作有关丁右武、屠长卿诸诗及长子士蘧生卒俱不合，意予告非罢官，未必置身局外，与显祖书信往选或仍为是年事。”文中“去八月中秩奏下后，更与奉陵祠”，是指汤显祖参与园陵祭典，但是直到万历十七年(1589)才迁任南京礼部祠祭司主事。“仆亡妇二年矣，遗息阿蘧八龄，阿耆六周耳。”据《明敕赠吴孺人墓志铭》所载，吴氏生于“甲寅年十二月初二戌，殁乙酉年十二月初十日巳”②，万历十三年(1585)卒。吴氏万历十三年病亡时，汤士蘧八岁，汤大耆六岁。与《文昌汤氏宗谱》记载“尊宿公，若士公次子，讳大耆，由廪贡任徐州同知，升都司断事，生于万历庚辰年(1580)月初十子时”吻合。因此，《与司吏部》应作于万历十五年(1587)。

（二十七）《汤集》卷四十四，页1318《寄何滨岩先生》

此文徐朔方未有笺注，但在《年谱》里有说明。徐朔方认为：“《玉茗堂尺牍》卷一《寄何滨岩先生》云，‘《雍藻》请正函丈，惟不惜金声。’书又云：‘又且当强仕……某父母年半百矣。’据《文昌汤氏宗谱》，若士生时父年二十三，母二十一。又，年四十为强仕。知若士作此函时约三十余，在南京太常博士任。”③此论不大准确。何镗(滨岩)去世于万历十三年，汤显祖于万历十二年任南京太常博士。乍看似乎没问题。

① 戴昌言修，刘恭冕纂：《(光绪)黄冈县志》上下，武汉大学出版社，2019年。

② 王上海、程小辉、刘莹琳等：《江西抚州汤显祖家族墓出土墓志》，《文物》2018年第8期。

③ 徐朔方：《晚明曲家年谱》第3卷，浙江古籍出版社，1993年。

但是,汤显祖万历十二年任南京太常博士时已经三十五岁了,其父母分别为五十八、五十六岁,不宜称为“父母年半百”,应该称为“年近花甲”。《雍藻》刊刻于万历九年。“强仕”语本《礼记·曲礼上》:“四十曰强,而仕。”意思是男子四十岁时,智力正强,志气坚定,可以出仕。《寄何滨岩先生》语气似为中进士前所作。所以,《寄何滨岩先生》作年应系于万历十年(1582),时何镗赋闲在老家。

(二十八)《汤集》卷五十一,页1659《金堤赋》

此文徐朔方对许多地名没有笺注,也没有对地名进行专用名标注。试举数例:“汝伏乡之血木兮,缴赤芾之飞猿。东梁安而濑菈兮,隥清江乎石门……串昌圯而载北兮,西翕潗夫连樊。始合临之众队兮,羌北径于黄昏。枞樟槠之委细兮,发金鸡之石冠。”这数句话里的“血木”“赤芾”“飞猿”“梁安”“清江”“石门”“临”“黄昏”“金鸡”均为地名,应该在其下面加画专名线。

血木是指抚河发源于江西省广昌县驿前镇姚西村后的血木岭,血木岭最高处为灵华峰,海拔998.48米。雍正《江西通志》:“血木岭,在广昌县南百二十里南丰乡,盱水发源于此。”①赤芾是指抚河的支流黎滩水发源地黎川县福山赤芾。雍正《江西通志》:“黎滩水,在新城县西南,一名黎川。明永乐间县志谓水自黎汾祖墓旁出得名,源自福山之赤芾涧及岩岭。下流四十里至孔家渡即今南津防港,合流至县。又西北经落消石至府城,下一百四十里会盱水。”飞猿是指飞猿岭。盱江北流至南城,有黎川的黎滩河出飞猿岭(今洪门水库附近)在万年桥附近注入,然后北流至梁安峡进入临川县境被称为汝水。梁安、石门是指金溪县的梁安峡。嘉靖《抚州府志》卷四《山水二》:“梁安峡,在城南八十五里,两山峙立如争雄长。盱水径其间,势颇奇崛,一名石门。”清江,在金溪县。嘉靖《抚州府志》卷四《山水二》:“清江水,在县南四十里,其源出盱之南城,历口水、白干、小港而下清江、游坊、蛇陂、港口出大港,至石门为汝水,其水清冽,尤宜沤楮,故金溪纸以清江名。”连樊

① 谢旻等修,陶成等纂:《江西通志》,台湾成文出版社影印本,1989年。

是水名，在临川。嘉靖《抚州府志》卷四《山水二》："连矾水，其源出连矾山，通流四十里出吴家渡，注汝水。荀伯子《临川记》云：东兴人以木甑浸井中，后于连矾桥下得之。见水源之远。或云此水比他流独重，故郡以充漏水。""临"是指临水。嘉靖《抚州府志》卷四《山水二》："临水，其源自崇仁巴山西北，行三十里，与宝唐诸水合，曲折而下至和尚陂、龚家渡宜黄水会，谓之临川，至西津与汝水会。"①黄昏是渡口名称。同治《临川县志》卷七《地理·津梁》："黄昏渡渡船十二只，下至周渡六里。"金鸡是地名，在今临川罗针。嘉靖《抚州府志》卷四《山水二》："堰名文昌，陂名千金，以利灌溉。惧其水决溢溃堤，又为小沟，自聂家山达于今文昌桥之上以泄其水，西入于正派。其港下流直出金鸡城，二水合流，去郡五十余里矣。"同治《临川县志》卷四《地理志·山川二》："西北循千金陂支流而下，至金鸡城直县北，皆灵谷支派也。金鸡城，相传古时欲于此建金鸡城，故名。"

作者单位：中国移动通信集团江西有限公司抚州分公司

① 黄显修、陈九川、徐良傅等纂：《（嘉靖）抚州府志》十六卷，明嘉靖三十三年（1554）刻本。

徐闻贵生书院沿革新考

钟大生

古人云:“山不在高,有仙则名。水不在深,有龙则灵。”广东徐闻古代有一座书院,名叫贵生书院,虽然是一所普通书院,但因为是明代伟大戏曲家、文学家汤显祖万历十九年(1591)捐资创建的而闻名遐迩。这所具有四百多年历史的书院,经历破坏、重修、改制、迁址等演变过程,曾经被淹没在历史长河中。因此,前人研究一般认为到清末废除科举制度时徐闻贵生书院教育功能就终结了。确实如此吗?下面,我们探索她前世今生的四百年薪火传承历程。

一、明代创办与早期发展

汤显祖是明代江西临川人,出身书香门第,五岁能对对子,十二岁能吟诗,二十一岁中举人,三十四岁登进士,不但精通古文诗词,而且知晓天文地理和医药卜筮诸书,在陪都南京先后担任太常寺博士、詹事府主簿和礼部祠祭司主事。明代万历十九年闰三月,他目睹当时官僚腐败愤而上《论辅臣科臣疏》,触怒了神宗皇帝,五月被贬为广东省徐闻县添注典史,因返回家乡途中得疟病,居家治疗,九月初出发,十一月底到达徐闻,立即刮起一股强劲的名人效应旋风。

> 徐闻之士,知海以内有义仍才名久。至则摄衣冠而请谒者,趾相错也……乃又知义仍所繇重海内,不独以才。于是学官诸弟

> 子争先北面承学焉。义仍为之抉理谈修，开发款綮，日津津不厌。诸弟子执经问难靡虚日，户屦常满，至廨舍隘不能容。①

该县学宫学生们仰羡义仍才名，穿着整洁衣服，戴着端庄帽子，放轻脚步悄悄地走来，请求谒见拜教，人挨着人，狭隘廨舍“常满”。“子弟竞于学，有邹鲁风。”②徐闻学生知书达礼，热情好学，令汤显祖极为感动，于是“抉理谈修，开发款綮，日津津不厌”，尽职尽责，每天百问不厌，津津有味给学生讲义理，开发智力。为解决“廨舍隘不能容”问题，汤显祖便效仿心学家罗汝芳恩师：进则忧天下，退则办教育。“会有当道劳响，可值缗钱若干。义仍以谋于邑令熊君”③，和“知县熊敏共捐资俸”④办书院。古代书院选址讲究环境优美之地，于是在县城署前街公馆⑤东，汤显祖“择地之爽闿者，构堂一区，署其匾曰：‘贵生书院’”⑥。这个时期，徐闻户口：“户五千八百二十三，口一万四千七百零五。”⑦当时人口少，读书人不多，县儒学也只有二三十人，而且还有崇德等四所“社学”，所以汤显祖精打细算“构堂一区”，也就是建筑一间小屋，挂上“贵生书院”牌匾就是学校了。

古今中外办学首要目的是“传道”，这个“道”用今天话说就是办学理念，用什么理念为国家培养人才。刘应秋说：“义仍自为说，训诸弟子。”⑧汤显祖用“说”来训学生，可见汤显祖办学理念是“说”。这个“说”即是汤显祖自己所作《贵生书院说》：

> 天地之性，人为贵……故大人之学，起于知生。知生则知自

---

① 刘应秋：《贵生书院记》，欧阳保纂：《万历雷州府志》，书目文献出版社，1990年，第440页。

② 欧阳保纂：《万历雷州府志》，第204—205页。

③⑥ 欧阳保纂：《万历雷州府志》，第440页。

④ 欧阳保纂：《万历雷州府志》，第304页。

⑤ 公馆，指当时县府招待所，位于今天徐闻县徐城街道署前街北的县园林管理所（老法院）之后，原县纺织公司仓库所在区域地方。

⑦ 欧阳保纂：《万历雷州府志》，第261页。

⑧ 刘应秋：《贵生书院记》，欧阳保纂：《万历雷州府志》，第440页。

> 贵，又知天下之生皆当贵重也。[①]

“天地之性，人为贵。”这句话来自儒家经典著作孔子《孝经·圣治》名言：“天地之性，人为贵；人之行，莫大于孝，孝莫于严父。”孔子说：天地万物之中，以人类生命最为尊贵。人类的行为，没有比孝道更为重大的了。在孝道之中，没有比敬重父亲更重要的了。汤显祖用圣贤言语告诉人们无论地位高低贵贱都要倡导“天地万物间，人生命最大为宝贵”，希望大家知生自贵，尊敬天下所有生命。“君子学道则爱人。”[②]汤显祖目的非常明显，通过学校这个教育阵地，宣扬传播其“天地之性，人为贵”的“贵生思想”。这体现了他儒家思想中的“兼济天下”博大胸怀。

古代办书院实行封建阶级性质教育学制，主要目的是培养科举考试人才，为统治阶级服务，汤显祖创办贵生书院也毫无例外：“当时沐其教者掇巍科登膴仕。”[③]所以古代书院所讲授的内容基本相同，主要是《小学》《中庸》《孝经》《易经》《尚书》《诗经》《仪礼》《周礼》《春秋》《大学章句》《论语集注》《孟子集注》等。

这个时期，书院办学性质是民办学校。汤显祖和知县熊敏共捐资俸，这是私人行为。经费依靠乡绅捐田，收租助学。捐田称为“书院田”。如曾任福建省运同徐闻乡绅邓士元暨孙两次拨给书院“虎仕坑”“白水塘”“包墩”三处田产为士子会课科资之经费：

> 书院田：虎仕坑，租八十石。白水塘，租一十一石四斗。包墩，租五石。合计三处田，共租九十六石。按此田乃前明运同邓士元暨孙两拔为士子会课科资之费。[④]

---

① 汤显祖著，徐朔方笺校：《汤显祖集全编》，上海古籍出版社，2018年，第1643—1644页。

② 汤显祖著，徐朔方笺校：《汤显祖集全编》，第1643—1644页。

③④ 王辅之编纂：《徐闻县志》，雷阳印书馆，民国二十五年(1936)，第5页。

明万历四十二年(1614)出版的《雷州府志》记载贵生书院“后地震崩废”①了。万历二十二年(1594)至三十三年(1605)期间,该县一共发生了三次地震,分别是“二十二年春二月,地震”“二十六年(1598)冬,地震”和“三十三年夏五月,大地震,墙屋倾坏,人多压死”。②万历二十七年(1599),同科进士、永戍雷州的樊玉衡写信邀请汤显祖回到贵生书院任教,但因路途遥远无法前行,他婉言拒绝:“投峤杳难邀后命,讲堂当亦傍前辉。”③从中可见第一、二次地震书院还存在。因此,贵生书院是在第三次“大地震”才“崩废”了④。也就是说汤显祖所创贵生书院从万历十九年底筹办到三十三年“地震崩废”,存在只有十三四年左右时间。由此可见汤显祖亲手创办的贵生书院在万历三十三年消失了,并没延续到清代。

这个时期,因书院是大名鼎鼎的汤显祖创办,有知名人士如进士熊敏和樊玉衡等到书院授课,又得到社会各界大力支持,推动徐闻教育发展。虽然办学短暂,但影响至明末,该县一共培养出了12位举人、12位恩贡和11位岁贡等,备受后人景仰和推崇:“自明汤义仍先生来徐创建书院,而徐盖知向学。当时沐其教者掇巍科登膴仕,后光辉映,文风称极。”⑤

二、清代的重建与发展

清朝中晚期,徐闻教育一度“荒废”很久。为了使邑人“知向学”,让汤显祖贵生书院“后光辉映,文风称极”,培养“掇巍科登膴仕”者,县府扛起汤显祖大旗,决定重建贵生书院:“或为岁久荒废,道光元年,赵、王两知县暨合邑绅士相踵建造,而上下座与讲堂及东

① 欧阳保纂:《万历雷州府志》,第304页。
② 欧阳保纂:《万历雷州府志》,第168页。
③ 汤显祖著,徐朔方笺校:《汤显祖集全编》,第816页。
④ 钟大生:《汤显祖贵生书院新辨》,《汤显祖研究》2022年总第37期,第8页。
⑤ 王辅之编纂:《徐闻县志》,第5页。

西学斋备焉。"[①]这时是道光元年(1821)了,距离贵生书院"崩废"已两百多年了。"县民屯户三万零一百七十九,男六万二千七百九十六,丁妇女四万五千七百八十八。"[②]由于当时人口比汤显祖建书院时期人口增加了五六倍,读书人相应增多,原来小地方不适合,因此,赵、王两知县联合全县绅士们齐心合力另选址重建。这个地方就是现在徐闻县贵生路与宾朴路交界处东。与此同时,书院扩大了办学规模,占地面积达 3 030 平方米。明代是"构堂一区",重建变为"上下座与讲堂及东西学斋备焉",房屋从一间变成了五六座,建筑面积 528 平方米,接受学生人数大大增加,促进教育面扩大。

"中祀宋五夫子暨义仍先生牌位,□□尊宗师教,追极本始也。"[③]宋五夫子指张载、邵雍、周敦颐、程颢、程颐北宋时期的五位哲学家,义仍即汤显祖。书院以汤显祖和五夫子为宗师——"尊宗师教,追极本始",树立"博学、审问、慎思、笃行、格物、致知、正心、诚意、明辨、修身、齐家、治国"的儒学思想为办学理念,继承了汤显祖时期的书院办学思想。

这个时期,书院公办民办性质。"赵、王两知县暨合邑绅士相踵建造",说明学校仍然官员发动建造,政府和绅士联合出资建设。后期经费实行宾兴制度。书院制定了《五夫子宾兴条例》《徐闻义捐文生新设宾兴条例》等。乡绅热爱和支持教育,纷纷捐款助学,确保办学经费。如光绪二十四年(1898)该县迈陈镇市圩杨秀杰把自己位于迈城坑、石马、安平等坑田拨入书院,提供田租支持:"迈城坑,租谷八石。石马、安平等坑田,共租一百五十一石五斗。乃光绪二十四年,邑西迈陈市监生杨秀杰拨入书院。"[④]此外,书院还继承了原明代书院义捐田产田租,供各项开支。原书院田荒废,不知所终,咸丰七年(1853)县府查实,把"内虎仕、白水塘、包墩三处"田租重新划回,同时又把"那密、石

---

①④ 王辅之编纂:《徐闻县志》,第 5 页。

② 王辅之编纂:《徐闻县志》,第 286 页。

③ 曾权主编:《汤显祖与徐闻》,中国文史出版社,2005 年,第 240—242 页。

头坑”田租归书院收取：

> 咸丰七年，赖有邑绅何如海等援府志上控，蒙宪札府饬县查明详报。旋得梅县令备由具申，奉文批准，照旧以新庄内虎仕、白水塘、包墩三处土名拨归书院。外有那密、石头坑，溢多六十四石六斗之数，仍归学内收取。由是永远遵行，而士子会课科资之典，始不湮没弗彰。①

这个时期，该县教育，官府高度重视，民众热情支持，再续“文风称极”局面，培养出了 2 位举人、11 位拔贡、20 位恩贡、93 位岁贡、63 位廪贡、28 位增贡、59 位附贡、145 位廪生、193 位增生等，他们大多数曾在书院读书。可见，重建后书院办学效果斐然，重新实现了“掇巍科登膴仕”的办学目的。

三、清末改制为小学堂

清末，西方列强侵略中国，民族和社会危机日益加剧。中国教育落后，跟不上世界发展步伐，处处挨打。接触外国先进教育思想的人士痛定思痛，在梁启超、谭嗣同和康有为等人变法维新思想的推动下，“废科举，兴学校”的潮流浩浩荡荡，采用欧美教育方式设立学校，封建传统教育逐步被近代教育所取代。光绪二十七年八月初二日(1901 年 9 月 14 日)，光绪皇帝正式下令全国各地书院分别改为大、中、小学堂，上谕：

> 人才为庶政之本，作育人才，端在修明学术……除京师已设大学堂，应行切实整顿外，着将各省所有书院，于省城均改设大学堂，各府及直隶州均改设中学堂，各州县均设小学堂，并多设蒙养

① 王辅之编纂：《徐闻县志》，第 5 页。

> 学堂。其教法以四书五经纲常大义为主,以历代史鉴及中外政治艺学为辅,务使心术端正,文行交修,博通时务,讲求实用……①

于是,全国各地纷纷遵旨办学,很快掀起了一个书院改学堂的热潮。贵生书院是徐闻唯一一所书院。光绪二十八年(1902),台湾进士许南英②从广州来到徐闻任知县,响应清政府号召,立即把贵生书院改为徐闻小学堂。

> 贵生书院山长杨先生退任,先生改书院为徐闻小学堂,选县中生员入学。邑绅见先生热心办学,乃公聘先生为掌教,每旬三、六、九日到堂讲经史二时。③

"先生改书院为徐闻小学堂",这个"先生"是许地山对其父亲许南英尊称。这是许地山所写回忆录提到了父亲在徐闻所做的事情。许南英不但把书院改办为小学堂,而且亲任"掌教"(主讲教师),开启了徐闻近代教育序幕。从此贵生书院作为学校名称被徐闻小学堂所取代,并且被渐渐遗忘和误解。于是后人研究贵生书院历史时,认为作为学校的贵生书院已在此时起不存在了。这就是改名所造成之误解开始。

清末,我国教育采用欧美教育方式设立学校,但教学内容并不完

---

① 梁成久编纂,陈景棻补辑:《海康县续志》,岭南美术出版社,2006 年,第 691 页。

② 许南英(1855—1917),号蕴白或允白,又号窥园主人等,祖籍广东揭阳,清代台湾 33 位科举进士之一,近代著名诗人,著有《窥园留草》诗词集。1895 年,清政府在甲午战败后被迫签订《马关条约》,将台湾割让日本。许南英毅然投笔从戎,统领兵丁扼守台南,抗击日寇入侵。台南沦陷前一天,被迫离台内渡福建漳州。先后在广州、佛山、汾水、徐闻、阳春、阳江和三水诸县任税关总办、乡试阅卷官、知县等职,共有六子两女,其中四子许地山,是中国现代著名小说家、散文家、五四时期新文学运动先驱者之一,以"落华生"为笔名写作了大量抗日文学作品。

③ 许赞坤:《窥园先生诗传》,陈庆元主编:《台湾古籍丛编》(第九辑),福建教育出版社,2017 年,第 560 页。

全照搬西方的一套:"其教法以四书五经、纲常大义为主,以历代史鉴及中外政治艺学为辅。""四书五经、纲常大义"是历代封建王朝科举课程,考试依据。而"历代史鉴及中外政治艺学",是按欧美教育方式设立的课程。由此可见,近代教育教学内容开始中外结合,目的是"务使心术端正,文行交修博通,时务讲求实用"。具体课程如下:

> 教授科目凡八:一、四书五经、纲常大义,二、中外史鉴,三、中外政治,四、中外舆地,五、中国文学,六、外国语,七、算术测绘,八、格致。①

从以上课程可见封建清王朝为保持封建统治稳定,与时俱进,进行教育改良,吸收外来先进文化如外国语和算术测绘等教育,开始走出了封建闭关自守的教育围城。

又到了光绪三十年(1904),清朝政府教育制度再度改革,在张百熙、张之洞、荣庆等官僚的主持下颁行了《奏定学堂章程》,由于该年为"癸卯年",所以又叫"癸卯学制",拟定了初等小学堂、高等小学堂、中学堂、高等学堂等十个章程。这是中国历史上第一个正式颁布且在全国普遍性的学制。根据这个章程,光绪三十一年(1905),徐闻县小学堂升级为"官(立)高等小学堂"②。实行初等小学堂到高等小学堂九年一贯制教育管理。由于学制扩大,班级增多,规模有限,学校容纳不了那么多学生,就把旁边"旧义学修饰而增广之"③,扩大了学校规模。

教育改制后,学校教学时间和内容随之改变。初等小学堂,学制为五年,学生七至十六岁。"教授科目凡九:一、修身,二、读经讲经,三、中国文学,四、算术,五、历史,六、地理,七、格致,八、图书,九、体操。"④高等小学堂,学制为四年,学生十六岁以上至二十岁。"教授科目凡八:一、修身,二、读经讲经,三、中国文学,四、算术,五、中国历史,

---

① 梁成久编纂,陈景棻补辑:《海康县续志》,第691页。

②③ 王辅之编纂:《徐闻县志》,第5页。

④ 梁成久编纂,陈景棻补辑:《海康县续志》,第705页。

六、地理，七、格致，八、体操。”①

从小学堂到高等小学堂，继续使用原书院校舍、师资和田产等财产。如原“书院田租”划归小学堂：“迄光绪三十一年，科举停而学堂立，此田又概拨充办学经费矣。”②“此田”指上面提到的虎仕、白水塘、包墩、那密、石头坑等田产。“办学经费”指的是徐闻小学堂办学经费。由此可见，学堂继承了书院全部资产。

这个时期，学校是公办民助学校。县府积极改造原书院，继续接受社会捐赠。在新学制指导下，学校开始逐渐摆脱科举教育毒害，注重学生认知教育，修养教育，关心国家大事，讲求实用，为社会服务。许南英几个子女都在该学堂就学一年多，后来成为有名人物。如三子许赞牂，参加了北伐战争；四子许赞堃又名许地山，著名散文《落花生》作者，是中国现代著名小说家、散文家、五四时期新文学运动先驱者之一。

四、民国时期的变革

民国开始，学校走出封建阶级性质的学制藩篱，实行资产阶级性质的学制。1911 年辛亥革命后，推翻了封建统治的清王朝，以孙中山为首的南京临时政府，对教育开始了一系列适应资产阶级发展需要的改革。1912 年 9 月公布了《壬子学制》。1913 年 8 月，又陆续颁布了各种学校规程，对新学制有所补充和修改，于是又总合成一个更加完整的学制系统，即《壬子癸丑学制》，这是中国近代教育史上第一个资产阶级性质的学制。这两年旧历分别称壬子年、癸丑年，故称“壬子癸丑学制”。《壬子癸丑学制》设普通教育、师范教育、实业教育 3 个系统。其中普通教育分 3 段 4 级；初等教育 7 年，初小 4 年，男女同校；高小 3 年，不设男女分校。小学教育以留意儿童身心之发育，培养国

① 梁成久编纂，陈景棻补辑：《海康县续志》，第 704 页。

② 王辅之编纂：《徐闻县志》，第 5 页。

民道德之基础，并授以生活所必需之知识技能为宗旨。初等小学设修身、国文、算术、手工、图画、唱歌、体操，女子加设缝纫。高等小学设修身、国文、算术、本国历史、地理、理科、手工、图画、唱歌、体操，男子加设农业、女子加设缝纫，并视地方情形加设英语或其他外国语。与清末相比，取消了读经课，更加重视实用操作，如手工、图画、农业、缝纫等课程；接近实际生活需求，此外授课时数也略有减少，减轻学习负担。

> 民国元年（1912 年）此校改名为徐闻县立第一高等小学校。1935 年迁至署前街（县法院现址），改名徐闻县立第一小学。1942 年改名附城镇中心国民学校。①

顺应历史潮流，徐闻县官立高等小学堂先后改名为"徐闻县立第一高等小学校""徐闻县立第一小学""附城镇中心国民学校"，以便适应新学制要求。"县立"显示学校是县级官方办学性质，"第一"彰显学校是全县第一所小学，重要性不言而喻。后来一度降为镇学校，但"中心"又强调了全镇作用，"国民"显示为所有公民开放的学校。

与此同时，由于人口增多，读书者随之增多，场地受限制，因此学校地址搬到现在徐闻县徐城街道署前街东——县考棚和三官祠所在地（现今人民法院旧址），占地面积是原清朝贵生书院 1 倍。这是学校地址第一次离开贵生书院原址办学。

这个时期，该校是一所完全的公办学校，贯彻《壬子癸丑学制》要求，实行资产阶级性质教育学制，以资产阶级民主主义精神，荡涤封建专制主义和科举教育遗毒，废除了尊孔读经，取消了进士出身奖励，确定了妇女的受教育权利和男女同校制度，课程结合时代要求讲究实用，具有划时代重要意义。从 1912 年至 1949 年，该校一共培养小学毕业生 2 800 多人，其中大部分参加新中国建设。

① 徐闻县志编纂委员会：《徐闻县志》，广东人民出版社，2000 年，第 703 页。

五、新中国成立后的发展

1949年10月，徐闻解放，该校实施社会主义性质的学制教育："我们的教育方针，应该使受教育者在德育、智育、体育几方面都得到发展，成为有社会主义觉悟的有文化的劳动者。"①这是新中国新教育新要求。学校全面贯彻党的教育方针政策，培养德智体美劳全面发展人才。

> 1953年迁至龙尾康皇庙（现徐闻大会堂一带），改名龙尾小学。1960年迁至东方路一巷现址，改名实验小学。"文化革命"期间，改名文革小学。1977年改为现名。②

为适应新时代教育需要，1953年至1977年期间，学校先后又改了四次学校名称。新中国鼓励人民读书，认识文化，增长知识，建设国家，读书人数成倍增长。1953年，学校从徐城街道署前街搬到龙尾康皇庙，以地名命名为"龙尾小学"，取消镇级学校定性，变为区域性小学，不再是县级第一小学。20世纪60年代各地教学兴改革，学校探索教学改革实验，于是"龙尾小学"改名"实验小学"。1960年迁至县城东方路一巷现址，定性为徐城镇镇级学校。1966年，"文化大革命"开展，学校追求政治热潮，师生参加"文化大革命"运动，改名为"文革小学"，实行七年制教育，其中小学五年，初中二年。1977年，"文化大革命"结束后，学校拨乱反正，实行六年制教育，取消初中办学，改为徐城镇第一小学至今。新中国成立后，学校分别三次改变了地址，从徐城街道署前街到龙尾康皇庙，又龙尾康皇庙到东方路一巷。虽然名称和地址都变了，但办学性质不变，都是政府公办教育学校。

---

① 毛泽东：《毛泽东选集》（第5卷），人民出版社，1977年，第385页。

② 徐闻县志编纂委员会：《徐闻县志》，第703页。

现在学校用地约6 000平方米。1992年至2000年期间,先后建起了两幢教学楼、一幢综合科学楼,两幢教师宿舍楼,建筑面积达7 647平方米。多年来,通过“标准化学校”“教育创强”“改薄”等项目改造,该校不断完善设备设施配置,加强了师资配备。现有学生1 539人,28个教学班;教职工68人,其中专任教师67人(本科学历35人、专科学历32人;高级职称5人);有6位骨干教师,其中省级1名,市级2名,县级3名。

七十多年来,该校贯彻国家《小学教学计划(大纲)》,课程设置有语文、数学(算术)、英语、自然、历史、地理、体育、图画、音乐等课程,全面贯彻党的教育方针,全面开展立德树人、素质育人,树立“贵生课堂”教育观,确立“教书育人,让每一位学生体验成长”的办学理念,以体能、行为习惯、兴趣能力为切入点大力推进教育教学改革,学校办学成效显著。七十多年来,该校培养的小学毕业生一共15 000人,他们许多人成为县内外行家里手或干部职工,为中国特色社会主义建设做出了贡献。2011年被评为“徐闻县德育达标学校”,2015年被湛江市妇女联合会颁发“巾帼文明岗”,2020年被评为“湛江市文明校园”,2021年被评为“广东省绿色学校”。

六、结　语

综上所述,贵生书院从明代万历十九年汤显祖捐资俸创办到今天的四百多年发展历程,尽管经历破坏、重修、改制、迁址等多次变化,但其作为教育功能从未中断,从书院到小学堂,再到现代小学,一脉相承,沿革并不终结:贵生书院—小学堂—县官立高等小学堂—县立第一高等小学校—县立第一小学—附城镇中心国民学校—龙尾小学—实验小学—文革小学—徐城镇第一小学。

汤显祖一生创办了三座书院,分别是徐闻贵生书院、遂昌相圃书院、临川崇儒书院。唯一薪火不灭、传承至今的只有徐闻贵生书院。虽然名称和地址变了,但是教育功能不变,都是为了国家和社会培养有用人才。该校始终致力于为当地人民提供优质教育资源，更是我国现存的较少的历史悠久的教育机构之一，其持续存在的意义在于它不仅是传统文化的承载者，也是当代教育实践的积极参与者，为徐闻乃至更广泛地区的教育事业做出了重要贡献。

作者单位：广东省徐闻县教育局

儒家政治理念的再现

——《玉茗堂书经讲意》与汤显祖的读书策略

胡梓颖

一、前　言

在过去四个世纪，汤显祖（义仍，1550—1616）向被誉为明代戏曲家的佼佼者、明代“举业八大家”之一。①然而，汤翁晚年却自愧未能立言以显道。②他在晚年的戏曲和诗文作品中，往往流露出一种功业未就的唏嘘。汤显祖对自身的评价与后世给他的赞誉，落差明显。他为官十四年，最高品秩不过是正六品的小官；但《明史》本传却见于“列传”而非“文苑”。③由此可见，虽然汤翁文学成就卓著，但就他本人乃至史官而言，“文学”显然不是汤显祖人生追求的重心。

汤显祖《玉茗堂书经讲意》（下称“书经讲意”）于2016年被郑志良重新发现。④此书又名《玉茗堂尚书儿训》⑤，不仅展示汤显祖毕生研

---

① 明人孙岱（生卒年不详）在《归震川先生年谱》中曾列出了七位与归有光（熙甫，1507—1571）齐名的制艺名家：“举子业与德清胡斯泉友信、归善杨文襄起元、临川汤义仍显祖，先后齐名，以配同郡王文恪公鏊、武进唐文襄公顺之、薛方山应旂、常熟瞿文懿公景淳，此所谓八大家也。”孙岱：《归震川先生年谱》，天津图书馆藏清光绪五年（1879）刻本，第48页上。

② 郑志良：《汤显祖著作的新发现：〈玉茗堂书经讲意〉》，《文学遗产》2016年第3期。

③ 《明史》卷二三〇《汤显祖传》，中华书局，1974年，第6015—6016页。

④ 郑志良：《汤显祖著作的新发现：〈玉茗堂书经讲意〉》。

⑤ “汤氏显祖，《玉茗堂尚书儿训》，未见。”朱彝尊：《经义考》卷九十，影印文渊阁四库全书本，《钦定四库全书·史部》（678），上海古籍出版社，1987年，第215页。

习《书经》的心得，同时汇聚了他为官十多年、教子二十余年的经验，侧面反映他研习儒家经典所抱持的态度。本文以《书经讲意》为研究核心，探讨汤显祖传授给儿子们的“读书策略”，并透过比对《书经讲义》和万历皇帝（朱翊钧，1563—1620，1572—1620年在位）的帝师张居正（叔大，1525—1582）《书经直解》对《书经·洪范》的不同诠释，阐释这两部分别为“人臣”和“人君”度身订造的经解，在解经者与读经者的角色变换与多重身份重叠的情况下，如何协调并再现儒家统治的理念。

二、《玉茗堂书经讲义》的出版缘由

《书经讲意》汇聚了汤显祖毕生研习《尚书》的心得。其中发挥的地方，侧面反映出他的政治理想。此书原刊刻于万历四十年（1612），脱稿时间较“临川四梦”晚十一年。汤显祖自言《书经讲意》是“予生平所得力在此”[①]，可见此书是汤翁晚年最重要的著述。此书之出版，说明汤显祖在弃官归里乃至长子汤士蘧（友尼，1578—1600）身故后[②]，依然把政治寄望托付于次子汤士耆（尊宿，1580—1665）、三子汤开远（伯开，1588—1640）和幼子汤开先（季云，生卒年不详）身上，期望子孙能继承他的政治抱负。

明代以朱子学为官学，科举的考核内容基本上沿袭元代科举旧制。考试共分为三场：第一场分为“四书”义和“五经”义两部分。“四书义”出题三道，为必答题[③]；“经义”按《五经》各出题四道[④]，为选答

---

① 此语由汤显祖门生周大赉叙述。周大赉：《临川汤先生书经讲意叙》，汤显祖：《玉茗堂书经讲意》卷首，影印北京国家图书馆藏明刻本，江西人民出版社，2016年，第1页。

② 汤显祖之长子汤士蘧于二十三岁卒于南京。汤显祖曾为他撰下多篇作品，以表哀思，其中包括《亡蘧四异》《为亡蘧谢平昌诸弟子》《王孔城哭蘧》《耆儿之秣陵，怀永庆去真空，并伤蘧儿》及《忆耆儿南都》。汤显祖著，徐朔方校注：《汤显祖集全编》卷十四，上海古籍出版社，2016年，第850、851、854、855、858页。

③ 即从《大学》《论语》《孟子》《中庸》中设题目三道。

④ 即从《易经》《诗经》《书经》《礼记》《春秋》中各设题目四道。

题，主要考核士子之本经。第二场考核论一道，判语五条，诏、诰、表内科一道。第三场考核经史时务策五道。[①]汤显祖从十三岁便开始师从徐良辅（子弼，约1506—1565），专治《尚书》。[②]他先后于隆庆四年庚午（1570）及万历十一年癸未（1583）通过乡试和会试，两次皆以《书》为本经。其中在隆庆四年江西乡试中，他更夺得《书》房经魁。该届两位考官都给予他相当高的评价，赞赏其文“认理精确，敷词纯雅，深于经学者也”、“发明劝善之畴，真切详尽，而平正中自有人不及处”。[③]早于汤显祖三十四岁进士及第时，南京已有书坊邀请他把研习《尚书》的心得出版成书。汤翁门生周大赉（生卒年不详）所撰《临川先生书经讲意叙》，详细记述了《书经讲意》的出版经过：

> 拜太常博士，迁南祠部郎，郎署去坊间为近，早有请经《书意》刻者，弗许。谓初入宦途，少年英厉之气未除，未可着解也……庚戌，先生始自玉茗堂谓两郎君曰：“予年来无事，一切情兴皆薄，将有事于《书意》刻。夫《书》充道政事，二十年为政于家，从前光景，另是一番。”[④]

可见早在汤显祖任职南京礼部祠祭司主事时（1589—1591），已有书坊请他刊刻《书经讲意》，但当时汤显祖认为自己少年气未除，一直没有答允。直到万历四十年（1612），汤显祖才正式把自己著录的《玉茗堂书经讲义》于南京刊刻，时年已经63岁（虚岁）。汤显祖到了晚年才刊刻《书经讲义》，充分反映他对其毕生所学的珍视。汤显祖认为，进士及第并不意味内在修养的完满，此正合于《朱子语类·读书法下》所

① 沈俊平：《明中晚期坊刻制举用书的出版及朝野人士的反应》，《汉学研究》2009年第27卷第1期。

② 徐朔方：《汤显祖评传》，南京大学出版社，2001年，第10—11页。黄芝冈：《汤显祖编年评传》，文化艺术出版社，2013年，第10页。

③ 宁波市天一阁博物馆整理：《隆庆四年江西乡试录》，《天一阁藏明代科举录选刊乡试录》，宁波出版社，2010年，第87页。

④ 汤显祖：《玉茗堂书经讲意》卷首，第1—2页。

言:“学者当以圣贤之言反求诸身,一一体察。须是晓然无疑,积日既久,当自有见。”[①]历经官场种种,晚年的汤显祖对《尚书》的体认明显与从前有别。

明末书坊刊刻的制举用书数量丰硕。[②]汤显祖早于弱冠之龄已被誉为明代“举业八大家”之一,其制艺作品曾入选多种明清制艺选本,甚至清代乾隆年间御制的《钦定四书文》亦收录其制艺共七篇。另《汤海若先生制艺》中的十多家评点,亦侧面反映汤文的备受关注。[③]以汤显祖当时文名之盛、门生之众,《书经讲意》不难成为畅销书。唯此书付梓后民间流传几希,至清初朱彝尊(锡鬯,1629—1709)时已无法得见。[④]由此可见,汤显祖撰写《书经讲意》的目的,并非以经济效益为先。

三、《玉茗堂书经讲义》与汤显祖的读书策略

汤显祖在进士及第前曾四度落第。[⑤]以往研究者普遍把汤显祖的屡试不第归咎于张居正,并顺着这思路指出张居正逝世后翌年,汤翁终于进士及第。[⑥]此外,亦有不少论者依据陈名夏(百史,1604—1654)《汤海若先生制义》所收录的作品,怀疑汤显祖以低名次获赐同进士及

---

① 黎靖德:《朱子语类》卷十一,中华书局,1986 年,第 181 页。

② 沈俊平:《明中晚期坊刻制举用书的出版及朝野人士的反应》,《汉学研究》2009 年第 27 卷第 1 期。

③ 胡梓颖:《制艺的结尾:汤显祖万历癸未会试制艺考论》,《清华学报》2024 年新 54 卷第 2 期。

④ 朱彝尊:《经义考》卷九十,影印文渊阁四库全书本,《钦定四库全书 · 史部》(678),上海古籍出版社,1987 年,第 215 页。

⑤ 汤翁落第的年份则分别为隆庆五年辛未(1571)、万历二年甲戌(1574)、万历五年丁丑(1577)及万历八年庚辰(1580)。

⑥ 徐朔方先生在《汤显祖集全编 · 前言》中指出汤翁“因为谢绝首相张居正的延揽,在张去世的次年(1583)才得以低名次考中进士”。徐朔方:《汤显祖集全编》,第 1 页。然而,汤翁应考时间长达十三年,张居正招揽汤显祖的时间是丁丑会试前,即从他拒绝张居正至张氏逝世,仅短短五年(1577—1582)。张的逝世与汤的及第,或许仅是时间上的巧合。

第，与其制艺风格有乖考试规范有关。惟随着汤显祖三篇会试墨卷被重新发现，可知汤翁的会试制艺始终谨遵朱注，完全符合万历初年的考试规范。[①]据汤氏在《汤许二会元制义点阅题词》中自述，他年少时撰写的制艺一直以制艺名家王鏊（济之，1450—1524）、钱福（与谦，1461—1504）之法为文，因此他在弱冠之龄便高中江西乡试，并夺得该届《书》房经魁。其制艺当时甚至与唐宋派的文宗归有光齐名。[②]然而，在高中乡试后的十年间（即隆庆四年庚午［1570］至万历十年壬午［1582］间），他所撰写的制艺不到十篇[③]，加上此期间他开始沉溺于钻研词赋，深入研究《昭明文选》，致令其制艺风格也开始产生变化，富于六朝韵味，文采斐然，有时甚至援引佛、道思想入制艺之中，开辟了其独特的制艺风格。[④]汤显祖的制艺风格多变，对晚明制艺的发展影响甚巨。譬如以陈际泰（大士，1567—1641）、艾南英（千子，1582—1646）为代表的豫章派，以夏允彝（彝仲，1596—1645）、陈子龙（卧子，1608—1647）为代表的云间派等，都在不同程度上受到其文风的影响和启发。[⑤]

虽然汤显祖最终还是获得赐同进士及第，但会试四次落榜的经历，终其一生仍引以为憾。晚年的汤显祖仍致力于摆脱其制艺的六朝文风，并钻研唐宋派归有光、胡友信（成之，1516—1572）等的制艺风格，继续寻求艺术上的突破。从汤显祖少时师法王、钱，到后来倾向六朝文风，再到晚年钻研归、胡风格的经历，可知他一生始终孜孜不倦追求制艺风格的新变。制艺风格的不断转变，说明汤显祖意识到制艺文体正在不断发展。汤显祖晚年为了培养儿子们参加科举考试，重新审

---

① 三篇墨卷分别题为《吾之于人》全章、《修身则道》一节，及《孔子有见》三句。胡梓颖：《制艺的结尾：汤显祖万历癸未会试制艺考论》，《清华学报》2024 年新 54 卷第 2 期。

② 胡梓颖：《制艺的结尾：汤显祖万历癸未会试制艺考论》。

③ 汤显祖：《汤许二会元制义点阅题词》，《汤许二会元制义》，台北图书馆藏明万历间刻本，第 1b 页。

④ 胡梓颖：《能于笔墨之外言所欲言者——汤显祖嘉隆时期应试制艺研究》，《汤显祖学刊》第八、九辑合刊，商务印书馆，2021 年。

⑤ 孔庆茂：《八股文史》，凤凰出版社，2008 年，第 1221、248—249 页。

视并总结自己应试成功和失败的经验，分别编纂为《汤许二会元制义》(1610)[①]及《玉茗堂书经讲意》(1612)二书，作为教育儿子的教材。以下将就汤显祖给儿子们准备科举而设计的两种教材，探讨其读书策略的特色。

1. 兼及外在和内在功夫的训练

晚明士子学习撰写制艺，目的大都是为了考取功名而非钻研经典。随着明代中叶以降科举类用书的大量刊刻，当时士子大都以钻研制艺选本为科举捷径，鲜有接触"四书五经"的原文。[②]据明末清初顾炎武(宁人，1613—1682)在《亭林文集·生员论中》的记述："五尺小童能诵数十篇而小变其文，即可以考功名，而钝者至白首而不得。"[③]所谓"诵数十篇而小变其文"，正反映当时士子普遍着重考试技巧的训练，而忽略儒家透过研读经书以修养心性的过程。明人王祖嫡(胤昌，1531—1592)的《明郡学生陈惟功墓志铭》有云："俗皆以书坊所刊时文竞相传诵，师弟朋友自为快捷方式，经传注疏不复假目。"[④]晚明应制类用书市场蓬勃，士子在为求入仕而利用举业为竞争之途径。这样的风气大大影响了明中叶以后的文风、士风和学风[⑤]，故受到不少朝野官员的批评。事实上，士子的功利心并不只见于明代，朱熹亦曾述及南宋时期士子的读书风气：

---

① 《汤许二会制义》分别藏于中国台北图书馆、北京中国国家图书馆、美国哈佛大学燕京图书馆及高雄中山大学图书馆，收录篇章计 173 篇。卷首附有《汤许二会元制义点阅题词》，题"万历岁庚戌(1610)孟冬临川清远道人书于玉茗堂"。题词据汤显祖手迹刻成，并盖上"汤显祖""清远道人"及"玉茗堂"三个印章。各篇章有圈点、侧批、微批、总批，但批语一般非常简短。台北与北京所藏的版本，依据卷首题词字迹、印章位置及所收录作品之次序，属相同的版本；但北京藏本有被重新钉装的痕迹，其中目录部分已缺，原目录的位置补进张鼐(世调，1572—1630)所撰《皇明会元宗旨》；另各篇章上有少量后人书写的痕迹。

② 沈俊平：《明中晚期坊刻制举用书的出版及朝野人士的反应》。

③ 顾炎武：《生员论中》，见顾炎武：《亭林文集》卷一，《续修四库全书·集部》(1402)，上海古籍出版社，1995 年，影印湖北省图书馆藏清刻本，第 78 页。

④ 王祖嫡：《明郡学生陈惟功墓志铭》，见王祖嫡：《师竹堂集》卷 22，《四库未收书辑刊》第 5 辑(23)，北京出版社，影印明天启刻本，2000 年，第 250 页。

⑤ 沈俊平：《明中晚期坊刻制举用书的出版及朝野人士的反应》，第 141 页。

> 近日真个读书人少,也缘科举时文之弊也。才把书来读,便先立个意思,要讨新奇,都不理会他本意着实。才讨得新奇,便准拟作时文使,下梢弄得熟,只是这个将来使。[①]

官方颁定科举制度之目的,是希望从全国各地选拔德行和才学兼备的士子进入官场,辅助帝王治理国家。而在实际执行的过程中,却出现大量士子沉迷功名的情况。[②]汤显祖先后师承于经学家徐良傅和罗汝芳(惟德,1515—1588)。从他的乡试、会试墨卷可见,他善于以经解经,对《尚书》有深刻的认识,[③]在重视抒发己见的同时,始终谨守朱注和应试制艺的书写规范。[④]《汤许二会元制义》及《玉茗堂书经讲意》的刊刻,侧面反映汤显祖清楚掌握到撰写制艺的两大核心元素,即文章的论说技巧(外在功夫)和儒学的修养功夫(内在功夫)。

汤显祖先后编纂《汤许二会元制义》《玉茗堂书经讲意》二书,将内在修养区别于文章撰写技巧,各自训练。这说明了在汤显祖的心目中,内在修养和表达技巧并不挂钩;即使富于内在修养,思想的表达依然需要加以学习和训练。《汤许二会元制义》的编辑主要针对提升文章的论说技巧。汤显祖选取万历时期"机法派"的代表作家汤宾尹(嘉宾,1568 年生)和许獬(子逊,1570—1606)的制艺作品共 170 余篇,作为教导儿子们的教材。所谓"机法",顾名思义以文章机法圆熟巧妙见长。汤宾尹为万历二十三年乙未(1595)科会元兼榜眼,曾任南京国子监祭酒,其间多次出任乡试和会试的主考官。至于许獬则是万历二十九年辛丑(1601)科会元兼传胪,他与汤宾尹在万历中叶被时人并称"汤许"。[⑤]汤、许的书写风格可说是集历科会元文之大成,二人的制艺

---

① 黎靖德:《读书法上》,《朱子语类》卷十,第 175 页。

② 沈俊平:《明中晚期坊刻制举用书的出版及朝野人士的反应》,第 168 页。

③ 胡梓颖:《能于笔墨之外言所欲言者——汤显祖嘉隆时期应试制艺研究》,第 125 页。

④ 胡梓颖:《制艺的结尾:汤显祖万历癸未会试制艺考论》。

⑤ 孔庆茂:《八股文史》,第 196—199 页。

确然是当时科场考生的典范。值得注意的是，汤显祖早年制艺风格师法王鏊及钱福，晚年则崇尚唐宋派的归有光及胡友信[①]，但《汤许二会元制义》却选取“国朝省会诸元”汤宾尹和许獬的作品为范例。汤显祖在《汤许二会元制义点阅题词》中曾言：“钱、王远矣，因取汤、许二公文字数百篇为指划以示。”[②]可见汤显祖编辑《汤许二会元制义》是完全从应试的需要出发，一方面考虑到当时制艺的发展潮流，另一方面亦关注到朝廷选拔人才的偏好。在《题词》中汤氏又提及自己起初以汤、许作品教导儿子们，将制义作品分为“正清”“侧清”两类。[③]后来，他忆及长子汤士蘧(1578—1600)少时的提问，以及自己与二子汤士耆的讨论，因而根据两个儿子的提问和讨论，摒弃了“侧清”类的作品。《汤许二会元制义》实是汤显祖累积近三十年“教学(教子)经验”的成果。

明代士子以制艺选本取代“四书五经”已是普遍现象。汤、许的风格常被时人批评为倾向形式主义而内容空洞。[④]为了让儿子们直接钻研经典，汤显祖的《玉茗堂书经讲意》特意引导儿子们理解《尚书》文义，反映他始终期望儿子们细读经典原文，从字里行间了解经文的深意、圣人的思想。《书经讲义》以讲述圣人之道为旨。汤显祖培养儿子时兼及内在和外在工夫，可知他不但希望儿子能顺利进入仕途，同时亦重视儿子们将来如何为官、如何为人的问题。对汤显祖而言，读书的意义并不止于通过科举考试，更贯通到儿子及第后的为人、为官之道，因此汤显祖对此书尤其重视。《玉茗堂书经讲意》刊刻后鲜为人知，与其刊刻数量不多有关。[⑤]从此书的流传情况，可知汤显祖对于自己累积多年的内在修养功夫，非常珍视，并不愿看到自己的心血变为“俗儒”求功名的工具。汤显祖为儿子们设计的教材和读书法，与晚明

---

① 胡梓颖：《制艺的结尾：汤显祖万历癸未会试制艺考论》，第 321 页。

②③ 汤显祖：《汤许二会元制义点阅题词》，《汤许二会元制义》，第 1b 页。

④ 孔庆茂：《八股文史》，第 198 页。

⑤ 汤显祖：《与门人朱尔玉》，汤显祖著，徐朔方校注：《汤显祖集全编》卷四八，第 1974 页。

大部士子应试的策略差异明显。

2. 注意背景知识的补充

历代学者一般相信孔子(仲尼,前551—前479)曾编删《尚书》,而最早传注《尚书》的应是西汉经学家伏生(子贱,生卒年不详)。朱熹生前未有传注《尚书》,晚年遂委托蔡沈(仲默,1167—1230)完成《书集传》的编纂。①自元代延祐(1314—1320)时期以降,科举始以蔡沈的《书集传》为定本,明代沿袭。《尚书》向以佶屈聱牙见称,加上各篇体例不同,缺文之处甚多,艰涩难懂。因此,朱子认为读《尚书》若遇到不可晓处宁可"阙之",遇到不可解处则应"观其大意所在",不应强加解说。②周大赉曾在《临川汤先生书经讲意叙》一文中,引述汤翁自述诠释经典的原则:

> 解以破人之不解。若解中既作一解,解外复增一解,一人聚讼,千人莫决。此夫以多解滋惑也。予合讲、意而一之,特其中一字主张,或判时议于千里,此《春秋》书官、书人。予生平所得力在此,小子勉夫。③

汤显祖认为,解经的目的是为了解释读者不明白的地方,而不是在解经的过程中再增加自己见解,令读者更困惑。他的《书经讲意》集经文讲解与个人见解为一。解说中并不把原文字辞释义,而是直接解说经文,概括经文"大意",并适量地补充原文解说不足的地方,给读者填补应有的背景知识,以助读者了解经文。朱子认为《洪范》一篇必须"着意解"④,故此处特以《书经·洪范》的一节为例,以阐明汤显祖《书经讲意》的解经情况。《书集传》曰:

---

① 《宋史》卷三四三《蔡沈传》,中华书局,1986年,第12876页。

② 黎靖德:《尚书一·纲领》,《朱子语类》卷七八,第1984页。

③ 汤显祖:《玉茗堂书经讲意》卷首,第3页。

④ 黎靖德:《尚书一·纲领》,《朱子语类》卷七八,第1983页。

箕子乃言曰："我闻在昔，鲧堙洪水，汩陈其五行；帝乃震怒，不畀洪范九畴，彝伦攸斁。鲧则殛死，禹乃嗣兴，天乃锡禹洪范九畴，彝伦攸叙。"①

《书经讲意》则解释曰：

箕子因武王天道之问，有志乎道统之传，乃言曰："王知厥居之相协定于天，岂知彝伦之攸叙亦天乎？我闻在昔尧时，使鲧治水，鲧乃为堤堙塞洪水，而逆其性。水者，五行之先；而五行者，万事之本也。水之一行不顺，而余四行俱汩乱。其陈烈矣，帝乃震怒，洛不出龟②，大法九类不畀于鲧，无由以明治法，而彝伦败矣。鲧既殛死，禹乃嗣兴，顺水之性，五行皆治。夫禹之治水，若有契于先天，故天不爱道，若有心于神。禹于是龟文锡，洛极其数，自一至九，灿然别也。因而第之，治世之大法著焉。固大禹法象之成③，能寔上天至教之贞观④耳。由是以知其中数五，众数之宗主也。知彝伦之叙本于一人，其外数八，中数之体用也；知彝伦之叙通乎三极⑤，盖人纲人纪，咸有此法以叙之，而惟天阴骘相协之心，此其益昭矣。然则彝伦之叙有由然哉！"⑥

① 蔡沈：《周书·洪范》，《书集传》卷四，中华书局，2018年，第162页。

② 洛龟，意指传说中大禹治水时，自洛水而出、背负洛书的神龟。

③ 法象，语出《易·系辞上》："是故法象莫大乎天地，变通莫大乎四时。"是对自然界一切事物现象的总称。胡广：《周易传义大全》卷二十二，台北图书馆藏明内府刊本，第73a页。

④ 贞观，语出《易·系辞下》："天地之道，贞观者也。"意谓以正道示人。胡广：《周易传义大全》卷二十三，第3a页。

⑤ 三极，语出《易·系辞上》："六爻之动，三极之道也。"王弼注："三极，三才也。"孔颖达疏："六爻递相推动而生变化，是天、地、人三才至极之道。"胡广：《周易传义大全》卷二十二，第11a—b页。

⑥ 汤显祖：《玉茗堂书经讲意》卷六，第17—18页。

汤显祖在《书经讲意》中补充了洛书的典故，并以洛书九数进一步说明“九畴”之由来。此外，其中“法象”“贞观”“三极”皆语出自《易·系辞》，可见汤翁在讲解经文的时候，尤其讲究“五经”内容的对应和互涉关系。事实上，汤显祖的应试制艺亦经常呈现“四书五经”之间的对话与互相诠释[①]，而且屡屡备受考官赞赏。他在《书经讲意》的补充和提示，不但有助读者了解原文的意义、融会贯通“五经”的内容，同时亦展示了如何把“以经解经”的方法运用于考试之中。

四、汤显祖《书经讲意》与张居正《书经直解》

阅读儒家经典，不仅是士人自我修养的途径，亦是培养帝王成为“内圣外王”的重要途径。历来论者多言明代尊崇理学，目的是钳制士人的思想。事实上，中国历代帝王多尊崇儒学，每每选用翰林学士或学富五车的大臣定期举行经筵，为自己讲解经典，又或教育皇子、皇孙，为未来继承帝位做好准备。[②]在朱熹的思想体系中，追求“内圣”之道是第一义[③]，而读书则是第二义[④]。他认为“《六经》是三代以上之书，曾经圣人手，全是天理”[⑤]。因此，读书之目的是为了修养自我，从而与圣人合一，亦即与天理、与道合一。[⑥]五伦中的“君君臣臣”[⑦]，说明人君和人臣各有所职，尊卑有别。然而，君主与臣子的成圣之道，却是透过阅读同一系列的儒家经典修养而来。君主与臣子的修养既是源自相同的经典阅读背景，这些经典到底如何在培养儒家理想“人君”

---

① 胡梓颖：《能于笔墨之外言所欲言者——汤显祖嘉隆时期应试制艺研究》，第126页。

② 陈恒嵩：《禹贡、经筵、科举：宋明〈尚书〉学新探》，万卷楼，2019年，第181—182页。

③ 朱熹认为“凡人须以圣人为己任”。黎靖德：《朱子语类》卷八，第132页。

④ 黎靖德：《朱子语类》卷十，第161页。

⑤ 黎靖德：《朱子语类》卷十一，第190页。

⑥ 王雪卿：《读书如何成为一种工夫——朱子读书法的工夫论研究》，《清华中文学报》2015年第13期，第68页。

⑦ 朱熹：《四书章句集注》，中华书局，2001年，第136页。

的同时，培养出与之身份截然不同的理想“人臣”？可以想见，在阅读经典的过程中，解经者的解说和引导尤其重要。

正如前文所述，汤显祖编写的《书经讲意》原名为《尚书儿训》，从题目可知其文字里行间，夹杂着汤氏对儿子们的教养训示，关心的是儿子们为人为官的处世之道。至于与汤显祖同时的万历皇帝，登基时年仅十岁，当时就由张居正为首的翰林院讲官给幼主解经。①其中讲评的典籍除了《尚书》，亦包括“四书”、《诗经》、《资治通鉴》、《帝鉴图说》等。②张居正所著的《书经直解》正是当时给万历皇帝解经的讲稿。③由于这部读本是专为年幼帝主而设，因此各段落的讲解皆始于解释字义，然后以白话讲解《书经》的微言大义，务求深入浅出，便于幼主理解和吸收。

元、明以来，朱熹及其门人所注的儒家经典都成为官方认可的版本。官学的确立，当然让朱熹等理学家的地位大大提升，同时亦削弱了其他经学家所作经典注解的认受性。《朱子语类》卷第十一《读书法下》云：

> 学者观书，先须读得正文，记得注解，成诵精熟。注中训释文意、事物、名义，发明经指，相穿纽处，一一认得，如自己做出来底一般，方能玩味反复，向上有透处。④

读者要了解经典的内容，一般还是需要透过经传注解的辅助。这正是朱熹耗费大量精力注解儒家经典的重要原因。解经者在读者阅读的过程中，成为圣人与读者之间的桥梁。明代士子要了解“曾经圣人手”的“五经”，几乎都不能避免阅读“曾经朱子及其门人手”的

---

① 唐新：《张江陵新传》，中华书局，2018 年，第 37—38 页。朱子彦：《明万历朝经筵制度述论》，《社会科学战线》2007 年第 2 期，第 123 页。

②③ 陈生玺等译解：《张居正讲评〈尚书〉皇家读本》（修订本），上海辞书出版社，2013 年，第 1 页。

④ 黎靖德：《朱子语类》卷十一，第 191 页。

注解。至于朱子等人的注解是否与圣人的原意相合，在明代官学确立以后基本上是没有被质疑的余地——至少在科举考试中是不能被质疑的。

解经者"介入"经典阅读和理解的过程，只是笼统的说法。在实际运作中，解经者和读经者的关系往往更为复杂。例如《书经讲意》的解经者和读经者，即汤显祖及其儿子们，他们不单是"师"与"生"的关系，还是"父"与"子"的关系。至于《书经直解》的解经者张居正和读经者万历皇帝，除了"师"与"生"的关系，还是"臣"与"君"的关系。解经者和读经者的双重乃至多重的身份和关系，直接影响到他们诠释经典的倾向。以下将以张居正《书经直解》及汤显祖《书经讲意》对《书经·洪范》中的"惟十有三祀，王访于箕子"句的论析为例，阐释解经者和读经者的关系对经典诠释的影响。《书经直解·洪范》注解曰：

> 祀是年。王是武王。访是问。箕是国名。子是爵。史臣叙说："武王十有三年春，既克商而有天下。即位之初，他政未遑，惟汲汲以求言问道为首务。那时商家有个贤人叫做箕子，有大学问，深知古圣王治天下的道理。武王遂亲屈万乘之尊，就而问之。盖以师道尊之，不以臣礼相待也。"①

张居正首先解释《书经》原文的字义，然后直接解说文意。解释的同时，他又补充交代了周武王克商的历史背景，并说明箕子作为商代遗民的身份，以便让万历皇帝理解"王访于箕子"的来龙去脉。张居正又刻画了武王初登天子位时急于求治国之道的心理，并评论武王纡尊降贵访问箕子一事，是尊箕子为师，而没有视箕子为臣子。《礼记·学记》有云：

> 凡学之道，严师为难。师严然后道尊，道尊然后民知敬学。

① 陈生玺等译解：《张居正讲评〈尚书〉皇家读本》(修订本)，第211页。

> 是故君之所不臣于其臣者二：当其为尸，则弗臣也；当其为师，则弗臣也。大学之礼，虽诏于天子，无北面；所以尊师也。①

张居正就“王访于箕子”句加以发挥，指出武王访问箕子是“以师道尊之，不以臣礼相待”。他的诠释，乃采自《礼记》的“尊师”说。此处张居正选择以“尊师”之说来解经，侧面透露了张居正心目中理想的君臣关系——身为帝师，他自然希望万历皇帝能打破“君君臣臣”的框架，以师道来尊敬他。张居正编注《书经直解》固然希望引导万历皇帝成为一代明君；但站在自身利益的（至少是心理上的）立场，他亦希望万历皇帝能“以师道尊之，不以臣礼相待”的态度来尊敬他，共同实现君臣、师生的理想关系。

至于汤显祖在《书经讲意·洪范》中，则对“惟十有三祀，王访于箕子”句注解如下：

> 史记《洪范》所由作。惟武王当十有三祀，正天命维新之日，以天下不可一日无君，为君不可一日不知道。幸而箕子乃一代遗才，天道所寄以不绝也。躬就其家访问焉。是年即位，即于是年访道者，不自尊且不自圣也。②

汤显祖开首并未解释《书经》原文的字义，究其原因，汤显祖的儿子们既参加科举，想必已熟读官方认可的《书集传》，故汤显祖便选择从略。继而他形容武王即位之初是“天命维新之日”。“维新”一语出自《诗·大雅·文王》：“周虽旧邦，其命维新。”《毛》传曰：“乃新在文王也。”③此处汤翁以《诗经》解《书经》，引导儿子们贯通各经书之间的内容。其后汤翁又言：“以天下不可一日无君，为君不可一日不知道”。对“道”的强调，说明汤显祖掌握到《书经·洪范》的要旨，同时体现到他对“内

① 孙希旦撰：《礼记集解》，中华书局，1986年，第968页。

② 汤显祖：《玉茗堂书经讲意》卷六，第17页。

③ 郑玄注：《毛诗》，上海古籍出版社，2003年，第139页。

圣外王”的向往。汤显祖解经时预设的读者是他的儿子们。他既期望儿子们将来能成为贤臣，当然希望他们能遇上明君。最后，汤显祖称赞武王“不自尊且不自圣也”，正合于《礼记·表记》所说的“不自尚其事，不自尊其身”。[①]汤显祖的诠释，侧面反映出他心目中理想君主的形象。在上的君主尚且“不自尊且不自圣”，在下的臣子自然亦当效法。

从以上有关张居正《书经直解》及汤显祖《书经讲意》对《洪范》的解说之比较，可知解经者和读经者的多重身份和关系，直接影响到解经者诠释经典的倾向。解经者对原文的诠释，基本上都以发挥儒家思想为旨。张居正和汤显祖不约而同地选择以《礼记》诠释“王访于箕子”句，分别带出君主“尊师”和“不自尊”的思想，两者都符合解经的规范。然而不同的选择，却反映了二人不同的思想和身份地位。培养君主是《书经直解》的解经框架，而张居正的帝师身份，则左右了他对经文解读的选择。至于《书经讲意》的撰写前提则是训诫儿子，汤显祖不仅希望儿子们他日能成为贤臣，亦祈盼他们能遇上“不自尊且不自圣”的仁君。假如没有解经者和读经者多重身份和关系的羁绊，张、汤的诠释会否相同，是值得深思的问题。

宋代理学家特重“内圣”之学，强调“明心见性”，并以“外王”为“内圣”之归宿。[②]他们追求与君主共治天下的理想政治环境，除继承了孔孟“以天下为己任”的思想，亦与当时“重文轻武”的政治格局关系密切。明代的政治格局显然与宋代有别。明太祖尊儒之目的，主要在于统治上的需要；而君臣共治天下只是永远无法实现的理想。然而，在朱子学的熏陶下，明代的士人阶层则仍然抱持“以天下为己任”的思想。张居正和汤显祖分别以“尊师”和“不自尊”来诠释“王访于箕子”句，思想方向虽然有别，但两者却不约而同指向君主不自尊的方向。这说明了明代士人承袭宋儒的理想，仍然追求与君主保持相对平等的关系，以达至与君主共治天下的理想。

---

① 孙希旦撰：《礼记集解》，第 1298 页。

② 余英时：《宋明理学与政治文化》，台北允晨文化实业股份有限公司，2004 年，第 11—15 页。

五、结论:儒家政治理念的再现

透过研读经典的过程修养成圣,是儒者基本的学习方法。朱熹认为读书“先须读得正文”,然后及于注解①,在说明注解的重要性之余,亦暗示阅读“正文”“注解”之间其实仍有思考的空间、层次的分别。解经者“介入”读经者研习经典的过程,是读经者与圣人之间的桥梁。解经者的学问与个人修养,固然直接影响他们对诠释经典的方向;但从本文的讨论,经典诠释除了受到儒家思想的规范,亦可能受到解经者和读经者的互动关系影响。当读经者面对同一经典的不同诠释时,应该如何处理,朱子似乎并未说明。唯从张居正《书经直解》及汤显祖《书经讲意》的比对,亦可知二人的诠释方向虽然有别,但由于二者皆以《礼记》之义解释《尚书》原文,思想上其实并不相悖。读经者在研习各种经解时,不仅需要了解原文的内容,还需要掌握解经者贯通各经典的方法,方能透彻明白圣人之意,达致圆融之境。

限于篇幅,本文仅从解经角度探讨汤显祖如何引导儿子研习经典、准备科举考试,指出《书经讲意》的解经方法和思想特色与汤氏的应试制艺相通,并剖析汤显祖的政治理想。虽然汤显祖自身仕途坎坷,但去官后仍希望儿子们入仕,以延续他的政治理想。《书经讲意》的撰成,不但辅助汤翁的儿子们了解《尚书》内容,同时寄托了汤显祖对儿子入仕报国的厚望。汤翁次子士耆与三子开远最后成功踏入仕途,为官清廉,大概是受到乃父为官的精神和作风影响。至于张居正身后被万历皇帝抄家②,则显然与张居正盼望君主能“以师道尊之”的理想,背道而驰。透过研读经典以修养心性,或许只是解经者的期盼。

作者单位:香港教育大学文学及文化学系

① 黎靖德:《朱子语类》卷十一,第191页。

② 刘志琴:《张居正评传》,南京大学出版社,2006年,第371页。

关于汤显祖被称为“汤比部”与郑元勋的考证

刘世杰

一、汤显祖不是“汤比部”的考证

汤显祖被称为“汤比部”,见于郑元勋为范文若所作的《梦花酣·题词》。①毛效同先生编《汤显祖研究资料汇编》所收,乃是该文的片段。而蔡毅先生编著的《中国古典戏曲序跋汇编》才是全篇。郑元勋撰《梦花酣·题词》全文如下:

> 《梦花酣》与《牡丹亭》,情景略同,而诡异过之。余尝恨柳梦梅气酸性木,大非丽娘对手,又不能消受春香侍儿,不合判入花丛绣簿。如萧斗南者,从无名无象中,结就幻缘,布下情种。安如是,危如是,生如是,死如是,受欺、受谤如是,能使无端而生者死、死者生,又无端而彼代此死、此代彼生。(此句蔡先生标点有误,我以为是这样才可以通顺。——引者)《榆柳》一诗,千吟百诵。蛋和尚提放傀儡,碧桃花乔作转轮。所谓“思之思之,鬼神通之”,未有如斯之如意者也。文人之情,如释氏法、羽流术,苦行既成,自能驱使人鬼,此道力,非魔力也。情不至者,不入于道;道不至者,不解于情。当其独解于情,觉世人贪嗔欢羡,俱无意味。惟此耿耿有物,常舒卷于先后天地之间。呜呼!汤比部之传《牡丹亭》,范驾部之传《梦花酣》,皆以不合时宜而见,情耶,道耶,所谓

① 蔡毅:《中国古典戏曲序跋汇编》,齐鲁书社,1989年,第1364—1365页。

寓言十九者，非耶。若其词之错绣迷香，有耳目者自相奔阅，奚用余言？崇祯壬申夏五，二十四桥间人郑元勋超宗书。①

郑元勋这篇题词，本为范文若《梦花酣》而作。文中把汤显祖《牡丹亭》与范文若《梦花酣》相提并论，加以比较，"情景略同，而诡异过之"，"文人之情……情不至者，不入于道；道不至者，不解于情"，"汤比部之传《牡丹亭》，范驾部之传《梦花酣》，皆以不合时宜而见"，算是把范文若的《梦花酣》夸赞一番。为他人作品写序题跋，说几句好听的话，甚至过分拔高的话，也是人之常情。郑元勋如此，今天的我们也是如此，不必苛责。范文若《自序》说，元人有《萨真人夜断碧桃花》，"流传甚盛已，復更为此，事微类《牡丹亭》，而幽奇冷艳，转折姿变，自谓过之"②。范文若说自己的《梦花酣》，"事微类《牡丹亭》，而幽奇冷艳，转折姿变，自谓过之"，此处不论。

郑元勋把汤显祖称为"汤比部"，倒是值得考证一番。也许有人会说，把汤显祖称为"汤比部"，算不得什么；因为《牡丹亭》就是汤显祖的戏曲作品，没有第二个人能作《牡丹亭》。我倒是觉得，在研究汤显祖的问题上，不能人云亦云。如果古人已经说错了，我们不予以纠正，那就不是实事求是的作风。如果对古人说错的问题不加讨论，听之任之，就会贻误后学。汤显祖万历二十七年四月，卸任遂昌县令，回归故乡临川。③汤显祖自从回乡之后，再也没有出任过任何官职，也没有被朝廷追赠过。明代县令，一般升职，或升知府，或升中央政府的六部主事者为多。汤显祖卸任遂昌县令之后，即万历二十七年清明节之后，万历朝中党派林立。汤显祖不在浙党，也不在楚党，更不在东林党。汤显祖去世之后，又在明末天启、崇祯的动乱时代；加之汤显祖面临着当时朝中奸佞当权，以致活着时没有再被升职，死后也没

① 蔡毅：《中国古典戏曲序跋汇编》，齐鲁书社，1989年，第1364—1365页。

② 蔡毅：《中国古典戏曲序跋汇编》，第1364页。

③ 刘世杰：《汤显祖上计考》，叶长海主编：《曲学》第5卷，2017年；刘世杰：《汤显祖量移遂昌县令时间考》，《甘肃社会科学》2015年第3期。

被追赠。而郑元勋称汤显祖为“汤比部”，则是明人复古和疏阔的通病。郑元勋是明代人之一，在“汤比部”这个问题上，郑元勋也是复古和疏阔者之一。

“比部”是对六部中刑部的称谓。《辞源》有“比部”条谓：“官名。魏尚书有比部曹，晋因之。宋时比部主法制。齐、梁、陈皆有比部曹。后赵亦然。北齐掌诏书律令句检等事。属都官尚书。隋改都官为刑部，仍以比部属之，掌勾稽文帐周知百司费之多寡，历代因之。至明始废。”①明人爱复古，在明代已经废除了的职官部门，那时的人们仍然称刑部官员为“比部”。明人称兵部官员为“驾部”，称户部官员为“司农”等，都是当时对官员的古称。比如范文若曾“迁南京兵部主事”②，《光绪光化县志》记载：“迁南京驾部主事。”③这里，郑元勋称范文若为“范驾部”，因为他们彼此熟悉，所以这样称呼，本来应该是没有问题的。

我们可以看看有关范文若的记载：“万历丙午举于乡……乙未成进士。”④万历丙午，是万历三十四年(1606)。万历乙未，是万历二十三年(1595)。这里“万历丙午举于乡”是对的；“乙未成进士”则是错误的。实际上，范文若是万历四十七年中进士，万历四十七年即是万历己未，公元 1619 年。范文若是万历四十七年己未三甲第 247 名进士。⑤但还有记载：范文若“丙子举于乡”⑥，万历丙子，是万历四年(1576)。这时的范文若还没出生呢！“丙午”与“丙子”，相距三十年。这就更离谱了。汤显祖曾任南京太常博士，后升迁任南京礼部主事，因上疏被贬为徐闻典史，最后“量移”浙江遂昌县令。钱谦益在《列朝

---

① 《辞源》辰集，上海商务印书馆，1933 年，第 215 页。

② 《乾隆上海县志》10 卷，赵景深、张增元：《方志著录元明清曲家传略》，中华书局，1997 年，第 137 页。

③⑥ 《光绪光化县志》5 卷，赵景深、张增元：《方志著录元明清曲家传略》，第 137 页。

④ 《乾隆上海县志》10 卷，赵景深、张增元：《方志著录元明清曲家传略》，第 137 页。

⑤ 朱宝炯、谢沛霖：《明清进士题名碑录索引》，上海古籍出版社，1979 年，第 1418 页。

诗集小传》中，就称汤显祖为“汤遂昌显祖”。①郑元勋称汤显祖为“汤比部”，显然是不对的。

二、关于郑元勋的考证

把汤显祖称为“汤比部”的郑元勋，也值得考证一番。

郑元勋，是明代的进士、作家、画家。他是明崇祯十六年二甲第十六人进士。籍贯是直隶扬州府，加注是直隶歙县。②郑元勋中进士在崇祯十六年，公元 1643 年癸未。毛效同先生《汤显祖研究资料汇编》说：“郑元勋，字超宗。扬州人。万历癸未(1583)进士。有《影园诗稿》等。”③这个注解，显然是错误的。这里的“癸未”，是崇祯十六年(1643)的“癸未”，而不是万历十一年(1583)的“癸未”。整整一个甲子，相错六十年。这也告诉我们，整理古籍，需要谨慎。多查看文献，多研究文献是必需的。否则，贸然下结论，就会贻笑大方。这样郑元勋和汤显祖相隔六十年，同是“癸未”的进士，难怪郑元勋能贸然称汤显祖为“汤比部”。就说郑元勋为范文若《梦花酣》题词的“崇祯壬申夏五”(1632)距汤显祖去世已经 16 年。“崇祯壬申夏五”，距汤显祖写成《牡丹亭》的万历二十六年(1598)，已经相隔 34 年。因此，如果不严谨地对待，就会把汤显祖的职官错误地认为是“汤比部”。同样地，也会把郑元勋崇祯十六年的“癸未”，说成是万历十一年的“癸未”。

看有关文献对郑元勋的记载，计六奇《明季南略》卷一云：

> 郑元勋，字超宗，南直隶歙县人，籍扬州。天启甲子魁乡试，崇祯癸未进士第三人，旋假归。高杰至扬，扬人闭门拒守。杰怒，

① 钱谦益：《列朝诗集小传》，上海古籍出版社，1959 年，第 562 页。

② 朱宝炯、谢沛霖：《明清进士题名碑录索引》，上海古籍出版社，1979 年，第 2366 页。

③ 毛效同：《汤显祖研究资料汇编》，上海古籍出版社，1986 年，第 862 页。

将攻城，公单骑往谒，陈说大义。杰掣兵于五里外，以待犒赏后行。越日，暂启两门。乃好事者复取城外游兵而翦之，以利其橐。杰益怒，积不可解。公请迎原任蓟督王永吉至郡，往为解纷。杰以扬民先杀启衅为辞，且请与中丞约：“曲在兵者镇斩之，曲在民者抚斩之。”永吉以杰言传覆公。廿五日，公登南城与抚道议，万众俱集。公谓“如高镇言，先杀启衅，诚当禁惩，否则搆祸且不测”。众以高兵杀人，罪不容逭。公曰：“亦有杨诚戕贼者，岂尽由高镇耶？”言未毕而渠魁张自强、王桂万、陈尝等大呼：“郑宦通贼，曲为解免，吾侪若不下手，势必尽遭屠灭！”于是，利刃齐集，遂遇害。义仆殷报以身护主，同被创死。盖营将有杨诚者，标兵多不法，往往杀人越货，故指及之。而众误认杨诚为扬城，公遂及于难。先五日，南都授公兵部职方主事，竟未及拜官云。史可法疏参，越数日，抚臣斩前三渠魁于市，并杖其党毙之。自后，扬人常夜见公于城上，峨冠绯袍，指挥而过，若天神然。诗画妙天下，所著有《读史论赞》、《英雄令终录》、《英雄恨》、《左国类函》、《文娱一集》、《二集》诸书行世。①

计六奇在这里详细记录了郑元勋的有关情况、被杀和后来的传说以及郑元勋的著作。这个记载，有五个问题。

一是说郑元勋“崇祯癸未进士第三人”，显然是误记。也许是郑元勋是扬州府当时（崇祯癸未）进士第三人？因手边无《扬州府志》，待考。

二是说郑元勋被杀于五月二十五日。为《史可法集》作校补的罗振常先生在此文后，谨按：进士郑元勋与高杰旧识，恐城不可守，诣杰营说之。杰喜，置酒款宴，退兵五里，示无他意。二十五日（《南略》作十六日杀元勋，似太早），抚道登城议事，元勋劝放高兵入城，谓杰奉命驻扬，宜善遇之，不可撄其暴乱。市民哗曰：“不见城下杀人如是耶？”

① 计六奇：《明季南略》，中华书局，1984年，第35—36页。

元勋曰:“此亦有杨诚所杀,非尽由高镇。”杨诚者,扬州营将,标兵多不法,故元勋及之。众误以为“扬城”,遂詈骂其卖城,磔于城楼。(《南略》《绎史》《纪年》叙述均详。)①

据此推之,郑元勋被杀是崇祯十七年五月二十五日,公元1645年6月25日。

三是说,“先五日,南都授公兵部职方主事,竟未及拜官云”。郑元勋被升迁为南都兵部职方主事,是在郑元勋被杀的“先五日”,“竟未及拜官”。也就是说,郑元勋在崇祯十七年五月二十日被升职为南京兵部主事,但是并未赴任就被杀了。

四是说,“自后,扬人常夜见公于城上,峨冠绯袍,指挥而过,若天神然”。这个记载,是记录者文学性的传说,是不符合科学的臆想。郑元勋被扬州民张自强等人杀死,不可能死后能在扬州城上“峨冠绯袍,指挥而过,若天神然”。

五是说,郑元勋是“诗画妙天下”,作家,诗人,“所著有《读史论赞》、《英雄令终录》、《英雄恨》、《左国类函》、《文娱一集》、《二集》诸书行世”。

据记载,史可法有《悍民惨杀乡绅请加抚道臣处分疏》(崇祯十七年甲申六月初八日):

> 题为悍民惨杀乡绅等事:
>
> 镇臣高杰之率兵南下也,扬人实未预知。初到之时,不无骚扰;及镇臣既至,取犯兵斩之以徇,日不下数十人,地方官民可以谅矣。乃抚臣黄家瑞漫无主张,道臣马鸣騄一味偏徇,听城中百姓日于河边草隙取零兵而杀之,因是结衅愈深,竟不可解。乡绅郑元勋亲到高营,所以为百姓之心无所不至,而百姓反谓通同播害,乘元勋一言之误,当抚臣座次,操戈而群杀之,至于碎其身首,

① 史可法:《史可法集》,上海古籍出版社,1984年,第25—26页。

抚臣之威令谓何……①

史可法的此篇“疏”，当是可信的。证明郑元勋是为保护扬州民而被误杀者。经过史可法的上疏，“抚臣斩前三渠魁于市，并杖其党毙之”，算是为郑元勋报冤了。扬州抚臣黄家瑜“为元勋恳恤，尤见厚道”②，也算合理地处理了郑元勋的后事。

又查《中国文学大辞典》“郑元勋”：“(1604—1645)，天启四年举人，历官兵部职方主事……为复社成员……”③按照这个记载，说郑元勋生于1604年，四十一岁被杀，显然是不查文献依据所致误。如果郑元勋天启四年即公元1624年二十岁中举，方志史书会说“弱冠中举”，但是没有记载；没有记载，就证明郑元勋中举之时不是二十岁。而据《明季南略》被杀之时郑元勋四十八岁，所以郑元勋生于1598年。天启四年，即1624年，郑元勋二十七岁中举。崇祯十六年，即1643年，郑元勋四十三岁中进士。郑元勋从中举到中进士，在科举道路上拼搏了十六年的时间，可谓是孜孜不倦地追求科举者之一。

郑元勋是复社成员之一。复社，是明末重要的文人社团。汤显祖的次子汤大耆字尊宿、三子汤开远字叔宁、四子汤开先字季云都是复社成员。④

据蒋逸雪《张溥年谱》所附《复社姓氏考订》，在“扬州府江都县”条目下，有记载：“郑元勋(超宗)　李元介(龙侯)　梁于涘(饮光)　顾问(所陈)　李枢(汝居)　汤中允(空生)　吕尚炯　郑元弼(廷直)　李元柱　任旋乾(以清)。”⑤此文献证明，郑元勋不但是复社成员之一，而且还是扬州府江都县复社之长。陆世仪《复社纪略》说，复社成立之后，“又于各郡邑中推择一人为长，司纠弹要约，往

① 史可法：《史可法集》，上海古籍出版社，1984年，第24—25页。

② 计六奇：《明季南略》，第34页。

③ 《中国文学大辞典》，上海辞书出版社，1997年，第899页。

④ 蒋逸雪：《张溥年谱》附录《复社姓氏考订》，齐鲁书社，1982年，第102页。

⑤ 蒋逸雪：《张溥年谱》附录《复社姓氏考订》，第81页。

来传置"①。郡邑之长,也就是复社在各郡邑的负责人。郑元勋被推选为扬州府江都县复社长,也可见郑元勋在当时的名望,也是众多举人中的佼佼者;崇祯十六年郑元勋考中进士,也证明了郑元勋的才华。

《中国画家大辞典》"郑元勋":"(明)扬州人。字超宗。崇祯癸未进士。善画山水,措笔洒落,全以士气得韵。(《明画录》、《无声诗史》、《画史会要》)"②这里说郑元勋"善画山水,措笔洒落,全以士气得韵",就是对郑元勋书画艺术的肯定和评价。

湖南博物院在《明末十家山水小品》中介绍说:"郑元勋(1598—1645年),字超宗,号惠东,扬州广陵(今扬州市广陵区)人。明末画家,江左名流。崇祯十六年(1643),考中进士,官至清吏司主事。工诗善画,善山水,宗于吴镇,尤工山水小景,措笔洒落,士气得韵。顺治二年,'因悍镇分地临扬,欲纾难而出语小误,为众击惨死,时论惜之,卒年四十七'。"(参见徐沁《明画录》卷五记载)此处的"官至清吏司主事",实际上郑元勋官至南京兵部职方主事,上文已经说过了。

该文还介绍说,郑元勋传世作品有《临石田山水图》轴,纸本,水墨,纵125.2厘米,横52厘米,右边有行楷书款署"郑元勋",钤"超宗氏"白文印,左上角有董其昌题跋:"沈启南自题画山水云:诗在大痴画中,画在大痴诗存。恰好百二十年翻身出世作怪,吾于超宗此图亦云然。其昌。"现藏苏州市博物馆。又有崇祯七年(1634)作《山水册》(八开)现藏南京博物院。著有《影园诗钞》。

以上所论,证明郑元勋是位多才多艺的人。多才多艺,可谓是博学,但是不一定都是卓越。博学是值得称赞的,而卓越,就不是一般人所能达到了。郑元勋亦然。能在扬州被围城之际,单身去高杰营中劝说高杰不要围城,证明了郑元勋的辩才和口才。能诗会画,证明了郑元勋的文才。影园建筑群,是明清时期著名的扬州园林之一,还有《园

① 蒋逸雪:《张溥年谱》,齐鲁书社,1982年,第22页。
② 孙醑:《中国画家大辞典》,中国书店,1982年,第642页。

冶》《影园诗抄》等书，证明郑元勋在园林建筑上理论和实践上的才华和智慧。若论起郑元勋称汤显祖为“汤比部”，则是郑元勋如《史记·淮阴侯列传》中所谓“智者千虑，必有一失；愚者千虑，必有一得”的千虑之一失。

作者单位：广东海洋大学文学与新闻传播学院

艺文哲思

情与梦:“牡丹亭”意象世界的建构

施旭升

在中国文化史的长廊里,千古文人同一梦,已然是一个不争的事实。从庄生梦蝶到“临川四梦”,即为其例。如果说,庄生之梦,结出的“寓言十九”的智慧之果,是“梦”为其表,“理”在其中;那么,临川之“梦”,则是“情”之所至,意象晶莹。所以,以汤显祖的“至情”说来阐释《牡丹亭》创作固然有其道理,但是,就《牡丹亭》的意象世界的建构来说,“情”还只不过是一个切入点与立足点,而临川之“梦”才是其内核所在。

如果说,《牡丹亭》的创作,本源于一“情”,却实系于一“梦”,那么,某种意义上可以说,正是由于“情”至深而“梦”至奇,且“情”与“梦”一真一幻,一实一虚,敷演成篇,才真正成就了《牡丹亭》的意象世界。

一、“情”:不知所起,一往而深

“情”乃是整个《牡丹亭》创作的出发点与根基所在。汤显祖在《牡丹亭·题词》中开宗明义:“如丽娘者,乃可谓之有情之人耳。情不知所起,一往而深。生者可以死,死可以生。生而不可以死,死而不可以复生者,皆非情之至也。”由汤显祖“夫子自道”可见“情”在《牡丹亭》中的枢纽作用。因此,寻绎“情”之脉络,对于理解《牡丹亭》的精神品格与价值取向无疑有着十分重要的意义。

关于“情”与“性”,属于战国中期的郭店竹简《性自命出》就曾言道:“道始于情,情生于性”,“性自命出”,“命自天降”。人之性与天之道本不相违，形之于人生，便生发出各种情态。天道性命也就成为维系人情之绳墨。可以说，汤显祖以"至情"说来传承并突破了传统儒家"道情"观。何谓"至情"？它出乎天道，关乎性命，貌似神秘，其实在现代深层心理学的视野中，就是出于一种生命本能的体验。正是这种"至情"，一方面它促发了汤显祖的《牡丹亭》的创作，另一方面更是体现在《牡丹亭》中的"情本体"意味。从更深层的创作动因来看，《牡丹亭》之创作无疑还有着连作者汤显祖都难以言状的"不知其所起"的原因，那应该就是这个"一往而深"之"情"。无怪乎这种超越生死的"至情"，才真正成为《牡丹亭》全剧命脉之所在，也是理解和把握杜丽娘的悲剧精神的根源之所在。

"情本体"的概念，虽然出自李泽厚的《华夏美学》，且在此后他的《历史本体论》等著作中多有阐发。"这个似乎是普遍性的情感积淀和本体结构，却又恰恰只存在于个体对'此在'的主动把握中……去把握、去感受、去珍惜它们吧！在这感受、把握和珍惜中，你便既参与了人类心理本体的建构和积淀，同时又是对它的突破和创新。因为每个个体的感性存在和'此在'，都是独一无二的。"①由对"此在"的独一无二的强调，李泽厚走向了从"工具本体"到"情本体"的转变："从程朱到阳明到现代新儒家，讲的都是'理本体'、'性本体'。这种'本体'仍然是使人屈从于以权力控制为实质的知识—道德体系或结构之下。我以为，不是'性'（'理'），而是'情'；不是'性（理）本体'，而是'情本体'，不是道德的形而上学而是审美形而上学，才是今日改弦更张的方向。""情本体"概念的提出，一方面同李泽厚早在 1984 年就提出的"建立新感性"的命题有继承关系；另一方面，则同存在主义等西方现代思潮的冲击及国内更年轻一代对"积淀"说的批判不可分。李泽厚指出："这个'情'虽然发自个体，却又依然是一种普泛的对人生、生死、离别等存在状态的哀伤感愧，其特征是充满了非概念语言所能表达的思辨和智慧。它总与对宇宙的流变、自然的道、人的本体存在的深刻感受和探

---

① 李泽厚：《华夏美学》，天津社会科学院出版社，2002 年，第 269—270 页。

询连在一起。”①

仔细分析《牡丹亭》中的“情”,不仅有迹可循,而且情有独钟。“可知我常一生爱好是天然。”(《惊梦》)可知杜丽娘的“情”发自一种自性和“天然”。《牡丹亭》中的“情”细究起来,大致有三:一是触景生“情”,“情”在景中,“情”寓境中:“偶然间心似缱,梅树边,这般花花草草由人恋。生生死死随人愿,便酸酸楚楚无人怨。”(《寻梦》)二是“情”出于心,“情”动于中:“世间何物似情浓?整一片断魂心痛。”(《闹殇》)“剪不断,理还乱,闷无端。”(《惊梦》)心乃五脏之腑,也是“情”之所寓。三是“情”凝精魂,“情”乃本体:“一点香消万点情。”(《魂游》)

显然,表面上,《牡丹亭》表现“情”与“理”的冲突。一种普遍的观念认为:杜丽娘、柳梦梅所追求的“情”与以杜宝为代表的封建礼教势力(“理”)之间的矛盾冲突构成了《牡丹亭》全剧冲突的基础。实质上,只要细加分析便不难发现,《牡丹亭》全剧更有着一个“情本体”的巨大隐喻。

故而,作为传奇,体制上并非是剧中对立双方人物的行动形成两条情节线并行发展,而是以“梦”为纽结,将生死至情一线贯穿。虽然,剧中杜宝、杜母、陈最良等人的活动构成了杜丽娘生活的外部环境,这一外部生活环境的价值理念就是“理”,“存天理灭人欲”之“理”,但是,作为全剧之重心却主要是杜丽娘内心“情”的觉醒与挣扎。其实,不必过于追究杜宝是否是冷酷残暴抑或是好官形象,杜宝、杜母、陈最良对杜丽娘的态度虽然表现有别,他们的出发点都是一个,用封建礼教来规范杜丽娘,以至于他们都无视杜丽娘内心已发生激烈变化。杜丽娘从而也只是独自在心灵中幻想着,挣扎着。在那样的外部环境的压抑下,她无法表现与付诸行动,她对爱情的幻想与追求只能在自我内心剧烈地冲突、挣扎与煎熬着。这种“情”就演变成了杜丽娘的内心世界的动荡起伏,而体现出一种深沉的悲剧性体验。其中既蕴藏着含蓄又激荡的戏剧性,又体现出缠绵浓艳凄异的抒情性,这些也正是《牡

① 李泽厚:《华夏美学》,第167页。

丹亭》戏剧魅力之所在。

所以,“情”与“理”冲突之下的,却是更深层次的“情”的躁动。“情”虽然缘于“欲”却又不等于“欲”;合乎天道,方为至情。与柳生梦中幽会,正是杜丽娘内心压抑在梦境中的全面实现。她在梦中饱尝了爱的温存与性的甜蜜,“真个千般爱惜,万种温存”。“情”之超越“欲”,“惊梦”虽然有情欲的成分,但是更唤醒了杜丽娘的“情”的,尽管梦中柳生是个幻影,但是杜丽娘以情为真,不计虚实,她开始了对梦中真情的苦苦追寻的历程。这里,杜丽娘的“情”以及她对爱的热情与渴求,就已经成为“天道”的体现,有了某种哲学的意味了。“情”之所致,从《寻梦》到《闹殇》,戏剧情节变幻奇艳,杜丽娘内心炽热的情焰愈燃烧愈烈,直至将自己燃烧烬尽亦不惜、不悔。

“惊梦”当中,“梦中之爱”的构思,完全是“情”的活力呈现,也恰是杜丽娘的悲剧内核之所在。有论者指出:杜丽娘的理想追求,乃是将“情”与“理”相对应,以揭露和批判“存天理灭人欲”的封建礼教。所言并非没有道理。因为,宋明理学在明代经封建统治阶级的提倡,对整个社会与人都起着全面的压抑与钳制作用。封建礼教对青年男女个性束缚与情爱的压抑尤其严酷,明代“表彰节烈”的行动甚于宋元。杜宝责备女儿白日“闲眠”,“是何家教”? 他请腐儒陈最良教授杜丽娘,为的是“要他拘束身心”。当他听说女儿可能怀春成病,却说:“点点年纪,知道个什么?”陈最良是迂腐僵硬,他“从不晓得伤个春,从不曾游个花院”。在封建礼教严酷、“男女授受不亲”的环境中,杜丽娘有何机会与可能去接近一个青年男子? 她只能在梦境中相识意中人。汤显祖让杜丽娘初识情人只是在梦中而不是在现实中,正说明封建礼教与封建家长是如何压抑与剥夺了一个少女爱的任何可能,而迫使她只能孤独地陶醉于幻梦之中。这正是杜丽娘的悲剧所在。

《惊梦》一出写得最为明白,柳杜之间不仅一见倾心,而且爱得很深,他们相爱而且梦中幽会,他们不仅有心灵的互相吸引,而且有肌肤相拥的热烈深切。《惊梦》如此热辣辣地表现杜丽娘的爱与欲,且并不使人觉得其庸俗,而是显示出汤显祖对“情”的深刻思考和独特表现。

杜丽娘自述:“可知我常一生儿爱好是天然。”她对美、对爱的深情追求,乃是发自天然,而非人为,当然不需要“父母之命、媒妁之言”。所以汤显祖说:“情不知所起,一往而生。”汤显祖以杜丽娘“惊梦”,显示这“情”乃是天然的,天然的爱情与欲望是任何力量也遏制不住的。他充分肯定了“情”,其中包括个性思想、情感与情欲,也就是“人欲”的天然合理性。“惊梦”,使潜藏于杜丽娘内心深处的“情”一下子全面觉醒了。与其说杜丽娘在梦中相识了一个“人”,不如说这个“人”让她感受到了情的热辣辣的魔力。梦醒后她要寻找这个“人”,不如说杜丽娘要寻找那令她铭心刻骨的“情”。这一思想显然受到明代的个性反叛思潮的影响。汤显祖曾受教于心学左派王艮的传人罗汝芳,他赞赏与接近左派王学的另一思想家李贽的叛逆思想,李贽猛烈抨击“存天理灭人欲”的宋明理学,而主张“吃饭穿衣就是人伦物理”,肯定“人欲”即解放人性,例如他热烈赞扬卓文君私奔是“善择佳偶”。汤显祖充分肯定“情”即“人欲”的思想,与李贽的叛逆思想相一致。

故而,纵观全剧,《寻梦》之重要,恰在于它是“情”发之后的。为什么要“寻梦”?“情”之所至。在《寻梦》当中,杜丽娘“情动于中”,汤显祖诗情洋溢又熟知舞台,戏曲唱词富有动作性与舞台感。

“寻梦”的结果是伤心、幻灭以致绝望,是杜丽娘心灵所遭遇的直接的现实。绝望之时,她终于鼓足勇气吐露内心真情:“春香,咱不瞒你,花园游玩之时,咱也有个人儿。”而描容留真,死葬梅根,更是她追求真情、对抗现实的别样方式。故而,与其说杜丽娘之死是由于爱情屡遭打击,还不如说她乃死于对爱情的徒然渴望与爱的绝望之双重煎熬。

如果说,生意味着“情”深度,那么,死则代表了“情”的限度。从《惊梦》《寻梦》杜丽娘用情至深,到《谒遇》《冥判》《回生》,杜丽娘死后,仍旧执拗地返回阳间寻找梦中之情。她由为情而死又为情而生,这种传奇般的戏剧动作穿越生死,向死而生,在一个新的层面发展,柳梦梅与杜丽娘的生死相依的戏同时并行。《幽媾》《冥誓》中两人的真情由试探、惊讶而获确证,最终使得戏剧动作达到又一高潮。

当然，与“梦”相映照的是现实。《牡丹亭》所奏响的“情”的乐章，最后还得要回到现实中来。但是他们的爱情还必须面对现实的挑战。汤显祖让他的剧中人从梦境中获取的真情屡经艰难曲折终获确证后，还必须回到残酷的现实中再经折难，让这一对年轻的有情人亲自挫败残酷，以获得最后胜利。他要宣布“理”的破灭，他要高唱“情”的胜利，他要张扬“情”的力量。杜丽娘面对从皇帝到父亲等整个封建礼教势力对她“自媒自嫁”指责，她理直气壮地说：“真乃是无媒而嫁，保亲的是母丧门，送亲的是女夜叉。”她的口气已非当年的温柔了。柳梦梅面对杜宝的横暴，在【雁儿落】一曲中，连用十次“我为她”，叙述他使杜丽娘回生的功劳。杜丽娘的悲剧行动终于获得喜剧性的胜利。

总之，全部《牡丹亭》剧中的“情”世界，不仅是一个梦中为情所困、幽怨至深的女性命运的展示，更显示出对于一个人间的有情天地的向往。它能超凡脱俗，使人出生入死，更能让天下人感同身受，洒下一掬同情之泪。

二、“梦”：丽娘一梦，《还魂》皆活

在精神分析学看来，“梦”，不仅是现实的镜像，更是心理欲望的投射；“梦”的功能不仅揭示个人的心理现实，更能成就一场凄美的大戏。或者说，梦是个人的戏；戏是大众的梦。汤显祖既能抒写诗人之梦，更能将个人的梦编织成大众的戏。

从剧情构造上来看，杜丽娘与柳梦梅从相识到相爱都是在梦中，完全是一场“梦”的邂逅。“梦”成为《牡丹亭》剧情构造的重要枢纽，也是其中最杰出也最鲜活的艺术基因。宋元以来的戏曲舞台上，恋爱中的男女主人公大都先期在某一场合一见倾心，莺莺与张生佛殿“惊艳”，王瑞兰与蒋世隆“踏伞”相爱，李千金先于“墙头马上”相识裴可俊，霍小玉因紫钗而与李益结亲，或者是现实中的有情人其实前世姻缘早定。唯独杜丽娘、柳梦梅在结鸾之前从未谋面，甚至根本未知有对方的存在，杜丽娘柳梦梅结缘只是缘自一场梦，是杜丽娘梦境中出

现了幻想中的意中人,“将奴搂抱去牡丹亭畔,芍药阑边,共成云雨之欢”。杜丽娘以梦当真、以虚作实,进而才有寻梦结缘。

其实,结合剧中情境,唯其是梦中,杜丽娘少女之心的勃然绽放,她的青春的热情与人性的欲望才有可能没遮拦、无掩饰地自由奔泻;也只有在梦中,她才得以摆脱了一切礼教的束缚与人为的拘束,她的心灵与肉身自由舒展,才是那样青春勃发、激情洋溢。她羞涩而欣然地接受了柳梦梅给她“如花美眷,似水流年,在幽闺自怜”的赞美与怜香惜玉之情,她惊喜而温柔地体味着“忍耐温存一晌眠”,与意中人儿“紧相偎,慢相连,恨不得肉儿般团成片”。试想,若不是在自由无羁的梦境中,杜丽娘如何才得这“天留人便,草籍花眠”,她如何才能与从未相识的他相见生爱,而且痛快地“幽会”,尽情地“做爱”,让“情”如此自由无拘束地热烈奔放一番,以至于使杜丽娘如此刻骨铭心呢!

汤显祖正是紧紧抓住杜丽娘一“梦”,发挥了一连串浪漫极致的奇思妙想。“传奇”之“奇”,莫此为甚。一奇,是杜丽娘“寻梦”。杜丽娘在游园之后,“竟夜无眠”,就去花园中寻寻觅觅,“只图旧梦重来”。梦,本是虚幻无踪的,却偏要去“寻”,此是一奇。奇中以见“情”之真与“情”之坚。二奇,寻梦不见,杜丽娘一病憔悴,她就自行描画,“写真”留春。这又见行为之奇。三奇,杜丽娘一病不起,在中秋之夜情殇,临终嘱将她葬在梅树下,将春容画卷藏在太湖石下。四奇,柳梦梅“拾画”“叫画”,竟引来杜丽娘香魂翩然降临,与他夜夜幽媾。这是奇而又奇。五奇,柳梦梅掘坟竟使杜丽娘还魂复活,令人不胜惊奇。从惊梦、寻梦到写真、情殇、拾画、叫画、回生,都是由梦中之情生发出的一连串奇幻之行。汤显祖是写“梦”的圣手,“临川四梦”中《紫钗记》《邯郸记》《南柯记》都以“梦”的构思深化戏剧创意,其中《牡丹亭》一“梦”最为奇幻新颖。汤显祖把杜丽娘一“梦”发挥得淋漓尽致。

《寻梦》几乎就是一出独角戏,也是一出别致的戏。《寻梦》当中,杜丽娘支开春香,独自在园中细细回味梦境中爱的欢乐与甜蜜。剧中杜丽娘连唱十六支曲。“【懒画眉】最撩人春色是今年。少甚么低就高来粉画垣,元来春心无处不飞悬。(绊介)哎,睡荼蘼,抓住裙衩线,恰便是花似人心好处牵。”这支【懒画眉】透过景抒写了杜丽娘二到花园“寻梦”的欢快心情。她是那样兴奋激动，以至于被花草绊了裙衩，却自认是花草亦知心前来追捧她的春情。她追寻昨日梦境，仔细辨认梦中的一切。她的心灵在那湖山石边、牡丹亭畔、芍药栏前和垂杨柳线一处处留恋抚摸回味，处处是情的温暖，处处是“他”的气息，心灵的快感难以名状。她羞怯地唱到“恰恰生生抱咱去眠”，激情到达顶点。但是一曲【玉交枝】唱出梦境早逝，“寻来寻去，都不见了”。她痛苦地发现“牡丹亭，芍药栏，怎么这般凄凉冷落，杳无人迹?”这就是杜丽娘情的追求所遭遇到的现实。她偎跪在梅树下，唱出了她与自己的心灵誓守的自白：“【江儿水】偶然间心似缱，梅树边。这般花花草草由人恋，生生死死随人愿，便酸酸楚楚无人怨。待打拼香魂一片，阴雨梅天。”杜丽娘的内心悲剧性动作在发展。

作为一剧之枢纽，《牡丹亭》梦境的自由流动变幻潇洒，使得剧情富有浪漫的诗意，烘托出梦中之情的浪漫浓烈。唯其如此，现实中的不可能就转而变成为梦境中沉醉了。杜丽娘“惊梦”之爱，不是“惊鸿一瞥”，而是立即迅速燃烧至炽热点。而其后生发的一连串人物的行动也都是风雅别致之举，充满诗意。汤显祖让杜丽娘之情萌发于这一连串满贮诗意的戏剧动作与意象中，奇幻的梦境、浪漫的风流行为与优雅的诗情意象，烘托出杜丽娘之幽怨与柔情。这是《牡丹亭》的浪漫诗情构思，也是《牡丹亭》的艺术风格。它与昆曲的柔媚缠绵之美最为熨帖。从这一点上来看，历来《牡丹亭》的舞台呈现，在浪漫的诗情和凄美的格调方面下功夫，怎么强调都不为过。

三、“情”“梦”一体，意象纷呈

《牡丹亭》以与“情”与“梦”相交织而成就人生艺术之一大境界。“梦”与现实人生的对照，它让人们觉得，与其生活在现实中，还不如生活在梦中，更为自由和充实。“梦”中之“情”，既是虚幻的，却也是实在的。在这个意义上，可以说，《牡丹亭》既展示了一种“情”的文化和

“梦”的哲学,更营造了一个“情”“梦”交织的意象世界。

如前所述,《牡丹亭》一剧中,杜丽娘的“性”与“情”毕竟要靠“梦”来敷演成篇,“梦”也就是成了全剧的戏眼之所在。剧中人杜丽娘追寻与实现“梦”中之“情”,是全本《牡丹亭》的贯穿性戏剧动作。“惊梦”一折堪为全剧的关节。“情”“梦”一体的意蕴与境界贯通了全剧,也照亮了全剧。“梦”中之“情”的“一往而生”,支配了杜丽娘在梦醒之后的人生行动。这个贯串动作明确、充沛、有力,而且一以贯之,几经曲折,由人而鬼,由鬼返人,天翻地覆,历经磨难,而“情”始终不变。戏剧峰回路转,高潮迭起。“惊梦”之前,杜丽娘的内心世界是单纯明净也是单一的,她要做什么,她自己并不明确,她只有一丝淡淡的苦闷。“惊梦”之后,杜丽娘的内心形象立即明确,情感世界丰富充实。她虽然是个封建时代的闺中少女,温柔娴雅,在对待爱情问题上不如她的同时代西方姑娘朱丽叶那样热烈奔放,但是杜丽娘一旦觉醒就一往情深,咬住不放,历经磨难,生生死死而不悔。因此,她的戏剧动作非常明确、有力,从《闺塾》《寻梦》一直贯到《回生》。《闺塾》到《惊梦》是杜丽娘爱的幻想与内心动作的开端。游园时,她一连唱了【步步娇】【醉扶归】【皂罗袍】等好几支愉悦的曲子,细细欣赏姹紫嫣红、美景良辰,她的心情因为被春心也是情心的唤起而轻灵柔美,但总是拂不去一层淡淡幽怨、莫名惆怅。此时杜丽娘的内心感受是“闷”与“乱”,是“理还乱,闷无端”,是“春色恼人”,正如她的杰出的扮演者梅兰芳所体会的:“杜丽娘不知道从哪里来的烦闷。”是她自己“年已及笄,不得早成佳配”,“虚度青春”的苦闷,因此她感叹“奈何天”“谁家院”。游园,激发她青春的苦闷。【山坡羊】是杜丽娘第一支直抒胸臆的春情曲,是从游园到惊梦转变的关键:“没乱里春情难遣,蓦地里怀人幽怨。则为俺生小婵娟,拣名门一例,一例是神仙眷。甚良缘,把青春抛的远!俺的睡情谁见?则索因循腼腆。想幽梦谁边,和春光暗流转?迁延,这衷怀那处言!淹煎,泼残生,除问天!”正如梅兰芳所分析的:“这支曲子是表达她心理难以告人的话。”她的难以排遣的春闷,她的满腹的幽怨,她内心深处对自己青春与爱情的渴望与幽思,在这支曲中和盘托出,一点也不掩饰。这一切只能向“幽梦”寻求，这是何等痛苦的煎熬。当一个少女用“泼残生”来表述自己人生，这已是何等伤心，以至于她要向天扣问自己的人生与青春何在！

汤显祖以其横溢才华、生花妙笔创造了一个意蕴丰富的“牡丹亭”的意象世界。这组戏曲意象以杜丽娘梦中之“牡丹亭”为主体，包括杜丽娘梦中之湖山石边、牡丹亭畔、芍药阑前，柳枝、梅树，以及杜丽娘写真、柳梦梅拾画玩真之妙笔丹青。在“牡丹亭”的意象世界中，杜丽娘惊梦、与柳梦梅幽会激发爱情的环境，环境的姹紫嫣红、诗情画意烘托出两人爱情。它又象征与赞美了杜丽娘青春的美艳与爱情的美丽丰盈、富有生命力。牡丹国色天香、雍容华贵，芍药娉婷娇娜、风姿绰约，自唐至明代一直被誉为名花双绝，清香流溢，艳压群芳。亭名牡丹，阑为芍药，正是以其姹紫嫣红的风姿意象让人想象杜丽娘青春的美与丰盈，她的爱情艳异丰满富有生命力。

而湖山石边，一湾流水，更显风流婀娜多姿。与牡丹亭、芍药阑同时出现的是柳枝、梅树，是杜丽娘柳梦梅爱情的信物，也是杜丽娘、柳梦梅梦中爱情的寄托。柳枝、梅树、牡丹、芍药等，都是历代诗人吟咏之物，这些意象因子中早就浸润了中国传统中丰富的诗性灵韵，楚楚动人的恋情与幽屈无比的情怨无不尽在其中。“月上柳梢头，人约黄昏后”，“杨柳岸晓风残月”，“疏影横斜”与“暗香浮动”、“红绽雨肥梅”，“郎骑竹马来，绕床弄青梅”，“妾弄青梅凭短墙，君骑白马傍垂杨”。诸多意象的呈现不仅传情妥切，而且风雅之至，像梦中幽会于“牡丹亭畔”，“芍药栏前”，“湖山石边”，而那书生手执垂柳半枝，情邀以诗赏柳。牡丹、芍药、湖山石、柳枝、梅树这些意象构成的戏剧总体意象浸润着丰盈诗意。

“牡丹亭意象”更是全本戏剧情境与意蕴的依托与生发者。它托物寓情，连连生发剧情，又细针密线，前后勾连，使杜丽娘的内心动作线波澜起伏、绵延不绝，呈现出一个意象丰满、虚实相生、诗情浓郁、多姿多彩的戏剧世界。杜丽娘首次“惊梦”于牡丹亭，再次“寻梦”于后花园，梦中景中的意象翩然而至，一处处寻觅梦中境、情中物，一阵阵欢喜激动。她忽然心动于一株依依可人的梅树:她愿死后“守的个梅根相见”。她自描春容,手中“撚青梅闲厮调”,题诗“不在柳边在梅边”。她伤春而死,哭嘱“葬我于梅树之下”,将春容画卷藏在湖山石边。直至柳梦梅拾画于石边,她回生于梅根之下。哪怕杜、柳人鬼幽媾,两人的饮酒果也是青梅数粒,以见“酸子情多”。

正是如此众多的意象因子共同构成了一个意蕴丰富、体验独特的《牡丹亭》的“意象世界”。而“牡丹亭意象”最早起于梦中,因梦生情,因情而成为现实,由虚生实,由实再生情。汤显祖在全剧开篇《标目》中就概括牡丹亭意象与全剧情节的关系为:“世间只有情难诉”、“牡丹亭上三生路”。这就是说,牡丹亭意象不仅寓托着戏剧情节是因情而死、又因情而由死复生获得来世姻缘,而且更是那“不知所起,一往而深。生者可以死,死可以生”的绝世深情。它是汤显祖“情”的理念的戏曲与美学的呈现,是汤显祖的杰出的美学创造。在汤显祖之前,有《琵琶记》《荆钗记》以一物(道具)勾连全剧,在汤显祖之后又有《玉簪记》《桃花扇》《长生殿》以一簪一扇一殿营构戏曲意象、串联剧情、寄托寓意。至于《牡丹亭》,却不只是选取一些道具、物品、布景来加以叠合,而是以“牡丹亭意象”来统领创造出一组富有诗意韵味的“梦”意象的世界,生发剧情,深化寓意;以“牡丹亭意象”演绎“情不知所起,一往而深,生者可以死,死可以生”的“情”学世界观。这是汤显祖的成功,以致“牡丹亭梦一出,家传户诵,几令西厢减价”①,从而致使如今“牡丹亭”一词几乎成为昆剧的代指与象征,而汤显祖更是被世界公认为足与莎士比亚媲美的东方戏剧家了。

作者单位:中国传媒大学艺术研究院

① 沈德符:《顾曲杂言》,中国戏曲研究院编:《中国古典戏曲论著集成》(四),中国戏剧出版社,1959 年,第 206 页。

汤显祖文人茶的美学思想研究

邓　俊

中国文化源远流长，茶文化也随之相生相成，中国传统文化中的儒释道美学思想对茶文化的形成和发展起到了重要作用。在这些思想的指导下，茶文化逐渐演变，影响着文人们的审美精神和人生境界。

自古以来，茶与文人之间存在着特殊纽带，饮茶所体现出来的境界与文人雅士向往自然山水、恬静淡泊的生活情趣相契合，他们通过品味和欣赏茶来表达志趣高尚，并将其作为一种内在道德实践方式。除了品味茗香外，历代文人雅士还喜爱插花、挂画、点茶和焚香等活动，这些活动使他们能够更好地感受到艺术之美，并进一步提升自己的审美修养，在山清水秀之地、庭院幽深之处，在清风明月下或者雪落红梅时节，都是理想品味心灵静谧之境。

对于文人而言，饮茶并非仅仅为了解渴，更多的是寻求内心宁静。当他们沉浸在优雅独特的环境中时，可以远离尘嚣喧闹，在闲暇时刻享受片刻宁静，这样的体验让他们得以放松身心、凝聚思绪，并从中汲取灵感与智慧。因此，在中国传统文化中融入了儒释道美学思想后，中国茶文化得以繁荣发展，并成为一种具有深厚内涵和价值观念的审美体验方式。通过参与其中并领略其魅力，我们也能够感受到那份平和宁静所带来的满足与愉悦。

抚州历代文人曾巩、晏殊、王安石、汤显祖等大都嗜好茶，大多才华横溢，仕途失意，最终归隐自然，践行精行俭德，与文友相叙吟诗联句，与佳茗相伴。文人茶美学思想是中国人精神修养、风貌和境界的一面镜子，不仅展示了中国人审美追求和理想，而且体现了典型中华民族东方审美特征。这种思想深植于中国古代文化中，通过对茶艺的独特诠释与追求，表达出对自然之美、内在之道以及生活哲学的崇尚。在文人茶美学思想中，我们可以看到中国人对自然之美的敏感与赞赏。茶艺作为一门细腻而雅致的艺术形式，在其过程中强调与大自然相互融合。从选取优质原料到制作工艺，再到品鉴时注重观察水、火、器具等元素与环境间微妙变化带来的影响。这种关注自然细节并将其纳入审美体验当中的态度，彰显了中国古代文人对大自然奥秘和生命力量所抱持着的虔诚敬畏之情。在这一思想中也凸显出内在之道的追求，传统文人认为喝茶不仅是满足口感上愉悦需求，更是一种修身养性、陶冶情操的方式，他们借助品味香气回归内心世界，并通过沉静下来聆听煮茶、泡茶过程所带来的宁静与平衡感。因此，在享用清香四溢或苦涩芬芳间品呷浓淡交错时，他们能够领略到“无欲则刚”“守常无忧”的真谛。

一、文人饮茶的“闲适自由”之美

中国文人历来奉行“穷则独善其身，达则兼济天下”，这一理念体现了他们对个人修养和社会责任的追求。然而，由于现实与理想之间存在巨大的鸿沟，许多文人在面对复杂的社会环境时选择了从政转向归隐生活。茶作为一种清心、淡泊的饮品，恰好符合文人内心追求纯净深远、空灵意境的需求，因此，茶成为他们寻找平静与宁静的途径。对于文人而言，喝茶不仅仅是享受口感和滋味上的愉悦，更重要的是通过品味茶香、感受冲泡过程中细腻变化来达到内心安宁与放松。

在闲暇之余，在书房或庭院里泡壶香气袭人的清茶，倚窗凭栏观赏花开花落、云卷云舒。这样简单而雅致地度过时光，并非只是消遣娱乐，更是一种精神层面上自我调适和修身养性的方式。同时，在归隐生活中寻找真正意义上的丰盈与满足也成为文人关注点之一，退去尘嚣纷扰后，文人开始重新审视自己内心所渴望并珍视着那些真挚情感：友谊、家庭以及艺术创作等。他们将时间投入到写作诗词文章或者欣赏音乐绘画中，并通过这些形式表达出自己对美好事物和情感世界的深切思考与领悟，因此，在追求纯净深远、空灵意境方面，“学而优则仕”的参政之路已经不能完全满足文人内心所期待和需要，“退而求其次”的归隐生活给予了他们一个更加私密且自由发展个性特质以及探索精神世界无限可能性的空间。在这样一个环境下，茶便成了陪伴着他们进行反思思考、释放压力、平衡情绪并最终得到内外平衡统一状态的工具。

明万历十九年的秋天，汤显祖被贬至浙江遂昌任知县。面对人生失意，仕途坎坷，他没有因此而沉沦，时常还邀上三五知己饶有兴趣地上山亲自煮茶，汤显祖的诗作《竹屿烹茶》和《题溪口店寄劳生希召龙游二首》展现了他对田园生活和品茶文化的热爱与追求，在这些诗中，他以细腻的笔触描绘出了自然山水与人文情趣相交融的美好景象。

《竹屿烹茶》写：

君子山前放午衙，湿烟青竹弄云霞。
烧将玉井峰前水，来试桃溪雨后茶。①

汤显祖描述了自己悠闲地烧开玉井甘泉、品味清雅芬芳的茶水。这一场景不仅是对真实生活的记录，更是表达了他回归田园生活、追求艺术化人生追求的心境。而纯净自然、清高雅致的茶性，则与文人士大夫淡泊超然、清高雅致的气质相契合②，共同构成了一幅典型文人情趣之画卷。

而在《题溪口店寄劳生希召龙游二首》中：

谷雨将春去，茶烟满眼来。

---

① 郑培凯：《汤显祖说茶》，《书城》2022年第6期。

② 梁珍明：《宋代茶文化的嗜“雅”美学风尚及当代意义》，《福建茶叶》2024年第4期。

如花立溪口，半是采茶回。①

汤显祖通过描绘谷雨时节满眼茶烟和采摘春茶少女成为风景线等形象，再次展示出他对于闲适宁静乡村生活向往之情。这种审美价值取向体现了文人们日常生活中所追求的风流儒雅之美学风格。

此外，在治理遂昌四年后，《即事寄孙世行吕玉绳二首》写道：

平昌四见碧桐花，一睡三餐两放衙。
也有云山开百里，都无城郭凑千家。
长桥夜月歌携酒，僻坞春风唱采茶。
即事便成彭泽里，何须归去说桑麻。

偶来东浙系铜章，只似南都旧礼郎。
花月总随琴在席，草书都与印盛箱。
村歌晓日茶初出，社鼓春风麦始尝。
大是山中好长日，萧萧衙院隐焚香。②

这里描述了汤显祖享受山居闲适无事、焚香品茗之乐。尽管虽未得到晋升，并面临排挤，但山间安宁恬静使得他能够沉浸于平凡而宁静的日子里，通过参与或主持以品茗为主题的聚会等方式来满足精神需求。在这些作品中可以看出汤显祖对于田园舒适环境和优雅艺术氛围所产生的强烈感受，并将其转化为文字表达出来，同时也反映出当时许多文人士大夫们借由喝茶等方式来抵消仕途上失落感并找到内心平衡点。

临川著名词人、诗人、散文家晏殊有首被传诵千年的最美茶诗《煮茶》：

---

①② 侯德云：《汤显祖与茶》，《中国茶叶》2011 年第 7 期。

稽山新茗绿如烟，静挈都蓝煮惠泉。
未向人间杀风景，更持醪醑醉花前。

以简洁明快的语言描绘了煮茶的情景，通过对茶叶、水、茶壶和酒的描写，展现了一种宁静、自然和闲适的意境。用稽山新茗来点出茶叶的新鲜和绿意，绿如烟则展现了茶叶的清新美感。“静挈都蓝煮惠泉”，描述了静静地拿起蓝色的茶壶，煮着泉水，展现了煮茶的过程。“未向人间杀风景”一句表达了晏殊对自然景色的敬畏之情，他不愿意煮茶的过程破坏了自然的美景。最后两句“更持醪醑醉花前”，表达了晏殊更愿意在花前品饮美酒，享受自然的美好。整首诗以简洁的语言表达了晏殊对自然与人文的关注和追求，展现出临川文人追求自然、恬静和闲适的生活态度。

二、文人吟诵“茶生态”之美

在《牡丹亭》第八出《劝农》中，汤显祖生动地描绘了杜丽娘的父亲杜宝下乡劝农情境，故事发生在春天，正是农忙时节，而太守却不忘下乡劝农。剧情中描述了南安地方草木复苏的景象，这也正是采摘新茶的季节。其中一段写到了采茶女唱着采茶歌，在她手中展示着一旗半枪金缕芽：

乘谷雨，采新茶，一旗半枪金缕芽。

采茶人欣喜地发现有人来到此处，并询问身份后得知原来是本府太爷前来劝农。看着妇女们辛勤地采桑、采茶的场景，他觉得很美好，为了证明自己对于茶文化的热爱和理解，《牡丹亭》中还引用了一首诗：

只因天上少茶星，地下先开百草精。
闲煞女郎贪斗草，风光不似斗茶清。

这表达出作者对于品味纯净清香之美以及珍惜每一个细微之物的态度。

整个场景通过汤显祖巧妙运用填曲写诗等技巧进行描绘，在读者或观众眼前浮现出一个栩栩如生、活灵活现的画面：谷雨时节里山间青葱欲滴、万物复苏；太守与采茶女在山间相遇并交流；而那些优雅俊秀、操持工作认真负责的采茶人们则成为整个场景最美丽动人的点缀。汤显祖以其斐然文才和深厚艺术造诣创作出了这样一个富有情趣和意境深远的戏剧作品，《牡丹亭》第八出《劝农》无论从内容还是形式上都给人留下深刻印象。

种茶、采茶、制茶、品茶、点茶、分茶，积淀了丰富的美学思想。茶美学，从古至今一直根植于中国传统文化中，受儒家、道家的美学理念影响，发展变化出雅俗共赏的不同表达方式。

汤显祖是明代著名的文学家和戏剧家，他在游览雁荡山时创作了一首名为《雁山迷路》的小叙事诗。这首诗以描绘汤显祖与采茶女对话情景为主线，通过描述周围茶树和采茶人的环境，展现了他无法找到前进道路、看不清生命轨迹的心境。

除了《雁山迷路》，汤显祖还有其他几首咏茶的诗作。其中，《右武送西山茗饮》表达了他对丁此吕（字右武）送来南昌西山茶的感激之情。这首诗以春天山间云雾缭绕、活水旋炊，碧花盛开为背景，将丁此吕所赠之西山茶与刘郎因病而饮酒相比较，表达出作者对于高质量养生品味之喜爱。这种新芽初发、碧绿如玉的茶香扑鼻而来，在清渴之余更增添了睡魂舒畅之感。

汤显祖在其咏茶作品中运用精湛的艺术手法和深邃的思想内涵，将自然景物与人物情感巧妙地结合起来。通过描写自然风光和品味美好事物来抒发内心感受，并借此反思人生意义与价值。这些作品不仅展示了作者卓越的才华和遣词造句的技巧，也传递着关于生活哲理和审美体验方面的启示。

在上访浙江省城杭州期间，汤显祖创作了两首咏茶诗。其中，《湖上有怀陶兰亭》，游赏西湖，品尝龙井新茶而怀友："竹叶新炊龙井香，睡魂清渴酒垆傍。何时一棹山阴雪？为试陶家十六汤。”描述了他游赏西湖、品尝龙井新茶时怀念友人们共享美好时光的心情。那片竹叶新炊出来的龙井香气令人陶醉，仿佛置身于青山绿水之间。而《醉客归吴和作》“浮家衹在洞庭湾，浪醉何常信宿还。水月寺前春露晓，梦魂茶气小青山”①，则以洞庭湾为背景，抒发着对逍遥自在生活向往之情。

通过这些咏茶诗可以看出，汤显祖对于喝茶有着深厚的情感和体验，并将其融入自己创作中去。这些诗篇既展现出作者对大自然景色和美食佳肴的细致入微的观察与领会，同时也流露出他内心深处关于友谊、宁静与惬意生活等主题思考与回味。

汤显祖对茶、茶树、茶山有着很深的感情，如此贤德清逸之茶，可观、可品、可饮，兼具原始生态之美，而茶也滋养了汤显祖和他的戏剧和诗文艺术。

三、文人饮茶的“精行俭德”之美

汤显祖回到家乡抚州临川后，对天下名茶的热爱依然不减。尽管他很少再远游，但心中对于品味各地名茶的渴望却始终如一。有一次，他听说福建的朋友去了武夷山游玩，并品尝了当地著名的建溪武夷茶。这让汤显祖更加向往和好奇。在《记建武张洪沙公子游武夷六绝》这首诗中，他写道：“夜魂清啜建溪茶，六月空寒褥翠霞。莫作乡人苦相唤，楚西公子字洪沙。”②夜晚时分，在清幽之处品味着建溪茶，感受着它带来的清新与舒适。即使是六月，也能感受到如被翠霞所覆盖的沁心凉意，通过这样生动而形象化的描写，汤显祖将自己内心深处对于建溪茶香气和风味的喜爱表达得淋漓尽致。

同样，《送叶仁长还建安二首》写道：“年少文章出富沙，归来仍是旧名家。倾筐试酌临川酒，何似瓯城第一茶。”③他称颂年轻时以文才

①②③　郑培凯：《汤显祖说茶》，《书城》2022 年第 6 期。

出众而闻名的叶仁长，归来后仍然保持着旧日家族传统文化底蕴。为了庆贺重逢和欢聚之际，他倾筐斟酌起临川特产酒，并表示与其相比较，“瓯城第一茶”更能给人带来无限惬意与享受。从这些诗作可以看出汤显祖对于天下名茶情有独钟，推崇备至。无论是在家乡临川还是外出旅行期间，他都不忘记录并赞美各地优秀的茶品。这种对于传统文化和美食珍馐的关注与推崇正是中国文人士大夫精神所体现出来的重要特点之一。

以茶相赠，以茶会友，以茶作诗，以茶咏志是很多文人热衷的雅事和追求的风尚，承载着他们的种种理想和愿望，在茶的“精行俭德”里找到人格升华的精神需求。

唐宋八大家之一曾巩，南丰人，也酷爱茶，他认为茶素雅清静，可以修身养性。在《寄茶与友人》中，他写道：

半瓯清露掌中春，一鉴潜随养素人。
喜得紫瓯还太古，肯将碧碗作逡巡。

紫瓯是指建窑茶盏中的褐色茶盏，流行于北宋时期。清茶半瓯似春天在掌中，品鉴一口真是能养素心人。茶能养人，饮茶是一种慢生活的方式，让人在忙碌的生活中得到放松和自我修养提升。但择茶、选水、备器、煮茶等一丝不苟，则是践行精行俭德的茶美学思想。

曾巩的《尝茶诗》云：

内家新赐密云龙，只到调元六七公。
更欲东山自煎吃，乐闻纲目入朝中。

据陆廷灿《续茶经》：“熙宁中，贾清为福建运使，又取小团之精者为密云龙，以二十饼为斤，而双袋谓之双角团茶。大小团袋皆用绯，通以为赐也。密云龙独用黄盖，专以奉玉食。”曾巩得到御赐密云龙，十分高兴，自煎自饮，并对朝中大事乐于闻见。以茶养性，人也变得乐观，表达了作者对茶的热爱和推崇。茶所具有的深蕴内涵，不仅包括了“清静、高洁、纯净”等美德，同时还具有“俭朴、中和”的本质特征，啜之使人“涤尘、清心、宁神”等更为深远和广泛的美学意义。

此外，他还写过许多其他与茶有关的诗歌和文章。例如，他的《寄内》一诗中就写道：

饭香炊罢亚，羹味煎成露。
空里浮轻翠，杯中泻断霞。

描写了煮茶的过程和茶的味道，表达了对妻子的思念和对家的眷恋。

又如他的《将至东都》一诗中写道：

何人劚仙草，试管荡轻碧。
秀色空万状，余香犹的的。

这首诗则以茶为比喻，描写了东都洛阳的美景和自己的心情。

他的《归老》一诗中就写道：“饭香炊罢亚，羹味煎成露。”这句诗既表达了他对归隐之心的抒发，也表现了他对清心、淡泊的生活方式的追求。又如他的《南轩》一诗中写道：“采采卷绿叶，漉漉淬甘泉。”这句诗则以茶为比喻，描写了他对高洁、清新的品格的追求。

四、汤显祖：黑茶一何美

北有“丝绸之路”，南有“茶马古道”，每当品读汤显祖《茶马》古诗时，眼前不禁浮现历史上那一队队穿梭在“茶马古道”上的马帮，耳边回荡着边疆小调，鼻尖萦绕着浓郁茶香，久散不去。

秦晋有茶贾，楚蜀多茶旗。
金城洮河间，行引正参差。
绣衣来汉中，烘作相追随。
以篦计分率，半为军国资。
番马直三十，酬篦二十余。
配军与分牧，所望蕃其驹。
月余马百钱，岂不足青刍。
奈何令倒死，在者不能趋。
倒死亦不闻，军吏相为渔。
黑茶一何美，羌马一何殊。
有此不珍惜，仓卒非长驱。
健儿犹饿死，安知我马徂。
羌马与黄茶，胡马求金珠。
羌马有权奇，胡马皆骀驽。
胡强掠我羌，不与兵驱除。
羌马亦不来，胡马当何如！①

此诗之写茶马者，无异于古代四川、陕西等地与西蕃"茶马互市"历史篇章，包含了诗人汤显祖关注茶马互市和民生疾苦的爱国情怀。汤显祖铮铮傲骨、一片丹心贯穿于他一生，不懂得阿谀奉承，胸中不满，就奋笔疾书，指责当政者执行不当，对乱象不闻不问。黑茶是好茶，羌马是好马，茶马贸易的基础是中原王朝与塞外政权的经济交流，考虑是以贸易手段泯除战争、掠夺、冲突，以内地生产的茶叶换取塞外的马匹，互惠互利，但具体执行混乱，导致贪赃枉法行为层出不穷。这种为人刚正不阿之美，传颂数百年。

数千年来，抚州诞生出汤显祖、曾巩、王安石、晏殊等一大批名士先贤，也涌现出颜真卿、陆游等在抚莅任文豪巨子，他们一生都与茶相

① 郑培凯：《汤显祖说茶》，《书城》2022 年第 6 期。

伴,茶与诗文结合,来源于文人的茶缘,文人品茶,以茶论道,感知社会,品悟人生,于是有了茶诗。文人所写的茶诗是茶的神韵、茶的格调、茶的性灵、茶文化的艺术写照,又是中国茶文化的艺术载体和传播媒介,是茶人之心,是茶美学的灵魂。当我们读到抚州临川这些大文豪音律和谐、优美委婉,或奔放豪迈,或沉郁顿挫,或雄浑苍凉的诗词,顿感茶香四溢,精神为之一振。抚州也正因为有了这些千古佳作的加持,更显得茶韵深厚。

作者单位:抚州职业技术学院公共教育学院

汤显祖戏曲创作中的诗歌特点

杨安邦

诗歌和戏剧都是中国文化的瑰宝，诗歌起源早，主要用于抒发情感，也可叙事；戏剧是门综合的舞台艺术，戏剧中的唱词往往就是诗歌，是多种艺术手段的重结聚，诗歌和戏剧有着天然的联系。明代伟大的戏剧家汤显祖，创作了著名的“临川四梦”，他的戏剧创作在情节内容、人物形象、意境营造和艺术表现上，都充满了诗情画意。汤显祖的青年和晚年时期，恰好居住在家乡临川，这两个时期除“四梦”外，创作了大量的诗歌。本文拟以汤显祖这两个时期的临川题材诗歌为例，探讨汤显祖戏曲创作中的诗歌特点。

一、汤显祖戏曲创作中的曲词特点

汤显祖“临川四梦”中，唱词占有十分重要的地位，这些唱词对戏剧情节和人物塑造意义重大，其唱词的风格特点，借鉴了其诗歌创作的表达方式。

例如《紫钗记》第二十五出《折柳阳关》①，这是《紫钗记》中爱情内涵、痴情价值都很珍贵的一出戏，特别是送别场面可谓剧中二人抒发痴情的最佳关目。剧中《北寄生草》第三曲，描写霍小玉新婚远别时的悲伤泪水：“这泪呵！慢点悬清目，残痕界玉姿。冰壶冰裂蔷薇露，阑干碎滴梨花雨，珠盘溅湿红绡雾。”第五曲中描写霍小玉在丈夫离开后

① 汤显祖著，徐朔方笺校：《汤显祖全集》，北京古籍出版社，1999年，第1990页。

苦闷的生活状况:“你去呵,则怕芙蓉帐额寒凝绿,茱萸带眼围宽素,蘸荷烛影香销炷。”这些曲词,依托种种美丽的物事衬托,十分秾丽,犹如宋代“多情自古伤离别”的婉约丽词,很贴切地表现出女主角霍小玉的情痴形象。

再如《紫钗记》第三十四出《边愁写意》①,这个曲词,融汇了唐代边塞诗人李益七绝《受降城上闻笛》的意境,易于观众和读者联系“大历十才子”之一李益的横槊赋诗的形象和事迹,不仅情景交融,而且诗意盎然,还与剧中的情感切合。该出开头《北点绛唇》《金珑璁》《一江风》三曲,描写了塞上的军营风光,紫塞飞霜、平沙月上的背景,现出一派刀剑森然的战场气氛。接着连用《一江风》三曲,转换为人物心理活动的景色,既有助于推展情节,又把唐人的诗歌精神推进到戏剧。

《牡丹亭》第八出《劝农》②,这出戏具有塑造人物形象和展现叙事价值的双重意义。杜丽娘的父亲杜宝作为封建家长的代表,虽然从未真正关注女儿的身心及情感变化,具有冷酷、死硬的一面,但他涉及官场事务,即以国事为重,诚然一名良吏。曲词《排歌》:“红杏深花,菖蒲浅芽。春畴渐暖年华。”红杏盛开,菖蒲发芽,大地温暖,一派春天气息。《八声甘州》曲中,“平原麦洒,翠波摇剪剪,绿畴如画。如酥嫩雨,绕塍春色藞苴。趁江南土疏田脉佳。怕人户们抛荒力不加。还怕,有那无头官事,误了你好生涯”。那平原麦浪翠绿如酒,波光粼粼,田野如画,细雨如酥,田埂春色盎然。杜太守带着鲜花美酒,亲自到乡下劝导农民耕种。在汤显祖的笔下,劝农的场景凸显杜宝古代良吏的形象。曲词对春天春景的赞美,也是对良吏形象的赞美。

又如《牡丹亭》第十出《惊梦》③,这是《牡丹亭》中最脍炙人口的一出戏。杜丽娘和春香瞒着父母到后花园游玩,在《诗经·关雎》河洲雎鸠的叫声中起兴,触发情怀,唤醒青春意识;同时,悟及良辰美景虚设,赏心乐事不逢而心中惆怅,之后在生机勃勃的春光和爱情诗篇的激发

① 汤显祖著,徐朔方笺校:《汤显祖全集》,第1990页。
② 汤显祖著,徐朔方笺校:《汤显祖全集》,第2090页。
③ 汤显祖著,徐朔方笺校:《汤显祖全集》,第2100页。

下，终于产生挣脱封建礼教束缚追求爱情自由的强烈要求，在梦中与书生相亲相爱。其中《步步娇》《醉扶归》《皂罗袍》三支曲子，在写景的同时把杜丽娘情愫摇曳的深闺情怀烘托出来。特别是《皂罗袍》曲中，那“良辰美景奈何天，赏心乐事谁家院”古今名句，更是准确完美地表现出杜丽娘的复杂的爱情心理。

《南柯记》第二十九出《围释》①，以传奇性的情节、寓言的形式，叙写女主角瑶芳公主住在“瑶台”城里避暑养病，突然附近一檀萝国的四太子，要来抢她做续弦，此时淳于棼远在南柯郡，瑶芳公主乃一女流，不懂打仗，面对气势汹汹围城的贼众，怎么对付？曲词《南吕一枝花》唱出了她的茫然：“冷落凤箫楼，吹彻胡笳塞。”住在这“月殿清虚界”，怎会有“西施兵火到苏台”？她想到缓兵之计，想到破财消灾，想到驸马到来，但都不济事，一定要当面和她对话，她虽不愿意，但事到如今也只能委曲求全出面答话。接着，一曲《梁州第七》，出色地描写了这名飒爽英姿的美丽女子形象：“盔缨一拍，臂鞲双抬。宫罗细揣，绣甲松裁。明晃晃护心镜月偃分排，齐臻臻茜血裙风影吹开。”然后，《哭皇天》一曲，写出了被激怒的公主与四太子，双方的矛盾呈现白热化的高潮。后面《乌夜啼》《尾煞》二曲简约唱词，写出驸马淳于棼“纷纷蚁对重围解，冉冉尘飞杀气开。马践征埃，花攒战铠”。淳于棼带兵终解重围，引得瑶芳公主对丈夫的一片感激。但随着公主的去世，淳于棼也失势遣回人间，醒来南柯一梦，一切都化为乌有。

《邯郸记》第三出《度世》②，这一出写吕洞宾奉东华帝君之命，度一人做天庭扫花之事。因何仙姑已成仙人，张果老又着他下凡再度一人，吕洞宾来到岳阳楼，乘酒醉与客人调侃，去邯郸道上超脱卢生。这出戏是展开卢生黄粱一梦戏情的重要一幕。其中《上小楼》《幺篇》曲中“三更之午，十月之余，一刻之初”，《白鹤子》《幺篇》曲中“扇风囊随鼓铸，磁汞料写流珠，烧粉红丹色殊词”等曲词，因是仙人吕洞宾唱词，

① 汤显祖著，徐朔方笺校：《汤显祖全集》，第 2390 页。
② 汤显祖著，徐朔方笺校：《汤显祖全集》，第 2450 页。

多有道教用语。而《赏花时》曲中“翠凤毛翎札帚叉,闲踏天门扫落花”,《中吕粉蝶儿》曲中“践朝霞,乘暮霭,一步捱一步”,《红绣鞋》曲中“晴岚山市语,烟水捕鱼图”等,描写景物,借景抒情,绝妙佳作。另有一些曲词如《赏花时》曲中“猛的可那一层云下,抵多少门外即天涯”,《醉春风》曲中“这些时瞪着眼下山头,把世界几点儿来数数”,《迎仙客》曲中“俺曾把黄鹤楼铁笛吹,又到这岳阳楼将村酒沽。正洞庭归客伤心处,赶不上斜阳渡”等,既景情相生,意境独到,又颇有元曲风格。

二、汤显祖临川题材诗歌的特点

汤显祖诗歌数量庞大,跨时毕生。他在中进士前和辞官归家后这两个时期,居住在家乡临川县城。本文拟撮取这两个时期所作的临川题材诗歌,探讨汤显祖的诗歌创作特点。

汤显祖创作的临川题材诗歌,数量百余首,有古体、律体、五言、七言多种形式,描写了临川美好风物,蕴含深厚的文化内涵,颂赞了家乡政声卓著的贤臣良吏,倾吐了对家乡和家乡人民的绵绵情意。诗歌情感内容主要有:

一是抒写伦理亲情、忠君忧国的家国情怀。

很多诗歌叙写对祖母、父母的拳拳之忱,体现了与兄弟的棠棣之谊,对妻室的伤别之情,对子女的眷眷之爱。体现出作者身为家族中的长子长孙,对于维护家庭伦理规范的伦理亲情,对理想、信念和自我价值实现的渴望和追求。如《和大父游城西魏夫人坛故址诗》①,叙写作者早年与祖父同游临川县城魏夫人祭坛,诗序“家君恒督我以儒检,大父则要我以仙游”,显示诗人出生在道教气氛浓厚的封建大家庭中,少时祖父和父亲在对其教育上存有分歧,不过汤显祖还是听从父亲的严教,走传统的科举士大夫道路。《游碧涧同外父》诗②,叙写作者早

① 汤显祖著,徐朔方笺校:《汤显祖全集》,第23页。
② 汤显祖著,徐朔方笺校:《汤显祖全集》,第28页。

年与岳父同游城外铜陵碧涧："悬崖亏日色，复涧隐松声。虎迹凭涯见，龙须拂水生。"可见此处悬崖峭壁，巨兽出没。《正觉寺示弟儒祖》诗①，汤显祖胞弟儒祖为本郡廪生，诗歌劝诫胞弟苦读万卷。后来汤显祖在遂昌知县任上时，胞弟儒祖去世，诗人作诗《望乡哭弟儒祖》痛悼。

汤显祖很多诗既表达作者对君主和皇室的无限忠诚，也抒发皇帝怠政、权相当道、矿税弊端的忧虑和愤懑之情，对苦难百姓报以深切的关心和同情。如《丙寅哭大行皇帝》②、《壬申岁哭大行皇帝》③，是作者青年时期为嘉靖皇帝、隆庆皇帝去世而作，诗歌表达了深深的哀悼。《丁亥戊子大饥役》④，诗歌叙写万历戊子年，发生特大灾情，特别是南方吴越地带更是严重。"西河尸若鱼，东岳鬼全瘦。""犹闻吴越间，积骨与城厚。""何惜饮余人，得沾香气寿！"诗歌沉痛地叙写当年的灾情，对苦难百姓报以深切的关心和同情。《内弟吴继文诉家口绝谷有叹》⑤，此诗据实叙写灾情，农人无粮养口度日："今年普天饿，非汝独愁叫。河海半相食，木砾饲老少。"诗歌语气沉痛悲惋，深怀悲天悯人的忧虑之情。

二是颂赞关心民生、正直有为的贤吏恩师。

如《送谭尚书行边》《重酬谭尚书》《留别大司马谭公》等⑥，谭纶是明代驰骋疆场的抗倭将领，他平倭剿寇，建立殊勋，为社稷干城。"入塞定多铙吹曲，传来帐下美人歌。""太守只知鸿雁美，将军数奏画蛇功。"汤显祖崇敬仰慕这位家乡的民族英雄，诗歌热情赞誉谭纶保卫疆土的英雄之气，寄托御敌皆捷的期望，展现建功立业的理想。《行千金堤怀蜀人古太守》诗⑦，千金陂，原是城南瑶湖与抚河支流分叉口处的

---

① 汤显祖著，徐朔方笺校：《汤显祖全集》，第 129 页。

② 汤显祖著，徐朔方笺校：《汤显祖全集》，第 7 页。

③⑥ 汤显祖著，徐朔方笺校：《汤显祖全集》，第 10 页。

④ 汤显祖著，徐朔方笺校：《汤显祖全集》，第 265 页。

⑤ 汤显祖著，徐朔方笺校：《汤显祖全集》，第 268 页。

⑦ 汤显祖著，徐朔方笺校：《汤显祖全集》，第 788 页。

一条长坝，这是古代临川人民运用勤劳和智慧修建的一个大型水利工程。唐天宝年间，抚河曾在城南瑶湖附近向东冲决，河道遂一分为二，随后形成一条支流北行孔家渡，以致抚河主河道淤塞，支流怒冲。自唐代起，在瑶湖附近兴筑陂堰，修筑后的千金陂矗卧河中，横亘分叉口，制导洪水，稳定河势，但千金陂屡屡溃决，宋至明代反复重建。明万历年间，临川知府古之贤主持重建千金陂，并在堤坝上铸铁犀牛镇压水精，抚河水回归正道。汤显祖深感古太守修筑千金陂、为民造福的功绩，作诗赞美和肯定，他还作了气势磅礴的大赋《金堤赋》颂之。又如《挽徐子拂先生诗》《哭徐先生墓归示其季子一议》等诗[①]。抚州东乡人徐良傅，曾官吏科给事中，因语侵权贵，罢归，回乡后以教书为业。汤显祖少时曾师从徐良傅学古文词及声歌，并深受其影响，后来汤显祖有多篇诗文，对先生下寿深表哀惋，追述先生的生平学绩与美仪德行。

三是追求实现理想、信念和自我价值的人生经历。

如《二京归觉临川城小》[②]，叙写诗人中进士后任南京太常博士时，京察赴京归家的心情，诗中既有对家乡的热爱和对京城的怀念，也含有对过往仕途岁月的感慨。著名的“远色入江湖，烟波古临川”两句，写出远处的景色映入江湖，浩渺烟波笼罩郡城，描绘了古时临川的美好景色，成为千古名句。

《初发瑶湖次宿广溪》（别吴十一舅、隆八弟）一诗[③]，叙述万历十九年(1591)九月，诗人在南京礼部祠祭司任上，因上疏《论辅臣科臣疏》，即被朝廷贬官广东徐闻，诗人由南京归家，因病小住后，自家乡临川首途前往徐闻贬所。广溪吴家，即今临川青泥镇老吴村，乃汤显祖母族。首发地瑶湖，即临川城南抚河边瑶湖渡口，今河岸犹在，渡口无存。诗人下午启程，次日傍晚到达广溪，住宿广溪外婆家。“金堤斜照落，瑶水暮风旋。”“盱赣江连峡，雷琼海隔天。”瑶湖启行往广东徐闻的

---

① 汤显祖著，徐朔方笺校：《汤显祖全集》，第 24 页。

② 汤显祖著，徐朔方笺校：《汤显祖全集》，第 264 页。

③ 汤显祖著，徐朔方笺校：《汤显祖全集》，第 418 页。

途中，那是诗人既遭贬又患病的至暗时刻，诗歌抒写了大病初愈的诗人下午从瑶湖启程时的悲凉心情。《移筑沙井》与《寄嘉兴马乐二丈兼怀陆五台太宰》①诗，叙写万历二十六年作者辞官归家后不久，即从城外桥东的祖籍地文昌里，移居到城里沙井巷的玉茗堂新宅。"亦自知津亦自迷，新归门径草凄凄。"还有诗中的红鱼、春风、杨柳和芙蕖等意象，都展现出诗人辞离官场的畅快，移居新宅的愉悦。再如《灵谷秋望怀南都少司成周公》一诗："十年何地一扬眉？犹记尊师玉眄垂。翠气流离分晓帐，兰光馥晔映秋墀。谁知更郁青霞气？不似长鸣白下时。致敬悠悠少春雁，单衣无绪独愁谁。"②据载，周子义于是年十二月以南京国子监司业改为国子监司业。诗歌叙写万历五年(1577)诗人下第南归后，和友人泛游灵谷山峰，只见群峰环抱，列屏如障，景致美好，这使他倍觉精神抖擞，一扫下第的抑郁伤感，此时多情的他，又心念好友周子义，遂以此诗遥寄思念和祝福。

四是以言情的文艺观描写家乡风物。

如《二京归觉临川城小》，叙写诗人任南京太常博士时，京察归家后亲人欢聚的场景。诗歌描写家乡江南水乡泽国的美丽郡城，在这幅图景面前，兀立着一位胸怀大志的诗人形象，他的家乡抚河烟波浩渺，苍茫辽阔，既觉宇宙空旷辽远，又感人世狭如区域，感慨系之。诗中意象表现力强，情感动人心旌，使人产生广泛的共鸣。又如《九日城楼宴即事》，诗云："菊花高洁晚相邀，灵谷红泉气色遥。睥睨东楼连桂馆，轩辕北斗正星桥。金灯映月寒犹薄，纱帽临风兴欲飘。岁晏峥嵘一杯酒，恰逢摇落听吹箫。"③诗歌叙写诗人遂昌辞官归家后，秋月城楼宴饮一事。诗中高洁香艳的金秋菊花，青葱蓊郁的灵谷山峰，俨然诗人心志的象征，那曾经追求过的功名之路，已然过去，如今，眼前景色和熙脱俗，诗人心地坦荡，情志昂扬，对自己即将从事戏曲创作充满自信与期望。

---

① 汤显祖著，徐朔方笺校：《汤显祖全集》，第 554 页。

② 汤显祖著，徐朔方笺校：《汤显祖全集》，第 61 页。

③ 汤显祖著，徐朔方笺校：《汤显祖全集》，第 560 页。

《送谢廷谅往华盖寻师》一诗,"华子岗头起空翠,芙蓉峰底接云清。风前笑挹浮丘袖,月下偷吹子晋笙"①,叙写诗人送好友谢廷谅前往与临川毗邻的崇仁县华盖山这个道教圣地学道,诗中引述华盖山的神话人物及其故事,如浮丘、子晋。子晋相传为东周时周灵王太子,喜吹笙作凤凰鸣,被浮丘引往嵩山修炼,后升仙。浮丘,相传为古代传说中的仙人,尝与子晋吹笙,骑鹤漫游嵩山,修道山中。虽然这一传说方志有载,但用在诗中能使诗境亦真亦幻。《丰城徐德俊从岘台城上出东门石梁,迤逗秋水,枉过草堂。好友周子成正在,为酌,人定乃去。重老索诗,即用德俊便面韵答之二首》②,诗中丰城徐德俊乃同榜进士,好友周子成是同乡进士。"知君怀古正悠哉,北斗桥南金玉台。""为问丰池影光剑,张华何日正中台?"诗句联系眼前客人的家乡丰城,古时有宝剑光气照射;结合临川郡城拟岘台、金玉台两处名胜,拟岘台为北宋时临川郡守裴材纪念襄阳羊祜将军德政而建的楼台,金玉台乃郡城西北抚、临二水会合处金石山和玉石山的合称。临川自古以来流传"堰合台分"的民谚,意指文昌堰(即千金陂)合拢,金石山与玉石山即分开,抚河水道就畅通,时和岁稔,郡城就文运昌盛,此乃郡城地理形势之要,诗中含有丰富的地方文化内涵。

三、戏曲创作与诗歌创作的联系及影响

诗歌与戏曲同属韵文,两者本有天然的联系。作为戏曲家兼诗人的汤显祖,在同一时期创作的戏曲与诗歌,具有许多同质特点。

诗人出生于一个封建家庭,从小受到父亲的严教,受"儒检"思想的影响,走的是中国知识分子传统的"儒检"之路。他创作戏曲的时间并不长,而其诗歌创作从十二岁开始③,毕其一生,他的诗人情怀与戏曲创作之间存在着紧密的联系。诗中蕴含的深刻思想、情感体验和情

① 汤显祖著,徐朔方笺校:《汤显祖全集》,第 135 页。
② 汤显祖著,徐朔方笺校:《汤显祖全集》,第 138 页。
③ 徐朔方:《汤显祖年谱》,上海古籍出版社,1980 年,第 210 页。

怀担当,所擅长的风物景致与婵娟美女的描写,成了戏曲创作的素材;诗歌壮美豪奇、清新脱俗、情感细腻的特质,也体现在其戏曲创作中。

思想情感内容上,汤显祖"临川四梦"创造的一系列角色,往往以普通百姓为背景,展现其喜怒哀乐,这与他对时代和社会的感受息息相通,体现对民生的关注。剧作中,表达了家国情怀和关心民生的思想,揭露和批判贪婪腐败的权贵,歌颂追求爱情和个性解放的进步理想。剧作中表现的男女情爱,实际上是他追求进步理想的象征。汤显祖诗歌创作,抒写伦理亲情,叙写人生经历,抒发对生活、对美的热爱和感慨,表达了对真情、对理想的追求,展示了内心深处的家国情怀;诗歌展现了家乡美景和深厚的文化内涵,抒发难能可贵的性灵,具有情与志的特质厚度,显示了浪漫主义的精神气质。

艺术表现上,汤显祖的"临川四梦",运用梦境的浪漫构思,深入人物的内心世界塑造人物形象,特别是《牡丹亭》的杜丽娘,成为人们心中青春与美艳的化身,至情与纯情的偶像。曲词风格艳丽多姿,虽然剧本语言或许典雅蕴藉,却是表达浪漫情思所必需,作者能依照不同环境、不同人物,采用不同风格的语言,兼具艳丽典雅与通俗浅近。其诗歌创作,手法丰富,体式多样,有古体、律体,五言、七言,在众多体式中,以七律和五古为多;五古风格多近魏晋,七律以平起平收式和仄起平收式居多,这两种七律正格体式,音调畅足,或许与他习作科举考试的应制诗有关,足见他对七律平收的体式情有独钟!诗歌格律老到,对仗精工自然,很多诗句地名对、名物对,字字精当,经过诗人的艺术提炼,达到了奇妙难名的境界;辞采飞扬,简古典雅,诗句古意盎然,让人们感佩诗人的深心厚识。

风格特点上,汤显祖的"临川四梦",均采用梦境的构思,围绕人物情感展开,人物形象生动鲜明,剧作中幻想的浪漫主义情节和现实主义的描写,既合乎人情,也符合逻辑;戏剧语言优美华丽,具有积极浪漫主义的风格特色,同样,其诗歌创作,也以豪放奔腾为主,诗中的景物描写,多与人文地理、神话传说相结合,描绘的临川风物,往往不局限于地理位置,诗人完全脱开一个县城士人的传统角度,而以大视角描绘景物，显得气质非凡，令人振奋。诗中人际交游的记述，展现出诗人的浪漫气质与情怀。诗中写景抒情，既奇妙飞动，又古雅灵气，加之诗人对理想的积极追求和晚年辞官归家从事戏曲创作的浪漫气质，使其诗歌创作更具浪漫的精神特色。明代戏曲理论家沈际飞频赞汤显祖诗歌奇妙，评说："《临川》诗集独富。自谓乡举后乃工韵语，诗赋外无追琢功。于中万有一当，能不朽如汉、魏六朝、李唐名家。"①汤显祖的诗歌创作也得到同时代著名戏曲家徐渭的鼓励和赞赏。②

作者单位：东华理工大学文法学院

① 汤显祖著，徐朔方笺校：《汤显祖全集》，第 1694 页。

② 周育德：《汤显祖论稿》，文化艺术出版社，1991 年，第 175 页。

论汤显祖诗歌戏曲的共相

杨　桐

诗歌和戏曲都属于韵文学，有天然的亲近性。诗歌、戏曲的融合问题更多地体现在它们之间的相同、相通方面，即它们的共相问题。共相为佛教术语，《俱舍论》卷二三："一切有为皆非常性，一切有漏皆是苦性，及一切法空非我性，名为共相。"①《佛学大辞典》对"共相"的解释是"诸法有自共二相，局于自体之相曰自相，通于他之相曰共相。例如五蕴中五蕴各事，是自相也。空无我等之理，生住异灭等之相，是共相也"②。借之入文学领域，可指事物间的相同性。中国古典文学发展到晚明时期，诸体皆备，随着明传奇的成熟，戏曲文学继元曲后迎来又一个高峰；但纵观中国古典诗歌发展史，明诗整体上逊色于唐诗、宋诗，学界对其的评价也不如清诗。不少文人具有诗人、戏曲家等多重身份，如汤显祖、徐渭、屠隆等人的诗歌、戏曲作品无不享名于世，并且他们无一不先是诗人，后才从事戏曲创作，成为戏曲家。中国古典戏曲发展至明传奇阶段，一群极富学识的文人士大夫主动从事戏曲创作，戏曲已由宋元杂剧时期的雅俗共赏变为雅俗分流。这些文人士大夫自觉或不自觉地把作诗方法带入到戏曲创作中，导致戏曲作品里充斥着大量的诗词作品，为了他们的审美需求，戏曲语言不断地变得案头化、诗化。到了明中晚期，明传奇的繁荣又催生了大量的咏剧诗，诗歌和戏曲呈现融合的姿态。在这种背景下，同一作家的诗歌和戏曲作

① 世亲造，玄奘译，智敏注：《阿毗达磨俱舍论略注》，上海古籍出版社，2016 年，第 787 页。

② 丁福保：《佛学大辞典》，上海书店出版社，1991 年，第 951 页。

品存在共相也就成为非常可能出现的现象了。

一、发生共相

诗歌和戏曲关系密切,当代戏曲学者张庚先生有"剧诗"说,认为"戏曲的形式形成以后,诗的部分和表演的部分被作者创作、设计出来,写成文字,就成了剧本。因此,在这个意义上讲,戏曲是诗歌的一种形式"①。明清时期尚无剧诗的观念,部分学者出于对戏曲的尊体需要,以曲溯诗,主张诗歌和戏曲同源异体,持诗歌演化为戏曲的观点。如胡应麟说"诗至于唐而格备,至于宋而体穷。故宋人不得不变而为词,元人不得不变而为曲"②,认为戏曲是诗歌二变而来的。戏曲家臧懋循认为"诗变而词,词变而曲,其源本出于一。而变益下,工益难"③,提出曲虽由诗二变而来,但诗歌、戏曲同出于一,并且由诗歌到戏曲,文体在不断下降,写作也逐渐变难。持类似观点的还有黄周星,"诗降为词,词降为曲,名为愈趣愈下,实则愈趋愈难"④。清代易道人则梳理出了从《诗经》到传奇的具体演变过程,"原夫风雅一变而《离骚》,再变而赋,三变而乐府、古诗,四变而近体,五变而诗余,六变而传奇"⑤,将戏曲纳入到韵文学的整体演变进程中,从理论上突出了戏曲与诗歌的同源性。但无论是诗人还是戏曲家,从诗到曲,大多持"文以代降"的观点,在整个中国古典文学史中,戏曲的地位也始终低于诗歌。

汤显祖以戏曲家的身份被世人所熟知,其从事戏曲创作时间大致从二十九岁左右(据徐朔方先生考证,《紫箫记》写作时间在 1577—

① 张庚:《张庚文录》第六卷,湖南文艺出版社,2003 年,第 176 页。

② 胡应麟:《诗薮》,上海古籍出版社,1979 年,第 1 页。

③ 臧懋循:《元曲选》,中华书局,1958 年,第 4 页。

④ 黄周星:《制曲枝语》,《中国古典戏曲论著集成(七)》,中国戏剧出版社,1959 年,第 119 页。

⑤ 蔡毅:《中国古典戏曲序跋汇编》,齐鲁书社,1989 年,第 1672 页。

1579 年之间)①持续到五十二岁。据现存资料,汤显祖第一首诗是十二岁时写的《乱后》,绝笔诗是六十七岁写的《忽忽吟》,诗人身份几乎贯穿其终生,其诗歌写作思想、方法等不自觉地带入到戏曲写作中,加之受自身“为情做使”的创作观念的影响,其诗歌和戏曲在“情本”思想的影响下,存在着共相特征。汤显祖没有专门论述诗歌或者戏曲的理论专著,其对诗歌和戏曲的理论见解散见于诗文当中。

汤显祖认为诗歌和戏曲的内核都是情,主张诗歌、戏曲同根共源。汤显祖学诗从骚赋六朝起步,继承的是诗缘情传统,认为“世总为情,情生诗歌,而行于神”②。同时又注重诗以神传,“其诗之传者,神情合至,或一至焉;一无所至,而必曰传者,亦世所不许也”③,认为能够流传于世的诗歌须情、神兼备,或情或神有一能够达到极致。有明一代许多文人也有诗缘情的主张,如前七子领袖李梦阳:“夫诗发之情乎,声气其区乎,正变者时乎”④,谢榛更加直白提出“诗乃摹写情景之具”。汤显祖较同时代文人进步的地方在于,他把情也视为戏曲的源头,在《复甘义麓》中提出“因情成梦,因梦成戏”⑤,真正从理论上实现了诗歌和戏曲的同源异体。关于情的由来,他在《宜黄县戏神清源师庙记》中解释道:“人生而有情。思欢怒愁,感于幽微,流乎啸歌,形诸动摇。或一往而尽,或积日而不能自休。盖自凤凰鸟兽以至巴、渝夷鬼,无不能舞能歌,以灵机自相转活,而况吾人。”⑥情是人与生俱来的,思欢怒愁是个人之情在外物的勾引下的不同表现,情需要宣泄,于是歌、舞、诗、文等便诞生了。刘勰在《文心雕龙 · 物色》中曾讨论过情与物的关系,认为“情以物迁,辞以情发”,“诗人感物,联类不穷。流连万象之际,沉吟视听之区。写气图貌,既随物以宛转;属采附声,亦于

① 徐朔方:《汤显祖评传》,南京大学出版社,1993 年,第 242 页。
② 汤显祖著,徐朔方笺校:《汤显祖集全编》,上海古籍出版社,2015 年,第 1497 页。
③ 汤显祖著,徐朔方笺校:《汤显祖集全编》,第 1497 页。
④ 李梦阳:《空同集》,上海古籍出版社,1987 年,第 470 页。
⑤ 汤显祖著,徐朔方笺校:《汤显祖集全编》,第 1941 页。
⑥ 汤显祖著,徐朔方笺校:《汤显祖集全编》,第 1596 页。

心而徘徊”。[①]刘勰关注到了情和物之间的生发关系，把外物视为引发情感的根本，诗人的情感随着外物的变化而变化，写作内容和心态也会随着外物的不同而不同，即物质第一性、情感第二性。对于情和物的关系，汤显祖的观点正好与刘勰相反，汤显祖受心学影响，承袭罗汝芳“生生之仁”的思想，重视个体的内心世界，视情为第一性，把情感的变化当作受外物刺激后的不同表现，重视情也是汤显祖学术思想的明显特征。

从整体上比较汤显祖的诗歌和戏曲，可以发现汤显祖在诗歌中蕴含的情较为含蓄，处于节制状态，而戏曲作品所表达出的情却十分张扬和富有战斗力。这一点可以通过对比诗歌中的黎女和戏曲中的杜丽娘形象予以感受。黎女形象源于汤显祖谪徐闻典吏期间写作的《黎女歌》：“黎女豪家笄有岁，如期置酒属亲至。自持针笔向肌理，刺涅分明极微细。点侧虫蛾折花卉，淡粟青纹绕余地。便坐纺织黎锦单，拆杂吴人彩丝致。珠崖嫁娶须八月，黎人春作踏歌戏。女儿竞戴小花笠，簪两银篦加雉翠。半锦短衫花襈裙，白足女奴绛包髻。少年男子竹弓弦，花幔缠头束腰际。藤帽斜珠双耳环，缬锦垂裙赤文臂。文臂郎君绣面女，并上秋千两摇曳。分头携手簇遨游，殷山沓地蛮声气。歌中答意自心知，但许昏家箭为誓。椎牛击鼓会金钗，为欢那复知年岁。”[②]诗中的黎族少女心灵手巧、天真烂漫，她们顺应习俗，通过唱歌表达心意，自由婚恋，诗歌情感较为欢畅、平缓。而《牡丹亭》中的杜丽娘，同样是青春少女，为了实现自由婚恋不得不因情而死、因爱复生，高举“情不知所起，一往而深。生者可以死，死可以生。生而不可与死，死而不可复生者，皆非情之至也”[③]的“至情”旗帜，充满反抗情调。再如对封建统治者的讥讽，其诗歌《感事》：“中涓凿空山河尽，圣主求金日夜劳。赖是年来稀骏骨，黄金应与筑台高。”[④]汤显祖借燕昭王千

---

① 雍平笺注：《文心发义》第5册，广东人民出版社，2022年，第1344页。

② 汤显祖著，徐朔方笺校：《汤显祖集全编》，第685页。

③ 汤显祖著，徐朔方笺校：《汤显祖集全编》，第1页。

④ 汤显祖著，徐朔方笺校：《汤显祖集全编》，第743页。

金买马骨的典故,含蓄地反讽明神宗为满足自己的贪欲而各处派遣矿使搜刮百姓,导致民不聊生。在《南柯记》中,汤显祖则敢借淳于棼之口,直接批评道:"太行之路能催车,若比君心是坦途。黄河之水能覆舟,若比君心是安流。"[①]汤显祖点评《前人献衷心》"昔人谓诗情不似曲情多"[②]。一方面诗歌这种体裁要求情感含蓄蕴藉,不能过于流露;另一方面汤显祖自觉领悟到与诗歌相比,戏曲的体量更大、情感承载能力更强,借助戏曲可以更好地建立他的"情"的理论体系。事实也已证明,在中国古典文学史上,他的戏曲成就高于诗歌成就。汤显祖以戏曲作为其情感的宣泄口,通过戏曲放大诗歌中的不便言说之情,即使在生命的最后几年不再创作戏曲作品,仍高喊"吾犹在此为情作使,劬于伎剧。为情转易,信于痎疟"[③]。

但是情不能直接生产诗歌和戏曲作品,还需要受天机的激发。苏格拉底与伊安的对话,让伊安相信自己之所以能吟诵荷马史诗是"因为灵感的作用,也就是有一种神力在驱使着他"[④],柏拉图也认为"在诗神的驱遣下,诗人才获得了关于创作的神秘信条"[⑤]。汤显祖则注重天机,"天机者,马之所以千里,而人之所以机深。机深则安,机浅则危,性命之光,相为延息"[⑥],天机是人和物优劣的关键所在,关乎人和物的成就,只有天机深才会人安,人安才能去探索和传承人世之理。在诗歌、戏曲创作过程中,他也重视天机的作用,"尚有天机出文赋,深堂见客随车轮"[⑦],主张文章出乎天机。他在送别友人黄汝亨的诗中写道"指挥墨客写为别,天机偶发非凉温"[⑧],强调诗歌创作和画画一样,注重灵感,得由天机,但天机又是偶然产生的,可遇不可求。在戏

① 汤显祖著,黄建荣评注:《南柯记》,中国戏剧出版社,2010 年,第 216 页。
② 汤显祖著,徐朔方笺校:《汤显祖集全编》,第 2176 页。
③ 汤显祖著,徐朔方笺校:《汤显祖集全编》,第 1638—1639 页。
④ 余华:《没有一种生活是可惜的》,陕西师范大学出版社,2019 年,第 171 页。
⑤ 张晶、刘璇:《中西诗学中的"感兴"与"灵感"》,《中国文学批评》2021 年第 2 期。
⑥ 汤显祖著,徐朔方笺校:《汤显祖集全编》,第 1743 页。
⑦ 汤显祖著,徐朔方笺校:《汤显祖集全编》,第 1029 页。
⑧ 汤显祖著,徐朔方笺校:《汤显祖集全编》,第 915 页。

曲创作中，他提出“凡文以意趣神色为主。四者到时，或有丽词俊音可用，尔时能一一顾九宫四声否？”①意趣神色同样也是偶然产生的，个人无法主动追求，因此“四者到时”当以意趣神色为主，可以不用顾及协律问题。在汤显祖看来，天机是与生俱来的，外物无法赋予，“天机者，天性也。天性者，人心也。心为机本，机在于发”②，收摄天机的关键在于人心，人心是天机产生的根本。人心即人之情，而情也只有在天机的激发下才能实现诗歌、戏曲创作“运往有生虑，情来无竭笔”③。

“汤显祖之前的文学家，是在高度肯定古典诗文的前提下，通过把戏曲纳入古典诗文经典的源流，从它们作为古典诗文经典的附庸的角度，来对它们予以肯定。”④汤显祖虽然同样无法超出时代所带来的限制，把戏曲和诗歌当作完全平等的存在。他认识到诗歌和戏曲当时的社会地位仍然存在“大”“小”之别，“词家四种，里巷儿童之伎，人知其乐，不知其悲。大者不传，或传其小者”⑤，当作为“大”的诗歌无法传世时，“小”的戏曲却存在流传后世的可能性。他在《复甘义麓》中说：“戏有极善极恶，总于伶无与。伶因钱学梦耳。第以为似道。”⑥认为戏曲接近道，是对当时道学家鄙薄戏曲的一种反击。在《宜黄县戏神清源师庙记》中，汤显祖认为戏神清源师的地位是和孔子、释迦牟尼、老子等同的，“诸生诵法孔子，所在有祠；佛老氏弟子各有其祠。清源师号为得道者，弟子盈天下，不减二氏，而无祠者，岂非非乐之徒，以其道为相诟病耶”⑦。从建祠堂的角度提出清源师是戏道源头，戏道作为一种道统应是和儒、佛、道等相平等的。这些都体现出汤显祖对戏曲的重视和对戏曲在文学史中独立地位的肯定。

---

① 汤显祖著，徐朔方笺校：《汤显祖集全编》，第1735—1736页。
② 汤显祖著，徐朔方笺校：《汤显祖集全编》，第1697页。
③ 汤显祖著，徐朔方笺校：《汤显祖集全编》，第941页。
④ 廖可斌：《汤显祖的文学史观与文体选择》，《文学遗产》2016年第3期。
⑤ 汤显祖著，徐朔方笺校：《汤显祖集全编》，第1872页。
⑥ 汤显祖著，徐朔方笺校：《汤显祖集全编》，第1941页。
⑦ 汤显祖著，徐朔方笺校：《汤显祖集全编》，第1597页。

二、创作共相

除已明确遗失的诗集《雍藻》外,现存汤显祖诗两千两百余首。汤显祖自述学诗历程,弱冠始读《文选》,喜好六朝情寄声色之风,四十后开始学唐、学宋,其诗风大致可分为初期艳丽绮靡,中期清丽典雅,后期洗净铅华、返归自然等几个阶段。其戏曲创作持续时间还不到诗歌的一半,尤其是后来《牡丹亭》《南柯记》《邯郸记》几乎是在几年内接续完成的,但戏曲作品语言风格的变化和诗风变化大致相同。根据作品完成时间的先后顺序,半本《紫箫记》辞藻华丽,有堆砌之病;《紫钗记》由《紫箫记》修改而来,虽仍好做绮语,但受诗风转变的影响,总体风格已转向清丽;《牡丹亭》词句典雅,清新秀丽;《南柯记》《邯郸记》仍有华词丽藻但大体上语言古朴,讲究意味。仔细对比,可以发现汤显祖诗歌和戏曲的创作有很多相通之处。

梦是汤显祖诗歌和戏曲共有的创作媒介。"临川四梦"之得名就是因为四部戏曲作品中都有写梦的情节,《紫钗记》中有"晓窗圆梦"一出;《牡丹亭》有"惊梦""寻梦"两出;《南柯记》从第十出"就征"至第四十二出"寻寤",主要的戏曲关目都发生在淳于棼的梦中;《邯郸记》从第四出"入梦"至第二十九出"生寤",全本只有四出与梦无关,由此可见汤显祖对写梦的重视。汤显祖笔下的梦具有多重意义。首先,梦具有预言作用。《紫钗记》中霍小玉梦见一双鞋,鲍四娘解释"鞋者,谐也",预示着霍小玉和李益将会团圆,后霍、李果在黄衫客的帮助下团聚。汤显祖诗《甲午秋在平昌梦迁石阡守,并为儿蘧梦得玉床,自占石不易阡,素床岂秋兆,漫志之》:"石自成迁玉自床,何来秋梦接云凉。世间多少惊蝴蝶,长恨庄生说渺茫。"①当时有友人刘应秋、顾宪成等人帮汤显祖奔走,谋求升迁,汤显祖自己也有诗《彭兴祖远过别去访刘广平。广平守温郡时,闻予且以平昌令擢丞温,喜甚,为起书楼五间,

① 汤显祖著,徐朔方笺校:《汤显祖集全编》,第711页。

不果,然感其意焉》,后因不得辅臣所喜而不了了之,应了汤显祖石不易迁之梦,对此,汤显祖自嘲“只言姓字人间有,那得题名到御屏”①。其次,梦也是自身困境的展现。其诗《辛卯夏谪尉雷阳,归自南都,痁疟甚。梦如破屋中月光细碎黯淡,觉自身长仅尺,摸索门户,急不可得。忽家尊一唤,霍然汗醒二首》:

> 病枕魂销月影微,抛残家舍欲何之?恰逢慈父呼亡子,得见三三二二时。
>
> 梦中沉似月黄昏,破屋踉跄苦索门。幸好家公与留住,不须炎海更招魂。②

万历十九年(1591)因上《论辅臣科臣疏》被贬为徐闻典吏,政治理想受到了极大打击,加上病痛折磨,人的状态如在破屋中索门不得,人生陷入低谷和迷茫当中。再次,梦是超脱之法。《梦觉篇》的序中写道:“予归,春中望夕寝于内,后夜梦床头一女奴,明媚甚。戏取画梅裙着之。忽报达公书从九江来,开视则剞成小册也。大意本原色触之事,不甚记。记其末有‘大觉’二字,又亲书‘海若士’三字。起而敬之。”③汤显祖于写作此诗的前一年弃官家居,出世思想不断加深,此梦“似言空有真,并究色无始”④,使汤显祖如获顿悟。在戏曲方面,《南柯记》《邯郸记》的故事设定,作为主角的淳于棼和卢生在入梦前都自言自己是不得意之人,在梦中才得以施展抱负,梦醒后终醒悟诸事皆空,成仙成佛,梦成为摆脱世俗烦恼的手段。最后,梦也是汤显祖与友人真挚情谊的再现。其诗《赴帅生梦作》的序记录帅机梦到与汤显祖交换头巾,尺寸完全一致,梦醒后两人在现实中“取巾相易,不差分寸”,竟与梦境中一样,汤显祖感叹道“世人言我汝,同心徒异身”⑤。汤显祖还有《庚

---

① 汤显祖著,徐朔方笺校:《汤显祖集全编》,第736页。

② 汤显祖著,徐朔方笺校:《汤显祖集全编》,第620页。

③④ 汤显祖著,徐朔方笺校:《汤显祖集全编》,第810页。

⑤ 汤显祖著,徐朔方笺校:《汤显祖集全编》,第432页。

戌初夏梦侍漳浦朱澹翁尚书奉常》《五日梦梅客生如秣陵竞渡时二首》《梦惟审如送粤行时别泪二首》等多首梦友怀友的诗。沈际飞评价汤显祖“善于写梦”,良然,可谓知音。

汤显祖针对前后七子模拟剽窃的弊端,主张打破格律的束缚。汤显祖所处的时代仍然是后七子复古思想引领诗潮的时代,从明弘治、正德年间始,前、后七子的复古思想经过百余年的时间已经变得僵化,限制了当时诗歌的发展。汤显祖批评说“我朝文字,宋学士而止。方逊志已弱,李梦阳而下,至琅琊,气力强弱巨细不同,等赝文尔”①,把前、后七子之文视为假文,尤其反对“尺寸古人”的诗歌创作方法,其诗歌《芳树》共 36 句,除诗题外,“芳”字在诗中共重复使用 26 次,违反了诗歌的格律要求,证明他在寻找一条不同于前、后七子的诗歌道路。汤显祖学诗主动从六朝学起,再学唐学宋,有意打破复古派“诗必盛唐”的学诗限制,这从他对杜甫的态度中也可见一斑。前、后七子多取法杜甫,汤显祖在与友人的书信中说杜甫诗歌“少一清字”,以至于招致陈田的批评,“李、何取法杜,义仍则并杜而薄之,曰‘少陵诗少一清字’,可谓因噎废食也”②。陈田认为汤显祖是因为复古派尊杜而故意唱反调,有意薄杜,是种因噎废食的行为。事实上,汤显祖《疫》《感事》等诗歌继承了杜甫的“诗史”传统,“四梦”和《紫箫记》均有集引或者化用杜甫诗歌的情况,据笔者梳理,汤显祖戏曲作品中集引或者化用杜甫诗歌共有 67 处,其中《紫箫记》8 处、《紫钗记》16 处、《牡丹亭》29 处、《南柯记》9 处、《邯郸记》5 处。这些都表明薄杜只是他反对前、后七子复古理论的刻意表现。汤显祖的戏曲创作基本反映了他的诗歌取向。根据笔者逐句梳理,《牡丹亭》共有 335 处引用唐朝 144 位诗人 327 首诗,覆盖初、盛、中、晚唐,其中初唐 7 人 7 首、盛唐 18 人 56 首、中唐 54 人 123 首、晚唐 65 人 141 首,进一步说明汤显祖学唐诗重点关注中晚唐诗人的诗歌作品,不同于前、后七子“诗必盛唐”的诗学主

---

① 汤显祖著,徐朔方笺校:《汤显祖集全编》,第 1925 页。

② 陈田辑:《明诗纪事》,上海古籍出版社,1993 年,第 2268—2269 页。

张。诗学思想延伸到戏曲领域,汤显祖同样反对格律对于曲意的牵绊。诗学领域前、后七子的复古思想已为人熟知,戏曲领域宗元宗北的复古观念关注者较少。以北曲、南戏划分明代戏曲,汤显祖的所有戏曲作品无疑都属于南戏。在汤显祖生活的时代,南戏固然已经盛行,但仍以北曲和中原韵律为宗。纵使是沈璟,为昆曲定律定调,在编定《南九宫十三调曲谱》时仍暗以北曲为准绳。吴秉钧关注到了这个问题:"何以词隐所定九宫亦以北曲宫调而仿佛之乎?"①沈自晋《重订南词全谱》凡例第五条"严律韵"可以解答:"四声以诗韵唐矣。《中原》以曲韵北矣。夫曲也,有不奉《中原》为指南者哉。奈何南词之草草若是? 原本所载旧词,古朴多杂韵,今所收则多叶矣。然尚有传奇家好新制曲名,而目不识《中原音韵》为何物者,殊可笑。"②反映出晚明戏曲领域以北曲和中原韵律为创作标准的普遍倾向。汤显祖则注重戏曲作品所表现出的曲意,常被戏曲家批评不谐曲律,他认为戏曲作品不应拘于声腔调律,戏曲创作"如必按字摸声,即有窒滞迸拽之苦,恐不能成句矣"③,创作拘束在格律、体法之中终将句不成句、文不成文。

徐渭、沈际飞等点评汤显祖诗歌"新奇""奇绝""奇合""奇古"等,汤显祖选择戏曲文体作为张扬其"情"的工具,在某种程度上也是因为要借戏曲传奇人、奇事的特征,给他建构、宣传"情至"等超出时代能够接受的思想套以合理合法的外衣。汤显祖认为"天下文章所以有生气者,全在奇士。士奇则心灵,心灵则能飞动"④。文章是否具有生命力取决于作者是否是奇士,奇士的关键在于心有奇气,只有富有奇气才能让心灵飞动,因此他在评价他人文学作品时就格外注意作品之"奇"。他点评《旗亭记》"伉俪之义甚奇"⑤,点评《焚香记》"所奇者,妓女有心;尤奇者,龟儿有眼"⑥。他创作的几部戏曲作品也处处见

① 吴毓华:《中国古代戏曲序跋集》,中国戏剧出版社,1990 年,第 422 页。

② 吴毓华:《中国古代戏曲序跋集》,第 432 页。

③ 汤显祖著,徐朔方笺校:《汤显祖集全编》,第 1735—1736 页。

④ 汤显祖著,徐朔方笺校:《汤显祖集全编》,第 1535 页。

⑤ 汤显祖著,徐朔方笺校:《汤显祖集全编》,第 1549 页。

⑥ 汤显祖著,徐朔方笺校:《汤显祖集全编》,第 2183 页。

"奇"。《牡丹亭》中杜丽娘因梦而死、因情复生,《南柯记》中淳于棼于蚁国做驸马,《邯郸记》中卢生极荣极衰都在转瞬之间,这些都是汤显祖刻意安排的出"奇"之处。汤显祖的诗歌也多"奇",如《信陵君饮酒近妇人》:"魏国乃为累,万古悲公子。世上无神仙,英雄知是死。"①作为一首怀古咏史诗,汤显祖没有讲述信陵君的政治武功和三千门客,一反歌颂士以死报国的惯例,把魏国视为信陵君的拖累,从生死角度进行缅怀,唱一出英雄慷慨赴死的悲歌。王夫之在《明诗评选》中收录这首诗,点评为"不妨奇绝"。汤显祖生平喜与奇士交游,其师友达观、徐渭、屠隆、周无怀、李至清等人,无一不是一时奇人,这也就能理解为何汤显祖重"奇",诗、曲作品中"奇"峰迭出。

汤显祖认为诗歌和戏曲的创作在审美上也拥有共同性。诗歌和戏曲都有写意的要求,都需留白,给人"犹抱琵琶半遮面"的美感,"诗乎,机与禅言通,趣与游道合。禅在根尘之外,游在伶党之中。要皆以若有若无为美……予闻而笑曰,深于游道也乎,诗道也"②,诗道在于游道,游道又在伶人戏曲之中,戏曲能够反哺诗歌。这虽只是汤显祖的一家之言,却在认识身游和学识的互补中为研究诗歌、戏曲创作提供了新的角度。艺术源于生活,汤显祖从现实生活中抽取审美因素,达到了诗与曲互映、文学作品与现实生活互映的"人面桃花相映红"的审美艺术效果。汤显祖贬谪徐闻,一路游澳门、游海南,与传教士利玛窦会晤,这些游历体验都被汤显祖写成了诗歌、写进了戏曲中,便有了《牡丹亭》中苗舜宾在多宝寺鉴宝,以及《听香山译者》《香山逢贾胡》《看番禺人入真腊》等优秀诗歌,这些诗歌、戏曲作品综合起来参照着读,不仅更易理解,还能体会到外国文化元素进入中国古典文学作品后所带来的更深层次的审美感受。同时,这些作品不仅是考证汤显祖生平的重要资料,还可以当成了解晚明时期岭南的社会习俗、生活风貌和外国人在广东、澳门经商、传教以及生活的史料来读。

---

① 王夫之著,周柳燕校点:《明诗评选》,上海古籍出版社,2011 年,第 306 页。

② 汤显祖著,徐朔方笺校:《汤显祖集全编》,第 1521 页。

汤显祖一生于诗歌创作用力最勤，戏曲创作成就最大，时人称其“制义、传奇、诗赋，昭代三异”①。汤显祖不满于因袭复古的文学创作时风，他的诗歌、戏曲创作把作者放在中心，反对用前人的框架束缚自己，主张诗歌、戏曲表情达意，抒发性灵，虽然没有建构完整的文学理论，但可以视为性灵派的先导。邱兆麟点评汤显祖绝句“他人拟为，先生自为”，不仅适用于汤显祖的绝句，更可作为他全部诗文创作的总结。

三、功能共相

明朝建立后恢复了科举取士制度，科举考试成为明朝选拔官员最主要的途径。明朝以八股取士，文人士子为跻身仕途，在考取进士之前埋首四书五经，不得不把主要精力用于学习制义文章。诗歌不再居于文人学习的首要地位，甚至视诗歌为“外作”，形成学诗歌有碍于学习时文的偏见。袁宗道讲述自己登第前的经历：“余为诸生，讲业石浦，一耆宿来见案头摊《左传》一册，惊问是何书，乃溷帖括中？一日，偶感兴赋小诗题斋壁，塾师大骂：‘尔欲学成七洲耶？’吾邑独此人能诗，人争嫉之，因特举为诫。故通邑学者，号诗文为‘外作’，外之也者，恶其妨正业也。”②耆宿老儒竟不知《左传》是何书，邑人因能写诗而被人当作反面教材，袁宗道自己也因写诗而被责骂，整个社会氛围都不利于诗歌的学习和创作。多数士子“自习举子业至登科，不知何谓之诗”③，才学如文学大家归有光也因晚年才登第，无暇分心学诗，终身不能作诗。“方今号为黜诗赋尊经术士，亦必以经术收其科发身，然后习为诗赋。其轻重不同亦制使之然也。然必收其科发身后习为诗赋者，乃可以钓誉射声，为世所述，其不能收其科者，虽善为诗赋世亦莫

---

① 毛效同：《汤显祖研究资料汇编》，上海古籍出版社，2016 年，第 373 页。

② 袁宗道著，钱伯城点校：《白苏斋类集》卷十，上海古籍出版社，1989 年，第 128 页。

③ 郎瑛：《七修类稿》，《涛文类 · 学诗有成》，上海书店出版社，2016 年，第 311 页。

赏也。”[①]先科举登第然后再学诗已经成为一种默认的社会共识，登第前即使善写诗歌也不会被世人赏识，但在入仕以后，会诗歌创作却又十分必要，诗歌成为士大夫酬唱交流的主要方式，会写诗的官员能够赢得名声，受人推崇。在这种背景下，诗歌的应酬功能放大，严肃性下降，吴乔直接批评“明诗坏于应酬”。

汤显祖现存的两千多首诗中，迎赠送别和酬唱应和的诗歌占半数以上，其中有如《赠唐仁卿谪归海上》《别达公》《送刘大甫谒赵玄冲胶西》等或品格高洁，或情真意切，或意气激昂的优秀诗歌，也有许多价值不高的官场应酬之作，如在北京礼部观政时期所写的送别诗，送别的对象多为不甚熟悉的同年，存在应付和堆砌等毛病。汤显祖诗的应酬之弊，通过对比前后创作的《送徐司理金华，司理时以县属相戏及之》与《送刘偘如司理金华》可窥一斑。

送徐司理金华，司理时以县属相戏及之

天台斜月醉初厌，起见双旌拂画檐。
陌上风云笼去马，越中山水镜行幨。
香吹梅渚千峰雪，清映冰壶百尺帘。
道有泉源堪种秫，只应留着醉陶潜。[②]

送刘偘如司理金华

曲江花雨半垂檐，紫阁青尊夜未厌。
陌上风云笼去马，越中山水镜行幨。
香吹梅渚千峰雪，清映冰壶百尺帘。
道有泉源堪种秫，只应留着醉陶潜。[③]

① 王慎中著，林虹点校：《遵岩集》，商务印书馆，2020年，第250页。
② 汤显祖著，徐朔方笺校：《汤显祖集全编》，第395页。
③ 汤显祖著，徐朔方笺校：《汤显祖集全编》，第396页。

两首诗如果单论，从平仄、押韵、对仗、意象等各方面看都尚可，但对比可发现两首诗除首二句外，其他句子完全相同，而首二句的“檐”、“厌”也相同。沈际飞点评第一首“官样”，实为应付之作，缺乏真情实感。应酬同样是汤显祖戏曲的一个重要功能，根据《遣宜伶汝宁为前宛平令李袭美郎中寿，时袭美过视令子侍御江东还内乡四首》《九日遣宜伶赴甘参知永新》等诗可知，汤显祖派遣宜伶为友人唱演“四梦”，以贺寿辰。此外，《图南邀宴其先公瀑泉旧隐偶作》《唱二梦》《滕王阁看王有信演牡丹亭二首》等在宴会上观看“四梦”演出的咏剧诗，是其诗歌、戏曲应酬功能合一的体现。

除应酬外，汤显祖还注重发挥诗歌的风教功能，认为“诗者，风而已矣”。他继承了毛诗“风，风也，教也。风以动之，教以化之”[①]的传统，点评友人桂允虞的诗“何风人孝思宛挚也”，教育学子“入国传经语，观风展德论”[②]。汤显祖在遂昌任县令期间多有循吏之美誉，他重视以诗教化百姓。其诗《初至平昌与苏生说耕读事》：“杏花轻浅讼庭闲，零雨疏风一往还。新岁班春向谁手？许卿耕破瑞牛山。”[③]初到遂昌就班春劝农，以诗劝勉百姓及时春耕。汤显祖在遂昌作有多首班春的诗歌，班春劝农也被写入《牡丹亭》当中。除班春诗外，《相圃新成十韵示诸生》《平昌河桥纵囚观灯》等诗都是他用来教导学子、育化百姓的手段，也是其美政的体现。“上以风化下，下以风刺上”[④]，汤显祖对待百姓以教化、劝诫为主，对上层统治者则注重发挥诗的美刺作用。其诗《闻都城渴雨，时苦摊税》：“五风十雨亦为褒，薄夜焚香沾御袍。当知雨亦愁抽税，笑语江南申渐高。”[⑤]借用申渐高的典故，把矛头直指开山采矿等侵害百姓的时事，劝诫统治者撤销开矿和名目繁多的不合理的征税。还有《锦衣鸟》《丙戌五月大水》《丁亥戊子大饥疫》等诗

① 郑玄笺，孔颖达疏：《毛诗注疏》，上海古籍出版社，2013 年，第 6 页。

② 汤显祖著，徐朔方笺校：《汤显祖集全编》，第 706 页。

③ 汤显祖著，徐朔方笺校：《汤显祖集全编》，第 702 页。

④ 郑玄笺，孔颖达疏：《毛诗注疏》，第 16 页。

⑤ 汤显祖著，徐朔方笺校：《汤显祖集全编》，第 794 页。

无一不是源于社会现实，直指统治之弊，劝谏上层统治者们自悔己过、善待百姓。

“中国的诗歌批评自汉儒之评诗三百定于一尊后，即将内容批评的着眼点放在文学与社会的关系上，即文学是否合乎诗教文统，有无讽谏教化作用。”①风教固然是诗歌的重要功能，但晚明时期，文人士大夫作诗偏重于体法格律，“诗以载道”的风教功能较唐宋有所弱化。明传奇的繁盛，有效地弥补了这一不足。闵光瑜在《〈邯郸梦记〉小引》中说道：“曲之意，诗之遗也。则若曲者，正当与《三百篇》等观，未可以雕虫小视也。”②戏曲之意继承的是《诗经》的风雅颂等特点，同样也能够教化世界。祁彪佳对戏曲的风教功能有更清晰的理解，认为“天下之可兴、可观、可群、可怨者，其孰过于曲哉！盖《诗》以道性情，而能道性情者莫如曲”③，如只从兴观群怨和表情达性这些方面考虑，戏曲的作用甚至超过《诗经》。

多年的戏曲创作和教演经验让汤显祖发现了戏曲的风教功能。汤显祖在给友人邹尔瞻的书信中说：“大见闻全在新声，不令听新声，恐终吴下阿蒙耳。弟近已绝意词赋。”④“新声”指当时作为新兴文学的传奇，他反对友人“不宜令听新声”的看法，认为重要的知识见闻全在戏曲中，如果不听戏曲恐会变成识见短浅的吴下阿蒙。汤显祖在《宜黄县戏神清源师庙记》中具体阐释了戏曲的风教作用。元朝高明早于汤显祖注意到戏曲在社会中的风教作用，不过他的“曲教”核心是“不关风化体，纵好也枉然”，提倡戏曲为政治服务、为宣传儒家伦理道德服务。汤显祖则肯定人欲、张扬至情，他对戏曲风教功能的理解与封建纲常理论有所出入，他重视戏曲对人的解放作用。认为戏曲“可

① 沈金浩：《论清代诗歌戏曲小说间的联系渗透与互补》，《学术研究》1995 年第 4 期。

② 毛效同：《汤显祖研究资料汇编》，第 1249 页。

③ 祁彪佳：《孟子塞五种曲序》，俞为民、孙蓉蓉编：《历代曲话汇编 · 明代编》第三集，黄山书社，2009 年，第 675 页。

④ 汤显祖著，徐朔方笺校：《汤显祖集全编》，第 1847—1848 页。

以合君臣之节，可以浃父子之恩，可以增长幼之睦，可以动夫妇之欢，可以发宾友之仪，可以释怨毒之结，可以已愁愦之疾，可以浑庸鄙之好。然则斯道也，孝子以事其亲，敬长而娱死；仁人以此奉其尊，享帝而事鬼；老者以此终，少者以此长。外户可以不闭，嗜欲可以少营。人有此声，家有此道，疫疠不作，天下和平。岂非以人情之大窦，为名教之至乐也哉"①。在他看来，戏曲的教化功能不局限于三纲五常，它是促进社会和谐发展的润滑剂，能事亲娱死，增进家人间的亲情、人与人之间的感情，能让人变得淳朴少欲，还能感动鬼神，使天灾人祸不再发生，通过发挥戏曲的教化作用就可以实现儒家的终极目标，即建立大同世界。

自永乐年间台阁体滥觞至明灭，重应酬是阻碍明诗发展的主要原因之一，也是清人诟病、贬低明诗的主要着力点之一。诗歌重应酬容易导致诗风清浅浮靡，并且应酬诗的起承转合较易公式化、套路化，加之受先习举业再学诗的时代风气影响，文人写应酬诗容易不自觉地把时文的写作习惯带入诗歌创作中，出现"以时文为诗"的情况。汤显祖的诗歌也有这类弊病，索性他重视诗、曲的风教作用，这不仅是他的文学自救，更是他开出的救世良药。

郑培凯先生曾谈及自己向钱仲联先生请教汤显祖诗歌为何少有人研究的问题，钱仲联先生说："不研究的主要原因是不懂汤显祖的戏曲，而研究汤显祖戏曲的人又不懂诗，无法深入研究。"②数千年来，分文体研究始终是编写中国古典文学史、批评古典文学的重要方法，也是促成古代文学研究成功的主要因素之一。在这种方法的指导下，诗、赋、词、戏曲、小说等各文体都发育完备，学术研究也都进入纵深地带。立足于现代，分文体研究仍然行之有效，与此同时，科技的进步让我们快速、精准地收集不同文体间的资料成为可能。"文体融合是指

① 汤显祖著，徐朔方笺校：《汤显祖集全编》，第 1596—1597 页。

② 郑培凯：《汤显祖与晚明文化》，台北允晨文化实业股份有限公司，1995 年，第 27 页。

不同文体间的浑和融渗、交越互动”①，打破分文体思维束缚，形成跨文体研究的视野，寻找各文体间的共相，加快促进诗歌、戏曲等各文体间的融合，或许能够带来新的研究发现，进而促使当今的学术研究走得更远。

作者单位：深圳大学人文学院

① 王章才：《论中国古代文体融合的基本规律与具体方式》，《学术界》2023 年第 10 期。

案头场上

潘之恒《情痴》漫论

周育德

明万历年间潘之恒《鸾啸小品》里收录的一篇《情痴》，是我所见汤显祖同时代人有关《牡丹亭》演出的最为内行的一篇评论，是昆曲演出史的重要文献。

这篇评论透露的艺术信息很丰富。无论是对于汤显祖的研究者，还是对《牡丹亭》演出的实践者，都有重要的参考价值。我根据已故的同窗汪效倚先生辑注的《潘之恒曲话》，展示《情痴》全文如下：

情痴

——观演《牡丹亭还魂记》书赠二孺

古称优孟、优施，能写人之貌，尚能动主。而况以情写情，有不合文人之思致者哉！

余友临川汤若士尝作《牡丹亭还魂记》，是能生死死生，而别透一窦于灵明之境，以游戏于翰墨之场。同社吴越石家有歌儿，令演是记，能飘飘忽忽另翻一局于缥缈之余，以凄怆于声调之外。一字不遗，无微不极。既感杜柳情深，复服汤公为良史。吴公有逸兴，然非二孺莫能写其形容，非冰生莫能赏其玄畅。乃今而后，知《牡丹亭》之有关于性情，可为惊心动魄者矣。

盖余十年前见此记，辄口传之，有情人无不嘘唏欲绝，恍然自失。又见丹阳太乙生家童子演柳生者，宛有痴态，赏其为解。而最难得者，解杜丽娘之情人也。

夫情之所之，不知其所始，不知其所终，不知其所离，不知其所合。在若有若无，若远若近，若存若亡之间。其斯为情之所必至，而不知其所以然。不知其所以然，而后情有所不可尽，而死生生死之无足怪也。故能痴者而后能情，能情者而后能写其情。

杜之情痴而幻，柳之情痴而荡。一以梦为真，一以生为真。惟其情真，而幻荡将何所不至矣。

二孺者，蘅纫之江孺，荃子之昌孺，皆吴阊人。各具情痴，而为幻为荡，若莫知其所以然者。主人越石，博雅高流。先以名士训其义，继以词士合其调，复以通士标其式。珠喉宛转如串，美度绰约如仙。江孺情隐于幻，登场字字寻幻，而终离幻。昌孺情荡于扬，临局步步思扬，而未能扬。政以杜当伤情之极，而忽值钟情之梦，虽天下至情无有当于此者。柳当失意之时，忽逢得意之会，虽一生如意，莫有过于此者。或寻之梦而不得，寻之溟漠而得，其偶合于幽而不畅，合于昭昭而表其微。虽父母不之信，天下莫之信，而两人之自信尤真也。临川笔端，直欲戏弄造化。水田豪举，且将凌轹尘寰。足以鼓吹大雅，品藻艺林矣。

不慧抱恙一冬，五观《牡丹亭记》，觉有起色。信观涛之不余欺，而梦鹿之足以觉世也。遂书以授两孺，亦令进于技，稍为情痴者吐气。他日演《邯郸》、《红梨花》、《异梦》三传，更当令我霍然一粲尔。（《鸾啸小品》卷三）

潘之恒（1556—1622），字景升，号鸾啸生、鸾生、亘生、庚生、天都逸史、冰华生。明代徽州府歙县岩镇人。世代经营盐业，兼营布匹、典当，资财雄厚。潘之恒祖父和父亲有较高的文化艺术修养，和当时的一些著名文人有交谊。潘之恒从小受到诗书礼乐熏陶，耽于吟咏。喜欢旅游，足迹遍大江南北、齐鲁燕赵。潘之恒非常爱好戏曲，对戏曲艺术有很多精彩见解，与许多著名的戏曲家和优秀演员结下深厚友情。他和汤显祖交情匪浅，汤显祖曾为潘之恒的祖父写过墓志铭。他对汤显祖的戏曲名作《牡丹亭》尤其热爱推崇，一个冬天竟五次观赏《牡丹亭》的演出。可以说是一位超级戏迷，超级“汤粉”、超级“牡丹粉”。

潘之恒观看吴越石家班演出《牡丹亭》，大约是在万历己酉年(1609)。潘之恒《亘史·外纪》卷二《傅灵修传》说："己酉夏，岭南韩君来，结社秦淮。"同书《朱无暇传》说："己酉，冰华生结社秦淮。"同书《内纪》卷七《绵竹双烈传》说："己酉秋杪，客长干。"这一年，潘之恒来到南京，参加文友结社活动。吴越石是他的同社友好，潘之恒才有到吴家观剧的机会，而且一冬天五次观看《牡丹亭》的演出。

潘之恒有诗《赠吴亦史》，附注曰："汤临川所撰《牡丹亭还魂记》初行，丹阳人吴太乙携一生来留都，名曰亦史，年方十三。邀至曲中，同允兆、晋叔诸人坐佳色亭观演此剧。"《情痴》云："盖余十年前见此记，辄口诵之，有情人无不嘘唏欲绝，恍然自失。又见丹阳太乙生家童子演柳生者，宛有痴态，赏其为解。"说的是同一件事。《牡丹亭》的最后写成是万历戊戌(1598)秋。潘之恒在吴越石家观剧是在万历己酉年(1609)。由此前推十年，《牡丹亭》"初出"(刚刚问世)，留都南京已经有昆班在演出了。这一年，汤显祖刚好六十岁，《牡丹亭》已经有十年的演出史。

潘之恒这篇《情痴》介绍了明万历年间活跃在南京的一个很出色的昆曲家班——吴越石家班。

潘之恒在其《鸾啸小品》卷二，有一篇《艳曲十三首》，题注曰："从吴越石水西精舍观剧，出吴儿十三人，乞品题。各以名作姓，以子作名，以诸孺作字，得诗十绝，以小序冠之。"可知吴越石住在南京水西门一带，家班成员都是苏州人，主要脚色有十三位。其中江孺、昌孺是饰演《牡丹亭》之杜丽娘和柳梦梅的。《情痴》一文就是赠送这二位的。既然都是"吴儿"，可知吴越石家班是昆班。

蓄养家班是明代晚期的一种社会风气。达官显贵和富商巨贾，往往置一个戏曲家班，教演戏曲以供自家享受和招待亲朋公关之用。因家班主人的品格不同，家班的作风和成就也不一样。潘之恒《情痴》说"主人越石，博雅高流"。说明吴越石不仅是有钱的阔佬，而且是有高深学问修养的雅人名流。唯其如此，吴越石对家班就有特殊的要求。那就是排演传奇时必须实行三个步骤——"先以名士训其义，继以词士合其调,复以通士标其式"。首先请有学问的人把剧本的意思讲明白,把字字句句讲明白;再请乐师给打好谱子,定好调子;再请表演的行家给标定表演的身段程式。

这是一条宝贵的经验。其实任何一部戏曲作品,要想成功地搬上舞台,都必须认真实践这三个步骤。明清传奇的演出,尤其必须这样做。

和元杂剧不同,元杂剧的文辞家常自然,通俗本色。明清传奇的主流作者大都是熟读四书五经走科举之路的正统文士,有的肚子里还装了杂七杂八许多学问。他们写剧本常常有意或无意地把肚子里的学问填塞到剧本里,所以唱词和念白里充满典故,有的被人讥笑为"盛书柜子"。这种作风使很多传奇剧本失去了自然本色,这是违反舞台艺术规律的。汤显祖比那些"盛书柜子"高明许多,他写剧本比较注意文辞的雅俗共赏,被行家认为本色当行。汤显祖的朋友王骥德夸奖"四梦"的文辞说:

> 于本色一家,亦惟是奉常(汤显祖)一人。其才情在浅深、浓淡、雅俗之间,为独得三昧。(《曲律·杂论》)

其实,汤显祖的剧作也还是不够本色的,读起来不那么容易懂。李笠翁就曾批评《牡丹亭》不够浅显明白,他说《牡丹亭》最好的两出戏是《惊梦》和《寻梦》,可是如果拿出"袅晴丝,吹来闲庭院,摇漾春如线"这名句来,试问一百个看戏的人中,有一二个会说清楚它的意思吗?(见李渔《闲情偶寄·词采第二》)所以,要把《牡丹亭》演好,第一步就要"以名士训其义",先弄懂字句,明白全剧和每一场的精神。

和所有的传奇作家一样,汤显祖提供的只是一个文学剧本,《牡丹亭》也是如此。任何一个声腔的戏曲班社要演唱它,还必须有乐师按照"依字声行腔"的规律,做生腔订谱的工作。弋阳腔如此,海盐腔如此,昆腔也不例外。《牡丹亭》一出,家传户诵,海盐腔的艺人首先开唱,昆曲艺人也不甘落后。汤显祖的时代,演唱《牡丹亭》似乎还没有一个权威性的曲谱。一直到清乾隆年间,冯起凤《吟香堂曲谱》和叶堂《纳书楹曲谱》刊刻问世,《牡丹亭》才有了比较规范的昆曲全谱。但是,这两部曲谱主要是给昆曲清唱者使用的,和剧曲还是有一定差别的。如何把它戏剧化,还是有许多工作要做。这就需要音乐家根据场上的表演节奏,和演员的自然条件,来“合其调”。

至于场上演员在场上的表演,一颦一笑,举手投足,每一个表情,每一个身段,更是大有讲究。需要有明白人(通士)来研究、传授,并且以规范的形式确定下来。

这三个步骤,汤显祖在玉茗堂里都实践过。他身边的一群唱海盐腔的“宜伶”,而且是年轻的“小伶”,要排演《牡丹亭》那真是一桩难事,他很感到苦恼。不过,凭借自身的艺术修养,汤显祖还是克服了困难,把这三个步骤走完。为了排演《牡丹亭》,他不得不亲自操刀。汤显祖感叹:“伤心拍遍无人会,自掐檀痕教小伶。”(《七夕醉答君东二首》)他为小伶(又岂止是小伶)们不能领会《牡丹亭》的意趣而伤心,他只好亲自敲起檀板,一字一句地训导。汤显祖对戏曲表演好像也挺内行。他曾经很自豪地说:“自踏新词教歌舞。”(汤显祖《寄嘉兴马乐二丈,兼怀陆五台太宰》)所以问题还是解决了。宜伶们不仅在玉茗堂演出《牡丹亭》,而且把它演到南昌、宣城等地。

《牡丹亭》流传开来之后。无论是哪家要想成功地演出它,都必须走这三个步骤。当今各家昆剧团都演出过《牡丹亭》,凡是这三个步骤走得认真的,都取得了成功。青春版《牡丹亭》成功地证实了这一点。有白先勇这样有见识的文学家给剧本把关,详尽地阐释剧情;有周友良这样有经验的音乐家做音乐设计,给演员定腔定调;又有表演艺术家张继青、汪世瑜给演员“捏”戏“抠”戏,身段设计落实到每一个细节。青春版的“小伶”们都认真接受了这一套完整的训练,演出的成功就是当然的事了。

潘之恒《情痴》的理论贡献,是阐释和发挥了汤显祖《牡丹亭·题词》中提出的“情至”理论,并把它贯彻到演出中。

潘之恒高度赞扬了汤显祖的尊情学说。汤显祖提倡“以人情之大窦,为名教之至乐”(《宜黄县戏神清源师庙记》),潘之恒说《牡丹亭》以游戏的笔墨做传奇,写杜丽娘能“生死死生”穿越生死的故事,“别通一窦于灵明之境”,开发了人的精神世界。情的“大窦”被汤显祖捅开后,人的脑洞就大开了。从此做“有情痴”成为时尚,无情者连活着的资格都没有了,只能做“无情鬼”。(潘之恒另有一篇文章《墐情》说:“此一窦也,义仍开之,而天下始有以无情死者矣。”)事实的确如此。自从汤显祖举起了尊情的大旗,天下响应者众。当时许许多多有自由思想的士人,都以“情痴”自命。冯梦龙甚至宣称要创立一个“情教”,以情来教化世人,教主就叫“多情欢喜如来”。

潘之恒所说的“情痴”,实际上就是汤显祖所说的“情至”,是人情之善者发挥到极致而达到近乎痴迷的那种境界。潘之恒描绘这种境界:“夫情之所之,不知其所始,不知其所终,不知其所离,不知其所合。在若有若无,若远若近,若存若亡之间。其斯为情之所必至,而不知其所以然。不知其所以然,而后情有所不可尽,而死生生死之无足怪也。”

可贵的是潘之恒把这种“情痴”论与戏曲创作和戏曲表演联系起来。他说“故能痴者而后能情,能情者而后能写其情”。就此而论,《牡丹亭》的创作者汤显祖是情痴,《牡丹亭》的演出者也应该是情痴。然而情痴的表现又各不相同。《牡丹亭》的人物,进入情痴境界的是杜丽娘和柳梦梅。潘之恒分析说:“杜之情痴而幻,柳之情痴而荡。一以梦为真,一以生为真。惟其情真,而幻荡将何所不至矣!”意思是说杜丽娘的情痴表现为如梦如幻,剧中杜丽娘为爱情出生入死,故事充满奇幻色彩;而柳梦梅的情痴表现为自由洒脱,他大胆地爱,感情表达极其坦率。一个以梦境为真实的,一个以还魂为真实的。正因为他们信以为真,所以杜丽娘的梦幻之情和柳梦梅的放达之情都发挥到极致。

潘之恒赞赏吴越石家班的两个小演员——饰演杜丽娘的江孺和饰演柳梦梅的昌孺,说他们都具备情痴的素质,因此能很自然地进入幻与荡的状态,而不知其所以然。他们不仅嗓子好、唱得好,而且风度近乎神仙。江孺的情包含在梦幻中,登场后字字寻幻,而终于出离梦幻;昌孺的情表现为洒脱放荡,一出场就步步想张扬,但终于未能张扬得起来。杜丽娘当为情伤感之极,而忽然做了一个钟情的美梦,虽天下人的情致没有能如这般美好的。柳梦梅当人生失意的时候,忽然得到一个美人,后来又高了中状元,两位情痴终成美好姻缘,小登科和大登科都实现了。世上人一生如意莫过于此者。杜丽娘寻梦而不得,寻到阴曹却得到了胡判官的特许,得与梦中人相会。她的爱情曲折艰难,经历了生死考验,才得到美好结果,故事可谓幽而不畅。剧情意思明明白白,却表现得细致入微。杜丽娘的还魂回生,即使亲生父母都不相信这是真的,天下人更不相信,而杜柳两人却绝对相信这是真的。这就是《牡丹亭》过人之处,也是江孺和昌孺过人之处。潘之恒论剧可谓见解独到。

潘之恒所说的“故能痴者而后能情,能情者而后能写其情”,其实就是我们常说的戏剧表演中体验与表现的关系。人的感情变化必然要流露于形色,演员表演是要准确地把握这种形色与情感的关系,深刻地体验人物内心的情感。演员之情与角色之情融为一体,并且准确而鲜明地表现在歌唱与表演之中。江孺和昌孺,具有情痴的素质,对人物内心的体验非常充分,演出中进入了情痴的境界,所以人物的塑造很成功。

其实,和《牡丹亭》相关的情痴的例子何止江孺和昌孺!读《牡丹亭》惋愤而终的闺秀俞二娘,演《寻梦》而气绝于舞台的艺人商小玲,秋夜读《牡丹亭》而题曲的才女冯小青,听《惊梦》曲而心动神摇,如痴如醉,站立不住的林黛玉,一个个都进入了情痴的境界。

潘之恒还别具只眼地发现了《牡丹亭》的基调是悲剧性的。他说吴越石家班演出的《牡丹亭》“另翻一局于缥缈之余,以凄怆于声调之外”,其突出的效果是使“有情人无不嘘唏欲绝,怅然自失”。观赏或者演出《牡丹亭》的人,只要真正领悟了这部杰作的精神蕴含,都会为其悲剧精神所感动。遗憾的是很多人并不能领会,所以汤显祖曾感叹:“词家四种(玉茗堂四梦),里巷儿童之技。人知其乐,不知其悲。”(《答李乃始》)其实,能感受到《牡丹亭》凄怆基调的人还是有的。朱彝尊

《静志居诗话》说："汤义仍《牡丹亭》……太仓相君实先令家乐演之，且曰：'吾老年人，近颇为此曲惆怅。'"太仓相公王锡爵说"颇为此曲惆怅"，可能他是感受到凄怆的。南京吴越石是明白人，江孺、昌孺也是明白人，他们不仅知《牡丹亭》之乐，而且知《牡丹亭》之悲，所以潘之恒看他们演出的《牡丹亭》，能于声调之外感受到一种"凄怆"。这种凄怆，主要来自杜丽娘的命运。杜丽娘的天然爱情无人关注，以至于因梦而病，凄凄然离开人间。她的还魂连父母都不相信，世人更不相信。闹到金銮殿上，通过了所有能做到的检验，证明她确实复活了，老爸还非要灭杀她不可，杜丽娘岂不悲哉！

《情痴》一文还透露了一个信息，回答了一个问题，就是《牡丹亭》是否有过全本的演出。

这个问题的提出，是因为数百年来，人们在舞台上看到的《牡丹亭》要么是折子戏，要么是所谓"小全本"，都是不完整的。近几十年来，各地昆曲剧团都上演《牡丹亭》，也想搞个真正的完整的全本演出。不过直到去年春天，上海昆剧团推出了三个晚上演完的55出《牡丹亭》，剧场观众才看到除了讲杜柳爱情故事之外，《牡丹亭》里还有哪些内容。

历史上《牡丹亭》是否有过真正的全本演出呢？人们都相信《牡丹亭》问世后，肯定有过全本的演出，至少在玉茗堂里唱海盐腔的宜伶演出过全本。汤显祖谆谆告诫宜伶领袖罗章二："《牡丹亭记》要依我原本，其吕家改的切不可从。虽是增减一二字以便俗唱，却与我原做的意趣大不同了。"（《与宜伶罗章二》）既然如此，那么玉茗堂里演出的《牡丹亭》当然有全本无疑。那么昆曲是否也演出过全本《牡丹亭》呢？答案是"很稀有"。

按照汤显祖的朋友臧懋循的说法，《牡丹亭》问世的年代，昆曲的大本营苏州等地的戏曲演出习惯已经改变了，动辄四五十出的长篇传奇已经不适合昆曲的演出了。臧懋循说：

自吴中张伯起《红拂记》等作，止用三十折，优人皆喜为之，遂

> 日趋日短，有至二十余折矣。（《紫钗记·总批》）

说的是吴中（苏州地区）演传奇大都是二三十出，分上下两卷，两次演完。所以，长兴的臧懋循把《牡丹亭》的规模从55出裁减归并压缩为37出。苏州的冯梦龙把《牡丹亭》窜改为37出。衢州人徐日曦也把《牡丹亭》删削为43出。这一系列的《牡丹亭》昆曲改本堂而皇之出版问世，说明昆曲舞台上基本上就没有《牡丹亭》的全本演出了。但是否也有全本演出的个例呢？我想也是有的。就阅读所见，仅有两例。

一是邹迪光家班的演出。邹迪光无锡人，是汤显祖的朋友。他对汤显祖的道德文章非常钦佩，曾为汤显祖写了精彩的传记，汤显祖也给他的《调象庵集》写了序。邹迪光有阵容强大的昆曲家班，排演过《紫钗记》和《牡丹亭》。万历三十六年（1608）秋，邹迪光致信汤显祖，请他到无锡看戏。邹迪光《与汤义仍书》云：

> 义仍既肆于文，又以其绪余为传奇。丹青栩栩，备有生态，高出胜国词人上。所为《紫箫》《还魂》诸本，不佞率令童子习之，亦因是以见神情，想丰度。诸童搬演曲折，洗去格套，羌亦不俗。义仍有意乎？鄱阳一苇直抵梁溪，公为我浮白，我为公征歌命舞，如何如何？（《调象庵集》卷四十）

汤显祖也很想到无锡观看昆班的《牡丹亭》演出，但是不知何故未能成行。

邹迪光高度赞扬《牡丹亭》，说汤显祖的丹青妙笔写得栩栩如生，高出胜国词人之上，比全国的剧作家写得都好。他为自己家班童伶别具一格的演出感到自信和自豪，他对朋友汤显祖的脾气更有所了解，所以邹迪光郑重邀请《牡丹亭》的原作者汤显祖远道来无锡看戏，为他演出的一定是未经改窜的原本。

除了邹迪光家班可能演出过《牡丹亭》的全本外，还有没有哪家昆班演出过《牡丹亭》全本呢？回答是肯定的。潘之恒在南京水西精舍所看到的吴越石家班的演出，应该就是《牡丹亭》的全本。

《情痴》说吴越石家班演出《牡丹亭》是“一字不遗，无微不极”。既然如此，我们就有理由揣测演出的是严格意义上的全本。（当然，这两句话，也可以理解为江孺和昌孺很厉害，能把自己唱念的剧本“一字不遗”地背诵完全，并且表演得细致入微。）

《牡丹亭》做全本演出是非常不容易的。一是要有足够雄厚的财力，二是要有足够强大的演出队伍。这两条吴越石家班都具备，他才大胆地做了如此豪华的演出。潘之恒把吴越石家班的演出，和汤显祖《牡丹亭》的创作相提并论，他赞美“临川妙笔，直欲戏弄造化；水田（可能是‘水西’之误）豪举，且将凌轹尘寰”。吴越石家班全本演出《牡丹亭》的确是一件“豪举”，这是通常的昆班（无论江湖班还是家班）做不到也不敢做的事。说吴越石这种豪举远远高出天下一般的演出（凌轹尘寰），毫不为过。

《牡丹亭》的全本演出如此罕见，如此不易，所以通常的昆班演出的普遍是《牡丹亭》的节本。《牡丹亭》被删减的原因，除了上述吴地演出习惯已改变之外，还有一个不争的事实是《牡丹亭》情节确实有“非迫促而乏悠长之思，即牵率而多迂缓之事”（见臧懋循《紫钗记·总批》）的毛病。所谓“非迫促而乏悠长之思”，是说《牡丹亭》里有些场子是匆促的过场，无戏可做，不能启发人做深远的思考。“牵率而多迂缓之事”，是说《牡丹亭》里有多处硬拉进来的没必要的戏外头绪和枝节。

从汤显祖的时代到当代，人们在《牡丹亭》演出中把这些场子的内容该删的删，该并的并，毫不可惜。演到当代，上海昆剧团在 1999 年由王仁杰执笔的连台三本，以及 2004 苏州昆剧院的青春版，都是这样做的。事实上“一字不遗”的原本演出是不可能的。上海昆剧团的全本《牡丹亭》事实上也还是不得不做了删节，并非原本，许多场依然是一晃而过的过场，虽动用了转台技术，依然缺少“悠长之思”。

不过人们对这个问题的认识并不一致。潘之恒对《牡丹亭》是全面肯定的。他说观看了《牡丹亭》的“一字不遗”的全本演出，有两方面的感受,"既感杜柳情深,复服汤公为良史"。所谓良史,是优秀的史官,能秉笔直书,记事信而有征者。汤显祖作传奇的确喜欢干预和影射明朝社会现实。他常常用游戏的笔墨,讽刺明代社会中的种种不良现象。臧懋循说:"临川传奇,好为伤世之语。亦如今士子作举业,往往入时事。"(改本《玉茗堂四种传奇·牡丹亭·冥判》批语)汤显祖传奇"以游戏于翰墨之场",却又表现出一个正直的历史家的胆识。"四梦"笔头所及,广泛触及了内政、外交、军事、社会风尚等许多方面。这是汤显祖剧作的一个鲜明的特点,也是汤显祖"意趣"之所在。《牡丹亭》也是如此。

这种良史特色在汤显祖的时代,是会有人理解,会引起潘之恒那般的情感共鸣的。但是时过境迁,后来的舞台上演出这些内容,就再也难以引起共鸣了,或者无人欣赏了,因此自然被删削了。

《牡丹亭》写作的直接根据是明代流行的话本小说《杜丽娘慕色还魂》,但是剧中许多人物和情节是汤显祖的独家创造。他设计的一些人物和故事情节细节,是有着现实的针对性的,又常常表现为作者个人的情怀,表现的是个人的意趣。

例如,小说里的柳梦梅是"四川成都人",并未交代他的祖先为谁。汤显祖却有意识地改其籍贯为河东,说他是柳宗元的后人。还给他设计了一个朋友韩子才,说他是韩愈的后代。这种设计纯粹是汤显祖因上《论辅臣科臣疏》而被贬的谪臣情结的顽强表达。有没有韩秀才出现,对剧情影响实在不大。《怅眺》一出,韩柳长篇对话,畅谈老祖宗的文章比势,确实是才情飞动,极雅极趣,使人捧腹。但是对戏曲演员来说把这篇对话背诵下来,而且念好,那是多大的苦差事!当代观众也未必有兴趣欣赏它。

又如苗舜宾这个人物,他第一次出现是在《谒遇》一场,他的身份是识宝钦差,在澳门(香山岙)做珠宝展览。第二次出场是在《耽试》一场,他的身份改变为会试的主考官。汤显祖设立这个人物有多方面的用意。一是记录贬谪路上途经澳门的观感。他在澳门大三巴见识了许多新鲜事物,如番僧、番贾、番鬼、洋货以及外国商船等,留下了深刻印象。二是讽刺明朝帝王的奢侈靡费。汤显祖生活的嘉靖、隆庆、万历三个皇帝,都酷爱珠宝,派遣使臣到全世界搜求。三是讽刺明朝的科举弊端。科举看来是公正的,实际上猫腻多多。皇帝派一个只会鉴定珠宝的官员,来主持全国最高一级的科考,选拔人才,简直荒唐之极。他主持的考生面试,更加荒唐绝伦。四是给柳梦梅提供中状元的可能。柳梦梅在澳门"打秋风",认识了苗舜宾,并得到他的路费赞助。到临安参加会试,本来已经迟到,失去了考试资格,但是因为和主考官有一面之识,结果不仅允许他参加考试,而且马上点了头名状元。可是仔细想想,这些内容对柳梦梅的形象的完美塑造,实在是有损而无益,当代观众也未必有兴趣。

再如,有些词句是汤显祖特别用心设计的,观众却未必能注意和理解。《冥判》一出,胡判官出场就介绍"十地狱"缺了阎罗王,"钦奉裁减事例",由他"权管十地狱印信",代理阎罗职务。这是影射明朝万历年间政府机构半瘫痪的状态。史载万历二十八年间"两京缺尚书三,侍郎十,科道九十四。天下缺巡抚三,部按监司六十六,知府二十五"(《明史·田大益传》)。皇上为了节省俸禄,缺员也不增补,所以许多岗位职务由一些不称职的下属马虎代理,搞得一塌糊涂。汤显祖痛感缺官废事病民之害,于是在他的剧作中常常出现政府主官由署摄代理的事。如《南柯记》的南柯郡,"缺下正堂",由府幕录事官"权时署印"。《邯郸记》的崖州府,"州无正官,便是司户官儿署掌"。《牡丹亭》的胡判官代理阎罗王职务被特别提出,在汤显祖的时代可能会引起读者和观众的注意,发"悠长之思",但是后世的观众有几个还能注意这词句的特别含义?

这出戏,胡判官唱【混江龙】一口气唱了 60 句,【后庭花滚】花神和胡判官一问一答,评论了 39 种花卉,显然是在炫耀学问,奏之场上绝非当行,属于"牵率而多迂缓之事",所以演出中多被删减。

《牡丹亭》中有些内容表现汤显祖特别的意趣,却不适合大庭广众下的欣赏。如《道觋》一出,描写石道姑的生理缺陷,套用《千字文》116句,句句双关,笔笔耸听,奇趣骇俗,此种雅谑虽然为明清时代部分文人所欣赏，但语涉秽亵，幽默降为刻薄，唱演出来确实不成体统，删之则不足惜。

凡此种种，都是影响《牡丹亭》全本演出的缘由。窃以为《牡丹亭》的演出，上昆版的三场连台 35 出足矣，青春版的三场连台 27 出足矣。55 出“全本”演出，实际上也还不是严格意义上的“一字不遗”的全本，是一种有趣的尝试，但是也有诸多无可奈何。

《牡丹亭》是一部内容极其丰富的灿烂而绚丽的传奇杰作。如何把它完美地呈现在当今戏曲舞台上，是一个值得研究和实践的艺术课题。四百年前汤显祖的友人潘之恒写的这篇《情痴》，或许能给我们一些参考。

潘之恒发表的这些高论，是以当时《牡丹亭》演出的实践为依据的。他观看吴越石家班江孺、昌孺的演出时，《牡丹亭》起码已经有了近十年的昆班演出实践了。昆曲艺人提供了丰富的经验和教训，潘之恒才有条件发表他的过人的意见，写出《情痴》这篇好文章。

潘之恒在《情痴》结尾处还写了有趣的几句话。他说：“不慧抱恙一冬，五观《牡丹亭记》，觉有起色。信观涛之不余欺，而梦鹿之足以觉世也。”他说自己整整的一个冬天都在害病，五次观赏《牡丹亭》使他觉得病情有所好转，所以相信好戏是可以疗病的。

潘之恒此处引用了两个典故。一是枚乘《七发》。说楚太子病了，吴客前去探望。吴客认为楚太子的病是精神萎靡空虚，不是用药或针灸能治好的，只能“以要言妙道说而去之”。他分别描述了音乐、饮食、乘车、游宴、田猎的种种乐趣，楚公子都不能接受。最后吴客劝他到广陵观涛，描述了江涛的“天下怪异诡观”，楚太子终于接受了观涛的建议，“涩然汗出，霍然病已”。一是《列子·周穆王》。说春秋时，郑国有一樵夫，打死了一只鹿，怕被别人看见，就把这只死鹿藏在壕沟里，并用蕉叶盖上。后来，这个樵夫要去取这只死鹿，却忘掉了藏鹿的地点，他以为是自己做了一个梦。比喻把真事当作梦幻。潘之恒说他很相信这两个典故。第一个典故使他相信多看《牡丹亭》真的能医治精神方面的疾病。第二个典故使他想到郑国樵夫以真为梦，吾人又为何不可以梦为真呢？这才是通情而达理的“通人”的见解。

汤显祖在其《宜黄县戏神清源师庙记》中说，看戏“可以已愁愦之疾”，对于抑郁烦恼等心理精神方面的疾病有治疗效果。汤显祖的话，信不信由你，反正潘之恒是相信了。多看看《牡丹亭》这样的好戏，对心身健康肯定是有好处的。

作者单位：中国戏曲学会汤显祖研究分会、中国戏曲学院

论梅兰芳表演艺术体系的来源、形成与特征*

刘　祯

对梅兰芳表演艺术体系或中国戏曲表演体系或戏剧三大体系，学界始终存在不同的声音，其实这也非常正常，不同的视角、不同的时期、不同的眼光、不同的立场，得出的结论都会有异。梅兰芳即提出谭鑫培体系、杨小楼体系。梅兰芳海外传播影响之大，无疑更适合作为中国戏曲表演体系的代表，因为“体系”概念本身更多存在西方话语的表达习惯，但梅兰芳所以能够构建表演艺术体系，不仅在于“代表”，还在于传承传统的同时，他对京剧艺术的发展和创新，这种发展和创新是代表了京剧时代方向的，这是根本之处。中国有300多个剧种，京剧集各剧种之精髓，但以京剧、京剧之梅兰芳为体系，也有许多剧种会指出其与京剧之差异性，产生质疑。马少波即认为：

> 中国京剧和全国戏曲剧种源远流长，铸造了中国戏曲自己独有的表演体系。因为它已经把上述的表现手法互相联系，构成了一个整体，所有戏曲剧种、生、旦、净、丑无一不是按上述美学原理表演，不仅是梅兰芳这样表演，京剧的其他演员以至其他戏曲剧种也都是遵循一样的原则，梅兰芳只能形成自己表演的风格和流派，表演体系却不能属于梅兰芳个人，而应属中国全体戏曲剧种所共有。①

---

* 本文为2018年国家社会科学基金艺术学重大项目“梅兰芳表演艺术体系及相关文献的收集整理与研究”阶段性研究成果，项目号18ZD07。

① 马少波：《关于所谓“世界三大表演体系”的释疑》，《马少波文集》卷八《文艺论评（五）》，北京出版社，2008年，第490页。

这一看法看似为梅兰芳着眼，实则认识比较狭隘，仍局限于个人名利，不是从纯粹艺术发展和理论建构着眼。我们知道，梅兰芳表演艺术体系也不是梅兰芳个人的事情，梅兰芳当然一生虚怀若谷，谦和礼让，但也在用其艺术实践和理论表达，添砖加瓦构筑着这一表演体系，这是忘我的，这是超越自我的，如果不能超越自我，我们去谈梅兰芳、谈梅兰芳表演艺术体系就显得比较奢侈了。

马少波看到了梅兰芳与中国戏曲之间个体与整体的种属关系，包括"一"是否可以概括和代表"二""三"，把梅兰芳完全等同于"京剧的其他演员"，所以"梅兰芳只能形成自己表演的风格和流派"。在他看来，个人的成就再大，"想与中国 300 多个戏曲剧种在悠久的历史传承发展中所构成的表演体系并肩，是没有可能的，也是不公平、不合理的"。如何理解这种关系，其实就是认识和判断梅兰芳表演艺术体系与中国戏曲表演艺术体系的分水岭，如果认为它是"没有可能的，也是不公平、不合理的"，那么无疑也就不会承认存在梅兰芳表演艺术体系。

《惊梦》一出刻画杜丽娘的心情，"有三个层次的转折"，梅兰芳把它称为"表演的体系分为三段"去谈，自觉地用"表演的体系"解读中国戏曲，解读《牡丹亭》这一经典名剧。对于这出戏的传承，梅兰芳讲"我钦佩我们过去的优秀的演员和音乐家，他们根据剧本所规定的情景，创造了系统的精炼的表演法则，后起的演员们都应该继承传统，掌握演技，向前发展，更重要的就是我前面所说的读曲，我亲身体会到，必须了解曲文的涵义，才能塑造出汤显祖先生笔下精心描写的杜丽娘"①。我们认为，梅兰芳表演艺术体系与中国戏曲表演艺术体系不是对立的关系，它是辩证的统一，这种辩证关系其实通过梅兰芳对《游园》《惊梦》的传承，"了解曲文的涵义"，融入自己对人物和表演的深切理解，方始"塑造出汤显祖先生笔下精心描写的杜丽娘"，我们说它是

① 梅兰芳：《谈杜丽娘》，梅绍武、屠珍等编撰：《梅兰芳全集》（叁），河北教育出版社，2021 年，第 85 页。

汤显祖的杜丽娘,也是梅兰芳的杜丽娘。这种关系是艺术传承与发展最根本的递嬗、演化,是对艺术发展规律的遵循和艺术的创造,是得“道”,体系的根本和精髓也在这里,而不仅仅是数字多寡或时间短长。我们说梅兰芳构建了戏曲表演艺术体系的意义也在这里。所以,京剧与剧种的关系,生、旦、净、丑的关系,虽不是“道生一,一生二,二生三,三生万物”之“一”与“万物”的关系,却也不是只能以相加“复数”来表达的“集体”性概念。这也正如叶秀山所论述的,“中国戏剧的代表剧种——京剧自从出了梅兰芳之后,生、旦两个行当,才不仅仅是男女性别上的区别,而在一整套的表演艺术上显示出自己应有的特点。京剧的生角,离不开谭的系统,而旦角则离不开梅的衣钵。所以我始终觉得,谭、梅两家,不是京剧表演里的一个‘流派’,而是京剧艺术的‘总代表’”①。

在梅兰芳表演艺术体系与中国戏曲表演艺术体系的关系上,郭汉城认为:

> 与“梅兰芳戏曲表演艺术体系”相比,“中国戏曲表演体系”是一个更广、更大的问题,它们各有特点,又互相联系,尤其是在基本规律上。虽然说京剧不可能只有梅兰芳,戏曲也不是只有京剧,但是梅兰芳可以说是京剧艺术家中的典型人物,是有代表性的,通过总结梅兰芳的表演程式,概括出符合基本规律的东西,就能够涉及一些有关京剧、有关戏曲(体系)的问题。以梅兰芳为主,把他的创造、发展,与时代的关系,与各种地方剧种的关系等方面的研究搞得具体一些,搞出一些符合基本规律的东西。②

---

① 叶秀山:《论艺术的古典精神——纪念艺术大师梅兰芳》,叶秀山:《古中国的歌》,中国人民大学出版社,2007 年,第 330 页。

② 郭汉城:《谈梅兰芳表演艺术体系》,刘祯主编:《梅兰芳学刊》第二辑,学苑出版社,2019 年,第 6 页。

这一论述前提是认可存在两个体系,而这两个体系的关系是中国戏曲表演艺术体系与梅兰芳表演艺术体系相比,是一个"更广、更大的问题",它们"各有特点,又互相联系,尤其是在基本规律上"。这段论述非常精辟,它注重本体和表演程式研究,注重梅兰芳的创造与发展,特别是与时代的关系,指出了梅兰芳所具有的代表性,充满了辩证思维,确实抓住了作为梅兰芳表演艺术及体系研究的肯綮,并予以清晰的方法指引。

其实,梅兰芳之于中国京剧、中国戏曲表演艺术的代表性,从五四新文化运动对戏曲这种"遗形物"的批评集中到梅兰芳身上亦可得到反证。触动钱玄同等人敏感神经的是韩世昌在北京演出昆曲,"两三个月以来,北京的戏剧忽然大流行昆曲;听说这位昆曲大家叫做韩世昌,自从他来了,于是有一班人都说,'好了,中国的戏剧进步了,文艺复兴的时期到了'"。在钱玄同看来,"这是梦话"①。掀起了新文化运动干将们怒不可遏的批判。20世纪二三十年代,从《文学周刊》到《民国日报》《中央日报》都将对戏曲的批判矛头指向梅兰芳,认为他是落后的旧剧的殿军。②那个年代京剧艺术流行一时,名家辈出,流派纷呈,演出时往往万人空巷,何以风口浪尖上的对象始终是梅兰芳呢?

吴白匋在《昆剧表演艺术体系初探》一文中,探讨了梅兰芳体系与昆剧体系的关系,值得我们关注。这是一篇系统研究昆剧表演艺术体系的文章,作者从"中国戏曲表演艺术的美学特征""戏曲表演体系与画理""昆剧表演艺术体系的主要特色"三个方面进行阐释。在谈到昆剧表演艺术体系的主要特色,作者认为:"明确了昆剧表演体系的理论基础,及其来龙去脉以后,再根据目前演出实况,我们可以把它概括成一句话,'以形写神'。"③在此基础上,作者进一步认为:

---

① 钱玄同:《随感录》(十八),翁思再主编:《京剧丛谈百年录》(上),湖北教育出版社,1999年,第6页。

② 孙玫:《论说抗战前左翼文坛对梅兰芳的评价》,《艺术百家》2015年第1期。

③ 吴白匋:《昆剧表演艺术体系初探》,中国艺术研究院中国戏曲艺术国际学术讨论会秘书处编印:《中国戏曲艺术国际学术研讨会论文汇编》(内部资料),1987年,第6页(吴白匋文章之第6页)。

> 我所要谈的是梅体系来源于昆剧表演艺术体系，虽有些新发展，基本上还是一脉相承的。梅和京剧奠基人程长庚、谭鑫培等大家一样，有深厚的昆剧功底，能演三十折左右，晚年演《水斗》《断桥》，还是唱昆曲。最后一部舞台记（应为“纪”。——引者注）录片是和俞振飞合作的《游园惊梦》。大家公认他革新京剧的成绩两项：(1)创设花衫行当，弥补了京剧正旦只重唱工，花旦只重念做所造成的空隙；(2)增加了舞蹈表演，如“剑舞”“绸舞”等，实际上前者是主要采用昆剧五旦（闺门旦）的表演，后者是继承昆剧载歌载舞的传统，都属于继承发扬传统范畴。他赴美赴苏所演的剧目，以昆剧《刺虎》为重点。美国人拍下了纪录片。苏联斯坦尼斯拉夫斯基评定我国戏曲表演艺术为：“有规则的自由活动”的名言，就是在讨论《刺虎》时说的。布莱希特见到《打渔杀家》中的以桨代船，为之惊叹不已，特在其《论中国戏曲与间离效果》一文里，作了详细的论述。实际上，以桨代船在昆剧中常见，像梅所能演的《渔家乐·藏舟》一折里就有。综合上列事实，可以断言，梅兰芳体系实质上是昆剧体系的继承发扬。①

这段论述的重要性在于它揭示了梅兰芳表演艺术体系与昆剧表演体系的关系，这不仅是一个观点和结论，它还有吴白匋对梅兰芳与昆剧这种关系的分析，这样一种个体与复数、继承与发展的认识，真正体现了辩证法的对立统一，揭示了这种关系的本质。他得出的结论就是：“按照梅（兰芳）的艺术成就和赴美、赴苏演出所散播的影响，用他的名字代表我国戏曲表演艺术体系是适合的，不过我们不应该数典忘祖，只知有梅而不知有昆。”②

中国戏曲的民间性，造成舞台表演艺术的文献资料很少，从元代到清代，文人谈到表演艺术，只重唱工，难以找到做工文献，很难开展表演艺术的全面研究。而古典美学理论，支配着所有的民族艺术形

①② 吴白匋：《昆剧表演艺术体系初探》，第7页。

式。戏曲晚出，并且综合程度高，所以它的表演艺术体系可以利用其他文艺形式理论进行探索。吴白匋主要通过画理去认识戏曲表演体系，他将之概括为三点，一、以形写神；二、运用六法；三、外师造化，中得心源。在他看来，南齐谢赫《古画品录》始创六法之说，六法为：一、气韵生动；二、骨法用笔；三、应物象形；四、随类傅彩；五、经营位置；六、传移模写。吴白匋认为六法“始终是我国画法的完整体系。戏曲既然是活动图画，这个体系当然适用”。这个论断非常重要。在他看来六法原排列的次序“是从成果着眼，由尖端逐步下降到基层的。若从学习循序渐进着眼，就应该颠倒排列一下”①。对照画论六法，他对昆剧的每一步骤都有阐述，然后谈到最高层次的“气韵生动”说：“气韵生动：是国画艺术最高的效果和要求。所谓‘气’是感受得到而捉摸不到的。一幅好画可使观众从中感到作者的一股真气、一种精神和一个美的核心，久久不能忘怀。所谓‘韵’就是前面已提过的回味。看好画如饮醇酒、进美食，其味无穷；看好戏也会产生同样感觉，看了还要看，总觉得还有东西在里面值得再探索。造成这样效果的关键在于准确掌握了前面的五法，而能灵活运用。”②六法作为完整画法的体系，运用于“活动图画”之戏曲，其层次性、结构性和体系性完全可以吻合。

作为多才多艺的演员，我们在总结和研究梅兰芳表演艺术及表演理论过程中，最值得注意的是他对绘画的钻研及绘画体验和绘画理论对他表演艺术的启发和表演艺术理论的提升。因为戏、画同理，因为戏曲理论历史上的欠发达，所以，借鉴绘画理论总结和研究表演艺术成为梅兰芳戏曲理论的一大特点。《舞台生活四十年》中有一章专谈“从绘画谈到《天女散花》”，这一章的内容甚为丰富，作为口述史，绘画历程固然不可缺少，但除了绘画本身及绘画师友外，他的侧重在于绘画对于戏曲的滋补及戏、画同理中绘画理论对提升戏理的意义，它也是梅兰芳作为“思想者”的体现，是梅兰芳表演艺术体系理论所达程度

---

① 吴白匋：《昆剧表演艺术体系初探》，第 4、5 页。

② 吴白匋：《昆剧表演艺术体系初探》，第 5 页。

的一个重要指标。他谈的是学画、绘画,最后的落脚却是表演和舞台刻画人物如何提高,如“王梦白先生讲的揣摩别人的布局、下笔、用墨、调色的道理,指的虽是绘画,但对戏曲演员来讲也很有启发。我们演员,既从自己的勤学苦练中来锻炼自己,又常常通过相互观摩,从别人的表演中,去观察、借鉴别人如何在舞台上刻画人物”①。通过对齐白石和其他画家一个“惜墨如金”,而他人“还没有下笔,洗子就成五彩染缸了”的不同作画习惯,梅兰芳感受到“我想,这也是有一定的道理的,当他们在嚼了又涮,涮了又嚼的时候,是正在对着白纸聚精会神,想章法、打腹稿。这和演员在出台之前,先试试嗓音,或者活动活动身体的道理是差不多的”②。梅兰芳三十岁生日时,几位画家送梅兰芳一幅画,当齐白石最后拿起笔时,这张画已基本完成,看似没有什么可添补的必要了。殊不知齐白石略一沉思,对着那只张开嘴的八哥,画了一只小蜜蜂,大家都喝彩称赞,蜜蜂成为八哥觅食攫捕的对象,非常传神。这只蜜蜂,使得这幅画生气栩栩,有画龙点睛之妙。梅兰芳认为“白石先生只画上了一只小小的蜜蜂,却对我研究舞台画面的对称很有参考价值”,在他看来:

> 白石先生最后虽然只是画了一只蜜蜂,可是,布局变了,整幅画的意境也随着变了,那几位画家画的繁复的花鸟和他画的小蜜蜂,构成了强烈的对称,这种大和小、简和繁的对称,与戏曲舞台上讲究对称的表现手法也是有相通之处的。画是静止的,戏是活动的;画有章法、布局,戏有部位、结构;画家对山水人物、翎毛花卉的观察,在一张平面的白纸上展才能;演员则是在戏剧的规定情境里,在那有空间的舞台上立体地显本领。艺术形式虽不同,但都有一个布局、构图的问题。中国画里那种虚与实、简与繁、疏与密的关系,和戏曲舞台的构图是有密切联系的,这是我们民族

① 梅兰芳述、许姬传记:《舞台生活四十年》(下),湖南美术出版社,2022年,第641页。

② 梅兰芳述、许姬传记:《舞台生活四十年》(下),第647页。

> 的对美的一种艺术趣味和欣赏习惯。正因为这样，我们从事戏曲工作的人，钻研绘画，可以提高自己的艺术修养，变换气质，从画中去吸取养料，运用到戏曲舞台艺术中去。①

绘画中一只小小蜜蜂的添补，却让梅兰芳从布局、构图和意境的层面由绘画联想到表演，虽然艺术形式不同，但“中国画里那种虚与实、简与繁、疏与密的关系，和戏曲舞台的构图是有密切联系的，这是我们民族的对美的一种艺术趣味和欣赏习惯”，梅兰芳得到深刻启发，将其运用于戏曲舞台艺术之中。

在梅兰芳眼里，杨小楼《青石山》扮演关平，那副天神气概真有“破壁飞去”的意境。而所以杨小楼能把天神的神态、气度体现得很成功，在梅兰芳看来，“这个人物扮相固然重要，但更重要的是要从神态气度中给人一种对神的幻想，否则就是只有‘形似’而没有‘神似’了”②。“神似”是梅兰芳所追求的境界，它也是中国戏曲写意的特征所在，也是中国绘画“以形写神”理论的体现，梅兰芳已将绘画理论与戏曲精神完全融会贯通起来，这也是梅兰芳表演艺术理论所具有的创新之处。

梅兰芳渊博的知识和艺术实践，使他看到了绘画及理论对戏曲的滋补，是戏曲特别是戏曲理论所需要博采和学习的，但梅兰芳又能够有一种超越这种单向关系的更为开阔的视野，看到他们作为两种不同艺术形式之间的区别，从而进一步强化作为表演艺术戏曲的表现力。《天女散花》是梅兰芳看到一幅《散花图》后，受到启发创作的一部歌舞剧。剧中许多亮相，是梅兰芳从画中和塑像中模拟出来的。受绘画线条形态启发创造自己人物形象的身段亮相，绘画与表演两者互相借鉴，但两者的差异也是显著存在，一为线条和静止的，一为立体和动态的。戏曲人物和表演是动态的，但“当做亮相的架子，一定要选择能够静止的或暂时停顿的姿态，才能站得住”，动与静，时间与空间，都是相

---

① 梅兰芳述、许姬传记：《舞台生活四十年》（下），第 649 页。

② 梅兰芳述、许姬传记：《舞台生活四十年》（下），第 650 页。

对的，充满了辩证统一。不仅在川流不息的人物表演中，需要有“优美的亮相来调节观众的视觉”，而且，“有些火炽热闹的场子最后的亮相是非常重要的，往往在一刹那的静止状态中，来结束这一场的高潮”。①这是表演的辩证法，是艺术的辩证法，是哲学思想的真正运用。梅兰芳也真正对表演艺术有自己完整和深入的认知和评价话语体系。

如前所论，梅兰芳对表演艺术体系有自己的理解和阐释，当然他不会称自己的表演艺术为体系，但在诸多关注和称道梅兰芳表演艺术体系的学者中，其实，许姬传的论述最值得我们注意。这是因为他与梅兰芳的密切关系，从 20 世纪 30 年代初许姬传即与梅兰芳进行合作，负责处理其文墨之事，新中国成立后一直担任梅兰芳的秘书，《舞台生活四十年》由其记录整理，还为梅兰芳记录整理《我的电影生活》《东游记》《梅兰芳文集》等著作出版，著有《许姬传七十年见闻录》，与其弟许源来合著《忆艺术大师梅兰芳》。他从小受到很好的经史诗文的教育，精通京剧昆曲，工书法，亦擅楹联，是当代著名的戏曲评论家、梅派艺术研究家。就梅兰芳的思想理论而言，无疑，许姬传是最为接近和理解的一位，甚至可以说他们的思想与理论会有很多共识和交织，也因此，许姬传谈梅兰芳表演艺术体系就具有非同一般的意义。许姬传撰有一篇 2.5 万余字的长文《梅兰芳表演体系形成和影响——缀玉轩诸老和梅兰芳》，这篇长文分为二十三个小节。文章这样一种结构，对梅兰芳表演艺术体系的论述涉及面比较全面和系统，也可以把它看作一个研究梅兰芳表演艺术体系的论纲框架。

关于这篇文章，许姬传有一“按”语：“这一章阐述了梅兰芳表演体系的形成和‘缀玉轩’诸老的赞划襄助。关于赴日、美演出的概况，有梅兰芳所著《东游记》、齐如山所著《梅兰芳游美记》，所以本文只扼要地做了介绍，至于应邀访苏一节，与赴日、美的性质不同，我根据梅先生在 1936 年所著《访苏记》的一部分原始材料，摘要叙述由赴欧巡回演出改为应邀访苏的过程，并重点介绍了梅耶荷德对中国戏曲表演艺

---

① 梅兰芳述、许姬传记：《舞台生活四十年》(下)，第 651 页。

术的看法和与梅先生的交谊，这是梅先生想做而未及完成的事。还有梅先生对电影记录戏曲艺术的见解，也根据他生前的原话加以阐述。”[①]许姬传研究的着眼点是“表演体系的形成和影响”，对此做一纵向历史的归纳。在这一体系中，通过题目副标题和“按”语，可以看出，许姬传的研究有两个侧重点，这就是：其一，“缀玉轩诸老”与梅兰芳。许姬传说“缀玉轩是梅兰芳艺术活动的中心”，“缀玉轩诸老”也就是“梅党”集团，考察“缀玉轩诸老”与梅兰芳表演艺术体系形成的关系，所以许姬传开宗明义说“毕业于日本士官学校的冯幼伟（又微）、许伯明、李释戡、舒石父、吴震修（日本测绘学校毕业生）、齐如山（德国留学生）都是缀玉轩的重要人物，他们由于爱好京剧艺术而扶助梅兰芳，以大部分精力从事改革创新，使得梅派艺术得以成为国际上三大演剧体系之一（名导演黄佐临曾著文论及梅兰芳、斯坦尼斯拉夫斯基、布莱希特为‘国际上三大演剧体系’）”[②]。其二，日、美、苏三国出访演出与体系的关系。毕竟“体系”更是一种西式的话语表达，也是在海外演出，特别是与“他者”戏剧的对照中，梅兰芳表演艺术“体系”更为突显，所以它的形成与三国出访演出关系密切，这也是许姬传论述结构中所以明显侧重的原因。这里，在许姬传的梅兰芳表演体系论中，这二十三节结构看似各自为单元，却指向了“体系形成和影响”的最终目标，构成一个整体，是一个“体系”的有机整体，包括“辛亥革命的影响”都是体系形成重要的历史与文化背景。

许文并不是专论“体系”理论与思想，而侧重于体系的“形成与影响”，作者所描述的二十多节，看似简略且各自独立，实则建构着梅兰芳表演艺术体系的框架结构，他看到了作为梅兰芳“体系”的系统性、多因性和多元性，把梅兰芳表演艺术体系形成看成一个由纵向历史深度与横向现实纬度所交织构成的一个多元综合生态系统，这是许姬传

---

① 许姬传：《梅兰芳表演体系形成和影响——缀玉轩诸老和梅兰芳》，许姬传、许源来：《艺术大师梅兰芳》，文化艺术出版社，2015年，第7页。

② 许姬传：《梅兰芳表演体系形成和影响——缀玉轩诸老和梅兰芳》，许姬传、许源来：《艺术大师梅兰芳》，第8页。

文章最重要的贡献。文中直接涉及“体系”与“三大体系”的是“三大演剧体系创始人交流经验”“访苏归来的感想”“梅耶荷德对梅兰芳的评价”三节，许姬传虽未随访苏联，但通过梅兰芳、张彭春、余上沅、姚玉芙、马彦祥之口，还是给我们提供了很多史料文献。许姬传认为“世界三大演剧体系的创始人——斯坦尼斯拉夫斯基、布莱希特、梅兰芳会聚一堂，各抒伟论，互相交流，对推动戏剧事业的发展起到了深远的影响”①。

田汉是较早提出“梅兰芳所代表的戏剧体系”“梅兰芳学派”，并对其进行系统阐述的理论家。1961 年梅兰芳因病去世，他的辞世是文艺界的巨大损失，对他的回忆和怀念持续不断。也正是梅兰芳的离世，使得人们站在一个更高的历史角度去认识梅兰芳，总结梅兰芳，评价梅兰芳。在这些文章中，田汉发表于 1962 年的两篇文章《纪念梅兰芳同志逝世一周年》和《追忆他，学习他，发扬他!》较为系统地阐述了梅兰芳所代表的戏剧体系（梅兰芳学派）。首先作为一个体系，田汉认为“戏剧艺术的中国学派是和整个中国文学艺术的表现方法分不开的”，这是戏剧艺术中国学派（体系）存在的背景，是大体系中的小体系，而且不仅有戏剧学派，还有诗歌、小说、绘画、音乐等学派（体系），“中国戏剧艺术，特别是中国戏曲正是这整个一套的一个重要支派，代表了中国人民的创造精神”。他特别强调近百年来，特别是半世纪以来，也受了大量的外来影响，“五四以来全盘欧化的思想曾经以不同程度侵蚀过整个中国文艺界，使我们差不多忘记了自己”，社会主义彻底改变了这种局面，“我们开始注意自己民族的东西，注意社会主义的内容与民族形式的结合，注意社会主义新文艺的中国学派，其中包括戏剧艺术的中国学派”。②

在这一民族戏剧体系（学派）的构建中，梅兰芳有着怎样的贡献使得他堪称此誉呢？田汉认为梅兰芳集旦角艺术的大成，又加以全面发

① 许姬传：《梅兰芳表演体系形成和影响——缀玉轩诸老和梅兰芳》，许姬传、许源来：《艺术大师梅兰芳》，第 34 页。

② 田汉：《追忆他，学习他，发扬他!》，《田汉全集》第 17 卷，第 630 页。

展，创造了许多优秀人物形象。通过他几次出国演出，中国戏曲在世界艺术天平上显示了很重的分量。抗战期间，他蓄须罢舞，拒绝和敌人合作，表现了凛然的民族气节。重要的还在于，新中国成立后梅兰芳思想观念的巨大变化，“他（梅兰芳）说在旧社会里他辛辛苦苦演了几十年戏，却没有充分搞清楚服务对象究竟是什么，自从他学习了毛主席《在延安文艺座谈会上的讲话》，才明确了文艺方向，‘觉得自己的艺术生命才找到了真正的归宿’。他觉得‘在这个阶段里，无论在政治上、艺术上，都得到了前所未有的发展’”①。梅兰芳由一位具有高度文化自觉的“一代伶王”真正实现了成为人民艺术家的历史跨越。抑且，“我们戏剧的民族形式达到了高度发展，不只是为中国广大劳动人民所喜闻乐见，也受到一些外国人民的欢迎和尊敬。兰芳同志三十年代以来几次出国，到日本，到美国，到苏联，替中国民族戏剧扩大了影响，宣扬了戏剧艺术的中国学派，他实际是中国戏剧学派的代表人。有些外国农民晓得的中国人，一个是孔夫子，一个是梅兰芳。一些外国戏剧家又把梅兰芳当成戏剧界的孔夫子”②。所以在田汉看来，“他实际是中国戏剧学派的代表人”“梅兰芳所代表的戏剧体系”。田汉从“艺术谨严不苟，在政治上也是守身如玉，精进不已”“继承和发展了中国戏曲艺术的全面技巧，又能向本行本剧种以外吸取精华”“勤慎地为观众服务，解放之后更欢喜踊跃地为工农兵贡献出他的最好的艺术”三个方面概括梅兰芳表演体系（学派）内容也即他的精神和艺术方法。③

田汉也是最早将梅兰芳称为戏剧理论家，并关注“他（梅兰芳）对于建立中国戏剧学派有很高的兴趣”的学者。田汉重视黄佐临 1962 年春天在广州召开的全国话剧、歌剧、儿童剧创作座谈会上“三种戏剧观”的提出，认为“佐临同志的话是说得很有趣的，也打中了要害”。④

---

① 田汉：《纪念梅兰芳同志逝世一周年》，《田汉全集》第 17 卷，第 623、624 页。
② 田汉：《追忆他，学习他，发扬他！》，《田汉全集》第 17 卷，第 630 页。
③ 田汉：《纪念梅兰芳同志逝世一周年》，《田汉全集》第 17 卷，第 624 页。
④ 田汉：《追忆他，学习他，发扬他！》，《田汉全集》第 17 卷，第 631 页。

田汉关注到梅兰芳对斯坦尼的分析和评价，认为他对斯坦尼所论述的一系列的创作过程和表演法则，和梅兰芳自己一生体会到的艺术经验有很多相通之处，但又不能说明中国戏曲的全部精神。因此梅兰芳一面说我们要“把他的体系适当地运用到中国戏曲里，使我们传统的表演艺术得到新的营养”，同时，梅兰芳着重地指出要“把我们的戏曲遗产，也用科学方法，整理出完整的体系，来为社会主义文化建设事业服务”。田汉理解认为“这就是说，我们要当仁不让地建立中国自己的戏剧学派”。①田汉不仅很早提出“梅兰芳所代表的戏剧体系”“梅兰芳学派”这样的概念，而且系统进行阐述，并且也是最早对梅兰芳表演理论体系思想加以关注和进行研究的学者，与黄佐临《漫谈“戏剧观”》一样，其文章均发表于1962年。

谈梅兰芳表演艺术体系一个绕不开的话题就是“三大体系”，或者“世界三大戏剧体系”。我们知道，现代“体系”一词不是典型中式表达，但近代西方文化的东渐，使得西方文化及其表达渐成为时尚，而梅兰芳表演艺术被冠以“体系”与其海外演出传播有着直接关系，所以较早称呼梅兰芳体系者多为国外学者、艺术家，如苏联梅耶荷德、塔伊罗夫和格涅辛等。戏曲在中国有上千年的发展历史，也正是国外学者“体系”之论，开启我们认识自己的“他者”视野，这个视野不仅属于第三方，而且呈现出系统性、整体性来，无疑，这种认识强化了对中国戏曲表演艺术深刻性和宏观性的理解、把握，这是一种认识深化和思维的拓展，故梅兰芳“体系”的提出和评论，始终伴随着“他者”体系的映衬；因“他者”体系提出梅兰芳“体系”，以梅兰芳“体系”鉴镜“他者”体系，均以对方为参照，进一步审视自我，从而推进自身艺术的发展和理论的完善。这也是黄佐临1962年发表《漫谈“戏剧观”》及1980年写作《梅兰芳、斯坦尼斯拉夫斯基、布莱希特戏剧观比较》历史和学术的背景。黄佐临1906年出生于天津，1925年在英国伯明翰大学攻读商科，师从萧伯纳，开始涉足戏剧。又于1935年赴英

① 田汉：《追忆他，学习他，发扬他！》，《田汉全集》第17卷，第631页。

国，在剑桥大学皇家学院研究莎士比亚，并在伦敦戏剧学院向米·圣丹尼学习导演，并获得剑桥大学文学硕士。1937 年剑桥大学毕业后回到中国，在重庆国立剧专担任教员。1950 年黄佐临调任上海人民艺术剧院，先后担任副院长、院长、名誉院长，1962 年他提出“写意戏剧观”的理论。

在《漫谈“戏剧观”》一文，黄佐临提出了“三个绝然不同的戏剧观”，即斯坦尼斯拉夫斯基戏剧观、梅兰芳戏剧观和布莱希特戏剧观。[①]1980 年他又撰写了《梅兰芳、斯坦尼斯拉夫斯基、布莱希特戏剧观比较》一文，郑传寅认为黄佐临的戏剧观与戏剧体系相对应，“黄佐临所说的‘三种戏剧观’实际上是建立在‘三个戏剧体系’的基础之上的。他明确指出：‘戏剧观’与‘戏剧体系’是相对应的。因此，可以说，黄佐临的‘三种不同戏剧观’对应的是梅兰芳、斯坦尼斯拉夫斯基、布莱希特三个不同的戏剧体系。也就是说，黄佐临在提出‘三种戏剧观’的同时，也是把梅兰芳与斯坦尼斯拉夫斯基、布莱希特都视为不同戏剧‘体系’的代表人物的”。[②]也有人质疑黄佐临所比较的“三种戏剧观”都属于社会主义阵营，确实，无论斯坦尼斯拉夫斯基抑或布莱希特、梅兰芳三位戏剧观的提出者所属皆社会主义国家，但黄佐临的“三种戏剧观”并非以意识形态来划分，其眼界也并无拘囿在社会主义国家阵营，这不仅因为黄佐临的学术背景，还因为我们可以看到，在展开斯坦尼斯拉夫斯基、布莱希特和梅兰芳戏剧观比较之前，他审视的是一部“冗长的、不断的寻求戏剧手段”的“人类的戏剧史”，是“曾经出现过无数的戏剧手段”的“二千五百年话剧史”，从古希腊戏剧“降神机”的舞台设备，到中世纪宗教剧，到莎士比亚“舞台空间多型运用法”，到 18 世纪后期浪漫主义戏剧，包括“还有些极端片面的戏剧表现手法”，如意大利即兴喜剧、戈登·克雷戏剧学说、俄罗斯剧作家苏洛戈夫等，在黄佐临看来，“这些都是些比较偏激的流派，不能算什么戏剧理论，

---

① 黄佐临：《漫谈“戏剧观”》，《人民日报》1962 年 4 月 25 日第 5 版。

② 郑传寅：《梅兰芳表演艺术体系论纲》，梅兰芳表演艺术体系及相关文献收集整理与研究课题未刊稿，第一章(四)。

或许更确切些说，只可以算是派而不流的做法和想法。不过派而不流也好，流而不派也好，久而久之，好的，被肯定的经验积累得越来越丰富，成为珍贵遗产，流传后代。这份遗产，当它系统化了，变成体系了，就形成戏剧观”。①黄佐临对世界戏剧史非常熟悉，他的视野是开阔的，思想是敏锐的，他之选择这三种戏剧观，是因为这三者戏剧观是“绝然不同的”，而且这三人都是“现实主义大师，但三位艺人所运用的戏剧手段却各有巧妙不同”。②

登泰山而小天下，走出自我方能更好、更全面认识自我。没有比较和参照，摸到的、听到的都是片面的、局部的。所以梅兰芳之走出国门，走向世界，一方面带去了积淀深厚的中国传统文化，另一方面我们能够超越自我更为全面地认识中国传统文化，认识中国戏曲，而不处于坐井观天的格局中。梅兰芳在纽约演出期间，美国著名戏剧家、剧评家、诗人和小说家斯达克·杨(Stark Young, 1881—1963)在《戏剧艺术月刊》撰写了一篇题为《梅兰芳》的长达1.5万字的评论文章。在这篇文章里斯达克·杨认为梅兰芳的表演，与古希腊戏剧、伊丽莎白戏剧有一种“酷似”性。“梅兰芳的戏剧，不仅对任何国家皆可能出现的这种古典艺术性，而且也对希腊古剧，都是一种富有启发性的诠释。伊丽莎白时代的戏剧和这种中国戏剧十分明显地相似。”“中国的京剧对希腊古剧作了一种深刻的阐释，因为那些使人联想到希腊的特征，以一种自然的思考方式，一种深刻的内在精神，体现在中国的戏剧里。”③梅绍武注意到了这篇文章“将京剧同希腊古剧和英国伊丽莎白时代戏剧作了深刻比较，并对京剧艺术和先父的表演艺术作出高度评价”④。笔者认为“从比较文化、比较戏剧的角度看，也可说这是最早

---

① 黄佐临：《漫谈“戏剧观”》，《人民日报》1962年4月25日第5版。

② 黄佐临：《漫谈“戏剧观”》。

③ 斯达克·扬著，梅绍武译：《梅兰芳》(《戏剧艺术月刊》，第14卷，1930年4月)，中国梅兰芳研究学会、梅兰芳纪念馆编：《梅兰芳艺术评论集》，中国戏剧出版社，1990年，第703、705页。

④ 斯达克·扬著，梅绍武译：《梅兰芳》，中国梅兰芳研究学会、梅兰芳纪念馆编：《梅兰芳艺术评论集》，第707页。

的'世界三大戏剧'说"①。

无论作为"三种戏剧观"也好，作为"三个戏剧体系"也好，虽然斯坦尼斯拉夫斯基、布莱希特、梅兰芳三者戏剧观"绝然不同"，三者"所运用的戏剧手段却各有巧妙不同"，但黄佐临认为斯坦尼斯拉夫斯基、布莱希特与梅兰芳都是现实主义大师，将他们三人放在一起进行比较，"目的是想找出他们的共同点和根本差别，探索一下三者之间的相互影响，相互借鉴，推陈出新的作用，以便打开我们目前话剧创作只认定一种戏剧观的狭隘局面"②。显然，作为"戏剧观"也好、"体系"也好，这三者是具有可比性的。但作为体系的命名者梅兰芳与斯坦尼斯拉夫斯基、布莱希特的出身背景和经历及身份确实不同，他们的共同点是兼具戏剧理论与实践"两门抱"。斯坦尼斯拉夫斯基是苏联的演员、导演、戏剧教育家、理论家，布莱希特是德国剧作家、戏剧理论家、导演、诗人，梅兰芳主要身份是演员，是文化使者、艺术管理者和理论家，差别之处在于彼此身份的侧重点不同。作为"体系"的建立者，相对而言，斯坦尼斯拉夫斯基和布莱希特更擅长从导演角度进行思考和理论阐发，梅兰芳则更多作为演员的舞台实践，但梅兰芳作为演员与一般演员包括国外演员的不同之处在于他的"思想性"和理论总结。这也是梅兰芳所以可以成为"体系"建立者的原因。在中国戏曲的创作中，导演制建立是1952年之后的事情，但导演职能伴随着中国戏曲的发展，在"梅兰芳"这个符号中，它的意义包含演员、编剧、学者、班主、导演、化妆、唱腔伴奏等，演员之外的其他戏曲职能梅兰芳均有深度参与，他的艺术见解和理论阐发有丰富的文献可证。

梅兰芳的导演水平和理论，我们从晚年创作《穆桂英挂帅》一剧，可以窥探一斑。1959年新中国成立十周年之际，梅兰芳排演了新戏《穆桂英挂帅》，这是他在新中国成立后排演的唯一一部新戏，也是他

① 刘祯：《梅兰芳海外文化传播及世界戏剧史意义》，刘祯主编：《梅兰芳菲·总序》，江苏人民出版社，2023年，第14页。

② 黄佐临：《漫谈"戏剧观"》，《人民日报》1962年4月25日第5版。

晚年的代表作。他曾撰写《我怎样排演〈穆桂英挂帅〉》，将此戏与二十年前排新戏的情况对比，认为与“从前一出新戏的出现，经过找题材、打提纲、写总本、抄单本”几个阶段“老的排戏方法”相比：

> 现在我们建立了导演制度，起着很大的作用。导演是了解全剧内容的，他可以先对每个演员作一番分析人物性格的工作，这一点已经给了演员不少的帮助。我排新戏有导演，还是第一次。这次的经验告诉我：导演要做全剧的表演设计，应该有他自己的主张，但主观不宜太深，最好是在重视传统、熟悉传统的基础上进行创造，也让演员有发挥本能的机会，发现了问题，及时帮助解决，有时候演员并不按照导演的意思去做而做得很好，导演不妨放弃原有的企图，这样就能形成导演和演员之间的相互启发，集体的力量，比个人的智慧大得多。①

戏曲导演制是20世纪50年代开始建立，《穆桂英挂帅》的导演为郑亦秋，梅兰芳对郑亦秋的导演工作非常肯定。通过梅兰芳这番话，我们可以看到梅兰芳在旧戏中是如何排练的，在《穆桂英挂帅》这部新戏里，梅兰芳又是如何阐述他的导演理念，也很好地论述了演员与导演的关系。梅兰芳理想的关系是“导演和演员之间的相互启发”，这在导演制实行之初的那个年代是非常重要的经验，梅兰芳不仅是优秀的演员，也是精通导演的艺术家，舞台的整体面貌是由梅兰芳所调度和掌握的。

虽然以斯坦尼斯拉夫斯基、布莱希特和梅兰芳命名“体系”，但“体系”本身都不完全是自己的，其创作实践和理论归纳总结都是基于本民族深厚的戏剧文化底蕴，只是其体系理论的个人思想、个人色彩更为鲜明和强烈而已。对斯坦尼斯拉夫斯基体系，梅兰芳指出了这一

① 梅兰芳：《我怎样排演〈穆桂英挂帅〉》，梅绍武、屠珍等编撰：《梅兰芳全集》(叁)，第99、100页。

点。他说:“斯坦尼斯拉夫斯基的表演体系现在已经成为全世界进步的戏剧工作者一致遵循的正确创作道路了。可是在他的生前这个体系的形成和发展还是在长期的困难中斗争过来的,体系的生命开始于资产阶级时代而成熟于苏联社会主义时代,他接受和发展了19世纪古典现实主义的传统,从俄罗斯和西欧的许多伟大戏剧家的创作中找到创作方面的要素,建立起演剧发展史上从来没有过的完整体系。这个体系是俄罗斯与西欧舞台名家创作的总结,是全面演剧发展的历史总结,把演剧提到新的最高的阶段。”①布莱希特“体系”亦然。相对而言,梅兰芳“体系”的重要特性是他对戏曲传统的继承,是在继承基础上的发展和革新,是在厚重传统积淀下的脱颖而出,所以梅兰芳“体系”与传统戏曲的相依相偎度也更高,这也是有的人不愿意承认梅兰芳“体系”的原因。梅兰芳表演艺术体系自中国戏曲表演艺术体系而来,是中国戏曲艺术在特定时代的艺术凝结和定格,打上了梅兰芳鲜明的印记,“梅兰芳是中国传统戏剧最具代表性、最成熟的代表”(黄佐临语),必须看到梅兰芳表演艺术与中国戏曲表演艺术之间的联系和区别,不能完全等同,也不能割裂。斯坦尼斯拉夫斯基与布莱希特两者理论的标新和体系的自构性、系统性更强,梅兰芳“体系”依托京剧和中国戏曲,他将京剧表演艺术特别是旦行表演艺术提高到一个崭新的阶段,革新和发展也是全域性质的,凝结为属于梅兰芳的“体系”。他的新孕育于旧,伴随着旧,从旧“破壁而飞”,建构起了时代的新戏曲格局。

作者单位:南昌大学艺术学院

---

① 梅兰芳:《回忆斯坦尼斯拉夫斯基和聂米洛维奇·丹钦科——为斯坦尼斯拉夫斯基、聂米洛维奇·丹钦科音乐剧院年鉴作》,梅绍武、屠珍等编撰:《梅兰芳全集》(叁),第375页。

梅兰芳艺术生涯中《游园惊梦》的重大意义

周锡山

全国的京剧演员必须在上海演出成功，才能真正立足舞台，成为著名艺术家。梅兰芳来上海演出时，还抓紧各种机遇学习和接受高雅艺术熏陶，尤其在上海昆曲艺术家俞振飞的帮助下，成为一流昆剧艺术家，真正做到了京剧演员“文武昆乱不挡，唱念做打俱佳”的最高境界。其中昆曲第一经典《游园惊梦》的学习和演出，在梅兰芳的艺术成长和艺术生涯中具有多重的重大意义。

梅兰芳学演昆曲《游园惊梦》的缘起和过程

按照京剧演员的学习要求，梅兰芳学戏之初就学习昆曲折子戏作为自己的艺术基础。但是梅兰芳学的是粗浅的北方昆曲。1919年12月26日，全国第一权威大报——上海《申报》，发表啸庐杂谭《韩世昌与梅兰芳之昆曲皆不正宗》给以公开的严厉批评：“彼之昆剧，亦为此好奇心理发明妄想所支配，而有所更张，别成一种富有二黄气息，并带有特别改良色彩的昆剧。”

梅兰芳理所当然地非常重视这个批评，因此，20世纪20年代初，梅兰芳在上海一次宴席上，初见俞振飞即请他唱昆曲。梅兰芳初见俞振飞就以《游园惊梦》结缘，他听后激动地拉着俞振飞的手不放，说：“我今天听到了真正的昆曲。在北京听了许多昆曲，我总怀疑不应该那么唱的，听到俞氏父子唱的，才觉得完全合乎我的理想。"①后来又对资深剧评家许姬传说:"过去我在北京听到的不是正宗的昆曲,我想象中的昆曲一定是像今天听到的那样。"②梅兰芳对俞振飞的昆曲极为钦佩。

昆曲是百戏之祖、百戏之师。梅兰芳领略到了中国戏曲的最高艺术的魅力。

梅兰芳在1932年定居上海后,自1933年起,比较系统地向俞振飞学习昆曲,他后来回忆说:"南方是昆曲的发源地。我想既然移家上海,有这样一个机会,应该在昆曲的唱念和身段方面,再多吸收一些精华,来充实我的演技。"③

于是,俞振飞应梅兰芳的约请,每星期一、三、五到思南路上的梅宅教唱,每次两小时。梅先生学习很认真,收获很大,对他以前学过演过的五十多出昆曲剧目加以整理,重新认识。上海思南路87号梅宅成了充满学术研究氛围的昆曲沙龙。梅兰芳回忆:"我们这个研究昆曲的小团体里,加上俞五爷(梅兰芳对俞振飞的尊称),更显得热闹。那一阵我对俞派唱腔的爱好,是达于极点了。我的唱腔,也就有了部分的变化。"梅兰芳赞扬俞振飞的唱腔"的确是有传统的玩意儿","讲究吞吐开合,轻重抑扬,尤其重在随腔运气,的确是有传统的玩意儿"。学习俞派唱腔后,"运用在表达情感方面,似乎比从前又丰富了一些。这对我后来表演昆戏,是有很大的帮助的"。④"总结起来说,俞腔的优点,是比较细腻生动,清晰悦耳。如果配上了优美的动作和表情,会有说不出的和谐和舒适。凡是研究过俞腔的,我想都有这种感觉吧。"⑤

梅兰芳向俞振飞学习昆曲,《游园惊梦》是最重要的学习剧目。

---

① 俞振飞:《俞振飞艺术论集》,上海文艺出版社,1985年,第20页。
② 俞振飞:《俞振飞艺术论集》,第20页。
③ 梅兰芳:《舞台生活四十年》,中国戏剧出版社,1987年,第172页。
④ 梅兰芳:《舞台生活四十年》,第173—174页。
⑤ 梅兰芳:《舞台生活四十年》,第174页。

梅兰芳学习和演出《游园惊梦》为代表的昆曲的十个重大意义

梅兰芳在上海俞振飞的帮助下，通过以《游园惊梦》为代表的昆曲折子戏的学习和提高，成长为一流昆曲艺术家。

梅兰芳学习昆曲，提高了京剧的艺术水平。梅兰芳在俞振飞的帮助下，提高了昆曲演唱水平，昆曲艺术的精粹融入了梅兰芳京剧艺术，使其在表演上更规范，无形中提高了梅兰芳京剧演出的层次。同时，梅兰芳在昆曲艺术领域也成为顶级的艺术家，为昆曲的传承发展做出了巨大的贡献。梅兰芳学习昆曲决定了后半生京昆并重的艺术生涯的走向。

梅兰芳学习和演出昆曲《游园惊梦》，具体来说，有十个重大意义。

其一，学习《游园惊梦》等昆曲传统经典剧目，有助于纠正梅兰芳在京剧领域的错误的创新道路，回归了正确的传统旧戏老戏的规范演出。这点，梅兰芳从美国演出回来已经觉悟到了，他说，我以后应该多演老戏。他知道自己创新的剧目，受了齐如山等梅党的错误引导，他们用西方的艺术来改造京剧。这些对他有帮助，反过来对他也有错误的引导，这说明世界上的事情非常复杂，成功和错误是结合在一起的。因此梅兰芳后半生回归到老戏旧戏，放弃了自己的创新剧作。梅兰芳学习正宗的昆曲，是他回归传统的一个重大举措。他的后半生走上了京昆并重的艺术道路。因为走了半生的弯路，梅兰芳留下来的真正的经典剧目也不过 10 个左右，其中一半是昆曲。

其二，梅兰芳学习以《游园惊梦》为代表的昆曲，成为一流昆曲艺术家。

其三，梅兰芳在抗战胜利后复出，不能唱京剧，俞振飞对梅兰芳说："不要难过，明天我带支笛子来，您唱唱《游园惊梦》，我想是可以的。"[①]在俞振飞的建议和帮助下，梅兰芳借助昆曲复出，《游园惊梦》是其常演的最重要剧目。

梅兰芳以《游园惊梦》等昆曲折子戏的演出而复出，决定了他后半生艺术生涯的走向，决定了他后半生京昆并重的艺术道路。

梅兰芳复出后，因嗓子变坏而京剧演唱水平大跌，黄裳在 1947 年初于《文汇报》发表《饯梅兰芳》，公开劝梅兰芳退出舞台："嗓子的确不行了，为了保持过去的光荣，梅有理由从此'绝迹歌坛'。"

梅兰芳的演艺生涯后期，唱功倒退，但演技因学习昆曲而有提高。本是为迁就儿子梅葆玖而演，倒促使梅兰芳将昆曲表演元素加入到京剧表演之中。梅兰芳在回忆录中写道："昆曲的身段，都是配合着唱的，边唱边做，仿佛在替唱词加注解……我又何尝不可以采用呢？我对演技方面，向来不分派别，不立门户。只要合乎剧情做来好看，北派我要学，南派我也吸收。"[②]

其四，梅兰芳后半生京昆并重的艺术道路，决定了他的 10 个左右的经典作品——《贵妃醉酒》《霸王别姬》《宇宙锋》《生死恨》《穆桂英挂帅》《断桥》《思凡》《贩马记》《铁冠图》《游园惊梦》，一半是昆曲。

梅兰芳重新严格规范地排练了学过的以《游园惊梦》为代表的昆曲名作，由此而增加了可以演出的新戏。

梅兰芳与俞振飞、言慧珠合演的《游园惊梦》及其电影，是梅兰芳本人和 20 世纪中国戏曲史、文化史的标志性经典作品、重大艺术成果。

梅兰芳演出昆曲《游园惊梦》，是俞振飞指导和帮助的重大成果，梅兰芳特撰长篇论文《〈游园惊梦〉从舞台到银幕》予以回顾和总结，此文是梅兰芳重要的艺术总结文章，文中不断言及与俞振飞的合作情况。

此文既是这个重大成果的总结，同时其本身也是梅兰芳在戏曲理论的研究方面的一个重大成果。

---

① 俞振飞：《俞振飞艺术论集》，第 21 页。梅葆玖：《追忆与俞（振飞）老交往的岁月》，郭宇主编：《俞粟庐俞振飞研究》，中西书局，2013 年，第 188 页。

② 《父子大师 · 梅葆玖：我对得起父亲梅兰芳》，《每周文摘报》2016 年 8 月 23 日、《读者参考》第 130 期。

其五，梅兰芳因《游园惊梦》而与昆曲第一大师俞振飞、昆曲皇后华文漪而有世纪性的艺术合作。

其六，上海是梅兰芳的福地，梅家的福地。[①]20 世纪末至 21 世纪初的梅派第一继承人梅葆玖生在上海，学在上海，在上海学习《游园惊梦》和《断桥》，是他学戏的根基。上海传字辈的名家朱传茗向梅葆玖精心传授《游园惊梦》的杜丽娘一角；梅兰芳的言传身教，带给梅葆玖最直接的影响是他也非常重视昆曲。

梅兰芳和梅葆玖父子俩正式同台合演的第一出戏就是昆曲《游园惊梦》。梅葆玖回忆：1949 年 12 月 29 日，梅葆玖第一次和父亲梅兰芳同台，演出了昆曲《游园惊梦》，他演春香，梅兰芳演杜丽娘。“因为是第一次和父亲一起唱，成了全家的大事，学校已经放寒假，许多同学都来看戏。”[②]

▲1950 年 1 月 15 日，梅兰芳（左）、梅葆玖父子在上海同台演出昆曲《牡丹亭·游园》，梅兰芳饰演杜丽娘，梅葆玖饰演春香

在排戏时，梅兰芳有点着急：“他的《游园》是朱传茗给他排的，在

---

① 梅葆玖：《京剧史本身就是社会史》，《人民日报》2016 年 4 月 12 日。

② 《父子大师·梅葆玖：我对得起父亲梅兰芳》。

花园里唱的两支曲子的身段和步位，跟我不很相同。当时有人主张我替葆玖改身段，跟着我的路子走。我认为不能这样做，葆玖在台上的经验太差，这又是他第一次表演昆曲……那准要出错的。这样就只有我来迁就他了。"①

1949年末至1950年初，梅兰芳率梅剧团在上海中国大戏院演出的一个多月中，梅葆玖与父亲及俞振飞合演的《游园惊梦》竟上演8场。

其七，梅兰芳在世界上艺术水平最高的上海观众帮助下成为大师。梅兰芳复出时在上海美琪大戏院演出的昆曲《游园惊梦》给10岁小观众白先勇布下昆曲的种子，具有萌发影响巨大而深远的青春版《牡丹亭》的远因的重大意义。"昆曲义工"白先勇由此而热爱昆曲，为吸引青年观众，在新世纪策划、演出青春版《牡丹亭》。白先勇曾自述当年观看梅兰芳《游园惊梦》时的感觉，和策划与组织演出青春版《牡丹亭》之间有密切关系。

其八，上海昆曲艺术家俞振飞、朱传茗等无私帮助梅兰芳，显示了无私的胸怀。梅兰芳昆曲演出水平的提高自《游园惊梦》起，他与他的昆曲演出的最好搭档俞振飞的终身合作和俞梅交往，以《游园惊梦》始，以《游园惊梦》终，《游园惊梦》是梅兰芳和俞振飞结缘、演出的媒介。

其九，梅兰芳拍摄《游园惊梦》电影时，向在校学生华文漪学习身段，显示出演到老，学到老的精益求精精神。

其十，梅兰芳的昆曲电影《游园惊梦》受到权威评论家严厉的批评，给学术界和文艺界以重大启发。

下文将十大意义中的重要内涵略做展开。

江南文化和上海艺术家对梅兰芳的重大帮助及其重大意义

梅兰芳学演《游园惊梦》上已言及的一个重大意义是，梅兰芳学演

① 《父子大师·梅葆玖：我对得起父亲梅兰芳》。

和提高《游园惊梦》的水平，体现了江南文化和上海艺术家对梅兰芳的重大帮助。

江南和上海艺术家无私、尽力哺育和帮助了京剧第一大师梅兰芳，显示了江南和上海的昆曲艺术处于中国戏曲艺术的顶峰，江南和上海戏曲家具有海纳百川的宽广胸怀和高屋建瓴的战略眼光。反过来梅兰芳也因此而为江南文化、上海文化做出了重大贡献。

梅兰芳最杰出的弟子言慧珠在俞振飞和朱传茗的帮助、指导下，在上海成长为一流昆曲艺术家。成为上海昆曲艺术家的言慧珠，参与拍摄《游园惊梦》，担任春香，给梅兰芳的成功演出和拍摄起了很大的辅助作用。

俞振飞出演柳梦梅，昆曲传字辈中的佼佼者华传浩出演杜母，朱传茗为梅兰芳吹笛。他们甘居绿叶，全心全意地帮助梅兰芳完成昆曲电影《游园惊梦》的演出和拍摄，取得很大成功。

俞振飞、朱传茗、言慧珠教育和培养的昆大班二十个女生，在电影《游园惊梦》中担任花神，此举意在让昆大班女生参与梅兰芳演艺的重要艺术实践，以增强阅历，并可近距离观察和学习大师的表演方法和艺术风范。

梅兰芳得到上海艺术家的帮助，既有来自俞振飞、言慧珠和朱传茗、华传浩等人的，也甚至有来自上海市戏曲学校学生华文漪的帮助。

更为重要的是，昆曲第一经典的剧本《牡丹亭》是汤显祖创作的，但是此剧的音乐和表演艺术传承的是江南昆曲的精粹，尤其是昆曲《牡丹亭》的唱腔是清代江南文人叶堂谱曲的，俞振飞是叶堂曲派的唯一传人。梅兰芳依靠俞振飞帮助，学习南昆的唱腔，达到姑苏风范的表演标准，才能成长为一流的昆曲艺术家。

梅派艺术的第一传承人梅葆玖，也是上海曲家朱传茗教他的《游园惊梦》。梅兰芳说："我从去年起唱的'游园'，身段上有了部分的变化。这不是我自动要改的，完全是为了我的儿子葆玖陪我唱的缘故。他的'游园'是朱传茗给他排的，在花园里唱的两支曲子的身段和步位，跟我不很相同。当时有人主张我替葆玖改身段，要改成我的样子，跟着我的路子走。我认为不能这样做。”①

梅兰芳的《游园惊梦》演出对昆曲振兴的努力和贡献

梅兰芳强调“在我先祖学戏时代”,“戏剧界的子弟最初学艺都要从昆曲入手。馆子里经常表演的,大部分也还是昆曲”。而《游园惊梦》是学戏时期最早需要学的:“我家从先祖起,都讲究唱昆曲。尤其是先伯,会的曲子更多。所以我从小在家里就耳濡目染,也喜欢哼几句。如‘惊变’里的‘天淡云闲……’、‘游园’里的‘袅晴丝……’我在十一岁上第一次出台,串演的就是昆曲。可是对于唱的门道,一点都不在行。”“我一口气学会了三十几出昆曲,就在民国四年开始演唱了。大部分是由乔蕙兰老先生教的。像属于闺门旦唱的‘游园惊梦’这一类的戏,也是入手的时候,必须学习的。”②

梅兰芳在艺术上出道的初期,就面临昆剧极度衰落的形势,他就有意识地振兴昆剧:“到了民国二、三年上,北京戏剧界里对昆曲一道,已经由全盛时期渐渐衰落到不可想象的地步。台上除了几出武戏之外,很少看到昆曲了。我因为受到先伯的熏陶,眼看着昆曲有江河日下的颓势,觉得是我们戏剧界的一个绝大的损失。我想唱几出昆曲,提倡一下,或者会引起观众的注意和兴趣。那么其他的演员们也会响应了,大家都起来研究它。您要晓得,昆曲里的身段,是前辈们耗费了许多心血创造出来的。再经过后几代的艺人们逐步加以改善,才留下来这许多的艺术精华。这对于京剧演员,实在是有绝大借镜的价值的。”③

这是梅兰芳在戏曲事业上的大局意识和危机意识,他有意为振兴昆剧而努力。

梅兰芳在定居上海后,立即开始努力学习昆曲,就常请俞振飞“来

---

① 梅兰芳:《舞台生活四十年》,第 176 页。

② 梅兰芳:《舞台生活四十年》,第 167—168 页。

③ 梅兰芳:《舞台生活四十年》,第 168 页。

替我温理曲子,这是我接触到俞派唱法的开始。他给我理的曲子,真不算少。理熟了,他拿起笛子就吹。他吹的瘾头真不小,我那时唱的兴致也不差,我们两个人简直唱出瘾来了。大概是一九三二年的冬季,他第一次给我吹的就是'游园惊梦'。那天除了姜、姚二位照例分扮柳梦梅和春香之外,大花神跟十二花神都是仙霓社的昆班演员(传字辈演员)扮的"①。

梅兰芳在上海定居时期,恰逢传字辈在演出团体解散后,昆剧陷入衰亡的绝境。上海昆剧界的代表——上海昆曲保存社为资助传字辈而举办义演,梅兰芳热烈响应,与俞振飞首次合作演出《游园惊梦》。梅兰芳回忆说:"巧得很,我跟俞五爷在台上第一次合演的戏,也是'游园惊梦'。仿佛是一九三四年,为了昆曲保存社筹款,就借新光大戏院会串两天昆曲。我接受了当地几位老曲家的要求,答应他们参加演出。第一天就唱的是这出戏。俞五爷的柳梦梅,一位女昆票的春香,鼓是昆班里的能手阿五给我打的。"②梅兰芳为救助昆曲,做了很大的贡献。

梅兰芳于抗战胜利后,因蓄须停演,连最低的调门也上不去了,唱不成京剧了。俞振飞对梅兰芳说:"不要难过,明天我带支笛子来,您唱唱《游园惊梦》,我想是可以的。"③

1945 年 11 月 28 日起,俞振飞帮助梅兰芳在抗战期间罢演后的复出,两人合作在上海美琪大戏院演出了十天昆曲,剧目有《游园惊梦》《刺虎》《琴挑》《断桥》《思凡》《乔醋》《风筝误》《奇双会》。观众为瞻仰八年不登台的梅兰芳,场场爆满,后又加演三场。

这次演出的场面和班子都是俞振飞请来的。当时周传瑛和王传淞正在浙江农村的戏台苦苦挣扎,接到俞振飞的邀请信,竟然可以与梅兰芳在上海的著名戏院同台演出,喜出望外,"真是激动得说不出话

---

① 梅兰芳:《舞台生活四十年》,第 172—173 页。

② 梅兰芳:《舞台生活四十年》,第 174 页。

③ 俞振飞:《俞振飞艺术论集》,第 21 页。梅葆玖:《追忆与俞(振飞)老交往的岁月》,郭宇主编:《俞粟庐俞振飞研究》,第 188 页。

来”。俞振飞事先就与昆曲朋友们说明:“梅先生唱昆曲,就是至此保存昆曲艺术的有效措施,梅先生登高一呼,昆曲就有了希望了。”关照大家不取报酬。因此梅兰芳给俞振飞报酬,梅夫人要买礼物赠送,俞振飞都坚决不收。①

在俞振飞的合作和支持下,自20世纪30年代至1960年,梅兰芳演出了一二十出昆曲经典剧目,常演的昆曲有《西厢记·佳期、拷红》《玉簪记·琴挑、问病、偷诗》《狮吼记·梳妆、跪池、三怕》《金雀记·觅花、庵会、乔醋、醉圆》《风筝误·惊丑、前亲、后亲》《雷峰塔·水斗、断桥》《南柯记·瑶台》《渔家乐·藏舟》《铁冠图·刺虎》,还有两出源出吹腔戏的昆剧名作《昭君出塞》和《奇双会》。这许多戏都是梅俞合作的精品,其中功力最深的则是《断桥》《刺虎》《奇双会》和《游园惊梦》。

梅俞知音,以《游园惊梦》始,以《游园惊梦》终

京剧第一名旦梅兰芳和昆曲第一小生俞振飞的梅俞天作之合,与《游园惊梦》有不解之缘。俞振飞第一次与他订交,是俞振飞吹笛,梅唱《游园》;第一次同台演出,又是梅的杜丽娘,俞的柳梦梅;最后一次合作拍电影也是《游园惊梦》;而最后一次同台合作还是《游园惊梦》。②在三十年中,合演此戏更是不下数十次。每次合作,都能过足戏瘾。俞振飞认为,如果说《宇宙锋》是梅兰芳皮黄的代表作,那么这出《游园惊梦》就是梅派昆曲的代表作了。

梅兰芳和俞振飞愉快合演之后,极度赞赏:俞振飞吹笛的“绝技”,“笛风、指法和随腔运气,是没有一样不好的”,“俞腔的优点,是唱腔细腻生动,清晰悦耳。如果配上了优美的动作和表情,会有说不出的和谐和舒适”。③

梅兰芳与俞振飞合作演出的体会是:“俞振飞是一位难得的天才

---

① 俞振飞:《俞振飞艺术论集》,第22页。

② 俞振飞:《俞振飞艺术论集》,第21页。

③ 梅兰芳:《舞台生活四十年》,第173—174页。

演员。”“俞振飞腹有诗书，在台上儒雅风流，无与伦比，在台上那点儿意思，旁人做不到。”①

梅兰芳常演的昆曲差不多每一出都是梅俞合作的精品，尤其是《游园惊梦》中的杜丽娘，更可说是其中不同凡响的绝品。

梅兰芳与小梅兰芳华文漪的艺术交往和互评互学及其重要意义

梅兰芳因拍摄昆曲电影《游园惊梦》而与20世纪最杰出的昆曲艺术家之一华文漪产生艺术交往。

1959年，梅兰芳、俞振飞、言慧珠拍摄《牡丹亭·游园惊梦》电影，他们分别扮演杜丽娘、柳梦梅和春香。名丑华传浩演杜母。其中“堆花”一场，由上海戏校昆大班女同学们饰演二十花神。她们个个青春靓丽，光彩照人，围着两位大师载歌载舞，花团锦簇，美不胜收。而华文漪作为学生中的姣姣者，自然成为群花之冠，更显得雍容华贵，光彩四射。华文漪在《游园惊梦》电影中担任大花神，显示上海市戏曲学校领导、导师和梅兰芳将华文漪看作昆大班女生的第一姣姣者。

言慧珠因他们毕业时赴港演出而撰文《赞新苗——谈白蛇传中四个白娘子》，言及当年拍电影时，梅师母特别喜欢华文漪，对言慧珠说：“这个小姑娘的扮相多么像你老师年轻的时候。”后来俞振飞在《送华文漪赴港演出有感》也写道：“梅先生慧眼独具，一眼就看上了大花神的扮演者华文漪身手不凡，起初，梅先生还以为她是名丑华传浩的千金，有家学渊源是常理，后来一问，方知道是普通学生，连说‘难得，难得’。”这在华文漪的艺术道路上，有着十分重要的意义。华文漪就是在多位前辈艺术家的关怀、鼓舞和帮助下，勤学苦练，迅速成长的。

可问起当时对梅大师的印象，华文漪却坦率地说，自己那时只是个小孩子，笑称那时是“不开窍的”。感觉梅大师就像神一样高不可

① 郑利寅：《我所知道的俞振飞》，《上海戏剧》2010年第8期。

攀。所以总是敬而远之，看见了也要躲得远远的。后来，慈祥好客的梅大师邀请大家去他家做客，吃了什么、说了什么，如今都已淡忘，唯独梅大师站在家门口跟大家挥手道别的样子，给华文漪留下了永不磨灭的印象。她带着回味深长的表情，由衷地赞叹道："那神态可真美啊！把我都看呆了。"①

华文漪看了梅兰芳拍摄的电影《贵妃醉酒》，激动不已的她由衷地觉得梅大师"真是太美太美了！"她特别佩服"男人演女人，居然能比女人还要漂亮还要嗲（上海话，妩媚、娇美），还要有女人味"！由此，她逐渐意识到：反倒是女人演女人的时候，往往不重视细节表现，总以为演出来自然就有女人味了。"我一定要注意，不要以为自己是女人，演出来就是女人，就不去讲究了。女人味也是要有艺术性才能表现出来的！"②从此之后，她在演戏中，有意追模梅大师的韵味。这种学习，是在没有机会得到名家直接教诲的情况下，用自己的颖悟和自省，反复和深入思考名家给自己的启示和熏陶；在学习时，不仅仅是模仿名家，而是从名家那里得到启发后，借鉴和吸收名家的好处、长处，不断丰富自己的表演艺术。

华文漪如此认真刻苦而又卓具悟性地学习梅兰芳，而梅大师当年竟然也向戏校的在校学生华文漪学习。

华文漪极度崇拜梅兰芳，但一贯低调的华文漪谦虚地从来不提梅大师竟然向她这个学生学习的往事。

1961年10月15日，梅先生逝世两周月之后，在电影《游园惊梦》中配演杜丽娘母亲的名丑华传浩撰文回忆：

> 梅先生很喜欢华文漪同学，说她的扮相，与他自己青年时期极为相像。他还当她是我的女儿，所以继承昆剧艺术。在后来拍摄电影《游园惊梦》的过程中，他看到华文漪同学的一个身段，认为很好，当场要她再走两遍，就吸收运用到他自己的表演中去了。

---

①② 王悦阳：《华文漪：有心情那梦儿还去不远》，《新民晚报》2022年4月13日。

> 梅先生以沧海之大，不捐一滴之微，他的艺术成就之所以博大精深，就在于能够广泛地吸取他人的长处，不断丰富自己，不断创造发展，自少至老，精进不已，把表演艺术推向最高的顶峰！这不仅感动了年青的同学们，也使我受到了一次深刻的教育与启发。①

华传浩赞誉梅兰芳作为第一京剧大师虚怀若谷，善于学习，竟然向还是戏校学生的华文漪学习。而华文漪在学生时代就富于创造力，在《游园惊梦》中演花神这样群众演员的配角，她的表演身段竟然赢得梅大师的注意、赞赏，并向她学习，运用到自己的表演中去，这是20世纪中国戏曲史上仅有的一个大师向学生学习的佳例。

华文漪崇拜梅兰芳而不接近梅兰芳，小梅兰芳的胆怯、矜持而采取的有距离的学习，启示了向艺术大师学习的一个正确方法。

华文漪因参与拍摄昆曲电影《游园惊梦》而见到梅兰芳，参与了梅兰芳的艺术创作，并做了具体的评论。这是昆曲第一旦角、小梅兰芳对梅兰芳的评论，非常珍贵。

梅兰芳在昆大班的二十个花神中，特别赏识华文漪，只对她一人表示了兴趣，并询问她的来历。这是艺术大师慧眼识珠的佳例。

俞振飞转达梅兰芳本人、言慧珠转达梅兰芳夫人对华文漪的评价，这是因为就在梅兰芳逝世的当年（1961年8月8日），仅过4个月，刚从上海市戏曲学校毕业半年的华文漪随上海市青年京昆剧团赴香港演出，以梅派大青衣的角色主演《白蛇传》（华文漪当时唱的是京剧）引起轰动，香港观众和媒体都盛赞她为"小梅兰芳"。

梅兰芳向还是学生的华文漪，学习一个身段。这是至今为止唯一的大师级艺术宗师，在艺术处于顶峰时期的晚年，公开向年轻学生学习的唯一佳例。这显示梅兰芳虚怀若谷、艺术至上的态度；也显示被白先勇誉为"昆曲第一名旦"的华文漪，的确具有不同凡响的艺术天

① 华传浩：《梅边忆语（我为梅兰芳先生配演杜母）》，郭宇主编：《梅派艺术传习录》，中西书局，2013年，第402页。

赋，提供了俞振飞赞誉华文漪为“天生闺门旦”即天才艺术家的一个有力例证。

梅兰芳和小梅兰芳、昆曲皇后华文漪的艺术交往和互相评论、互相学习，在20世纪中国戏曲史上具有上述多个重要意义。

吴藕汀对梅兰芳《游园惊梦》电影的严厉批评及其重要意义

梅兰芳昆曲《游园惊梦》及其电影中花神设置的艺术争议具有重要的意义。

吴藕汀严厉批评梅兰芳昆曲电影《游园惊梦》，显示了守正派学者的风骨和贡献。其在《戏文内外》一书中，对梅兰芳的昆曲电影《游园惊梦》，做了全面的批评。

首先，吴藕汀批评戏曲界未能原汁原味地传承《游园惊梦》和《寻梦》的传统演出形式：

> 《寻梦》一折，本来曲子多，做工少，不宜登台演唱，一般不多演。我曾见过“仙霓社”姚传芗演过。现在所演，大异从前，以身段花俏为美，一反旧观，不要说《寻梦》，就是《游园》、《惊梦》也有今昔之别。京剧已是换形，而昆腔离根更远。侈言“去粗取精，去芜存菁”，甚至把折子戏“认真加工，反复琢磨，力求老戏新演”，并“养成演新戏，出大戏的能力”，因此将“乾嘉传统”一扫而尽。①

吴藕汀指出，据汤显祖的剧本，“花神只有一人上场。戏班就不同了，花神戴汾阳帽，穿红蟒，一如赐福里的天官，末扮，挂黑三。还有十二花神，手持花牌上场，脚色具备”。“花神由二十个女人扮演，好像西洋歌舞，不伦不类，贻笑大方。大花神虽有，也换了一个女角，不唱《鲍

① 吴藕汀：《戏文内外》，中华书局，2008年，第240页。

老催》和《双声子》曲子，而唱不知所云的《画眉序》。”又引朱家溍说：“堆花一场，不用传统生旦净丑扮演。花神全用旦角扮演……改成众仙女。最后花团锦簇，把杜丽娘和柳梦梅拥簇出来。后来不止一个剧团，在舞台上也照搬这一套，实际上是蠢到家的办法。戏曲舞台，杜柳二人，唱第一支《山桃红》，是二人的特写。下去之后，上众花神，这相当于花园全景大环境，众花神下去。杜柳二人上唱〔前腔〕，又是二人的特写。可是现在舞台上，让众花神二次把杜柳拥簇出场，等于把二人的特写取消了。”

吴藕汀接着评论说，不过他（指朱家溍）还是回护了梅兰芳，说：“梅先生虽然拍电影听了导演的办法。但他表示过，舞台上不能照搬。”但是现在已照搬了，而且朱氏所说还“不止一个剧团”哩。①

吴藕汀严厉批评梅兰芳的一个失误，《游园惊梦》原有梦神上场说：“今有柳梦梅与杜丽娘，有姻缘之分，奉花神之命，着我勾引他二人香魂入梦者。”引出柳生拱起双手，遮揾住眼睛，跟着出场。梦神用镜又在桌上一拍，依然把杜丽娘引出桌外。双镜合起，下场而去。梦中相会，由此而起。可是，“梅兰芳演此，禁不起一个当局小吏的一言，就此把睡梦神删去了。我觉得他‘蓄须明志’的傲骨不知哪里去了？此相传的故事，有些怀疑，不免使人要打上一个问号”。

原剧接演，小生见旦笑说：“小姐，咱爱杀你呢。”唱《山桃红》：“则为你如花美眷，似水流年。是答儿闲寻遍。在幽闺自怜。转过这芍药栏前，紧靠湖山石边。和你把领扣松，衣带宽，袖稍儿揾着牙儿苫也。则待你忍耐温存一饷眠。”旦唱：“是哪处曾相见，相看俨然。早难道这好处相逢无一言。”生强抱旦下。随后出场花神：“吾乃掌管南安府后花园花神是也。因杜知府小姐丽娘与柳梦梅秀才，后日有姻缘之分。杜小姐游春感伤，致使柳秀才入梦。咱花神专掌惜玉怜香，竟来保护他，要他云雨十分欢幸也。”接唱《鲍老催》“单则是混阳烝变……”一阕。以下戏剧中有《堆花》《咏花》一折，为传奇所无，台后生旦，可以休

① 吴藕汀：《戏文内外》，中华书局，2008年，第241页。

息。台前观众,觉得闹猛,一举而两得。梅氏云:“最初我唱《游园惊梦》……堆花一场,这十二花神,先是由斌庆社的学生扮的……后来换了富连成的学生来扮。”又云:“有一次张四先生约我到南通……十二花神是工学校的学生扮的。这是民国十一年夏季的事。”可见梅氏演此剧,花神一场,一直依照旧例演出,未曾改变。十二花神这场戏《许姬传艺坛漫录》有云:“这场戏舞台上称作堆花。十二花神分扮生、旦、净、丑各种脚色。手持代表一至十二月的花枝绢灯,先由五月花神钟馗登场舞蹈,众花神依次出场,站立成行。大花神老生挂黑三绺髯,穿黄帔、戴九龙冠,持牡丹花出场。从扮相看,他是花王,而不是大花神了。”①

吴藕汀又严厉批评:

> 1959年梅兰芳、俞振飞、言慧珠合摄《游园惊梦》电影片。“戏剧盲人”的导演,竟然主张由上海戏校女学生来扮演花神。大小花神均是旦角,穿古装,人数增至二十人,不附十二月之数。唱词也改了样,真是笑话百出,遗臭可知。近今演出,还是效此恶习,留毒戏场,这种人打入十八层阿鼻地狱,尚有余辜。②

他还批评:

> 花神下场,生旦携手上,唱:“这一霎天留人便,草藉花眠。”生唱:“则把云环点,红松翠偏。见了你紧相偎,慢厮连,恨不得肉儿般团成片也。逗的个日下胭脂雨上鲜。”这一阕《山桃红》为淫词,竟把词句改易。真是卖青果子,贻人口舌。旧时演《惊梦》时,杜丽娘在睡魔神来接时,柳梦梅正念:“莺逢日暖歌声滑……呀,小姐,小姐。”这时间杜丽娘改穿红褶子,与柳梦梅服式相对,表示在

① 吴藕汀:《戏文内外》,第242页。
② 吴藕汀:《戏文内外》,第243页。

> 梦境之意。及至唱完《山桃红》柳白“姐姐,俺去了……睡在巫山一片云”一段,杜丽娘仍换旧装,回复《游园》时形象,今久已不见了。①

最后,在梅兰芳面临的读音的争议方面,吴藕汀肯定:《游园》唱词中有“迤逗的彩云偏”一句,这“迤”字虽应读“拖”,但南方唱作“移”音,从来没有唱作“拖”音。这是事实。②

梅兰芳《游园惊梦》电影引起吴藕汀的严厉批评,吴藕汀的批评给戏曲界和学术界提供了原汁原味昆曲《牡丹亭》的真实面貌和演出方法,为今后原汁原味演出55折全本《牡丹亭》提供了很好的启示。

吴藕汀的严厉批评,对梅兰芳的修改和创新做了内行的深刻的评价,值得当今戏曲界和学术界深思。天下没有十全十美的完人,梅兰芳的重大艺术成果不是不可以批评的,而是可以反思和修正的。后人在重演《游园惊梦》时,修正梅兰芳在修改和创新中的不足,即可提高昆曲的艺术性和本真性。

从梅兰芳《游园惊梦》的创新,反思昆曲传承的艰巨任务

从梅兰芳演出《游园惊梦》的创新理念和创作实践,可以看出,即使是20世纪顶级的艺术大师,也会引起激烈的争议和严厉的批评。

在当今昆曲的传承保护事业中,有一种意见认为,发展是最好的保护,发展就要创新,创新是剧种的生命力的体现。他们支持新创剧目和音乐舞美表演的新创和突破。对于昆剧来说,这是一个似是而非的观点。

另一种观点则正确地认识到,昆剧在戏曲中是一个例外,昆剧是最古老的戏曲,是优秀传统文化的典范,必须坚持原汁原味的继承和保护。可是自20世纪20年代起,受反传统思潮的影响,戏剧界普遍

①② 吴藕汀:《戏文内外》,第243页。

地尊崇西方写实主义戏剧的手法，而错误地将戏曲尤其是昆剧看作落后的封建文化的遗存、落后于时代的“旧剧”，戏曲艺人则是“旧艺人”。直至八九十年代，戏曲界多请话剧导演来导演戏曲，他们以西方戏剧的观念来改造戏曲，将戏曲的程式作为僵化的表演体系予以破除，用“幕”的概念去改造戏曲自由流动的分场形式，引进西方的写实主义的舞台布景。

因此，让昆剧回归到古典舞台上作传统形式的演出，把昆剧演出的传统格局一如原样地保存下来，力求保持昆曲遗产原貌，尽量展现昆剧传统风采，尽力保护和继承未经改革的原汁原味的昆剧，移步不换形的昆剧，是最迫切的任务。周传瑛总结说：“任何一折戏，只要是老先生手里教出来的，不管哪位上台做，或者在哪里教学生，都是一个规格模式，人们称这种规格模式叫‘昆剧典型’‘姑苏风范’。”①显然，这种具有固定规格的“昆剧典型”“姑苏风范”，内涵着昆曲唱、演艺术所达到的最高水平，是当今昆剧演出应该追求的目标。

笔者认为，中国戏曲的经典之作都是天才之作，江南地方戏在 20 世纪初的形成阶段，“各剧种不断提供创新的优美唱腔的乐师，都是无名天才艺术家”。同时，“剧种的兴盛，必须有一批优秀的表演艺术家，甚或拥有一批天才人物。这需要有大量的人才刻苦学习，经过层层淘汰，从中产生一批杰出甚或天才的艺术家”②。对待昆剧这样的完美的高雅艺术，“不是天才艺术家、大师，就不要改动传统的戏曲精品，要坚持原汁原味，不要搞‘创新’。因为一则分不清精粗美恶（梅兰芳强调的），二则没有超过前人的才华和能力却去改动前人的精品（俞粟庐和梅兰芳警告的），只能点金成铁、狗尾续貂。非遗的保护，就是要保持原样”③。诚如 2003 年全国政协《关于加大昆曲抢救和保护力度的

---

① 周传瑛：《昆剧生涯六十年》，上海文艺出版社，1988 年，第 25—26 页。王馗：《昆曲流派与姑苏风范》，《戏曲学报》2010 年第 7 期。

② 周锡山：《以上海为中心的多剧种江南地方戏的繁荣发展》，周锡山：《中国戏曲纵横新说》，复旦大学出版社，2019 年，第 62 页。

③ 周锡山：《俞氏父子信件中的文艺评论及其重要意义》，第 41 页。

几点建议》所强调的：像昆曲这样的世界级艺术经典，对它的抢救和保护必须保持其纯正的经典品位，维护民族文化传统和维护民族文化经典的尊严。

梅兰芳有着必须分清“精粗美恶”的清醒意识，但他自己也有失误。尤其是梦神的设置和花神人数，昆剧《游园惊梦》电影都改动了汤显祖《牡丹亭》的原作，这是很错误的。这个失误警示我们，今后如果排演原汁原味的55折全本《牡丹亭》，必须一字不改不删，制作一个可以传至后世、传至永远的研究型、有学术性的版本，作为我们这一个时代昆曲传承的标志性重大成果。

作者单位：上海艺术研究中心

尽解汤郎意　梅舞展天穹

——梅兰芳之《游园》探微*

柳　琳　谭　丽

1930年,中国京剧艺术大师梅兰芳启程前往美国,开始了一段为期数年的精心筹备的文化交流之旅。作为此行的重要组成部分,梅兰芳携带着一套精心准备的宣传材料——"中国戏剧图案"。这套材料共由217轴构成,包含了超过1 700个精心绘制的图像,涵盖剧场、行头、古装衣、冠巾、胡须、扮相、脸谱、舞谱、舞目、切末、兵械、乐器、钟、宫谱、脚色等15个细致分类,全面展现了中国戏剧的多维面貌。

"中国戏剧图案"的制作过程集中在1928—1929年间,这一时期正值梅兰芳访美计划的关键筹备阶段。制作完成后,这些图像依序被精心悬挂于墙面之上,由黄秋岳①与赵叔雍②参与了拍摄与保存工作。在梅兰芳的美国巡演期间,"中国戏剧图案"专门悬挂于各演出剧场的前厅,旨在营造浓郁的中国戏曲氛围,同时弥补文字宣传材料在受众面方面的局限,还能够跨越语言文字的障碍,借由图像材料的直观特征为国际观众铺垫了一系列与中国戏曲发展相关的背景知识。

---

* 本文为国家社会科学基金艺术学一般项目"梅兰芳缀玉轩藏'中国戏剧图案'(1930)校释与传播价值研究"(项目编号:24BB043)阶段性成果。

① 黄濬(1891—1937),字秋岳,福建福州人。梅党成员,出身京师大学堂译学馆,黄秋岳十七岁毕业后授举人,又留学日本早稻田大学。梅兰芳访美期间的发言稿件中有部分为黄秋岳执笔撰写。

② 赵尊岳(1898—1965),原名汝乐,字叔雍。梅党成员,毕业于上海南洋公学,历任《申报》经理秘书、行政院驻北平政务整理委员会参议。梅兰芳上海演出期间《申报》上的大规模宣传多由赵叔雍安排。

15 个类别的材料大多附上了中英文对照的说明材料，每幅子图像中也大多配有相应的英文翻译。

舞谱堪称“中国戏剧图案”系列的核心。在布局设计上，舞谱作为第 8 类位于 15 个分类的正中，处于视觉焦点。不同于阅读习惯倾向于关注文本的开头或结尾，当人们面对悬挂展示的图像时，中央位置的元素往往更加引人注目。在数量上，舞谱由 28 轴组成，其中包括 1 轴中文说明、1 轴英文说明以及 26 轴图像资料，每轴内含 6 个子图像，总计描绘了 156 种舞蹈动作，这一数目在所有类别中也属前列。舞谱的内容丰富且完整，与其他各类别形成紧密联系。每一幅舞谱的子图像以梅兰芳身着戏服的瞬间动作为中心，生动捕捉了他在剧中的一幕。这些服饰细节可与古装衣类别相互对照，增强了解读的立体感。在画面右上方，标注有舞姿的名称，这些名称专指梅兰芳独有的舞姿，有别于“舞目”类别中通用的舞蹈名称，彰显个性与传承。舞姿名称下并排书写两列文字，左侧列出舞姿出处的诗词，右侧则是与之相应的梅兰芳经典剧目的唱词，二者相得益彰，构建起舞蹈与文学的桥梁。画面中心的人物自然是梅兰芳本人，正如齐如山所回忆的那样，每一帧都凝聚着他对艺术的深刻理解和表现力：

> 要把每种舞式画出来，还须注上名字……这件事情，先须梅君和我共同工作。我们的办法是：我先把一出戏的唱词写出来，他就按着这句词，照原戏舞出，我看了他舞的姿式应该画那一点，并把这舞式时名称注上。注完后，就再舞再注。有时候舞的累了，写的乏了，就各持清茶，慢慢呷着，休息一会儿，又重新工作起来。这样记完以后，梅君又把每个舞式照出像片。虽然那时正是炎夏，而梅君常常在烈日下一气照两三个钟头的工夫，他的汗不知出了多少，现在所有的像片还存着呢！实在可算一种珍贵的纪念品了。像片照好以后交与画工去画，画工先画一个稿子来我审查，有不对的地方，就叫他拿回去改，有时一直改到十几次才算妥

当,然后再正式的画到纸上。这才成了二十六幅舞谱图画。①

舞谱不仅在形式和数量上占据重要位置,更在内容层面与其他分类形成互动,成为“中国戏剧图案”中不可或缺的亮点。

一、1930:《游园》现舞谱

梅兰芳所携带的“中国戏剧图案”舞谱部分包含了十个剧目,见表1。

表1 “中国戏剧图案”中舞谱剧目简表

剧目名称	图像分布	图像数量	卷轴中外文剧名	首演	取材	道具	代表舞段
天女散花	第1轴至4轴第3张	21	Heavenly Maiden Scattering Flowers	1917年12月1日	佛教经典《维摩诘所说经》	长绸	绸舞、散花舞
嫦娥奔月	第4轴4张至第7轴	21	Chang O's flight to the moon	1915年10月	中国古代神话传说	花镰、长袖	花镰舞、袖舞
上元夫人	第8轴至第10轴第4张	16	The goddess Shang yuan	1920年3月5日(农历庚申年正月十五)	素材来源于《汉武帝外传》和清代的《钩弋宫传奇》	拂尘	拂尘舞
廉锦枫	第10轴第5张至第12轴	14	Lien ching feng	1923年	清代李汝珍的警世小说《镜花缘》	单剑	刺蚌取珠舞
霸王别姬	13轴至15轴第1张	13	The king's parting with his favorite	1922年2月15日(农历正月十九)	《史记·项羽本纪》中的楚汉相争部分	双剑	剑舞
晴雯撕扇	15轴第2张至16轴第4张	9	Ching wen tearing the fan	1916年	《红楼梦》第三十一回“撕扇子作千金一笑”	折扇	扑萤舞

① 齐如山:《梅兰芳游美记》,岳麓书社,1985年,第24页。

续表

剧目名称	图像分布	图像数量	卷轴中外文剧名	首演	取材	道具	代表舞段
麻姑献寿	16 轴第 5 张至 21 轴第 1 张	27	Ma ku's Birth-day offering	1918 年秋季	清代杂剧《调元乐》的部分情节	酒壶、长袖	杯盘舞、长袖舞
西施	21 轴第 2 张至 23 轴第 2 张	17	His Shih	1923 年 9 月 8 日	明代梁辰鱼的昆曲《浣纱记》	羽、龠	佾舞
游园	23 轴第 3 张至 24 轴	10	Strolling in the garden	1920 年代初	昆曲《牡丹亭》中的一折	折扇	赏花舞
贵妃醉酒	25 轴至 26 轴	12	Yang kueifei drunk	1914 年	乾隆时一部地方戏《醉杨妃》	折扇、水袖	醉舞、拂袖舞、醉眠舞

为了更直观地展示梅兰芳对剧目的挑选标准，本文采取列表形式简洁地概括所选剧目特征。可以看出，所有剧目均出自梅兰芳在 20 世纪 20 年代期间的创作或频繁上演的作品。这十个剧目均突出舞蹈与剧情的深度融合。在道具选用上，既涵盖了源自中国古代舞蹈的元素，如浮尘、翎羽、龠，也包含了体现中国审美意蕴的戏曲常规道具，诸如长绸、水袖、剑、扇，还有那些从日常生活用品巧妙转化为舞台艺术的物件，比如酒壶、花镰。总体而言，这十个剧目统一反映了梅兰芳以故事寓歌舞的戏曲表达方式，同时兼顾了对古代舞蹈传统的继承、国风幻想的构建、日常生活的艺术化呈现，以及京昆花雅的融合。值得注意的是，在这十部作品中，九部可以划归为梅兰芳的古装新戏范畴，唯有《游园》则是传统昆曲的样态。

若将这十个剧目置于梅兰芳的艺术生涯全景之中，它们的重要性亦可凸显。梅兰芳以其独到的艺术视角，将传统戏曲瑰宝与个人创新相融合，通过新颖的舞蹈设计、音乐编排和表演技巧，赋予古老故事以新的生命力。比如《天女散花》中的绸舞和《贵妃醉酒》中的醉舞，都是梅兰芳对传统艺术形式进行创新诠释的典范。梅兰芳的个人表演风格以细腻柔美著称，而舞谱中所呈现的，正是对梅派艺术风格的集中的体现。值得一提的是,梅兰芳亲自投身于舞谱动作的拍摄与甄选,这一过程不仅是艺术创作的一部分,更是他个人历史观、哲学思考和美学理念的直观展现。作为访美演出的宣传材料,这些舞姿的选择便不仅仅关乎艺术本身,更蕴含了梅兰芳对海外观众欣赏中国戏曲的期待与愿景。他有意识地通过舞蹈这一媒介,来展示中国戏曲的审美精髓,而这其中就有昆曲《游园》的一席之地。这表明梅兰芳不仅是以"梅派京剧"的代表身份走向世界,更是作为"中国戏曲"的使者,向全球观众展现中国传统文化的深厚底蕴和独特韵味。

在梅兰芳访美期间,其随行宣传资料中包含了《梅兰芳歌曲谱》,这份乐谱不仅推广了梅兰芳的艺术成就,还列出了多部著名剧目,有《天女散花》《霸王别姬》《千金一笑》《廉锦枫》《洛神》《红线盗盒》《嫦娥奔月》《西施》《御碑亭》《贵妃醉酒》《上元夫人》《木兰从军》《麻姑献寿》《金山寺》《思凡》《佳期》《游园》《刺虎》。这些乐谱与舞谱之间存在着密切联系,在梅兰芳精心挑选的赴美演出剧目中,尽管包含了多个昆曲作品,但唯有《游园》被特别选中,成为舞谱绘制的唯一传统昆曲剧目,这无疑凸显了其在梅兰芳艺术体系中的特殊分量。

二、1915:梅意重《游园》

梅兰芳对《游园》的重视不仅仅体现在"中国戏剧图案"与《梅兰芳歌曲谱》的收录和呈现中,更直接和深层次的见解,还可以从他的个人口述历史资料《舞台生活四十年》中得以窥见。在这部翔实记录了梅兰芳艺术生涯的著作里,我们能够发现他对《游园》这部剧目持有的态度和评价。

在《舞台生活四十年》中的《游园惊梦》一篇,叙述了 1950 年梅兰芳演出了该剧以后,读者就"迤"字如何发音在报纸上进行了讨论。梅兰芳专门为了该字的发音撰写书信向俞五爷(俞振飞)请教,顺便谈及了他对该剧的看法。梅兰芳谈到在他的学艺初期,昆曲是戏剧界子弟学习的基础,但在民国初年,昆曲逐渐衰落。由于受到家族背景和对昆曲艺术的热爱,梅兰芳意识到昆曲的衰落是戏剧界的一大损失,决定通过自己的表演来重振昆曲的影响力。这样的观点,在他《昆曲和弋腔的梗概》中也有提及:

> 当时北京的昆曲已经衰落到不可想象的地步。各戏班里,只有少数几出武戏还是昆曲。我提倡它的动机有两点:(一)昆曲具有中国戏曲的优良传统,尤其是歌舞并重,可供我们采取的地方的确很多;(二)有许多老辈们对昆曲的衰落失传,认为是戏剧界的一种极大的损失。他们经常把昆曲的优点告诉我,希望我多演昆曲,把它提倡起来。同时擅长昆曲的老先生们已经是寥若晨星,只剩了乔蕙兰、陈德霖、李寿峰、李寿山、郭春山、曹心泉……这几位了。而且年纪也都老了,我想要不赶快学,再过几年就没有机会学了。即便学会了也没有人陪我唱了。我一点没有看错,不久这些老辈凋零以后,果然就发现了一连串这样的事实。①

梅兰芳在1915开始演唱昆曲,一口气学习了三十多出昆曲剧目,其中乔蕙兰老先生是他的老师之一。《游园惊梦》作为闺门旦的必学剧目,梅兰芳不仅学习了它,还邀请了陈德霖来指导,以完善表演中的身段和做工。该剧目在推出后迅速走红,成为热门剧目,演出频率极高。姜妙香提到:"这出《游园惊梦》,当年刚排出来,梅大爷真把它唱得红极了。馆子跟堂会里老是这一出。唱的次数,简直数不清。把斌庆社的学生唱倒了仓,又换上富连成的学生来唱。您想这劲头够多么长!"②不仅如此,梅兰芳还回忆了在民国十一年(1922)夏季应张謇之邀前往南通,在更俗剧场再次演出《游园惊梦》,当时十二花神由伶工学校的学生扮演。

可以说,《游园》被梅兰芳选中,并非始于动议访美之后,而源自于

① 梅兰芳述,许姬传,朱家溍记:《舞台生活四十年》上册,湖南美术出版社,2022年,第417页。

② 梅兰芳述,许姬传,朱家溍记:《舞台生活四十年》上册,第231页。

他珍视昆曲价值，重视剧目自身对旦角能力的塑造，是梅兰芳于 1915 年就担负起的对昆曲保护和传承的责任。

三、1960：承姿亦有别

众所周知，昆曲的舞台有着较为严格的舞姿范式。梅兰芳秉持的“移步不换形”理念，既是对传统的坚守，也是创新的体现。值得注意的是，梅兰芳在创作舞谱之前，会先拍摄剧照作为绘制的蓝本，因此，舞谱上的舞姿可以视为他在 1928—1930 年间对《游园》动作设计的直接反映。舞谱里的图像共有 10 张，反映了 20 世纪 20 年代末期，梅兰芳在《游园》中精心挑选的表演姿态，这些姿态呈现着他个人对《游园》的艺术见解。

为了更好地呈现梅兰芳在不同时期对《游园》作品的表演，本文选择了 1930 年访美中国戏剧图案，1960 年电影《游园惊梦》以及梅兰芳全集中收录的文章《我演〈游园惊梦〉》①，该文是 1960 年给中国戏曲学院表演艺术班做报告时所使用的文稿，文章对全部剧文进行了解读，并且对身段也进行了详细的分析。本文选取了与图像对应的片段，由于电影的上映与文稿的撰写时间相近，因此在动作的描述上图文之间存在互释关系，相比较则可看出 1960 年梅兰芳对舞姿的处理，与 1930 年的访美图像之间存在差异，见表 2。

舞谱中明确记写了动作所对应的唱句，然而舞谱所记载的图像造型，与 60 年代上映的影片中的动作并不尽相同，但从风格的把握和基本的动作样貌上，又有着延续性。梅兰芳的舞谱图均为右手执扇，左手辅助，手上动作大约左右横扭，偶有大幅度的张弛，例如“飞霞”“激昂”，这种大幅度开合的动作展示了内心的欢快，于是便挥舞手足。但大多数时候手上动作都是在左右或是胸前小幅度的“指点”，头尖向下

① 梅兰芳：《我演〈游园惊梦〉》，载梅绍武、屠珍等编撰：《梅兰芳全集》第 3 卷《梅兰芳戏剧散论》，河北教育出版社，2000 年，第 63—81 页。

表 2　1930 年“中国戏剧图案”与 1960 年《游园惊梦》电影造型比较

	图像舞姿分析(笔者)	图像造型	电影造型	《我演〈游园惊梦〉》(片段)
【婆娑】原来姹紫嫣红开遍	双手执扇位于体右侧,右手抬高捏扇尾,左手势低扶扇头,头右倾,眼观左下方,左脚在右前点地,右腿为主力腿。身体向右微折腰,总体感官以“圆弧”为主。			杜唱:“原来姹紫嫣红开遍。” 这时杜丽娘刚进花园,首先接触到满园春色、万紫千红的景象,应该露出赏春的愉快心情。 “原来”、“姹紫”,杜在台中间的大边,左右投袖。从“嫣红”起打开扇子,走到大边台角,春香也转到了上场门角。“遍”字杜、春二人同时蹲下身子,都用扇子平着抖。
【倾倚】似这般都付与断井颓垣	左手护蕊(护蕊为梅兰芳 53 式兰花指法其一)位于右侧,略高于右肩。右手背后握扇,左脚在前,右脚在后,右膝盖顶住左膝盖窝,微蹲姿态。身体略微向 2 点方向转体,头微右倾,眼睛目视前方。			杜唱:“似这般都付与断井颓垣。” 杜丽娘在园内看见断井颓垣的残败景象,感到好景不长,联系到自己的心事,她就伤春起来了。“似这般都付与”,二人又变换部位,杜在下场门角,春在小边台角,杜高春低,形成斜对面式的高矮相。“断井”往下指,“颓垣”向上指。

续表一

	图像舞姿分析(笔者)	图像造型	电影造型	《我演〈游园惊梦〉》(片段)
【日霁】良辰美景奈何天	左手俏指握扇,右手扶扇骨,双手执扇推于体右侧,略高于肩部,胳膊微曲。右脚在前,左脚在后,左膝盖靠右膝盖窝,微蹲姿态。头尖向左微倒,眼睛看向右斜下方。			杜唱:"良辰美景奈何天。" "良辰美景",二人转身同归台中间,杜在大边。"奈何天"同向台口走去,"天"字杜向高指。
【若翔】朝飞暮卷	左右手分别扶两端扇头,位于身体左侧,右手位于左肩前面,左手略微伸直,与肩齐平。头尖向右倾倒,身体向右折腰,成"圆弧"状,左脚为主力腿,右脚在旁轻点地。			杜唱:"朝飞暮卷,云霞翠轩。" "朝飞"句,二人对扯圆场,杜从里走到小边,春从外走到大边。

续表二

	图像舞姿分析(笔者)	图像造型	电影造型	《我演〈游园惊梦〉》(片段)
【飞霞】云霞翠轩	左手变为托掌,右手变为握扇。其余与若翔相同。			“云霞”句,双进门,杜仍在小边,双手拿扇,左右各摇摆一下,再向远处一指。
【摇风】雨丝风片	右手执扇,放于耳旁。左手扶腰,身体向左倾斜。			杜唱:“雨丝风片,烟波画船。” “雨丝”句,二人同向后倒一步,各用扇抖着,双手打圈两次,并随着打圈的节奏下蹲。“烟波”句,都用云步斜着向下场门角移动,各把扇子倒拿着,做出摇船的姿势。 上面四句,是说杜丽娘看到翠轩、画船,联想起园内晴天和阴雨的景致。

续表三

	图像舞姿分析(笔者)	图像造型	电影造型	《我演〈游园惊梦〉》(片段)
【激昂】遍青山啼红了杜鹃	左手护蕊位于斜上方,右手插扇屈肘位于头顶上方。左脚在前全脚掌落地为主力腿,右脚小射燕,眼看左手方向,头向右微倾头。			杜唱:“遍青山啼红了杜鹃。” 这里的“青山”并非指一座大山,只不过是园林中的一些点缀,类如长满了青苔绿草的假山或是土山。这里的杜鹃指的是杜鹃花,又名映山红,花不会叫,剧作者为什么要用“啼”呢?因为也有一种鸟名叫杜鹃,相传它常哭出血来,所以作者借用“啼”字来形容花的红艳。 “遍青山”,在大边台角朝上一看。“啼红了”,边唱边走到下场门角。“杜鹃”,合扇倒拿画圈。
【繁丝】荼蘼外烟丝醉软	右手拎扇尾(合扇状态)放于胸前,左手扶右肘。身体略微向8点方向转体折腰,身体呈现“圆弧”状。			杜唱:“那荼蘼外烟丝醉软。” “荼蘼外”指荼縻架的外面。 春香领着杜丽娘走到上场门角,冲荼蘼架看一下。“烟丝”两手缠着打两个小圈子。

续表四

	图像舞姿分析(笔者)	图像造型	电影造型	《我演〈游园惊梦〉》(片段)
【花柔】牡丹虽好	右手插扇屈肘,大臂贴身体,左手屈肘放于耳后。左脚在前为主力腿,右脚在后。身体向右旁折腰,成“圆弧”状。			杜唱:“那牡丹虽好,他春归怎占的先。” 牡丹在夏初才开花,赶不上春天,作者写牡丹的用意,是暗指杜丽娘自伤落在后面。 “那牡丹”,从上场门角斜着冲大边台角走去。“虽好”,在大边台角用合着的扇子在左手心里拍三下,双手冲外一摊,表示遗憾的意思。“他春归怎占的先”,杜举起左手拿着打开的折扇,春站在杜的右边稍后一些,举起右手拿的团扇,再冲下看一次牡丹。 上面杜丽娘三处看花,都是由春香领着她走的,每处看花前,春香还分别有如下的夹白:“小姐,杜鹃花开得好盛吓。这是荼蘼架。”“是花多开,那牡丹还早呢。”
【应声】莺声溜的圆	右手插扇,手背冲前,放于左肩前,左手按于右手肘窝处。头尖向右倾倒,身体向右下胖腰,成“圆弧”状。			“听呖呖莺声溜的圆。” 从“听呖呖”起,杜、春二人再向里转一个身,杜把扇子交左手平举,右手翻袖高举,春右手执扇高举,左手伸开向外指二人同时冲上场门角退着走蹉步,一直走到“声”字才亮住。“溜”字,杜转身,“的”字扇交右手,平着举起,“圆”字左手外指。这时春也转身冲外在杜的前面慢慢蹲下,正好形成一个前后式的高矮相。唱完这句,杜归大边。

的运动轨迹，例如“繁丝”“摇风”“倾倚”。这些动作与杜丽娘的人物性格相吻合，端庄、优雅是相符合的。当然，50 年代末梅兰芳的身姿与 20 年代末有着表现上的差别，比如动作较之 20 年代末时更显内敛，然而这种变化也绝非仅是年龄和姿态上的变化，如果逐帧对照动作的出处，也会发现，比如动作“繁丝”虽然基本呈现了图像的原貌，但出现的位置并不是在唱“荼蘼外烟丝醉软”，而是在唱“啼红了杜鹃”一句之中。如若将梅兰芳所表演的动作与他人的作品相比，也是有着差别的。产生这样的变化，或与梅兰芳个人的艺术思考的不断深入有着直接的联系。

四、尽解汤郎意

梅兰芳曾撰文《我演〈游园惊梦〉》[①]，深入剖析了他对《游园惊梦》这部经典剧目的理解与演绎方式。详述了梅兰芳如何巧妙地运用舞蹈动作作为表达情感的语言，使观众能够深刻感受到剧中人物的内心世界。无论是在 20 世纪初的戏曲舞台上倾力展现《游园惊梦》，还是将该剧目作为其访美期间展示中国戏曲的舞谱组成部分，并且在电影时代初临，梅兰芳即选择《游园惊梦》作为拍摄题材，这无不体现出他对这部作品的特殊情感与深刻的艺术洞察。

梅兰芳通过不同的艺术形式重新诠释原作，不仅体现了他对《游园惊梦》的独到见解，更是其表演艺术观的直接反映。在有限的时间和空间内，梅兰芳致力于提炼和展现剧目的精髓，无论是精选的十幅画作，还是仅仅 60 多分钟的电影，都力求传达梅兰芳所理解的杜丽娘、梅兰芳自身的艺术风采以及原著作者汤显祖的深邃意蕴。梅兰芳的表演美学，核心在于“以舞为语”与“以抑展情”。

所谓以舞为语，可以看到不管是画作还是影剧，梅兰芳都注重作

① 梅兰芳：《我演〈游园惊梦〉》，载梅绍武、屠珍等编撰：《梅兰芳全集》第 3 卷《梅兰芳戏剧散论》，第 63—81 页。

为表演者,用舞为语呈现戏剧表演的核心。至于"以抑展情",在梅兰芳的舞台表现与文论中也是可以互释的。前者强调舞蹈动作在戏剧表演中的语言功能,无论是静态的画作还是动态的电影,梅兰芳都坚持通过舞蹈来传递情感与故事;后者则表明,他擅长以克制而细腻的方式展现复杂的情感层次,使表演更加贴近人性的真实。这种艺术理念,或更能匹配梅兰芳细腻的舞台表现。

(一)轻吟浅语,映衬人设

对于梅兰芳在表演中着重舞蹈的情况是存在的,有评论认为:

> 念白作为戏曲舞台表演的重要部分,其本身具备一定的节奏和旋律,并常与表情、身段搭配。但过多的念白会弱化身段的旋律性特质,有损于身段、唱腔节奏的连贯性和紧凑性。这也是大多演出本删减《游园惊梦》念白的主要原因,而梅兰芳的删改更多。①

但笔者认为梅兰芳为了突出舞蹈而删除大量对白或者并不是梅兰芳的真正意图。梅兰芳在《我演〈游园惊梦〉》曾专门谈到关于对白的处理:

> "默地游春转,小试宜春面,春吓,春,得和你两留连,春去如何遣?咳,恁般天气,好困人也。"念的声音要收敛些……末句"好困人也"的念法,首先要念得慢,每个字似断非断,逐步低沉下去。这种极度幽静的气氛,不难把观众带进戏里。

> 对杜丽娘睡梦前唱的【山坡羊】的处理,梅兰芳谈到:"这出戏的价值,就在于它能够反映出那时候的深闺少女对包办婚姻的痛

① 祝凡淇:《论戏曲舞蹈的表演节奏——兼议梅兰芳对昆曲〈游园惊梦〉表演节奏的演绎及偏离》,《戏曲艺术》2023年第3期,第114—119页。

> 苦。杜丽娘不过是千千万万女子当中的一个鲜明例子而已。这支曲子是表达她心里难以告人的话，我们在唱、做方面，必须要细致、深入，更要做得含蓄，唱得静。"①

可见，在电影有限的时长里，能够适度地展现人物设定是梅兰芳关注的首要问题。梅兰芳在表演中注重通过声音的运用（如声音的高低、快慢等）来强化戏剧的表现力，同时也注重通过肢体语言和面部表情来丰富角色的内心世界。他不仅仅关注舞蹈的形式美，更重视通过表演来深刻地揭示人物的心理状态和社会背景。

（二）眸光流转，暗涌心潮

在昆曲《牡丹亭》②中，梅兰芳饰演的杜丽娘与柳梦梅的眼神交流有明显的不同。在传统舞台的表演中，当柳梦梅念到"这一霎天留人便，草借花眠，则把云鬓点，红松翠偏"的"红松翠偏"时，杜丽娘与柳梦梅双手握紧，眼神相对。在表现"是哪处曾相见，想看俨然"的"见"字时，传统表演中杜丽娘抬眼与柳梦梅相望，随后顺着眼神相望再转身。在合欢之前，杜丽娘会跑向柳梦梅的另一边，两人相望。

梅兰芳《〈游园惊梦〉从舞台到银幕》③专门提到：

① 梅兰芳：《我演〈游园惊梦〉》，载梅绍武、屠珍等编撰：《梅兰芳全集》第3卷《梅兰芳戏剧散论》，第73页。

② 舞台表演选自2017年"大师传承　昆曲回家"演出施夏明、罗艳表演片段。

③ 梅兰芳：《〈游园惊梦〉从舞台到银幕》，载梅绍武、屠珍等编撰：《梅兰芳全集》第4卷《我的电影生活》，第223页。

> 我与振飞研究，觉得从杜、柳碰面一直到进场为止，对眼光的地方很多。我感到演员彼此交流情感是必要的，但重复则难免令人生厌。昆曲的身段是按照唱词内容来做的，譬如“曾相见”“相看”“相逢”等都要对眼光，我们变更“曾相见”的角度，改为斜看。

在梅兰芳的表演中则处理为：初次眼神接触时，杜丽娘与柳梦梅眼神刚碰到就瞬间回避，表现出害羞。当柳梦梅念到“红松翠偏”时，梅兰芳的杜丽娘与柳梦梅双手紧握，眼神相对，与之前的害羞形成鲜明对比。在“见”字时，梅兰芳的杜丽娘缓慢地向后转，当眼神与柳梦梅相遇时瞬间回避。合欢之后，杜丽娘与柳梦梅的眼神交汇变得含情脉脉。这样的表演既有二人情感升华后的连续性，又有表演层次上的变化。

（三）敛颜向内，映照性情

传统昆曲表演中，柳梦梅说到“啊，姐姐，和你那答儿讲话去”时，杜丽娘唱“哪里去”，杜丽娘的腮朝向柳梦梅的一边，柳梦梅抓住杜丽娘的袖子，眼睛看着杜丽娘。而梅兰芳的表演特点是腮向内收，手向外推。

舞台表演当柳梦梅念到“爱煞你哩”时，杜丽娘做出害羞状，梅兰芳则更加具体地呈现为梅兰芳的处理是向后退一步，右手挡脸，左手放在身后，脸朝向一边。在《我演〈游园惊梦〉》中，梅兰芳记录道：

柳念："姐姐，咱一片虔心爱煞你哩！"柳右手穿袖，翻袖，左手把柳枝搭在右肘上，左腿微弯，右脚靴尖翘起，念到"哩"字，柳用右手把杜抬起的左袖轻轻往下按，杜含羞，又换用右手的袖子来挡住柳的视线。①

舞台表演当柳梦梅念到"袖稍儿揾着牙儿苫也"时，传统昆曲表演中杜丽娘同样使用袖子做遮掩状。但梅兰芳则更加具体地呈现为杜丽娘双手抬起，腮朝向外侧，眼神躲避柳梦梅，随后杜丽娘回头偷看柳梦梅，发现柳梦梅也在看她时，梅兰芳用左手提起袖尾做遮掩动作。

可见，梅兰芳的表演更注重人物内心的细腻变化，通过身体语言来展现杜丽娘的害羞与内心的热情。而传统昆曲表演则可能更侧重于形式上的表达。梅兰芳对于害羞状态的不同处理——腮部向内或

① 梅兰芳：《我演〈游园惊梦〉》，载梅绍武、屠珍等编撰：《梅兰芳全集》第 3 卷《梅兰芳戏剧散论》，第 63—81 页。

向外的变化，以及手部动作的差异，都很好地刻画了杜丽娘的性格特点。

（四）身姿顿收，暗涌情欲

在《我演〈游园惊梦〉》中对于杜丽娘的身段进行了详细的解读，其中提到了身体上的缩回。例如"'早难道好处'，二人各冲外唱，唱到'逢'字，都回过身来相对立，各用两个食指相碰地比一下，表示'相逢'的意思，等到二人对上眼光，杜又立即把手缩回"①。在传统昆曲表演中，当杜丽娘与柳梦梅身体接触时，他们会在接触的瞬间有一个"停顿"，但不会像梅兰芳那样迅速"收回"。梅兰芳与俞振飞的表演中，他们的动作就像人手触碰到火焰后迅速收回一样，表现出一种羞涩和紧张的情绪。

也并非所有善舞之处梅兰芳都保留并展现。在《谈杜丽娘》一文中，梅兰芳谈道：

> 等唱到"和春光暗流转"一句，靠着桌子，从小边转到当中，慢慢往下蹲，起来再蹲下去，如此三次。这是一个刻画得比较尖锐的老身段，我当年也是这么做，抗战胜利以后我在上海演这出戏，觉得自己年纪大了，再做这一类的身段有点过火，就极力减弱这一部分动作。后来我就把"和春光暗流转"的身段改成转到桌子

① 梅兰芳：《我演〈游园惊梦〉》，载梅绍武、屠珍等编撰：《梅兰芳全集》第3卷《梅兰芳戏剧散论》，第79页。

的大边，微微地斜倚着桌子，有些情思睡昏昏的娇慵姿态，最后轻轻地一抖袖，就结束了这一句的动作。最近我又想到，在入梦之前，过于露骨的身段，对一个像杜丽娘那样身份的女子还是不大适宜，所以就是年轻的演员，也不妨照我现在的样子来尝试一下。①

可以看出，梅兰芳在表演中采用了从"开"到"合"的身体姿态变化，这种变化不仅没有简单地追求舞蹈的美感，而是全面考虑了杜丽娘内敛、羞涩的性格特点。这与他在《我演〈游园惊梦〉》②中，如处理杜丽娘与柳梦梅梦中相逢的场景时，梅兰芳也多用到"害羞、偷看、含羞"的词语，而身体姿态上，大多是"遮挡、相碰、回过脸去、把手缩回"等描述是高度统一的。通过这些表演细节，可以看出梅兰芳在塑造杜丽娘这一角色时，不仅注重外在的动作美，更重视通过细腻的表演来传达角色复杂的内心世界。这种表演风格不仅体现了梅兰芳深厚的

① 梅兰芳：《谈杜丽娘》，载梅绍武、屠珍等编撰：《梅兰芳全集》第 3 卷《梅兰芳戏剧散论》，第 85—86 页。

② 梅兰芳：《我演〈游园惊梦〉》，载梅绍武、屠珍等编撰：《梅兰芳全集》第 3 卷《梅兰芳戏剧散论》，第 63—81 页。

表演功底,也反映了他对角色深刻的理解和对传统戏曲表演艺术的独特贡献。

有学者曾撰文对此修改做过评论:

> 但让人难以置信的是,《惊梦》中杜丽娘唱"和春光暗流转"一句时,将身子靠在桌边,上下慢慢蹲两三次,梅兰芳竟然能从这一传统表演方式中看出这是"荡妇淫娃非礼的举动",是"露骨地描摹"(性行为),"是刻画得最尖锐的一个身段了"。[①]这实在是令人匪夷所思!梅兰芳为了淡化传统身段的"淫"态,按照《惊梦》杜丽娘唱词的词意"添了一些并非强调春困一方面的身段……这样的改动,是想加强表情的深刻,补偿身段的不足"。[②]可这种改动的理由又从何说起呢?其实,这种从"合理性"诉求出发的身段修改就并非为了"美",而是为了"真"。可这个所谓的"求真"实在是非审美的歧思。难道"蹲上两三次"就成了"荡妇思春"的信号?就成了"荡妇淫娃非礼的举动"?这也未免太对应、太伦理道德化了。[③]

梅兰芳的原话或并未展现如此激烈的情绪,这也与梅兰芳日常的表达习惯并不相符。梅兰芳在《舞台生活四十年》中的原文为:

> 照我的理解,杜丽娘的身份,十足是一位旧社会里的闺阁千金。虽说下面有跟柳梦梅梦中相会的情节,到底她是受着旧礼教束缚的少女,而这一切又正是一个少女的生理上的自然的要求。我们只能认为这是杜丽娘的一种幻想,**决不是**荡妇淫娃非礼的举

---

① 梅兰芳:《游园惊梦》,载梅绍武、屠珍等编撰:《梅兰芳全集》第1卷《舞台生活四十年》,第177页。

② 梅兰芳:《游园惊梦》,载梅绍武、屠珍等编撰:《梅兰芳全集》第1卷《舞台生活四十年》,第177—178页。

③ 邹元江:《从梅兰芳对〈游园惊梦〉的解读看其对昆曲审美趣味的偏离》,《戏剧》2010年第4期,第59—72页。

> 动。这是少女的"春困",跟少妇的"思春"是有着相当的距离的,似乎也不一定要那样露骨地描摹。所以我最后的决定,是保留表情部分,冲淡身段部分。①

观众在解读舞台表演姿态时,自然是有个人尺度的解读,而对于梅兰芳所饰演的杜丽娘,以羞涩、内敛、含蓄为基础设定的人物,虽春困一场描绘的是杜丽娘独处的场面,而在舞台上过度展现躯体上的倾向或与梅兰芳对杜丽娘少女设定不符。上升到"道德伦理化"的层面,且片段式地截取梅兰芳的用词反推梅兰芳的解读,不排除是评论者附加于梅兰芳原意之上的另一层含义。

梅兰芳在对《游园惊梦》的表演,不仅在技术层面上展现了高超的表演技艺,更重要的是,他通过自己的表演深刻理解并传达了原著的精神内涵,让观众能够真切地感受到高度统一的汤显祖笔下的杜丽娘。这不仅是梅兰芳二度创作功力的展现,而且也体现了梅兰芳在表演中的思考是人物设定、语言与姿态的取舍,全局与细节的把控皆有所涉及的。梅兰芳通过细致入微的表演,深刻理解并展现了杜丽娘这一角色的复杂情感及其背后的深层含义。例如,通过身体语言、眼神交流和声音运用等手段,梅兰芳成功地传达了杜丽娘内心的害羞、渴望、矛盾和挣扎。梅兰芳不仅忠实于原著,还在表演中融入了自己的理解和创新。他通过"以舞为语"和"以抑展情"的表演方式,使观众能够更加直观地感受到角色的内心世界。梅兰芳的表演能够让观众产生强烈的情感共鸣,使他们能够深刻理解并体会到汤显祖笔下人物的情感和境遇。梅兰芳在表演中考虑到角色设定,对一些可能被认为过于暴露的身段进行了调整,以更好地符合杜丽娘作为闺阁千金的形象,而舍弃了更能展现舞台表现的身体姿态,力求"尽解汤郎意"。

---

① 梅兰芳:《游园惊梦》,载梅绍武、屠珍等编撰:《梅兰芳全集》第1卷《舞台生活四十年》,第177页。

五、梅舞展天穹

舞蹈是梅兰芳艺术表演体系中的重要环节，梅兰芳舞蹈所承托的戏曲艺术也是其艺术创作和表演所传达的理想与追求的直接表现。1930 年，梅兰芳将《游园》绘入图谱，将唱段收入《梅兰芳歌曲谱》时，就奠定了他对汤显祖《牡丹亭》的认可，肩负了将昆曲艺术与京剧艺术一同呈现于世界的决心与信念。

舞谱中呈现的《游园》之姿，是对中国式审美意蕴的极力表达。梅兰芳的舞姿身躯动作皆是以“圆弧”作为基本的体态，从头尖开始向下运动，身体向旁折腰，脚下与头尖似乎是想着同一个方向运动过去，而头与脚中间留下来的空白很难让观者不去想象同样有一根“圆弧线”连接头与脚，从而在整个构图的观感上感受到圆流周转的样态。同样的图中所有的手部动作，手向左右伸开从无伸直的动作，全都是呈现圆弧的状态。手向旁伸去，若是横着一条直线过去，那么给人的观感就是“停止”，到头了的感觉，而胳膊向下的弯曲一点，则可以体现出还可以向前伸的“错觉”，这种“错觉”正是中国古典舞迂回宛转的体现，正好承袭了中国古典舞的圆流周转。中国古典舞是典型的“划圆艺术”，“圆”既是中国古典舞蹈的一种审美范式，又是中国古典舞动律形态的本象。在梅兰芳的访美图像材料中，尽显了这种圆融之美。在舞谱图中，头、手、身、腿皆以“圆弧”为造型设计，与中国古代舞蹈动律形态的本象——圆——相契合。

这种圆弧式的构图，也暗含了中国阴阳二分的结构样态，清朝笠阁渔翁在《笠阁批评旧戏目跋》中提出“戏者，舞之变也”，可见戏曲艺术与古代乐舞的生命连接，从宋代的程式性舞蹈到明清时期的戏曲艺术，皆是对中国传统文化的继承。明朝朱载堉提出“圆在外，方在内，象天圆地方”，这是中国古代舞谱创制的构图思想和要求，是通过对舞蹈动作、构图、舞器和习舞的时间等各个方面的规定，以完成舞蹈和天地同和的意向创造。由此可见，中国古代舞蹈的审美观念受中国古代的天人观影响，而“圆”恰恰是体现了中国人的审美理想，不仅代表了宇宙的秩序与和谐，也体现了中国文化中阴阳二分的概念。朱载堉有言“学舞，以转之一字，为众妙之门”，“转”意味着舞蹈动作和状态的转换、转变和旋转。“圆”是“转”的结果呈现，它与“转”共同构成中国古典舞“圆流周转”的审美志趣。“转”是关键，“圆”是审美范式。“转”放在舞蹈动作上就是轮回的圆形轨迹，就犹如舞谱图中的圆弧动作呈现一样。放在梅兰芳先生的处世之则上看是伦理上的变通，是人情伦理的民族智慧。或也是在京剧走出国门之时，力挽昆曲名作同行之内在情由。

舞台中承载的《游园》之责，是同在中国旧剧生态环境中沉浮的艺术家个人责任的完整呈现。正如梅兰芳个人而言，20 世纪初选择《游园》，适逢昆曲处在衰落之时，梅兰芳意识到昆曲作为中国传统戏曲的重要组成部分正在经历衰落，他深感这是戏剧界的一大损失。因此，他肩负起重振昆曲的责任，希望通过自己的表演让这一传统艺术形式重新焕发生机。他传承有门，从乔蕙兰等昆曲老艺术家那里学习了大量昆曲剧目，不仅自己努力学习，还邀请了陈德霖等老艺术家来指导表演，以确保剧目的艺术品质和传统韵味得到传承。他频繁搬演，使《游园惊梦》成为非常受欢迎的剧目。这种高频率的演出不仅使更多观众接触到了昆曲的魅力，也为年轻一代提供了学习的机会，促进了昆曲的传播。《游园》的成功不仅标志着梅兰芳个人艺术成就的高度，也是他对中国传统戏剧保护和传承责任的完整呈现。

电影中斟酌的《游园》之态，对中国戏剧艺术的全面观照，也是戏曲艺术向电影艺术的审美转化。梅兰芳强调舞蹈动作在戏剧表演中的媒介功能，无论是画作还是电影，他都坚持通过舞蹈来传递情感与故事。这种表现手法在电影中得以延续，使观众能够通过舞蹈动作深刻感受到剧中人物的内心世界。他擅长以克制而细腻的方式展现复杂的情感层次。在电影中，他通过声音的运用（如声音的高低、快慢等）来强化戏剧的表现力，并通过肢体语言和面部表情来丰富角色的内心世界。这种表演方式使情感表达更加贴近人性的真实。然而他也并非唯舞而舞，同样注重对白的选择，以匹配人物设定。他通过声音的高低、快慢等变化来强化戏剧性，加强表演的连贯和紧凑，以匹配电影表现的节奏需求，他善用电影拍摄对细节描绘的优势，突出眼神的闪躲和回避来展现角色内心的渴望和害羞，特别是在杜丽娘与柳梦梅的互动中，这种处理方式增加了角色之间的张力和情感深度，又通过身体的停顿与收回等动作来反衬角色的欲望，特别是杜丽娘在面对柳梦梅时表现出的害羞与紧张情绪。此外，他还对一些传统身段进行了修改，以更好地符合杜丽娘作为一个闺阁千金的形象，使其表演更加内敛和含蓄，更加反衬出人物对“情”的渴望。

梅兰芳在表演中不仅关注整体的剧情推进，也注重每一个细节的处理。他对人物性格的把握、对台词的处理以及对身体语言的设计，都充分体现了他对角色深刻的理解和对传统戏曲艺术的尊重，更展现了跨越时代对汤显祖之《牡丹亭》的深刻解读。

梅兰芳在《游园》的多重呈现中展现了传承与创新精神，在世界艺术史上留下了独特的文化印记，梅兰芳借由图谱向世界表达了中国式审美意趣，用持续搬演的行为向国人展现了传统昆曲文化之貌，用电影的创新表达抒写了汤显祖笔下杜丽娘的含蓄之情，用个人艺术生命历程解读、承袭、重塑了汤郎之意于纵达古今，横跃山海的苍穹之中。

作者单位：柳琳，西安音乐学院人文学院讲师；
谭丽，西安音乐学院人文学院硕士研究生在读。

浅谈梅兰芳重构汤显祖之《牡丹亭》的戏曲舞蹈身段

闻慧莲

在中国戏曲艺术的浩瀚星空中，汤显祖与梅兰芳无疑是两颗璀璨的明珠。梅兰芳作为京剧艺术的杰出代表，以其独特的表演风格、深厚的艺术造诣以及对戏曲艺术的创新贡献，赢得了国内外观众的广泛赞誉；而汤显祖，明代伟大的戏曲家，其代表作《牡丹亭》更是以其深邃的思想内容、精湛的艺术技巧和优美的文学语言，成为中国戏曲史上的瑰宝。当梅兰芳遇上《牡丹亭》，尤其是他对该剧戏曲舞蹈身段的重构，不仅是对传统戏曲艺术的继承与发展，更是对戏曲表演艺术的一次深刻探索和革新。

一、尊重原著，传承经典

《牡丹亭》作为汤显祖的代表作之一，以其丰富的故事情节、鲜明的人物形象和优美的曲文著称于世。汤显祖(1550—1616)，明代著名戏曲家、文学家，被誉为"中国戏圣"，他生活在明朝中后期，那是一个社会动荡、思想解放的时代。汤显祖的戏曲作品充满了对人性、爱情、社会现实的深刻洞察，以及对封建礼教束缚下人性的深切同情，如《紫钗记》《牡丹亭》《南柯记》《邯郸记》等，不仅以其独特的艺术风格和深刻的思想内涵著称，更在情感深度和社会批判性上与曹雪芹的《红楼梦》有着诸多相似之处。他的作品不仅在当时广为流传，更对后世产生了深远的影响，为后辈戏曲创作者提供了丰富的素材和灵感，特别是《牡丹亭》，以其浪漫主义的情感表达和悲恋情节，成为中国戏曲史上的经典之作。汤显祖对人物性格的细腻描写，为后世塑造高贵低贱、忠奸英雄等复杂人物类型奠定了基础，这也是梅兰芳等京剧大师在扮演这些角色时所依托的重要理论基石。

梅兰芳(1894—1961)，字仲铭，出生于北京一个京剧世家，他是中国现代京剧的杰出代表，被誉为“四大名旦”之一。他生活的时期中国正经历着从传统向现代的转型，梅兰芳以其卓越的表演技巧和深邃的情感投入，将传统京剧推向了新的高度，不仅在国内享有盛誉，更在国际上赢得了广泛的赞誉和尊重。他的表演风格庄重而典雅，注重形象的塑造和舞台的表现，将角色的性格和情感通过精湛的表演传达给观众。

《牡丹亭》以其独特的艺术魅力吸引了无数观众和表演艺术家的关注，剧中杜丽娘与柳梦梅之间超越生死的爱情故事、杜丽娘对自由与爱情的渴望与追求，以及剧中丰富的情感表达和细腻的心理刻画，都为戏曲表演艺术家们提供了广阔的创作空间。梅兰芳作为京剧艺术的杰出代表，深谙戏曲艺术的精髓，充分尊重原著传达的意蕴，传承经典同时又不拘泥于传统，敢于创新。在重构《牡丹亭》的身体语言时，首先，尊重原著的精神内涵。为准确塑造杜丽娘这一人物形象，认真请教文学专业人士，梅兰芳深知理解原著对于表演的重要性，他精读原著或向有古典文学修养的朋友们请教，对唱词和宾白逐字逐句地钻研，反复玩味，以领会其中的深意，如《惊梦》【步步娇】“迤逗的彩云偏”中的“迤”字的念法，他细查韵书，翻检文献，请教朋友，专门研究后再确定文意，为的就是能更贴近《游园惊梦》的文本原意，力求在身体语言中准确传达出杜丽娘等角色的情感变化与心理波动，演好演活杜丽娘这一人物。其次，遵循了昆曲表演的传统规范。如从春香下场后的念白，到“惊梦”中的唱曲和身段动作，都严格按照传统的节奏和规范来进行，如念白时的高低顿挫、节奏停顿，以及唱曲时对腔调和板正的把握等，使表演具有浓郁的古典韵味。最后，继承经典身段。对于传统的身段动作，梅兰芳进行了系统的学习和继承，例如，在《游园》一折中，梅兰芳通过细腻的手势、优雅的身段和丰富的面部表情，展现了杜丽娘初入花园时的喜悦与好奇,以及对美好春光的无限向往。也正是因为被这部作品的艺术魅力所吸引,梅先生致力于通过自己的表演将这一艺术瑰宝呈现在观众面前。在戏曲艺术传承与发展的过程中,历代戏曲表演艺术家们不断吸收新的艺术元素和表现手法,使得戏曲艺术得以不断创新和发展。

二、创新表达,赋予新意

在传承经典的基础上,梅兰芳还勇于创新,将京剧表演中的精髓融入昆曲表演之中,为《牡丹亭》的身体语言赋予了新的生命力。梅兰芳常演《牡丹亭》中的一折——《游园惊梦》,这出戏是昆曲中的经典剧目,也是梅兰芳的拿手好戏之一,表演过程中融合了京剧与昆曲的表演手法。梅兰芳在《我演〈游园惊梦〉》中说道:"原作里没有《游园》的剧目,统称《惊梦》,其中'观之不足由他缱'那支曲牌,也不叫【尾声】,而叫【隔尾】,从这个'隔'字就知道戏唱到这里还没完。杜丽娘这次逛花园,作者把重点放在她的游春伤感上,是为了给她制造做梦的根据,他的意图很显然是以'梦'为主的。但早在清乾隆年间刊行的《缀白裘》里,已经把它分为两折,【隔尾】也改成【尾声】了。《缀白裘》里的剧目都是当时流行的舞台演出本。这一改动,可能是剧本搬上舞台以后,经常单演《游园》部分而不带《惊梦》,这样演久了,很自然地就会一折分为二折,产生出《游园》的名称。"①其在重构《游园惊梦》的身体语言时,在充分尊重传统的基础上,身体语言语汇也有所创新。比如"和春光暗流转"这句的身段,原本有比较尖锐的动作:靠着桌子,从小边转到当中,慢慢往下蹲,起来再蹲下去,如此三次。后来他根据自己的年龄和对角色的理解进行了适当调整:转到桌子的大边,微微地斜倚着桌子,有些情思睡昏昏的娇慵姿态,最后轻轻地一抖袖,就结束了这一句的动作,动作虽然有所改动,但依然保留了动作的核心韵味和表

---

① 梅兰芳:《梅兰芳文集》,中国戏剧出版社,1962 年。

意功能。同时梅兰芳利用京剧的身段、唱腔和表演技巧，为昆曲注入了新的活力。其创新点表现在三结合：一是身段动作的夸张与内敛结合。在表现惊梦时，梅兰芳并没有采用过于夸张的动作来直接表达惊恐，而是将京剧的身段动作与昆曲的内敛气质相结合。他通过身体的微颤、脚步的踉跄以及双手的颤抖等细微动作，结合昆曲特有的婉转唱腔，将杜丽娘在梦中惊醒时的惊恐与无助表现得淋漓尽致。同时，他还通过面部表情的细腻刻画，如眼神的惊恐、嘴唇的颤抖等，进一步增强了表演的真实感和感染力。二是云手与圆场步的巧妙结合。梅兰芳通过运用京剧的圆场步、云手等身段动作，结合昆曲的唱腔和表演风格，将杜丽娘游园时的喜悦心情和惊梦时的惊恐之情表现得淋漓尽致。这种融合不仅使得表演更加丰富多彩，也使得观众在欣赏过程中能够感受到不同戏曲艺术风格的独特魅力。当杜丽娘步入园中，面对满园春色，梅兰芳运用了圆场步来展现她的轻盈与欢愉。圆场步是京剧表演中常用的一种步法，要求演员以脚尖或脚掌快速而均匀地小步行走，步伐小而快，身体保持平稳，以此表现人物的轻快与活泼。同时，梅兰芳还巧妙地运用了云手这一身段动作来增强表演的艺术效果。通过双臂的舞动和手指的细腻变化，形成如云般飘逸的视觉效果。在游园过程中，梅兰芳运用云手配合圆场步，时而轻抚花枝，时而眺望远方，将杜丽娘对美好春光的无限向往和内心的喜悦之情表达得淋漓尽致。三是唱腔与身段的完美结合。在整个表演过程中，梅兰芳还特别注意了唱腔与身段的完美结合。他运用昆曲特有的唱腔，通过声音的抑扬顿挫、节奏的快慢变化，与身段动作的起伏跌宕相呼应，形成了一种和谐统一的艺术效果。这种唱腔与身段的完美结合，不仅使得表演更加生动感人，也进一步加深了观众对剧情和人物情感的理解与共鸣。

通过“三结合”，梅兰芳成功地将杜丽娘游园时的喜悦心情和惊梦时的惊恐之情表现得淋漓尽致。梅兰芳的重构表演不仅展现了高超的艺术技巧，也深刻揭示了人物内心的复杂情感，为观众呈现了一幅生动而感人的艺术画卷。

梅兰芳、梅葆玖之《游园》

三、注重细节，追求完美

梅兰芳在表演中非常注重细节的处理，无论是手势的弧度、身段的转折还是面部表情的微妙变化，他都力求做到精准无误、恰到好处。他深知身体语言在戏曲表演中的重要性，因此总是以极高的标准要求自己，不断追求表演上的完美。在重构《游园惊梦》戏曲舞蹈身段之前，梅兰芳首先深入剖析了剧中主要人物杜丽娘的内心世界。他通过反复研读剧本、分析角色性格和情感变化，能够准确地把握杜丽娘在不同情境下的心理状态，逐步形成了对杜丽娘这一角色的深刻理解。他认为杜丽娘是一个内心丰富、情感细腻的女性形象，她的爱情追求和内心挣扎是整部剧的核心所在。因此，在重新建构戏曲舞蹈身段时，梅兰芳特别注重通过舞蹈动作来展现杜丽娘的情感变化和内心世界，更是将这种追求完美的精神发挥到了极致，使每一个动作、每一个眼神都充满了艺术感染力。在《惊梦》中，他通过一系列的动作和表情，如抬袖遮面、低头含羞等，将杜丽娘在梦中与柳梦梅相会时的娇羞与幸福表现得淋漓尽致，同时，他还善于运用眼神、微笑等细节来丰富角色的性格特征，使人物形象更加鲜明生动。

（一）抬袖遮面

剧中睡魔神事毕那段，睡魔神悄悄地合镜，从杜丽娘身后绕到杜的右边，先冲柳梦梅、杜丽娘二人一看，再看看台下观众，然后一笑下场。杜丽娘、柳梦梅相对移步，愈走愈近，等到杜丽娘抬起的左手碰到柳梦梅拱着的双手，二人同时放下袖子，相见之下，柳梦梅有惊喜的表示，杜丽娘因害羞，又把左袖抬起，挡住柳梦梅的视线。

柳梦梅念："小姐，小生哪一处不寻到？却在这里，恰好在花园内，折得垂柳半枝。姐姐淹通诗书，何不作诗一首，以赏此柳枝乎？"此时柳梦梅左手执枝，念到"柳枝乎"，用右手指一下柳枝。杜丽娘听柳梦梅念毕，偷看柳梦梅。

杜丽娘念："那生素昧平生，因何到此？"这不是杜丽娘对柳梦梅讲话，而是心里转的念头，所以左袖仍挡住脸。念到"到此"，又偷看柳梦梅一次，恰好柳梦梅也在看她。四目相对，杜丽娘害羞，赶快又用左袖挡住。

柳梦梅念："姐姐，咱一片虔心爱煞你哩！"柳梦梅右手穿袖，翻袖，左手把柳枝搭在右肘上，左腿微弯，右脚靴尖翘起，念到"哩"字，柳梦梅用右手把杜丽娘抬起的左袖轻轻往下按，杜丽娘含羞，又换用右手的袖子来挡住柳梦梅的视线。

这段表演中，梅兰芳在表现杜丽娘娇羞之情时，巧妙地运用了抬袖遮面的动作。他轻抬衣袖，半遮颜面，既展现了杜丽娘作为大家闺秀的矜持与羞涩，又通过这一细微的动作传达了她内心深处的激动与喜悦。抬袖遮面不仅是一个简单的身段动作，更是杜丽娘内心情感的外化。在这一瞬间，观众能够感受到杜丽娘对柳梦梅的倾慕之情以及即将与他相会的紧张与期待。

（二）低头含羞

当柳梦梅唱："似水流年。"从"似水"，柳梦梅右手执柳枝，左手投袖。"流"字，柳枝交左手。"年"字，右手投袖。这时杜丽娘也投左袖，在"年"字腔尾的一记板上，无意中与柳梦梅手相碰。二人对看一下，杜丽娘赶紧回过脸去，含羞仍遮住脸，柳梦梅含笑后退一步。梅兰芳在表演中，通过低头含羞的动作，将杜丽娘的娇羞之情展现得惟妙惟肖。他微微低头，目光低垂，脸上泛起红晕，仿佛一朵含苞待放的花朵，在春风的吹拂下轻轻摇曳。低头含羞的动作加深了杜丽娘娇羞情感的表达。在这一动作中，观众可以清晰地感受到杜丽娘内心的波动与情感的细腻变化，仿佛与她一同经历了这场梦幻般的爱情邂逅。

（三）眼神流转

梅兰芳表演艺术不仅在于唱腔的优美、身段的灵动，更在于眼神的深邃与传神。在《游园》中，梅兰芳通过独特的眼神运用，将杜丽娘这一角色的内心世界展现得淋漓尽致，使观众在欣赏表演的同时，能够深刻感受到角色的情感波动和心理变化。在《游园》中，梅兰芳巧妙地运用了虚实结合的眼神技巧。实眼神要求两眼睁开瞪大，眼神放光，常用于表现惊讶、愤怒、惶恐、仇恨等强烈情绪；而虚眼神则相对柔和，眼神内敛，用于表现含蓄、内敛、深沉等情感。梅兰芳通过这两种眼神的交替运用，将杜丽娘在游园过程中的复杂情感细腻地呈现出来。例如，在游园过程中欣赏园中美景时，杜丽娘对园中美景充满了好奇和向往之情，梅兰芳的眼神也随之变得明亮而灵动，他使用实眼神表现出杜丽娘的惊喜和陶醉；而当她意识到春光易逝、青春难留时，眼神又逐渐黯淡下来，他又以虚眼神传达出内心淡淡的忧郁和无奈。这种眼神与情感的紧密结合，使得观众在欣赏表演时能够深刻感受到角色的内心世界。梅兰芳的眼神表演在《惊梦》中尤为出色。他通过眼神的流转与变化，将杜丽娘内心的复杂情感展现得淋漓尽致。在与柳梦梅相会时，他的眼神中充满了柔情与爱慕，而在娇羞之时，他的眼神又变得躲闪与含蓄。

眼神是心灵的窗户，梅兰芳通过眼神的巧妙运用，将杜丽娘内心的情感变化直接传递给观众，观众可以通过他的眼神感受到杜丽娘对爱情的渴望与追求，以及她在面对爱情时的羞涩与不安。

（四）身段与步伐的协调

在《游园惊梦》中柳梦梅唱："和你把领扣松，衣带宽。""和你把领扣松"，柳梦梅双手同时搭袖，抱形，在胸前交叉着表示"领扣"，又把双袖轻轻投下表示“松”的意思。“衣带宽”，双手平抬起，两袖下垂，左右来回晃三下，然后先翻右袖，再翻左袖，在“宽”字上向杜丽娘站的部位轻轻地扑过去，因为杜丽娘要向左转身躲避，所以必须扑在杜丽娘的右边，右脚靴尖微翘起，袖子轻轻放下，杜丽娘很轻快地向左转身到了小边。这种轻快动作，既表示了杜丽娘的愉快心情，又描写了梦中人飘忽翩跹的形态。梅兰芳在表演中非常注重身段与步伐的协调。他通过轻盈的步伐、优美的身段以及流畅的动作转换，将杜丽娘在梦中的轻盈与飘逸展现得淋漓尽致。无论是在花园中漫步还是与柳梦梅相会时的娇羞舞步，他都能够做到动作连贯、身段优美。身段与步伐的协调不仅展现了梅兰芳高超的表演技艺，更烘托了杜丽娘在梦中的幸福与愉悦。观众可以通过他的表演感受到杜丽娘在梦中自由飞翔、尽情享受爱情的美好时光。

梅兰芳通过一系列精湛的戏曲舞蹈身段表演，将杜丽娘在梦中与柳梦梅相会时的娇羞与幸福表现得生动而传神。他的表演不仅展现了高超的技艺水平，更深刻地揭示了人物内心的情感世界。

四、融合情感，以情动人

在梅兰芳看来，戏曲舞蹈身段不仅仅是外在的动作表现，更是内在情感的传达。因此，在表演过程中，他特别强调身段与情感的紧密结合。他通过细腻的表情、流畅的动作和准确的节奏控制，将杜丽娘的情感变化准确地传达给观众。例如，在《寻梦》一折中，梅兰芳通过运用“睡介”“梦介”等身段动作，结合深情的唱腔和细腻的表情，将杜丽娘在梦中寻找意中人的急切心情和失落感表现得入木三分。

“睡介”的细腻呈现。“睡介”是表现杜丽娘入睡的舞蹈动作。梅兰芳在此处的设计极为细腻，突破传统旦角的静态卧姿，他通过缓慢而均匀的呼吸、轻柔的闭眼动作以及身体逐渐放松的姿态，营造出一种宁静而安详的入睡氛围。他的面部表情也随之变得柔和，仿佛真的沉浸在了梦乡之中。同时，采用“云手转体”衔接“卧鱼”的复合程式，这个动作设计情感铺垫传递的是“睡介”不仅仅是物理上的入睡，更是情感上的过渡，隐喻杜丽娘潜意识中对自由爱情的本能向往。梅兰芳通过这一动作，实现了“程式符号”向“情感符号”的转化，为接下来的梦境寻找做了充分的情感铺垫。

“梦介”的急切与失落。进入梦境后，梅兰芳通过一系列急促而有力的舞蹈动作来表现杜丽娘寻找意中人的急切心情。他运用快速的步伐、大幅度的手势以及眼神的急切搜寻，展现出杜丽娘在梦中四处寻找柳梦梅的焦急与渴望。当杜丽娘在梦中未能找到意中人时，梅兰芳则通过一系列细腻而哀伤的动作来刻画她的失落感，首先通过身体的微微颤抖、脚步的踉跄以及双手的无力下垂等动作，表现出杜丽娘内心的失望与无助。接着，他通过面部表情的细微变化，如眼神的黯淡、嘴角的下垂等，进一步加深了这种失落感的表达。在这段表演中，梅兰芳创造性地运用“碎步趋前、僵立定格、退步蹉步”的动作序列，配合眼神由“散点游移”到“定点凝视”的转换，借助水袖表演抛接的力度控制或轻或重或停滞，构建起具有现代心理学意义的梦境叙事，通过虚拟性的表演将心理外化为可视的舞台符号，将理学压抑下的闺阁情思转化为具有生命力的戏曲肢体语言。

结　语

在戏曲艺术的历史长河中，尽管汤显祖与梅兰芳生活在不同的时代，但他们分别代表了古典戏曲文学与戏曲舞台表演的巅峰。汤显祖《牡丹亭》“生者可以死，死者可以生”的至情论，在梅兰芳的身体叙事中重构转化为“以形写情，以情化形”的舞台实践，实现了文学形象向身体语言的创造性重构转译。他们的艺术对话不仅实现了《牡丹亭》从文学经典到舞台经典的跨越，这种“守正创新”的艺术实践，亦为当代戏曲发展提供了重要启示：在保持“戏曲本体”的基础上，通过跨学科对话与现代表达，使传统文化基因在新的历史条件下焕发出勃勃生机，这既是对汤显祖“至情论”的当代回应，也是梅兰芳“移步不换形”

改革理念的终极价值所在。同时梅兰芳积极参与国际文化交流活动，将《牡丹亭》推向世界舞台，让更多的人了解和欣赏到中国戏曲艺术的独特魅力，更在全球化语境下重构了戏曲艺术的现代性表达，使汤翁作品一直活在舞台上，活在演员身上，活在观众心里，我想这才是对汤先生最好的纪念。

作者单位：东华理工大学

影响传播

《紫箫记》和《紫钗记》古今传播述略

黄建荣

2019年和2020年，笔者分别就《南柯记》和《邯郸记》的古今传播情况做了简要叙说，兹再就《紫箫记》和《紫钗记》的相关情况予以略述。

关于《紫箫记》的写作时间和地点，汤学界一般有两种说法：一说是徐朔方先生所言约于万历五年至七年(1577—1579)创作于临川，一说是黄芝冈先生所言于万历八年(1580)创作于南京。笔者赞同黄芝冈之说。同时，笔者也赞同龚重谟先生的推论，即汤显祖和他的三个友人把半部《紫箫记》署名"临川红泉馆编"，在当年或之后不久交于金陵富春堂刊刻问世。①明万历十五年(1587)，汤显祖在任南京太常寺博士时，将其未完成的《紫箫记》三十四出重新改写为《紫钗记》五十三出，自云："南都多暇，更为删润，讫，名《紫钗》。"②不过，当时完成的《紫钗记》只是初稿。直到明万历二十三年(1595)前后，汤显祖在任浙江遂昌知县时，因"古厅无讼，衙退疏帘，捉笔了霍小玉公案"(《玉茗堂批订董西厢叙》)，《紫钗记》才最后定稿。

一、《紫箫记》和《紫钗记》的文本传播

(一) 明清时期的《紫箫记》《紫钗记》文本传播

明清时期，《紫箫记》《紫钗记》与汤显祖的其他"三梦"一样，其文

---

① 龚重谟：《〈紫箫记〉的写作时间、地点与价值新探》，www.taodocs.com，访问时间：2024年8月。

② 汤显祖：《紫钗记题词》，徐朔方笺校：《汤显祖全集》，北京古籍出版社，1999年，第1157页。

本多次被重刻、复刻，亦可分为全本、选本、改本三大类别。

1. 全本

《紫箫记》的文本，在明清时期主要有四种版本：明万历唐氏富春堂刻本四卷，正文首行书名标作《新刻出像点版本音注李十郎紫箫记》，次行分署"临川红泉馆编""新都绿筠轩校""金陵富春堂梓"等，版心题作《出像紫箫记》；明万历金陵世德堂刻本二卷，正文首行书名标作《新镌出像注释李十郎霍小玉紫箫记题评》；明汲古阁原刻初印本二卷，封面标作《紫箫记定本》；明毛晋辑汲古阁刻《六十种曲》申集所收本二卷。

《紫钗记》完成之后，今存世并流传的明清本子约有十余种。其中，明代主要的如：万历三十年（1602）金陵陈氏继志斋刻本二卷，封面标为"出像点板霍小玉紫钗记定本"，下署"继志斋原版"，正文首行标作《重校紫钗记》，版心题作《紫钗记》；崇祯独深居点定《玉茗堂四种曲》所收本二卷，正文首行书名标作《玉茗堂传奇》，次行署"独深居点次"，三行题作《紫钗记》，版心亦题《紫钗记》，卷首载有沈际飞之《题紫钗记》；明末柳浪馆刻本二卷，正文首行书名标作《柳浪馆批评玉茗堂紫钗记》，版心题作《紫钗记》，卷首载《紫钗记总评》，末署年月名氏；明天启张弘毅著坛刻《玉茗堂四梦》所收《紫钗记》二卷；明毛晋辑汲古阁刻《六十种曲》卯集所收《紫钗记》二卷；明清晖阁刻王思任《批点玉茗堂紫钗记》本；等等。又，明末尚有据柳浪馆本重刊的《汤义仍先生紫钗记》二卷。清代主要的如：竹林堂辑刻《玉茗堂四种曲》所收《紫钗记》二卷，正文首行标作《汤义仍先生紫钗记》，下方署"临川玉茗堂编"，版心题作《紫钗》；乾隆六年（1741）金阊映雪堂刊《玉茗堂四种传奇》所收《紫钗记》二卷；乾隆五十七年（1792）叶堂撰的《纳书楹四梦全谱》本《紫钗记》（曲文主要依《六十种曲》本，少数改用柳浪馆本；不载角色科介和念白）二卷。据叶堂《纳书楹四梦全谱自序》云："且《邯郸》《南柯》《牡丹亭》三种，向有旧本，余故得摭其失而订之；而《紫钗》之谱，蒙独创焉，又焉能免于蕢桴土鼓之诮也乎！"①另外，清代（具体年

① 毛效同：《汤显祖研究资料汇编》，上海古籍出版社，1986 年，第 687 页。

代不详）尚有文立堂刊行的、包括《紫钗记》2卷在内的《玉茗堂四种》。

由此可以看出，明清时期《紫钗记》的刊本，只有万历金陵继志斋刻本为单刻本，其他均属于"临川四梦"的合刻本。

需要说明的是，选入毛晋《六十种曲》的《紫箫记》和《紫钗记》，后随着《六十种曲》一起还有多次翻刻或重修，主要有清顺治年间的刻本、道光年间的补刻本、民国二十五年（1936）上海开明书店排印的普及本和线装本、1954年古本戏曲丛刊编刊委员会辑《古本戏曲丛刊》初集第76、77种（据富春堂柳浪本影印）、1958年和1982年中华书局的重印本等。

2. 选本

明清时期，有戏曲折子戏选集摘选了一些《紫箫记》或《紫钗记》的折子戏，还有一些宫谱集或曲谱集摘选了《紫钗记》中的一些单支零曲，但总体数量比《南柯记》和《邯郸记》要少。

明天启三年（1623）许宇编刊的戏曲选本《词林逸响》（有曲无白），其第四卷中选录了《紫钗记》第八出《议允》【字字锦】"春从绣户排"至【尾声】一套，又选了第十六出《盟香》【画眉序】"花里唤神仙"至【尾声】一套。明天崇间刊印的周之标编选的《新刻出像点板增订乐府珊珊集》（有曲无白，又称《增订珊珊集》），其卷四选录了《紫钗记》第四十八出《侠评》【锁南枝】"风光粲"过曲一支连【前腔】七支。

清康熙二十七年（1680）金陵翼圣堂刊印的《缀白裘合选》（明末玩花主人编，清钱德苍等续编）卷四中，选录了《紫钗记》第六出《堕钗灯影》和第三十九出《泪烛裁诗》（均曲白俱全）。不过，在乾隆二十九年（1764）至三十九年（1774），苏州钱德苍编刊的台本折子戏选集《时兴雅调缀白裘新集》中，却没有选《紫钗记》的任何一折，这种缺选"表明《紫钗记》在舞台竞争中由盛而衰，断层了"①。清康熙五十九年（1720）刊行的工尺谱《南词定律》（属于文辞格律谱，曲文左侧附缀了

① 吴新雷：《紫钗记昆曲演唱史略》，杨玲、朱忠元主编：《中国古代小说戏剧研究丛刊》第七辑，甘肃教育出版社，2010年，第20页。

工尺符号,右侧点板),采用了《紫钗记》中的例曲 7 支,其中卷五的大石调过曲【念奴娇序】“还倩,那些飘渺银鸾”,出自《紫钗记》第三十三出《巧夕惊秋》。清乾隆十一年(1746)刊行的《九宫大成南北词宫谱》(宫谱兼格律谱),采用了《紫钗记》的例曲 18 支,如卷二仙吕宫正曲【短拍】“翰苑风清”一曲,出自《紫钗记》第十八出《黄堂言饯》。这种情况,“证明康熙、乾隆之际,传统的《紫钗记》单支零曲的工尺谱曾流传于世,这才能使《南词定律》和《九宫大成》的编者选为例曲”①。

清同治九年(1870),文人王锡纯和艺人李秀云合作创编了《遏云阁曲谱》(谱式为横行一字谱,上海著易堂书局于光绪十九年铅字排印),其中记录了《紫钗记》中的《折柳》和《阳关》两折。这两个折子戏,实际上是把原本《紫钗记》第二十五出的《折柳阳关》一分为二,以【解三醒】“恨锁着满庭花雨”为界,之前叫《折柳》,之后称《阳关》。为了便于演出,这两个折子戏还有所增删。②此后,《折柳》和《阳关》这两个折子戏,以《紫玉钗》之名收录于苏州新建书社于清光绪二十二年(1896)石印的《霓裳文艺全谱》。不久,《折柳》和《阳关》出现在艺人的传抄本中,如清光绪三年(1877)李瑞卿撰的《遏云仙馆曲谱》抄本,清光绪二十九年(1903)的南京周蓉波所抄录的《霓裳新咏谱》(碧莲书屋慕莲);清宣统元年(1909)听涛主人抄录苏州艺人殷贵深传谱的《异同集》;清代(年份不详)的《缀玉轩曲谱》抄本,该曲谱还选录了《紫钗记》中的《赴洛》《陇吟》(陇上题诗)和《款檄》等。由此可以看出,明清时期折子戏选集所载的《紫钗记》折子戏,主要是《折柳》和《阳关》。

在明代,《紫箫记》的一些折子戏,在一些戏曲选本中也时有出现。如万历三十年(1602)纪振伦编选的《乐府红珊》(唐振吾刊本,出版地、出版者不详)所收的《李十郎霍府成亲》和《霍小玉灞桥送别》;万历间刊印的阮祥宇编《乐府万象新》中的《灞桥饯别》;明胡文焕编、文会堂辑刊的《群音类选》(出版时间不详)中的《霍王感悟》《小玉插戴》《洞房

① 吴新雷:《紫钗记昆曲演唱史略》,第 20 页。

② 吴新雷先生在《紫钗记昆曲演唱史略》一文中,对此两折戏的增删情况有较详细说明,此略。

花烛》《训问紫箫》;黄文华编辑的《乐府玉树英》(余绍崖刊本,出版时间不详)中的《灞桥饯别》,等等。而明万历四十四年(1616)刊印的李郁尔编《月露音》,所选录的《紫箫记》折子戏较多,有《春咏(胜游)》《失婿(拾箫)》《送别》《春游(探春)》《换马》《议婚(下定)》等。这种情况,说明"明末《紫箫记》和《紫钗记》并行流传,但《紫钗记》远不如《紫箫记》受选家欢迎"①。但到了清代,《紫钗记》折子戏却未见于当时的戏曲选本,这表明"《紫箫记》在清代已经淡出了曲社清唱和舞台演出,不再有《紫箫记》与《紫钗记》并行传播的情况"②。

3. 改本

明清时期对"临川四梦"的改订者,明代主要有吕玉绳、沈璟、臧懋循、冯梦龙、徐日曦等,清代则有雍乾年间清溪蔡应龙,以及乾隆五十年(1785)的冰丝馆刻删改本《牡丹亭》。沈璟把《紫钗记》改订为《新钗记》,据《传奇汇考标目》乙本著录中的注云:"系《紫钗记》改本。"但原书已失传,故毛效同先生言"姑志于此,以待研究"③。蔡应龙是把《紫箫记》和《紫钗记》合在一起,改称《紫玉记》。

值得一说的是臧懋循改订的《紫钗记》。臧懋循在其改订的《玉茗堂四种传奇》中,把《紫钗记》原本的53出,删减、合并、修改为36出(折),同时配插图36幅。为了适应演出,臧氏的改本不仅删并了"四梦"的曲子,还对原来的少许场子次序有大胆调整。如《紫钗记》原有444曲,删并后为233曲。又如,把原二十八出《雄番窃霸》调至第十一出《试喜》(原本为第十四出《狂朋试喜》)之前,认为这样可以节省生旦的口力,给演员以喘息时间。而且,臧氏对"四梦"的上下场诗、"四梦"的念白等也有一些修改。顺便提及,当代学者周育德先生,把臧氏删改"四梦"曲词的理由归纳为六点,并皆举例说明:汤氏原曲不协韵、不合调;汤氏原曲无好腔,改调以美听;原作曲子太多,删其烦冗;原作

① 杨桐、王省民:《紫钗记在明清时期的文本传播》,《岭南师范学院学报》2019年第3期,第75页。

② 杨桐、王省民:《紫钗记在明清时期的文本传播》,第75页。

③ 毛效同:《汤显祖研究资料汇编》,第834页。

曲调不合场上情景;原作有违反用曲常例者;原作有词义费解处。[①]这六条理由,第一、二、三条的举例是《牡丹亭》,第四条的举例是《南柯记》,后两条的举例是《紫钗记》,读者可参阅周先生原文,兹不赘述。

汤显祖对其中改订本的批评,以及明清时期不少文人学者对这些改订本的评价,笔者在《南柯记古今传播述略》和《邯郸记古今传播述略》两文中已有列举[②],读者可参照阅读。这里,仅补充现代学者吴梅在其《顾曲麈谈·谈曲》中的一段评语:"臧晋叔删改诸本,则大有可议耳。晋叔所改,仅就曲律,于文字上一切不管。所谓场上之曲,非案头之曲也。且偶有将曲中一二语改易已作,而往往点金成铁者,如《紫钗记》中'观灯遣媒'折《三学士》曲,若士原文云:'是俺不合向天街倚暮花',正得元人浑脱之意,而晋叔以'倚暮花'三字为欠解,遂改为'俺不该事游耍',强协《三学士》首句之格,而于文字竟全无生动之气。抑知原文之妙,正在可解不可解。如此改法,岂非黑漆断纹琴乎!"[③]

(二)近现代的《紫箫记》《紫钗记》文本传播

1. 近代的《紫箫记》《紫钗记》文本

近代的《紫箫记》《紫钗记》文本,主要是上文提及的《六十种曲》诸本。《紫箫记》的文本尚有民国二十四年(1935)开明书店出版的《紫箫记》。《紫钗记》的文本稍多些,如:清末民初时期贵池刘世珩辑刻、广陵古籍出版社于民国八年(1919)出版的《暖红室汇刻传剧》(又称《暖红室汇刻传奇》,扬州博物馆今藏有《紫钗记》《邯郸记》的一些雕版)所收《紫钗记》二卷;还有民国初年四川成都存古书局的刻本《紫钗记》二卷;民国十七年(1928)的上海扫叶山房石印本、刘世珩的《重刻暖红室汇刻传奇》之《紫钗记》。刘世珩对于《紫钗记》的辑刻,可谓颇费精力。他在其《玉茗堂紫钗记跋》中,认为《紫钗记》"近世流传,唯毛子晋集

---

① 周育德:《汤显祖剧作的明清改本》,《文献》1983 年第 1 期,第 27—28 页。

② 黄建荣:《〈南柯记〉古今传播述略》,载《汤显祖学刊》第六、七辑合刊,商务印书馆,2020 年;黄建荣:《〈邯郸记〉古今传播述略》,载《汤显祖学刊》第八、九辑合刊,商务印书馆,2021 年。

③ 毛效同:《汤显祖研究资料汇编》,第 714 页。

《六十种曲》所刻本,尚非难致。且子晋时去玉茗未远,其本或佳;而张鸿卿云逵旧藏之竹林堂本,颇有远胜毛刻者。今据两本曲词,证之以叶怀庭谱,复取各本比勘釐定,加以圈点,间采臧本宾白、画图、批语,标明吴兴臧晋叔评"①。

本时期,还有一些戏曲(昆曲)曲谱的选本收录了"临川四梦"的折子戏。较早收入《紫钗记》之《折柳》和《阳关》的是民国十八年(1923)齐嘉笨所编的《昆弋曲词》(见中华印刷所刊印的《齐嘉笨选辑》第2集),收录"临川四梦"折子戏最多的是民国二十年(1931)由商务印书馆出版(2008年山西人民出版社新版),王季烈、刘富梁合编考订的《集成曲谱》。全书分金、声、玉、振四集,共收88部传奇里的416出折子戏;所收的"临川四梦"折子戏共58出,即《紫钗记》16出,《牡丹亭》20出,《南柯记》10出,《邯郸记》12出,其中《紫钗记》16出是:《述娇》(谒鲍)、《议婚》(议允)、《就婚》(合卺)、《折柳》、《阳关》、《陇吟》(题诗)、《军宴》(高宴)、《避暑》、《边愁》、《移参》(移镇)、《裁诗》、《拒婚》(强婚)、《哭钗》、《侠评》(醉侠)、《遇侠》、《钗圆》。其他的折子戏选本还有:民国十七年(1928)刘振修编著的《昆曲新导》(收录了《紫钗记》中的《折柳》和《阳关》),该书无宾白,是现存最早的将昆曲传统的工尺谱译成简谱的尝试之作;民国二十九年(1940)天津合笙曲社出版的王季烈编辑的《与众曲谱》(相当于《集成曲谱》的简编本,另有1947年商务印书馆的石印本),该书共8册,选收的"临川四梦"折子戏为16出,即第2册《南柯记》之《花报》和《瑶台》,第3册《邯郸记》之《扫花》《三醉》《番儿》《云阳》《仙圆》,第3册《牡丹亭》之《学堂》《劝农》《游园》《惊梦》《花判》《拾画》《叫画》,第4册《紫钗记》之《折柳》和《阳关》。另,民国年间编刊的《戏考大全》(原名《戏考》,1915年初版刊行,至1925年出齐,总计40册;上海书店出版社1990年出影印本,2017年重新影印推出),收录了京剧和部分梆子戏、昆剧的剧本近六百出,其中包括昆剧《紫钗记》的《折柳阳关》(阳关)。

---

① 毛效同:《汤显祖研究资料汇编》,第804页。

2. 现当代的《紫钗记》文本

现当代出版的《紫钗记》文本，属于全本的大致有：

1954 年，古本戏曲丛刊编辑委员会编《古本戏曲丛刊·初集》第七十七种（据柳浪馆刻本影印，为乾隆五十七年叶堂订《玉茗堂四梦曲谱》所收本，名《紫钗记曲谱》）；1962 年，中华书局出版的《汤显祖集》（戏曲部分由钱南扬校点）；1973 年，上海人民出版社出版的《汤显祖集》（戏曲集）；1975 年，台北洪氏出版社出版的《汤显祖集》（洪北江主编）；1978 年，上海古籍出版社出版的《汤显祖戏曲集》上下册（钱南扬校点，2010 年重印）；1981 年，江苏广陵古籍刻印社出版的《暖红室汇刻临川四梦》线装本（1991 年出合订本，1997 年出重排本，2016 年出旧版刷印限量本）；1982 年，人民文学出版社出版的《紫钗记》（胡士莹校注）；1997 年，齐鲁书社出版的《玉茗堂全集》46 卷；1999 年，北京古籍出版社出版的《汤显祖全集》（徐朔方笺校）；2008 年，北京出版社出版的工尺谱《昆曲古调》（内含“四梦曲谱”）宣纸线装本（周瑞深编选），周瑞深在《纳书楹曲谱》的基础上重订了“四梦曲谱”（加进科白角色，点定了小眼）；2008 年，上海教育出版社出版的由周雪华翻译整理的《昆曲汤显祖“临川四梦”全集——纳书楹曲谱版》（简谱版）；2012 年，书目文献出版社出版的《玉茗堂四种传奇》（2 函 8 册）；2015 年，上海古籍出版社出版的《汤显祖集全编》（徐朔方笺校）；2016 年，时代出版传媒股份有限公司暨安徽文艺出版社出版的《昆曲艺术大典》，其中的文学剧目典中收有包括《紫钗记》在内的“临川四梦”；2016 年，江苏广陵书社推出的雕版《临川四梦》之《紫钗记》；2022 年，时代文艺出版社出版的“中华文学百家经典”之《汤显祖集》；等等。

另外，还有 2010 年以来逐册出版结集的、由刘有恒编订的网络电子版《集萃曲谱》（或名《天禄阁曲谱》）。这部曲谱正集计 11 卷 11 册，计收昆曲折子戏 1003 出，连同附册的简谱 62 出。该曲谱所收的有经过改订的“临川四梦”全本演出本曲谱共 106 出，每出末尾附有“编订者后注”，对曲谱的订改也有较详细说明，其中《紫钗记》之《折柳》《阳关》两个折子戏的演出本收录于该书的“初集”中。顺便提及的是，刘有恒于2012年还编订了网络版的《集萃曲谱之罕见昆曲曲谱》，该谱分上、中、下三册，共收罕见昆曲折子戏321出，其中第一册（上册）第93—95出为《紫箫记》的《友集》《探春》和《纵姬》，第96出为《牡丹亭》的《道场》，第97—106出为《南柯记》的《树国》《宫训》《偶见》《决婿》《玩月》《粲诱》《象谴》《疑惧》《遣生》《转情》。

除全本之外，《紫钗记》之《阳关》和《折柳》两个折子戏，也见于现当代的一些戏曲曲谱的选本。这些选本有一部分是出自香港和台湾，如1953年，香港影印出版的俞振飞编印的《粟庐曲谱》（2011年，上海辞书出版社将《粟庐曲谱》重新排印为四册出版）；1959年，台湾青石山庄印行的由夏焕新、焦承允等编订的《蓬瀛曲集初编》（线装影印本，分上下两册，1972年由台湾中华书局增订再版，1979年二版）；1972年，台湾中华书局出版由焦承允先生编订的《壬子曲谱》（1976年再版，1980年增订再版），1993年，为感谢夏承允先生为台湾昆曲所做的贡献，《壬子曲谱》改名《承允曲谱》（张金城编辑）再版。1991年，台湾出版的由许百道编订的《度曲百萃》；等等。

其他收入《紫钗记》折子戏《折柳》《阳关》（或《折柳阳关》）的戏曲曲谱选本，如1996年北京昆曲研习社自印的《谷音曲谱》。另，有《茗柯轩曲谱》（见旧抄本，年代不详）仅收录《折柳》。2017年，中国戏剧出版社出版的王城保编著的简谱版《北方昆曲珍本典故注释曲谱》（共四册），其第一册收有“临川四梦”折子戏10出，其中《牡丹亭》6出（《闹学》《游园》《惊梦》《寻梦》《冥判》《拾画叫画》），《邯郸梦》2出（《扫花》《三醉》），《紫钗记》1出（《折柳阳关》），《南柯记》1出（《瑶台》）。2020年，中西书局出版的上海戏剧学院附属戏曲学校编《昆曲精编剧目典藏》（共20卷，收昆曲经典折子戏300种，其中“临川四梦”折子戏有18种），其第15卷收有《折柳》《阳关》。

需要提及的是，在中华人民共和国成立之后，“临川四梦”还出现了一些改编（译）本。就江西省而言，较早的是石凌鹤先生在20世纪50年代中期完成的《牡丹亭》，后来他又先后完成了其他“三梦”的改译，均收录于《汤显祖剧作改译》（1982年上海文艺出版社出版）一书。

1982年,为纪念汤显祖逝世366周年,抚州地区的戏曲工作者也完成了“临川四梦”的改编,收录于《整理改编临川四梦、汤显祖历史故事剧专辑》,其中《紫钗记》的改编者是万斌生。这些改编本,后被编入黄玉剑主编的《玉茗花开:新编汤显祖剧作选》(2016年江西人民出版社出版)。国内其他演艺剧团对《紫钗记》的改编(演出),此不做列举,将在下面章节中予以介绍。

二、《紫箫记》和《紫钗记》的舞台传播

(一)明清时期的《紫箫记》《紫钗记》演出

记载《紫钗记》之前身《紫箫记》的演出资料,留存甚少。据一些资料所载,汤显祖的挚友谢廷谅曾对汤显祖的处女作《紫箫记》以很大的支持,汤每写完一出,谢廷谅等便去谱曲演唱。谢廷谅在其《薄游草》中,曾集诗五首赞《紫箫记》,诗名《范长倩招饮竟日,李闻伯适至,洗盏更酌,复歌紫箫。赋此》①。

据现存资料来看,《紫钗记》最早搬上舞台,是汤显祖于万历二十六年(1598)弃官回到家乡临川后,指导宜伶完成的。

《紫钗记》在明清时期的全本演出,史料记载不多,较早的应是明崇祯年间。如祁彪佳在其《栖北冗言》中云:“崇祯壬申(1632),六月廿一日,赴田康侯席。田家园宛曲华整。予小憩山亭上。吴俭育继至,小酌,阅戏。党于姜、傅潜初、刘切韦、郭太薇相继至,观《紫钗》剧,至夜分乃散。”②其他史料,如清顺治年间文人瞿有仲作《即席赠澹生仙史》诗,其中一首诗云:“山断云垂波鹭银,闻君原是旧东邻。临川艳曲应怜霍,歌《紫钗》。淮海新词合识秦。沉醉金卮情放诞,索题团扇语悲辛。襄王席上从来梦,云雨空劳作赋臣。”③

相对全本演出而言,明清时期的《紫钗记》折子戏演出要多些,主

---

① 毛效同:《汤显祖研究资料汇编》,第788—789页。
② 毛效同:《汤显祖研究资料汇编》,第836页。
③ 毛效同:《汤显祖研究资料汇编》,第836—837页。

要是原剧第二十五出《折柳阳关》——清乾嘉年间被艺人拆分演出后名为《折柳》和《阳关》。这两个折子戏的演出，文献史料中记载较多的是清代。自叶堂《纳书楹紫钗记全谱》问世以来，由于其中的《折柳阳关》乐谱最为动听，所以艺人用叶谱搬演《紫钗记》折子戏，始终只有《折柳阳关》一枝独秀。如，清乾隆六十年(1795)，铁津山人、问津渔者、石坪居士等艺人集萃刊行的《消寒新咏》，记载庆宁部一个名叫徐才官的小旦，"比海棠鹦鹉。最妙者:《题词》(《疗妒羹》)《折柳》(《紫钗》)《乔醋》(《金雀记》)"①。《消寒新咏》卷三中，还记载徐才官擅演《灞桥》(《折柳》之别称)。②又，清乾隆六十年问世的李斗《扬州画舫录》卷五记载:"李文益，丰姿绰约，冰雪聪明，演《西楼记》于叔夜，宛似大家子弟。后在苏州集秀班。与小旦王喜增窜演《紫钗记·阳关折柳》，情致缠绵，令人欲泣。"③清嘉庆年间，众香主人的《众香国》记载:"李兰官，字香谷，现在三庆部。香谷肌肤莹洁，人以白牡丹目之，每发一言，辄嫣然笑。盖天真烂漫，雕饰全无，能于诚实中见其慧者。闻其演《阳关折柳》《乔醋》诸出，俱有可观，惜乎未之见也。"④清嘉庆初年，西溪山人的《吴门画舫录》记载:"沈素琴，居城内丽娃乡。淡妆素服，不事铅华，粗识字，喜诵唐人诗句。对客无寒温语，惟借扇头书约略读之，可以想见其风趣矣。有某生侨寓金阊，与姬交綦密。席间歌玉茗传奇《折柳》一阕，生以事伤薄幸，止之。姬曰:'君诚多情。然小玉赍恨无穷，正使人人鉴此情痴，则死将不朽。且彼自薄命，于十郎何尤?'生默然无以应。嗟乎！紫玉谁怜，黄衫何处？姬殆古之伤心人与?"⑤

清咸丰二年(1852)，四不头陀的《昙波》一书，对《紫钗记》折子戏的演出有几条记载。其一云:

---

① 毛效同:《汤显祖研究资料汇编》，第 837 页。

② 铁津山人等:《消寒新咏》卷三，中国戏曲艺术中心，1984 年，第 53 页。

③ 毛效同:《汤显祖研究资料汇编》，第 838 页。

④ 毛效同:《汤显祖研究资料汇编》，第 838—839 页。

⑤ 西溪山人:《吴门画舫录》，张廷华(虫天子)辑:《香艳丛书》十七集卷三，上海国学扶轮社，宣统三年(1911)，第 17 页。

> 福寿，名延禧，姓朱氏，字连芬，年十八，吴县人。垂髫时，其兄挈之来京。兄故业优，强之学，遂工南北曲，顾雅爱自喜，读唐贤小诗，尤善行楷。色艺与诸名优埒，而神气清明，吐属隽永则过之……其度《折柳》《茶叙》《偷诗》《惊梦》诸曲，俱妙绝。余曾各系以词，附载于后。①

【荣按】今摘录其《贺新凉·折柳》词如下：

贺新凉·折柳

> 唱到阳关曲。看卿卿，风情争似，霍家小玉。一片柔肠千载憾，都倩歌喉吐出。且休说，开帘动竹。只须这杯中别酒，已魂销，桥畔垂杨绿。长此听，杜鹃哭。　　莲卿何事纤眉曲？岂怜他，才郎弃旧，女郎无福？从古好花容易瘿，防尔亦如秋菊。叹沦落，供人娱目。便有黄衫来作合。早声声，痛彻青灯屋。试回想，弃膏沐。②

其二云：

> 翠玉，字黛仙，年十四，姓陈氏，安庆人。六七岁时，读《毛诗》甫成诵，以贫故就商，已而偕其母兄来京。其兄美玉，旧有声春台部，黛仙遂习其艺……一日见其演《折柳》一出，冶艳绝伦。同甫尤剧赏之。屡招余饮。盖初次登场，即为识曲者所倾倒者如此。③

《紫钗记》折子戏演出的其他史料还有不少。如，清咸丰九年(1859)，蜃桥逸客、兜率宫侍者、寄斋寄生等合编的《燕台花史》一书，

---

①② 毛效同：《汤显祖研究资料汇编》，第839页。

③ 毛效同：《汤显祖研究资料汇编》，第840页。

赞叹一位名叫琳仙的艺人："琳仙，缠绵。折柳依依唱晚风，送君肠断五花骢。旁人只道愁如海，那解魂销一曲中。《折柳》最甚。"①再如，清同治十一年(1872)，艺兰生的《评花新谱》有两则记载，其一云："佩春乔蕙兰，字纫仙，又字郑芗。年十三。隶三庆、四喜两部。丰神绰约，顾影寡俦，度曲甚佳。惜不轻易登场。只见其《折柳》一出，缠绵缱绻，一往情深，令人想见霍小玉送别时也。性温和，耽诗史，尤工楷法，簪花妙格，秀劲可玩。"②其二云："春馥钱桂蟾，字秋蓤，吴人。隶三庆部。清扬婉娈，秀色可餐。善昆剧。其演《折柳》《思凡》诸出，气韵娴静，独出冠时。工书法，笔意似赵王孙，丐题者踵相接也。"③

还如，清同治十二年(1873)刊行的邗江小游仙客所撰《菊部群英》，则有多条记载：

宝善主人陈芷衫，名润官，小名磬笙，外号小辫子。本京人。原籍安徽。壬子生，唱昆生兼武生。工隶书。善画兰饮弈。出春华。清馥徐阿福之婿。擅演《看状》(苏公子)、《折柳》(李益)。

闻憙主人曹福寿，正名服畴，号韵仙。本京人。辛亥生。唱昆旦。善画兰。擅演《昭君》(王嫱)、《折柳》(霍小玉)、《游园惊梦》(杜丽娘)。

来福，姓何，号玉珊。行八。淮安人。丙辰生。隶三庆、春台。唱昆旦。擅演《思凡》(赵尼)、《折柳》(霍小玉)。

李芳，姓周，号馨秋。本京人。戊午生。隶三庆、四喜。唱昆生。擅演《佳期》(张珙)、《折柳》(李益)、《游园惊梦》(柳梦梅)。④

绮春主人时小福，正名庆，号琴香，别号赞卿，小名阿庆。苏州人。丙申生。唱旦。兼昆乱。善饮弈。出春福。本师清馥徐阿福。擅演《挑帘裁衣》(潘金莲)、《折柳》(霍小玉)。

景龢主人梅巧玲，正名芳，号慧仙，又名雪芬。苏州人。原籍

---

① 毛效同:《汤显祖研究资料汇编》,第840页。

②③ 毛效同:《汤显祖研究资料汇编》,第841页。

④ 毛效同:《汤显祖研究资料汇编》,第842页。

泰州。壬寅生。掌四喜部。唱旦。兼昆乱。工隶书，精鉴金石。出醇和。本师福盛杨三喜。名生陈金爵之婿。擅演《思凡》（赵尼）、《定情赐盒》、《絮阁》、《小宴》（杨贵妃）、《折柳》（霍小玉）。

多云姓郑，名连福，号桐秋。本京人。原籍苏州。庚申生。隶四喜。唱丑兼胡子生、昆生。前净香郑莲桂之子。擅演《折柳》（李益）、《叙茶问病》（潘必正）、《游园惊梦》（柳梦梅）。①

另据顾笃璜《昆剧史补论》，其引王韬《名优类志》谈及晚清昆剧负有盛名的旦角周凤林之学生小桂林："桂林字蟾香，以同时亦有桂林，故加小字以别之。来沪仅数月，在三雅戏院，年止十九龄。先以桐荪（周凤林）为师，意韵缠绵，情致曲折，别有心授。每演《折柳》《絮阁》两折，意态逼真，听者为之神移。"②又引梦畹生《粉墨丛谈》评小桂林："最爱其演《折柳阳关》一曲，柔情蜜意，宛转迟回，歌至'他鞭系有分多奇女，你红粉无依，念奴'之句，泪痕融颊，差疑带雨梨花，伤心人诚别有怀抱也。迩来屡从周桐荪游。"③

从一些清代的戏单，亦可见《紫钗记》折子戏（昆班）在当时的演出情况之一斑。据全福班老艺人曾长生口述记录，清末民初时期全福班和仙霓社的剧目单，均有"临川四梦"的折子戏，其中《紫钗记》2 出（《折柳》和《阳关》），《牡丹亭》10 出，《南柯记》2 出，《邯郸记》5 出。④

不过，如本文第一部分所述，因为在清代《紫钗记》折子戏未见于当时的戏曲选本，故清宫廷的汤显祖传奇折子戏演出没有《紫钗记》而只有《紫箫记》。据当代学者李玫考察，她在中国历史第一档案馆查找到的清代道光朝以后的《内学昆弋腔戏目档》《内学花名档》《穿戴题纲》《昆弋腔杂戏目录册》等演出档案，记录了参加演出汤显祖剧作的

① 毛效同：《汤显祖研究资料汇编》，第 843 页。

② 顾笃璜：《昆剧史补论》，江苏古籍出版社，1987 年，第 218 页。

③ 顾笃璜：《昆剧史补论》，第 219 页。【按】梦畹生引"他鞭系有分多奇女，你红粉无依，念奴"之句或恐有误，因《紫钗记》原词为"他丝鞭陌上多奇女，你红粉楼中一念奴"。

④ 顾笃璜：《昆剧史补论》，第 195—197 页。

伶人共有37位,其中关于《紫箫记》的折子戏是《灞桥饯别》(弋阳腔),末行伶人金得荣在《灞桥饯别》中饰演车夫。①

(二)现当代的昆曲《紫钗记》演出

民国时期,就有不少昆曲戏班演出了《紫钗记》的折子戏。如,清光绪至民国初期,宁波昆班的老凤台班、老三绣班、老聚丰班、老瑞丰班、老庆丰班、新庆丰班等演出过“临川四梦”,其中包括《邯郸梦》和《紫钗记》中的《折柳》《阳关》等。又如,1922年元宵节期间(正月十四至十六日),穆藕初1921年资助成立的昆剧传习所以“昆剧保存社”的名义,在上海静安寺的夏令配克剧园串演昆剧折子戏,其中包括《牡丹亭》之《闹学》和《紫钗记》之《折柳阳关》。

民国十五年(1926),张肖伧的《燕尘菊影录》对当时《紫钗记》折子戏演出有少许记载:

> 顾芷孙,四喜部昆小生,亦兼昆旦。与时小福、余紫云同班。擅演《乔醋》之潘岳,《折柳》《阳关》之李益,兼擅鼓板。
>
> 程继仙,程长庚之孙。幼隶荣椿班。唱小生,艺兼文武昆乱,造诣颇深。王楞仙后,继仙首可称述。继仙面色虽未见英挺,而态度卓然可观……《奇双会》《琴挑》《折柳》等曲,亦洒脱不俗。念白之外,尤工笑声。
>
> 韩世昌,来自田间。唱昆旦。为老友赵逸叟所赏。逸叟朝夕为之校正字音,称其温和知礼。平时讷于应对,而抹粉登场,独能淡宕闲神,丰致可人。《折柳》《阳关》《刺虎》《刺梁》《思凡》《瑶台》《小宴》皆不恶。②

从上述古代、近代的戏曲选本和演出资料来看,《紫钗记》通过昆曲传承下来的折子戏主要是《折柳》和《阳关》。可见,在20世纪80年

---

① 李玫:《汤显祖的传奇折子戏在清代宫廷里的演出》,《文艺研究》2002年第1期,第94—95页。

② 毛效同:《汤显祖研究资料汇编》,第844页。

代以前,“临川四梦”的演出主要是昆曲为载体而传承的。进入 21 世纪以来,《紫钗记》与其他“三梦”一样,其演出的寂寥状况逐渐得以改变。

首先,是昆曲《紫钗记》全本的演出。2008 年 12 月 31 日至 2009 年 1 月 1 日,上海昆剧团举行了上昆三十年“临川四梦”主题演出,其排演的《紫钗记》(偶像版)在天蟾逸夫舞台首演。该剧由唐葆祥改编,周雪华作曲,导演郭宇、张铭荣。全剧在保留汤显祖原作意蕴的基础上,做了适度的改编整理,进行了全新的再解读、再创造,把原本 53 出压缩为一个晚场演完的九场单本戏:观灯坠钗、素绢盟誓、权嗔计贬、折柳阳关、边愁寄诗、怨撒金钱、哭收钗燕、豪侠援手、钗合梦圆。剧中全部唱腔均来自经典的清代昆曲集——《纳书楹曲谱》。“昆三班”的黎安饰演李益,沈昳丽饰演霍小玉。

自此以后,上海昆剧团的全本《紫钗记》演出连续不断。此试举其部分演出实例如下:

2009 年 2 月 6—8 日,《紫钗记》参加上海昆剧团的“传统 · 中国”民俗节庆系列演出的元宵昆剧慈善公益专场,在上戏剧院再度上演。2009 年 5 月 12 日,上海昆剧团的《紫钗记》在上海美琪大戏院演出。2010 年 6 月 3—9 日,全国昆剧院团在南京调演,其中 6 月 5 日晚,上海昆剧团排演的昆曲《紫钗记》在南京紫金大剧院演出。

2016 年汤显祖逝世四百周年之际,上海昆剧团以逾十年积累、集五班三代人才优势,将《临川四梦》完整搬上舞台,并先后在广州、深圳、昆明、武汉、北京等国内数十个城市掀起“昆曲旋风”,足迹遍及欧美主要国家的主流剧场和重要艺术节,累计全球巡演逾 70 场。如,《紫钗记》6 月 4 日在广州大剧院歌剧厅演出,7 月 17 日晚在国家大剧院戏剧场演出,9 月 13 日在贵阳演出。2016 年 6 月 17 日,“2016 第七届香港中国戏曲节”在香港文化中心开幕。浙江昆剧团携手香港、台湾昆曲名家共同打造的《紫钗记》在开幕式上演出。全剧由沈斌导演,古兆申改编,温宇航、曾杰饰李益,邢金沙、胡娉饰霍小玉。

2017 年 4 月 20—23 日,第五届中华戏曲优秀文化艺术节,上海昆剧团在武汉剧院连贯演出“临川四梦”，其中《紫钗记》的演出时间是4月21日。5月19日晚，沈昳丽参评主演的《紫钗记》在广东演艺中心大剧院谢幕，她为此荣获第28届中国戏剧梅花奖。2018年1月3—7日，由中华文化联谊会、上海文化联谊会、新象文教基金会共同举办的第八届海派文化艺术节在台北举行，上海昆剧团应邀赴台北“两厅院”戏剧厅演出了一台经典折子戏和“临川四梦”。其中，《紫钗记》的演出时间是1月6日。

2020年4月24日，第十二届东方名家名剧月，上海昆剧团排演的“临川四梦”之《紫钗记》在东方艺术中心开演。6月18日至21日，“临川四梦”确定在上海东方艺术中心恢复上演。这不仅是东方艺术中心在新冠疫情后的首个售票演出，也是上昆首次在上海完整上演“四梦”全本。其中，《紫钗记》的演出时间是6月19日。11月8日，江苏省演艺集团昆剧院的特色名作《临川四梦·汤显祖》，在第三届紫金京昆艺术群英会的实验剧场板块上首次上演“青春版”。该剧由香港进念·二十面体与江苏省演艺集团昆剧院联合出品（导演、策划：胡恩威；编剧：张弘；青年演员杨阳饰演汤显祖和卢生），它以“戏中戏”的形式，选取“临川四梦”精华（如《紫钗记》所选的“折柳阳关”和“剑合钗圆”），彰显了汤显祖戏剧创作的心路历程。

2020年12月29日至2021年1月1日，上海昆剧团携连台戏“临川四梦”在北京天桥艺术中心上演，开启了其北京、天津、山东、安徽、浙江、陕西6省市37天的“致敬经典”新春巡演。同时，也拉开了上海昆剧团迎接建党百年、庆祝昆曲进入联合国教科文组织人类口头和非物质文化遗产代表作名录二十周年和昆曲传习所创办一百周年纪念演出的帷幕。其中，2020年12月30日，在北京天桥艺术中心演出《紫钗记》。2021年1月4日，昆曲《紫钗记》在天津大剧院歌剧厅演出。

除了全本演出之外，昆曲《紫钗记》的折子戏也经常出现在国内舞台上，兹举数例如下。

2015年10月12—19日，第六届中国昆剧艺术节在苏州举行。

其中,10 月 17—18 日在开明大戏院演出的是第二届名家传戏成果汇报(共四场),北方昆曲剧院在 10 月 17 日日场演出了包括《紫钗记·折柳阳关》(主演王丽媛)在内的六个折子戏。

2016 年 12 月 30 日,新年戏曲晚会在国家大剧院举行,其中演出了昆曲折子戏《紫钗记·花园惊报》,习近平等党和国家领导人观看了演出。2017 年 6 月 19—27 日,“昆曲荣耀——全国昆曲经典传统优秀剧目展演”在北京天桥艺术中心举行。其中,6 月 20 日晚江苏苏州昆剧院演出了包括《紫钗记》之《折柳阳关》在内的四个折子戏。2018 年 2 月 23 日至 28 日,上海大剧院举行了“霓裳雅韵·兰庭芳菲”上海昆剧团建团四十周年系列演出,共九大院团参演,其中江苏苏州昆剧院在 2 月 24 日经典折子戏专场演出《紫钗记》折子戏《折柳阳关》,霍小玉、李益分别由王芳、赵文林饰演。

2022 年国庆假日期间,北方昆曲剧院在梅兰芳大剧院(小剧场)举行“丹心向党　青春雅颂”为主题的“经典昆曲演唱会”“经典昆曲剧目”“经典昆曲折子戏”演出,其中 10 月 1 日晚顾卫英演唱了《紫钗记·折柳阳关》中的【解三酲】之曲。2023 年 9 月 30 日至 10 月 8 日,在第十一届北京惠民文化消费季上,北方昆曲剧院在梅兰芳大剧院(小剧场)举行“国潮迎国庆　雅韵焕新声”为主题的昆曲经典剧目、名剧名段演唱、经典折子戏展演。10 月 1—3 日为昆曲名剧名段演唱会,1 日晚有邵峥演唱的《紫钗记·折柳》中【寄生草】和【幺篇】两曲。

2024 年 8 月 24 日晚,“九韶清音”张冉昆曲清音演唱会——“临川四梦”在上海市朵云书院·戏剧店演出(特邀导赏嘉宾俞妙兰),其演出曲目选取“临川四梦”中经典的旦角唱腔,包括《牡丹亭》之“游园”“惊梦”“寻梦”“离魂”四折中的 9 支曲子,以及《邯郸记·扫花》中的【赏花时】【幺篇】、《紫钗记·阳关》中的【解三酲】、《南柯记·瑶台》中的【梁州第七】等。8 月 26 日至 9 月 1 日,“大戏看北京”在京上演多台大戏,其中 8 月 30 日由北方昆曲剧院在梅兰芳剧院演出的三出昆曲经典折子戏中,有《紫钗记》的《折柳阳关》(顾卫英饰霍小玉,邵峥饰李益)。

（三）当代的粤剧《紫钗记》演出

当代《紫钗记》改编为粤剧的演出，最早且具有代表性的是 20 世纪 50 年代唐涤生改编的粤剧《紫钗记》。

据资料①，可得知粤剧《紫钗记》改编及其演出的一些情况。1956 年，唐涤生把《紫钗记》改编为粤剧，共八出：《堕钗灯影》《花院盟香》《阳关折柳》《典卖珠钗》《吞钗拒婚》《花前遇侠》《剑合钗圆》《节镇宣恩》（1968 年，仙凤鸣剧团重演此剧，由叶绍德先生提议把第八回回目改为《论理争夫》，并沿用下来）。1957 年 8 月 30 日，仙凤鸣剧团在香港利舞台首演，任剑辉饰演李益，白雪仙饰演霍小玉。粤剧《紫钗记》首演后，于 1959 年拍摄成电影版（导演李铁），其台本也是由唐涤生改编修订，第一次加入后来被大家所熟知的《灯街拾翠》中的"小桃红"、《花院盟香》中的"红烛泪"等唱段。唐涤生 1959 年 9 月去世后，任、白灌录了《紫钗记》全剧唱片。唱片版台本由御香、梵山二位先生执笔改编，对比首演舞台版，唱片版的增删幅度是历版中最大、流传范围最广的。90 年代，广州粤剧团三团根据唱片版排演了《紫钗记》，主演分别是梁淑卿、钟康祺。

粤剧《紫钗记》在香港地区很受欢迎。目前在香港地区通行上演的《紫钗记》版本，是 1966—1969 年间由御香、梵山、叶绍德等人整理修订的。全剧完整演出约需 4 小时，参考的是龙剑笙、郑雅琪、李沛妍主演的电视播出版，简称为"舞台版"。内地现今通行演出的舞台版，大多是来自广东粤剧院于 2000 年后从港版引进又参考诸版、整理修订的版本（之前在珠海、佛山等剧团也有演出一个改动较大的版本，但因为改得不精，后来逐步被淘汰）。这个版本，也是 2016 年广州粤剧团重排上演的版本，称"省院版"。后来，又有了丁凡、蒋文端主演的电视播出版，以及许文杰、邱小娜主演的 DVD 版。

21 世纪以来，粤剧《紫钗记》的全本或折子戏的演出也是连续不

① 云在霜天：《粤剧紫钗记的文本考据与版本比较（下）之一》，https://www.bilibili.com/read/cv17315321，访问时间：2024 年 8 月。

断,其中尤以 2016 年以来为盛。全本演出的例子,如:

2009 年,佛山粤剧团斥资百万,与香港扬鸣粤剧团联手,再度全力打造具有品牌意义的《紫钗记》,在传统艺术基础上融合时代性的舞台表现手段,于当年 8 月在广州演出 2 场,9 月在香港文化中心演出 3 场,并于 10 月到加拿大温哥华演出。2011 年 3 月 13 日至 15 日,广西梧州粤剧团与澳门龙腾粤剧团联袂在广州文化公园粤剧文化广场演出。其中,3 月 13 日演出《紫钗记》,由龙腾粤剧团青年文武生何飞龙(饰李益)和澳门龙腾剧团团长陈惠萍(艺名雪艳莹,饰霍小玉)领衔主演。2015 年 6 月 12 日,广州市工人粤剧团在粤剧文化广场演出《紫钗记》。

2016 年 3 月 8—13 日,为庆祝澳门雀仔园福德祠土地爷爷宝诞志庆,广东顺德艳阳天粤剧团应邀赴澳门演出十场精彩剧目,演出地点是澳门雀仔园土地庙前地,其中 3 月 9 日日场演出《紫钗记》。8 月 12—14 日,由香港彩龙凤剧团担纲主演的多场经典剧目在香港沙螺湾为广大戏迷诚意奉上《金匙银缘》《紫钗记》《牡丹亭》等日夜七场剧目,其中《紫钗记》的演出时间是 8 月 14 日晚,主演为龙贯天、邓美玲。9 月 28—29 日,广州粤剧团为广州艺术节重新复排的粤剧《紫钗记》在江南大戏院首演,由粤剧艺术名家、梅花奖得主黎骏声、陈韵红分别饰演李益与霍小玉。复排首演大获成功后,获得赞誉声一片,并迅速成为各地区主办方争相邀请演出的剧目。2016 年 12 月 31 日至 2017 年 1 月 1 日,由香港梨园舞台主办、粤剧发展基金资助的“金禧名剧精选”在香港元朗剧院演艺厅跨年上演,演出剧目包括《洛神》《帝女花》《再世红梅记》《紫钗记》等,还有日场的折子戏专场。其中《紫钗记》的演出时间是 2017 年元旦日场。

2017 年 1 月 1 日晚,广东粤剧院为“2017 粤剧新年盛会”再演一场,该院几位粤剧名家倾情上演粤剧戏宝《紫钗记》(群星版)。3 月 12—13 日晚,“2017 年文冲社区粤剧晚会”在广州市黄埔区广石化影剧院上演,广州粤剧团受邀为活动演出粤剧《紫钗记》和《侠盗娇妻状元郎》,其中 3 月 12 日演出《紫钗记》,黎骏声、陈韵红分别主演李益、霍小玉。5 月 24—25 日，香港锦艳棠粤剧团在香港高山剧场新翼演艺厅演出由炜唐、陈咏仪担纲主演的粤剧《紫钗记》，以及《五郎救弟》《金莲戏叔》等多部折子戏，其中 5 月 24 日演出《紫钗记》。7 月 14—16 日，玲珑粤剧团著名粤剧演员龙贯天、邓美玲领衔主演的经典粤剧《吕布与貂蝉》《六月雪》《紫钗记》和《公主刁蛮驸马骄》，在香港沙田大会堂演奏厅分日夜场上演，其中 7 月 16 日日场演出《紫钗记》。7 月 20 日，纽约华人第 11 届“中国戏剧节”，唐涤生改编的粤剧《紫钗记》在曼哈顿华埠纽约中华公所大礼堂演出，香港著名女文武生刘惠鸣(饰演李益)、纽约花旦廖莫愁(饰演霍小玉)担纲主演。

2017 年 10 月 25 日，广东遂溪县粤剧团举行了传统粤剧《紫钗记》复排开排仪式。邓兆芳导演，路建伟饰李益，孔少云饰霍小玉。《紫钗记》剧目的复排，属“广东省艺术研究所粤剧非遗资金资助项目”。同年 11 月 17 日进行首演，11 月 20 日晚在广州文化公园演出。11 月 1—3 日，由英毅坊主办，粤剧红伶梁兆明、陈铭英主演的粤剧《紫钗记》《百战荣归迎彩凤》和《福星高照喜迎春》在香港高山剧场剧院隆重上演，其中 11 月 1 日演出《紫钗记》。11 月 23—27 日，由“鸣芝声剧团”粤剧名伶盖鸣晖、吴美英、陈鸿进、新剑郎、陈嘉鸣、吕洪广倾力主演的《宝莲灯》《新紫钗记》《情醉俏郎君》等多场粤剧，在香港新光戏院大剧场隆重公演，其中《新紫钗记》演出时间是 11 月 24 日。11 月 28—30 日晚，由悦艺剧团一众粤剧红伶主演的《紫钗记》《红楼梦》和《风流天子与孟丽君》在香港高山剧场剧院浓情上演，其中 11 月 30 日演出《紫钗记》。12 月 1—2 日晚，由庆家宝剧团梁兆明、庄婉仙主演的“任白戏宝”《紫钗记》和“林家声博士名剧”《无情宝剑有情天》在香港新光剧院大剧场隆重上演，其中 12 月 1 日演出《紫钗记》。

2018 年 4 月 2—4 日，花锦绣剧团在香港红磡高山剧场新翼演艺厅上演粤剧《紫钗记》。本次演出由陈培甡、邓有银领衔主演。6 月 29—30 日，粤剧《紫钗记》《糟糠情》于 6 月 29—30 日在香港高山剧场新翼演艺厅隆重上演。本次演出由剑青艺苑主办，剑心粤剧团协办，其中 29 日演出《紫钗记》，粤剧名伶关凯珊、李沛妍分别主演李益、霍小玉。8 月 3—5 日，粤剧《紫钗记》在香港北角新光戏院大剧场隆重上演。本次演出由新昇娱乐制作有限公司主办，粤剧名伶陈培甡、郑有银领衔，分别主演李益、霍小玉。11 月 17—18 日，唐涤生编剧的《帝女花》《紫钗记》在香港高山剧场新翼演艺厅隆重上演。其中 18 日晚演出《紫钗记》，文华饰演李益，灵音饰演霍小玉。

2019 年 3 月 10 日，广东粤剧院一团排演的大型古装粤剧《紫钗记》在江门演艺中心（侨都大剧院）演出，国家一级演员林家宝饰演李益，国家一级演员、中国戏剧梅花奖得主蒋文端饰演霍小玉。4 月 10 日至 4 月 12 日晚，廉江市剑青粤剧团在广州文化公园中心台连演三台大型古装经典粤剧，其中 12 日晚演出《紫钗记》，许文杰饰演李益，黄玉婷饰演霍小玉。5 月 29—31 日，由永昌粤剧推广会主办，兆群英剧团在香港高山剧场剧院连续演出了三场粤剧，其中 5 月 30 日上演《紫钗记》。9 月 18 日晚，任白戏宝——《紫钗记》在香港新光戏院大剧场隆重上演。演出由弘贤学会主办，良朋曲艺会协办，白庆贤、白雪红分别主演李益、霍小玉。

2020 年 9 月 8 日晚，深圳市粤剧团承办的“粤 show 剧场”（2014 年 11 月 25 日开始，每周二晚演出）演出了该剧团排演的《紫钗记》，陈世才饰演李益，卜美玲饰演霍小玉。9 月 27 日，广东粤剧院在佛山平洲文化中心影剧院演出粤剧《紫钗记》。10 月 6 日，第八届深圳市戏曲名剧名家展演在深圳戏院首场演出，广东粤剧院二团为观众带来大型古装粤剧《紫钗记》。

2021 年 2 月，广东粤剧院在广东粤剧艺术中心举行“2021 新年睇大戏”系列演出。其中 2 月 26 日（正月十五）晚 7 点半，由众多名家携手献演的古装粤剧《紫钗记》（群星版）精彩上演。

2022 年 6 月 11 日—12 日晚，广东省惠民演出品牌“精品 99”系列好戏精彩上线，由中国戏剧梅花奖获得者、国家一级演员蒋文端、彭庆华与国家一级演员林家宝等名家领衔主演，广东粤剧院一团倾力献演的大型古装粤剧《宝莲灯》《紫钗记》，在广东艺术剧院精彩亮相。8 月 19 日，广东粤剧院一团排演的粤剧《紫钗记》在佛山琼花大剧院演出，金桐导演，文汝清饰李益，蒋文端饰霍小玉。

2024 年 2 月 13 日，广东粤剧院一团根据唐涤生改编的粤剧《紫钗记》在广东粤剧中心演出，导演金桐，复排导演郭俊欣；冼鉴棠、文汝清饰李益，梁晓莹、曾小敏饰霍小玉。

粤剧《紫钗记》折子戏演出或选段演唱的例子，如：

2011 年的戏曲春晚，来自佛山粤剧院的李淑勤（饰霍小玉）、杨雁（饰浣纱）表演并演唱了粤剧《紫钗记》中的《堕钗灯影》选段。

2015 年，广东文学艺术创作研究院、广州市振兴粤剧基金会、广州市曲艺家协会联合主办了"红豆杯"网络粤剧粤曲粤乐竞演、"红豆新芽杯"网络少年粤剧折子戏竞演，其中《紫钗记之拾钗》（何宇青老师改编、指导）三位表演者是来自广州市南海中学的 13 岁学生何颖欣、唐玥、邓蕴慧。

2016 年 9 月 17 日晚，由"敦煌剧坊"呈献的"粤剧雕龙"粤曲粤剧晚会在新加坡戏剧中心上演，演唱曲目包括《紫钗记之拾钗》《合兵破曹》等。其中演出《紫钗记之拾钗》者是钟慧玲、黄雯英、何燕媚。

2017 年 5 月 1—3 日，"烟雨重温驿馆情"精选粤剧折子戏专场在香港新光剧院大剧场演出，其中有邓有银（饰霍小玉）、陈培甡（饰李益）等献演的《紫钗记之拾钗》。9 月 30 日晚，由高山知音会主办的雷霆金曲夜在香港新光戏院大剧场隆重开唱。由黎骏声、白庆贤、林颖施等多位知名唱家倾情奉上《恨锁楼台》《紫钗记》《群英会之小宴》等多首脍炙人口的经典名曲。其中演唱《紫钗记》（修订版）的是白庆贤、黄婉儿。

2018 年 7 月 26 日和 27 日，来自香港声辉粤剧推广协会的青年艺术家们，在全国地方戏演出中心（中国评剧院），带来了两场高水准的粤剧展演，其中有《紫钗记之拾钗》。2019 年 6 月 24 日，在"湾区花正开——首届粤港澳大湾区文化艺术节"开幕式晚会上，其中的粤剧联唱《梨园春色》中演唱了《紫钗记》片段（吴非凡饰霍小玉，香港的王志良饰李益)。

2023年11月6日,台山市粤剧团在茂南区公馆石珠岭村演出,其中演出了《紫钗记》折子戏之《剑合钗圆》,主演是卢响辉、黄晓韵。

(四)《紫钗记》改编为其他剧种的演出

1.《紫钗记》在江西省的改编演出

江西是戏曲之乡,有赣剧、采茶戏、东河戏、宜黄戏、广昌孟戏、宁河戏、西河戏等多个地方剧种。中华人民共和国成立以来至今,“临川四梦”(含折子戏)被本省戏曲工作者多次改编演出。

“临川四梦”中最早改编为赣剧演出的是1957年的《牡丹亭》(《还魂记》),其他“三梦”改编为赣剧的时间是20世纪80年代初。1982年9月,在江西抚州举行的汤显祖逝世366周年大型纪念活动中,不少剧团来抚演出汤显祖的“临川四梦”,其中有江西省赣剧团用青阳腔演出的《紫钗记》,该剧把原著压缩为“紫钗双燕”“折柳阳关”“侠气豪情”“卖钗泣玉”“睹玉拒婚”“醉侠挥刀”“郎归欢庆”七场。还有万斌生改编、由宜黄戏剧团演出的《紫钗记》(选演《别钗》《思钗》和《圆钗》)。另有三个剧团演出了《紫钗记》的三个折子戏:广昌县盱河戏剧团演出的《怨撒金钱》(盱河高腔)、赣州地区东河戏剧团演出的《折柳阳关》(东河昆腔)、修水县宁河戏剧团演出的《边愁写意》(九江高腔)。1984年,黄文锡再次改编的《紫钗记》,获江西省庆祝中华人民共和国成立35周年优秀文艺创作一等奖。

《紫钗记》与汤显祖的其他“三梦”一样,其在江西省改编演出的盛况是始于21世纪,至2016年则达到一个小高潮。

2000年9月,为纪念汤显祖诞辰450周年,抚州汤显祖实验剧团选取“临川四梦”中的精彩剧情,排演出《冥誓》、《怨撒》(《紫钗记》)、《游园》、《生寤》四个折子戏。

2010年6月29日,南昌大学赣剧文化艺术中心为纪念汤显祖诞辰460周年,创排了新编赣剧《临川四梦》(导演:谢平安;作曲:程烈清),用四种声腔在江西艺术剧院首演。该剧把《紫钗记·怨撒金钱》《南柯记·南柯梦寻》《邯郸记·黄粱梦断》《牡丹亭·游园惊梦》等精彩剧情融为一体，合台演出。此后，该剧多次在省内外上演。①此略作补充：2012 年 5 月 12 日，为祝贺九江学院升本十周年赴九江学院演出；2017 年 11 月 16 日，在江西农业大学演出。

2016 年，为纪念汤显祖逝世 400 周年，江西省赣剧团专门排演了"临川四梦"中的三个折子戏，其中有《紫钗记》之《怨撒金钱》。4 月 22—27 日，江西省赣剧院创排的赣剧折子戏《怨撒金钱》(杨凯珍饰霍小玉)在莎士比亚故乡英国斯特拉特福小镇连演 5 场，参与当地举办的"纪念莎士比亚与汤显祖逝世 400 周年"活动。6 月 25 日，这三个折子戏以"汤显祖四百周年梦回滕王阁"为主题的精粹赣剧专场，在滕王阁新建的古戏台演出；8 月，与浙江昆剧院的全本《还魂记》一起，亮相英国爱丁堡艺术节，参加当地举办的"纪念汤显祖和莎士比亚二位戏剧大师逝世 400 周年"活动。9 月 26 日，"第三届中国(抚州)汤显祖艺术节"举行。由抚州市创排，曹路生编剧，童薇薇导演的乡音版(盱河高腔)《临川四梦》在艺术节上首演，其中《紫钗记》摘选的是《怨撒金钱》《醉侠闲评》《晓窗圆梦》等经典剧情。用盱河高腔原汁原味展现"临川四梦"最初的演唱形态，是该剧的最大亮点。10 月，剧组晋京，先后在国家大剧院(16 日)、清华大学(18 日)、北京大学(20 日)演出。12 月 9 日，在江西省艺术中心演出。

2017 至 2018 年，乡音版《临川四梦》在国内外开展巡演。国内巡演首场是 2017 年 2 月 27 日，地点是在广东东莞市大玉兰剧院。国外首演的时间是 2017 年 11 月 1 日，地点是新西兰奥克兰市的百年剧院水星剧场(The Mercury Theatre)。

2023 年 5 月 9 日，由抚州职业技术学院学生(指导老师吴岚)排演的盱河高腔《紫钗记》，参加 5 月 8—10 日举行的第四届全国"梨花杯"青少年戏曲教育教学成果展示(武汉)，在湖北戏曲艺术中心 · 首义剧场举行，学生周芷倩主演霍小玉。11 月 3—9 日，"第二届全国高

---

① 赣剧《临川四梦》从 2010 年 10 月至 2017 年 8 月在省内外的演出简况，可参见笔者所撰《〈邯郸记〉古今传播述略》一文(《汤显祖学刊》第八、九辑合刊，商务印书馆，2021 年，此略)。

腔优秀剧目展演”在江西抚州举办。其中，福建省浦城县赣剧艺术传承发展中心排演的赣剧《紫钗记・怨撒金钱》于11月8日在临川大剧院演出。

2023年，江西省话剧团重点打造了话剧《四梦——汤显祖传奇》。该剧编剧汪浩，导演李伯男，于2023年11月17日开排，由戏台、戏痴、戏神、戏魂、戏说、戏梦六场戏构成，从汤显祖临川沙井新居玉茗堂建成，上演开台大戏《紫钗记》开始，抒写汤翁对戏曲艺术的酷爱、一往情深和崇敬。2024年3月，江西省话剧团与省内部分高校一起，举办“2024年传统文化・校园行”巡演，先后到江西科技师范大学（3月12日）、南昌航空大学（3月15日）、南昌大学（3月17日）等高校演出《四梦——汤显祖传奇》。

2. 国内演艺剧团对《紫钗记》的改编演出

1991年8月16日，上海越剧院红楼剧团根据《紫钗记》改编的越剧《紫玉钗》在云峰剧场首演。艺术顾问徐玉兰，编剧吴兆芬、罗怀臻，导演韩林根（特邀），由上越当红的艺术家钱惠丽、单仰萍分别饰演李益、霍小玉。同年11月17日至12月2日，红楼剧团赴香港演出12场，其中包括《紫玉钗》一剧。1995年3月14日至4月6日，为祝贺中泰建交20周年，由泰国农村发展慈善基金会主办，红楼剧团应泰国正大集团之邀，赴泰国曼谷演出16场，《紫玉钗》为其中之一。3月26日，由东方电视台摄制的第一部越剧MTV《心曲》在20频道首播。该片由滕俊杰编导，单仰萍主演，内容有包括《紫玉钗》在内的6段王（王文娟）派唱腔的代表曲目。2014年3月14日，CCTV-11戏曲频道所录的越剧《紫玉钗》的唱段视频（单仰萍、钱惠丽分别饰演霍小玉、李益）播出。越剧《紫玉钗》还有多次演出。如2009年5月6—8日、12月14日在上海逸夫舞台演出，2019年春节期间在浙江永嘉演出，2022年7月9日开始通过官方微信视频号、抖音官方平台、B站号、阿基米德App、观演之间微博号、上海宛平剧院微信视频号等平台同步直播（杨婷娜饰李益，忻雅琴饰霍小玉），2023年3月26日在上海松江的方松社区文化活动中心三楼剧场演出，等等。

国内其他越剧团，也时常演出《紫玉钗》全本或折子戏。如，2016年5月29日，浙江工商大学星光戏剧社为成立十三周年排演的越剧《紫玉钗》在本校剧场专场演出。2023年10月26日，金秋川黔渝越剧展演暨第54期"群星越剧秀"在巴渝剧场举行，其中有贵阳星光越剧团演出的《紫玉钗·一只玉钗》(郑裕文饰李益，张竣饰霍小玉)。

《紫钗记》除改编为越剧演出外，还被国内一些演艺集团改编为其他艺术形式搬上舞台。如，2015年6月18日，中国戏曲学院2012级研究生主创的中国首部原创戏曲舞剧《临川四梦》在该院大剧院演出。该剧由李超林导演，以弘扬女性光辉魅力为主线，共分四幕，其中第一幕为《紫钗记》。全剧融戏曲、舞蹈等艺术元素，用画外音和念白浓缩展示了"四梦"精华。2015年12月29—31日，由广州市文化广电新闻出版局出品、广州市振兴粤剧基金会协助的广东音乐曲艺团年终力作广东曲艺剧《新唱"紫钗记"》，在广州彩虹曲苑精彩上演。该剧有三大亮点：一是演出形式新颖，二是舞台效果华丽，三是演出阵容全新。

2016年10月19日，当代小剧场戏曲艺术节在北京开幕。开幕式演出的实验戏《追梦人》(梧桐改编，周龙导演)融昆、粤、越、赣四类剧种为一台，以说书人的视角串演"临川四梦"的经典片段，其中《紫钗记》为粤剧。同年12月，黄彦卓改编、导演的最新力作舞台剧(话剧)《大话四梦》在北京演出。该剧以喜剧的形式，将"临川四梦"解构重读后演出。2016年12月23日至2017年1月8日，以实验先锋著称的孟京辉所导演的话剧《临川四梦》(国家艺术基金资助项目，编剧是郭琪、汪洋、史航、孟京辉)，作为国家话剧院15周年院庆大戏在京上演。全剧以《南柯记》为故事主线，将《牡丹亭》《紫钗记》《邯郸记》穿插其间，表演方式充满了戏谑、幽默、荒诞。2023年2月5日元宵之夜，以粤剧《紫钗记》为创作灵感而改编的舞剧《剑合钗圆》在广东佛山首演。

顺便提及，唐代传奇小说《霍小玉传》，除了被汤显祖改编为《紫箫记》和《紫钗记》演出而产生较大的影响之外，还被改编为其他剧种演出。如，清代咸丰、同治年间(1851—1874)由福州郭伯荫、邱琴舫(一说蒲三善，又疑为明末洪塘著名学者曹学佺)改编的闽剧《紫玉钗》，至今已有 150 多年的历史。之后,又有 1944 年陈鹤章的修订本以及 1949 年胡孟玺的校订本。1957 年,陈启肃据福州九庆堂本,参照汤显祖《紫钗记》重新改写,由福建省实验闽剧团演出(导演黄荫雾,主演郭西珠、李铭玉、江深、严美丽、黄荫雾)。再如,陈墨香、荀慧生始编的京剧《霍小玉》(荀派六大悲剧之一),1933 年 5 月 26 日首演于北京哈尔飞戏院(今西单剧场),由荀慧生饰霍小玉,金仲仁饰李十郎,马富禄饰鲍妈妈。1954 年,荀慧生又进行了修改,现在已成为荀派的经典剧目之一,也是国内不少京剧团的保留剧目。据荀慧生女儿回忆,这出戏是以唐代传奇小说《霍小玉》为素材,又参考明代汤显祖所作的传奇剧本《紫钗记》和《紫箫记》而重新编写的。京剧《霍小玉》,国内多家京剧团至今仍经常演出,如国家京剧院(张佳春饰霍小玉,郝仕鹏饰李益)、北京京剧团(常秋月饰霍小玉,刘明哲饰李益;孙毓敏饰霍小玉,方志成饰李益;王岳凌饰霍小玉,李宏图饰李益)、江苏省淮阴市京剧团(后更名淮安市京剧团、江苏省长荣京剧院;宋长荣饰霍小玉,张长富饰李益;郭晓婕饰霍小玉)、吉林省京剧院(王萍饰霍小玉,常峰赫饰李益)、黑龙江省京剧院(李慧饰霍小玉,马永臣饰李益),等等。另外,中央戏剧学院京剧系的学生毕业演出的"京剧传统折子戏专场"中,也经常包括《霍小玉》,如 2014 级、2015 级先后于 2017 年 12 月、2018 年 12 月的毕业演出,其中的京剧传统折子戏专场包括《霍小玉》,姜轶男、孙艺琳先后饰霍小玉,贺博涵、贺柏涵先后饰李益。

三、文化增殖效应对《紫箫记》《紫钗记》传播的推动

与《牡丹亭》《南柯记》《邯郸记》一样,《紫箫记》和《紫钗记》在传播过程中的多种文化增殖效应,也包括评点、插图、连环画、故事改编、外文翻译、音像、网络等传播形式。兹简说如下。

(一)《紫箫记》《紫钗记》文本传播中的重要文化增殖方式之一:评点

总体上看,古今学者对《紫箫记》和《紫钗记》进行的评点也主要是

两大方面：需要依附在文本中的评点（如总评、题跋、眉批、评注等）；出自戏曲文献、文人笔记或诗词。

据毛效同《汤显祖研究资料汇编》，古代具有评点特点的《紫箫记》文本，主要有吴梅的《紫箫记跋》、董康的《曲海总目提要·紫箫记》等。具有评点特点的《紫钗记》文本，古代大致有：《柳浪馆批评玉茗堂紫钗记》、独深居点定本《紫钗记》、臧懋循改评本《紫钗记》等。相应的题跋如柳浪馆的《紫钗记总评》、沈际飞的《题紫钗记》（独深居本）；近代的《紫钗记》题跋、提要如刘世珩汇刻本的《玉茗堂紫钗记跋》、吴梅的《小玲珑山馆旧藏紫钗记跋》《紫钗记跋》和《暖红室刊紫钗记跋》，董康的《曲海总目提要·紫钗记》等。

出自古代戏曲文献、文人笔记或诗词对《紫钗记》（含《紫箫记》）的评点，如：明吕天成《新传奇品》，把“汤若士所著五本（传奇）”列为上上品，其中评《紫箫记》：“琢调鲜美，炼白骈丽。向传先生作酒色财气四犯，有所讽刺，是非顿起，作此以掩之。仅成半本而罢。觉太曼衍，留此清唱可耳。”①又评《紫钗记》：“仍《紫箫》者不多，然犹带靡缛。描写闺妇怨夫之情，备极娇苦，直堪下泪。真绝技也。”②明王骥德《曲律》评曰：“《紫箫》《紫钗》，第修藻艳，语多琐屑，不成篇章。”③明华淑《闲情小品·疗言》认为：“传奇有消魂者六：《紫钗》《西厢》《红梨》《红拂》《双红》《还魂》。”④明祁彪佳《远山堂明曲品剧品校录·曲品凡例》云：“文人善变，要不能设一格以待之。有自浓而归淡，自俗而趋雅，自奔逸而就规矩。如汤清远他作入妙，《紫钗》独以艳称。”⑤祁彪佳又在其《明曲品》中，把《紫钗记》列入艳品，且论曰：“先生手笔超异，即元人后尘，亦不屑步。会景切事之词，往往悠然独至；然传情处太觉刻露，终是文字脱落不尽耳。故题之以‘艳’字。”⑥明费元禄《转情集》卷下之

①② 毛效同：《汤显祖研究资料汇编》，第 655 页。

③ 毛效同：《汤显祖研究资料汇编》，第 656 页。

④ 毛效同：《汤显祖研究资料汇编》，第 660 页。

⑤ 毛效同：《汤显祖研究资料汇编》，第 662 页。

⑥ 毛效同：《汤显祖研究资料汇编》，第 792 页。

《读十家传奇记》云："至若霍家小玉，贵邸名姓，爱吟风竹之章，误占莺花之籍。紫钗尽于旅食，红玉瘦于伤春。打杀鸳鸯，还书恨字，悔教鹦鹉，错唤郎来。绿鬓佳人，遽掩余桃之泪；黄衫豪士，难收覆水之心。征痛重泉，衔冤空室，皆是陇西所致，即投有北奚亏。"①明王彦泓《疑雨集·闲事杂题九首》第八："偶向灯前制锦鞋，半窗梅影下瑶阶。良宵不厌熏香坐，为听萧郎读《紫钗》。"②清乾隆年间，凌廷堪的《校礼堂诗集》卷二之《论曲绝句三十二首》第十八首云："《四声猿》后古音乖，接踵《还魂》复《紫钗》。一自青藤开别派，更谁乐府继诚斋？"③

另外，古代一些曲家和文人在他们的文章中评价汤显祖剧作时，对《紫箫记》和《紫钗记》也常有提及。提及《紫箫记》者，如明沈德符《万历野获编》卷二十五："又闻汤义仍之《紫箫》，亦指当时秉国首揆，才成其半，即为人所议，因改为《紫钗》。"④徐复祚《花当阁丛谈》："近王弇州作《卮言》，作《别集》，汤临川作《紫箫记》，亦纷纷不免于猪嘴关。乃知古人制作必藏名山大川，有以也。"⑤祁彪佳《明曲品·艳品》评汤显祖《紫箫》："工藻鲜美，不让《三都》《两京》。写女儿幽欢，刻入骨髓；字字有轻红嫩绿，阅之不动情者，必世间痴男子。先生称禹金《玉合》并其沈丽之思，减其浓长之累。然则此曲有曼衍处，先生亦自知之矣。向传先生作酒、色、财、气四剧，有所讥刺，是非顿起，作此以演之；又为部长吏抑止，仅成半帙而罢，然已得四十三出。十郎塞上初归，会于牛女之夕，亦可作结体，正不忍见小玉憔悴一段耳。愿知音者亟附红牙。"⑥

提及《紫钗记》者，如明黄周星《制曲枝语》认为："而'四梦'之中，《邯郸》第一，《南柯》次之，《牡丹亭》又次之。若《紫钗》，不过与《昙花》《玉合》相伯仲，要非临川得意之笔也。"⑦明张岱《琅嬛文集》卷三《答

① 毛效同：《汤显祖研究资料汇编》，第663—664页。
② 毛效同：《汤显祖研究资料汇编》，第792页。
③ 毛效同：《汤显祖研究资料汇编》，第694页。
④ 毛效同：《汤显祖研究资料汇编》，第778页。
⑤⑥ 毛效同：《汤显祖研究资料汇编》，第779页。
⑦ 毛效同：《汤显祖研究资料汇编》，第670—671页。

袁箨庵》云:"汤海若初作《紫钗》,尚多痕迹;及作《还魂》,灵奇高妙,已到极处。蚁梦、《邯郸》,比之前剧,更能脱化一番,学问较前更进,而词学较前反为削色。盖《紫钗》则不及,而'二梦'则太过,过犹不及,故总于《还魂》逊美也。"①清初陆次云《北墅绪言·玉茗堂四梦评》:"'四梦'皆作于临川,而如出两手……《紫钗》拖沓支离,咀之无味,其初从事于宫商之作乎?何殊绝也。"②清王文治《纳书楹玉茗堂四梦曲谱序》:"顾《牡丹亭》之佳处虽曰难知,然昔人表章者多。《紫钗》秾丽精工,佳处易见,然世已罕能知之。至《邯郸》《南柯》,囊括古今,出入仙佛,词义幽深,询玉茗入圣之笔,又玉茗度世之文,而世人绝无知者。"③清叶堂《纳书楹四梦全谱自序》:"临川汤若士先生,天才横逸……独'四梦'传奇盛行于世,顾其词句往往不守宫格,俗伶罕有能协律者。《邯郸》《南柯》遭臧晋叔窜改之厄,已失旧观。《牡丹亭》虽有钮谱,未云完善。惟《紫钗》无人点勘,居然和璞耳……至《紫钗》,窃有志焉而未逮也。"④清梁廷枏《曲话》认为,"临川四梦"中:"《牡丹亭》最佳,《邯郸》次之,《南柯》又次之,《紫钗》则强弩之末耳。"⑤又云:"《紫钗记》最得手处,在观灯时即出黄衫客,下文'剑合'自不觉突。而中'借马'折避却不出,便有草蛇灰线之妙。稍可讥者,有'门楣絮别'矣,接下'折柳阳关',便多重叠,且堕恶套;而'款檄'折两使臣皆不上场,亦属草率。"⑥"若士之才,不可一世。而《紫钗》一记,亦长于北而短于南。"⑦

古代的文学评点方式已经延续到当代。就《紫钗记》而言,21 世纪前的评点(批评)大都是以学术论文形式呈现,少数是序跋(如钱南扬校注的《紫钗记·前言》),而专门的评点本未见。进入 21 世纪后迄

① 毛效同:《汤显祖研究资料汇编》,第 671 页。
② 毛效同:《汤显祖研究资料汇编》,第 681 页。
③ 毛效同:《汤显祖研究资料汇编》,第 686 页。
④ 毛效同:《汤显祖研究资料汇编》,第 687 页。
⑤ 毛效同:《汤显祖研究资料汇编》,第 698 页。
⑥ 毛效同:《汤显祖研究资料汇编》,第 802 页。
⑦ 毛效同:《汤显祖研究资料汇编》,第 803 页。

今二十余年间,《紫钗记》的评点本主要有三种:一是2001年吉林人民出版社出版的《六十种曲评注》之《紫钗记》(曲家源、白照芹评注),二是2010年中国戏剧出版社出版的"临川四梦"评注本之《紫钗记》(万斌生评注),三是2014年百花洲文艺出版社出版的《汤显祖戏曲全集》之《紫钗记》(周秦、刘纬评注)和《紫箫记》(黄仕忠、陈旭耀评注)。这几种评注本除附录部分有一些不同之外,其评注的主要体例和内容相差不大,都是既有总评或述评,又有原文注释,还有每一出末尾的短评。

(二)《紫箫记》《紫钗记》文本传播中的重要文化增殖方式之二:插图

关于汤显祖剧作的古代插图本,笔者已有一些叙述①,今再就《紫箫记》和《紫钗记》的相关情况稍加补充。16世纪80年代末期至17世纪初,汤显祖剧作的插图本相继问世,其中《紫箫记》有金陵的富春堂和世德堂两种刻本,《紫钗记》有金陵继志斋刻本,这说明它们在当时曾先后流传于世。

就《紫钗记》插图本而言,与汤显祖的其他"三梦一样",其较具代表性的是汤显祖去世后两年,即万历四十六年(1618)杭州刊刻的臧懋循改订插图本《玉茗堂四种曲》。据学者考察,臧氏插图本中,《紫钗记》(插图共36幅)与《牡丹亭》一样,表现的是属于明万历后期的杭州徽化画风,其他"二梦"表现的则完全是杭州画风。②臧氏本的插图,对后世影响很大,如明天启年间,吴门(今苏州)人王文衡擅绘多种戏曲插图,他汇编的《明刻传奇图像十种》(闵齐伋刻本)于天启丁卯年(1627)刊行,其中《紫钗记》和《南柯记》的插图即取自臧本。21世纪以来,王文衡的插图本先后有北京工艺美术出版社、广陵书社、浙江人民美术出版社等几家国内出版社重印。另外,今人钱南扬校点的《汤显祖戏曲集》③插图,也是直接取自臧本。

---

① 黄建荣:《〈南柯记〉古今传播述略》;黄建荣:《〈邯郸记〉古今传播述略》。

② 祝重寿:《中国插图艺术史话》,清华大学出版社,2005年,第81页。

③ 汤显祖著,钱南扬校点:《汤显祖戏曲集》,上海古籍出版社,1978年。

（三）《紫箫记》和《紫钗记》在现当代传播中的其他文化增殖方式

在现当代，《紫箫记》《紫钗记》与汤显祖的其他“三梦”一样，除了传统的舞台演出之外还有一些其他的文化增殖方式，如连环画、故事改编、外文翻译、广播、电视、音像、唱片、网络、教材等。不过，因为《紫箫记》属于未竟之作，其现当代的其他文化增殖方式非常少，仅见于外文翻译。此举其中部分予以简介。

1. 连环画

据资料，《紫钗记》被改编为连环画的时间比《牡丹亭》《邯郸记》要晚些。1983 年，江西人民出版社出版了一套“江西版戏曲故事”（《牡丹亭》名为《还魂记》）连环画，其中就有《紫钗记》（改编：刘莹；绘画：汪继声、大中）。1984 年，中国戏剧出版社出版了一套“汤显祖四梦奇书”连环画，其中《紫钗记》名为《紫钗奇梦》，是根据黄文锡编剧、江西省赣剧团演出的《紫钗记》剧照翻拍改编而成（改编：水登；摄影：张福祺、肖鸿）。1993 年，湖南少年儿童出版社出版了一套“中国著名古典戏剧故事（绘画本）”，该书分三集，每集包括 7 部戏剧故事，其中“临川四梦”有《牡丹亭》和《紫钗记》。

值得一提的是，《紫钗记》取材的唐传奇《霍小玉》也有连环画出版。如，在 20 世纪 50 年代，就有 1957 年河北人民美术出版社（改编：胡毓麟；绘画：范灵）和 1958 年上海人民美术出版社（改编：杨淼；绘画：胡嫣然）两个版本。后来还有：1989 年，高云、于水合绘的《霍小玉》连环画，获第七届全国美术作品展铜奖、第四届全国连环画评奖绘画创作二等奖，同年由岭南美术出版社列入“中国古典文学名著选绘”出版（共 62 图）；2006 年，江西美术出版社出版的“老连环画 · 丁世弼作品集”（第 1 辑，共 10 册），其中就有《霍小玉传》（改编：谢岚）；2011 年，天津人民美术出版社出版的“今古传奇 · 经典传统连环画选本”第 2 辑中的《霍小玉传》（改编：谢岚；绘画：世弼、叔祺、路恪）；2011 年，辉煌艺术出版社出版的《霍小玉》；2019 年，天津人民美术出版社出版的“中国古代传奇故事”之八，也包括《霍小玉传》，等等。连环画《霍小玉》的出版，在一定程度上拓展了《紫钗记》的传播范围。

2. 故事改编

包括《紫钗记》在内的"临川四梦"改编为故事,目前已知的有四种:一是黄文锡著的《中篇传奇故事:临川四梦》(江西人民出版社,1989年),其中《紫钗记》故事名为《紫钗历劫记》;二是刘炎平、张治端编著的《临川四梦:汤显祖戏曲故事》(中外文化出版公司,1989年);三是"新编古典戏曲故事丛书"十八种中刘鹏春、朱捷编的《紫钗记》(新华出版社,1995年);四是吴凤雏、万斌生、邹自振、黄建荣合编的《汤显祖"临川四梦"传奇故事集》(中国戏剧出版社,2017年),其中《紫钗记》故事的编者是万斌生。

3. 外文翻译

先插说一下"临川四梦"的英译情况。①据资料,"临川四梦"中最早被译为英文的是《牡丹亭》。1939年,由南京中山文化教育馆和上海别发洋行发行的《天下月刊》4月号,刊载了英国汉学家哈罗德·阿克顿的《春香闹学》英译。该译文源自《牡丹亭》京剧改写本,是汤剧英语译介的开端。1960年,我国对外发行的刊物《中国文学》第一期刊载了杨宪益、戴乃迭夫妇翻译的《牡丹亭》中的11出。这是中国译者首次英译《牡丹亭》,也是中西译者合作的译本。1980年,美国印第安纳大学出版社出版了白之翻译的《牡丹亭》全译本,是为第一个《牡丹亭》全译本。1994年,北京旅游教育出版社出版了中国学者张光前翻译的《牡丹亭》全译本,是为国内第一个全译本。

说起汤显祖全部戏剧的英文翻译,汪榕培先生功不可没。他从1996年开始翻译《牡丹亭》(2000年被列入"大中华文库"出版),至2014年把汤显祖的五部剧作翻译为英文。汪榕培先生是国内第一个把《紫钗记》译为英文的。2009年,汪榕培与朱源合作完成的汉英对照本《紫钗记》(全2卷),被列入"大中华文库"出版(花城出版社)。2013年,汪榕培与张玲、顾薇合作翻译的《紫箫记》被列入"外教社中

---

① 据学者研究,《牡丹亭》最早被译为外文的是日文,后来又被译为德文、法文、俄文,兹略之。

国文化汉外对照丛书”出版(上海外语教育出版社)。2014 年,他与张玲联合主编的英译本《汤显祖戏剧全集》由上海外语教育出版社出版。2017 年,该全集的版权被授予英国布鲁姆斯伯里出版公司,并于 2018 年由该出版社再次出版并在全球发行。

4. 唱片、CD、网络、视频等

民国十四年(1925),筿小麟在上海集资组织高亭(odeon)公司灌制唱片,由德商天利洋行经理代为印制。“高亭”灌制的唱片以京剧为主,其中属于“临川四梦”的昆曲唱片有:俞振飞的《牡丹亭·惊梦》【越调小桃红】,项馨吾的《牡丹亭·惊梦》【越调绵搭絮】和《紫钗记·阳关》【北正宫寄生草】,袁安圃的《牡丹亭·游园》【仙吕步步娇】和【皂罗袍】等。

20 世纪 80 年代初,香港娱乐唱片有限公司出版发行了唐涤生编撰的粤剧《紫钗记》主题曲 CD(合唱者:任剑辉、白雪仙、梁醒波);同时,该公司还出版发行了《紫钗记》折子戏 CD,包括《阳关折柳》《花前遇侠》和《剑合钗圆》三个折子戏。2006 年,广东省粤剧院一团演出的《紫钗记》CD 发行,主唱者为丁凡、蒋文端、麦玉清。

顺便说一下,2021 年 7 月 26 日开播的古装电视剧《玉楼春》,其中的插曲名曰《紫钗记》(原唱:陆虎、白鹿)。不久,一些舞蹈家或舞蹈老师还先后将此曲编成以《紫钗记》为题的古典舞在网络视频播放、教学。以《紫钗记》为名的歌曲、古典舞虽然与汤翁戏剧《紫钗记》无关,却因近几年来在国内流行而无形中拓展了传播渠道和范围,进一步扩大了戏剧《紫钗记》的影响。

21 世纪以来,抚州市图书馆立足于先进文化的传播,关注社会公众的兴趣爱好,以敏感选题吸引听众,开始设立“临川文化大讲坛”(2013 年 1 月改为“文化抚州大讲堂”)邀请文化名人主讲。2018 年 4 月,抚州汤显祖国际研究中心主任吴凤雏主讲的《东方戏圣汤显祖》之十,名为“情注《紫钗记》”。2023 年 6 月,抚州市汤显祖纪念馆·数字纪念馆发布线上展览:“人间何处说相思——《紫钗记》曲文欣赏”。

至于各剧种和各种艺术形式有关汤显祖及其“临川四梦”的舞台

演出或经典唱段的网上视频，更是难以计数，研究者和爱好者可以随意、随时欣赏，兹不赘述。

结　语

汤显祖之“临川四梦”问世以来，至今已流传四百余年。随着时代的向前发展和现代传媒技术的不断创新，《紫钗记》(含《紫箫记》)的传播必将与汤翁其他“三梦”一样，迎来更加欣欣向荣的美好春天。

作者单位：东华理工大学

论南曲谱收录《临川四梦》曲调的曲学史意义

黄振林

曲谱是传统曲学文献的重要遗产，是为了满足和规范文人填词、定腔、度曲而特意编纂的曲调样板。南曲曲谱与明清传奇有着深刻而复杂的联系。从曲谱中，传奇作品曲调的入选情况、序跋凡例、眉批尾注、曲话评点等情况，可以观察到有关明清传奇思潮流派、品评论争、作家评价、作品评价等诸多信息，可以看作衡量和评判传奇优劣得失的一种尺度。

一

沈璟在蒋孝《旧编南九宫谱》基础上“增订查补”而成的《南曲全谱》(《增订查补南九宫十三调曲谱》)，没有收录汤显祖《玉茗堂四梦》的曲调和例曲，并不说明沈璟只是对汤显祖不满，因为此谱也很少收录《浣纱记》《宝剑记》《鸣凤记》等开创传奇新局面的三部重要传奇。沈璟是看过《紫箫记》的，《玉茗堂四梦》陆续问世后，沈璟在健在，也是有机会寓目的。《南曲全谱》没有选录《玉茗堂四梦》之曲调，客观原因很多，但主观上沈璟不满意汤显祖曲调的“失范”，也是明显的。

周维培先生在《曲谱研究》著作中提到沈谱收录汤显祖《还魂记》6曲，这是一个失误。“沈璟曲谱成书当在万历二十五年(1597)以前”①，而汤显祖《牡丹亭还魂记》在万历二十六年(1598)才完稿。沈

① 周维培：《曲谱研究》，江苏古籍出版社，1999年，第111页。

谱选录题名《还魂记》的曲调有 5 支,4 曲在附录“凡不知宫调及犯各调者”内。分别是引子【宴蟠桃】(新增),沈璟眉批云:“此曲三句,无韵,疑有误,不可为据”;过曲【桃花红】(新增),过曲【步金莲】(新增),过曲【疏影】,此调名下注云:“此调未知确否,再查正”。还有 1 曲,是仙吕过曲【月上五更】(新增)“阶下蛩聒絮”曲,系连缀【月儿高】【五更转】而成的集曲。这 5 曲,查汤显祖《牡丹亭》(《还魂记》)均无。从【桃花红】例曲曲文可知是个“始乱终弃”的故事,情节与《牡丹亭》无涉,应该是明代署名欣欣客所作《还魂记》,即《包龙图公案袁文正还魂记》,或者无名氏《高文举还魂记》,待查定。应该说,《南曲全谱》未收汤显祖《玉茗堂四梦》中的曲调和例曲,是肯定的。

沈璟曲谱不选录汤显祖《临川四梦》的曲调和曲例,是件耐人寻味的事情。沈璟系统从事曲学活动,当始于其万历十七年(1589)辞官回乡之后。同时,着手在蒋孝旧谱基础上修订新谱。订谱过程很长,现无从确定订谱的起始年份。但相关材料表明,沈璟参订的新谱,在万历二十五年(1597)前后,已经基本成书。也就是说,沈璟弃官乡居 8 年后左右,新谱基本完成。但刊行年份当在万历三十四年前(1606)。是年,沈璟将新刊行的曲谱寄王骥德,王骥德在自己的《古本西厢记校注》卷末附沈璟来信,谈到此事。徐朔方先生在《沈璟集》笺注中,考证此信的写作时间是万历三十四年(1606)十二月十五日。①也就是说,成书后,又过了 9 年,新谱才得以跟公众见面。这期间的万历二十四年(1596),杭州籍文人胡文焕(约 1558—1617 后)编纂《群英类选》刊行,收录元明杂剧、传奇折子戏 157 种,其中收入汤显祖传奇《紫箫记》4 折,分别是《霍王感悟》《小玉插戴》《洞房花烛》《讯问紫箫》;收入沈璟的传奇则有《红蕖记》8 折,《分钱记》2 折,《十孝记》10 折,数量超过汤显祖传奇。原因是,此书刊行时,汤显祖的《临川四梦》或者还未刊行,或者还未创作。关于《临川四梦》创作的具体时间,据学界熟知的材料,汤显祖在每一出传奇完稿后,都有“自题词”。《紫钗记》约完成

---

① 参见徐朔方辑校:《沈璟集》(下),上海古籍出版社,2012 年,第 483 页。

于万历十五年(1587),但《紫钗记题词》末有“乙未春清远道人题”,乙未,是万历二十三年(1595),说明汤显祖完稿后搁置8年。目前可见最早刊刻版本是金陵陈氏继志斋刻本,时间是万历三十年(1602),但书名排作《重校紫钗记》,说明先前刊刻过,但具体年份无从考证。《牡丹亭还魂记题词》末有“万历戊戌秋清远道人题”,戊戌,是万历二十六年(1598),即汤显祖从遂昌知县任上辞官归家的当年。《南柯记题词》末有“万历庚子夏至清远道人题”,庚子,即万历二十八年(1600)。黄仕忠先生从日本访书得到的材料认为,《南柯记》的刊刻时间,应该在万历三十四年(1606)。《邯郸梦记题词》末有“辛丑中秋前一日,临川居士题于清远楼”,辛丑,即万历二十九年(1601)。黄仕忠参考日本访书得到的材料认为,《邯郸记》的完成时间应该在万历二十九年(1601)至三十四年(1606)之间,刊刻时间则在万历三十四年。①梳理后可以看到,汤显祖《紫钗记》传奇的完成时间早于《南曲全谱》的成书时间10年,但沈璟有机会看到《紫钗记》的刊行,应该是在万历三十年(1602)前后。《牡丹亭》的创作时间晚于《南曲全谱》成书2年,沈璟看到《牡丹亭》刊行本,应该更晚。而《南柯记》《邯郸记》的刊行时间与《南曲全谱》刊行时间同在万历三十四年(1606),就更没有机会入谱了。唯一可以推测的是,《紫钗记》《牡丹亭》的刊行时间早于万历三十四年(1606),如果沈璟看到前“二梦”,应该有机会增补进入《南曲全谱》。(万历年间,金陵书坊林立,著名的唐氏书坊主人,大多来自江西金溪,即临川的邻县,像富春堂、世德堂、文林阁等。四梦的第一个合刻本大约在万历三十五年至三十六年。)

沈璟是阅读过不少文人传奇作品的。比如,影响比较大的《五伦全备》《千金记》《双忠记》《宝剑记》《浣纱记》《题红记》等。但总的来说,沈璟对文人传奇的敏感度并不高,也许明初传奇的发展并不像我们今天想象的流传范围如此广泛、反响如此热烈。从曲谱内容分析,

① 黄仕忠:《“玉茗堂四梦”各剧题词的写作时间考》,《文学遗产》2011年第5期。

沈璟对文人传奇的态度依然十分谨慎。《金印记》和《彩楼记》是沈谱入选曲调比较多的传奇，这可能跟这两部传奇都是脱胎于宋元戏文的本色表达有关。沈璟主要考虑曲文是否有严谨的格律规范和本色辞藻。到沈璟重订曲谱之时，有的传奇作家新锐而出，传奇作品盛演不衰，在文坛有很大影响，但是在沈璟曲谱中并没有体现。比如像梁辰鱼的《浣纱记》，沈璟曲谱只引一调，是正宫过曲【普天乐】"又一体"（新增）"锦帆开，牙樯动；百花洲，清波涌"。这是一支名曲。但沈璟眉批云："此曲音律甚谐，但此调虽出于《龙泉记》，毕竟无来历。梁伯龙若在，余当劝其改作矣"。可见沈璟还是不满意新增曲调的"出身"背景。《浣纱记》《宝剑记》《鸣凤记》是明代开创传奇新局面的三部重要传奇，但沈谱采录都非常有限。王世贞的《鸣凤记》[①]是影响很大的传奇作品。与沈璟曲谱几乎同时编定刊行的胡文焕的《群音类选》，是著名的戏曲、散曲选本，其卷十三收录《鸣凤记》多折散出，说明该剧已经流行场上，但不见沈璟采录。另外，李日华的《南西厢》，也是影响比较大的传奇，但沈璟也非常谨慎，曲调采录甚少。沈璟入选最多的是他自己创作的传奇作品，据我们统计，《十孝记》最多，达 17 曲；《凿井记》有 9 曲，《红蕖记》有 2 曲。我们得出的结论是：看不出沈璟对汤显祖传奇特别不满意之处，因为《浣纱记》《宝剑记》《鸣凤记》《南西厢》等影响很大的传奇，沈谱采录都非常有限。万历二十五年（1597），沈璟增补蒋孝旧谱为《南九宫十三调曲谱》，基本有成稿。此时，除《紫钗记》外，其他三梦都未诞生。万历二十六年（1598）《牡丹亭》成稿，万历三十八年（1610）沈璟逝世。这期间 12 年，《临川四梦》在昆曲舞台产生巨大影响，当时的文人就给予了很高的评价。曲家张琦云："玉茗堂诸曲，争脍人口。"[②]曲论家沈德符的评价更是得到广泛认同并广为流传："汤

---

① 关于《鸣凤记》的作者问题有争议。吕天成《曲品》著录，但列于"作者姓名无可考"类；《曲海总目提要》著录，云："系王世贞门客所作"；《明代杂剧全目》著录，云"王世贞"撰。

② 张琦：《衡曲麈谭》，《中国古典戏曲论著集成》（第四册），中国戏剧出版社，1959 年，第 270 页。

义仍《牡丹亭梦》一出，家传户诵，几令《西厢》减价。”①相信曲坛的反响沈璟都能听到，但他并未将汤显祖传奇任何曲辞补入曲谱。

沈璟族侄沈自晋曲学观念比族叔沈璟更为开放。他在传奇蓬勃生长期重辑《南词新谱》，打破尴尬局面，汤显祖的传奇第一次入选南曲曲谱，其中，《邯郸记》5 曲、《紫钗记》3 曲、《南柯记》2 曲、《紫箫记》2 曲、《牡丹亭》6 曲。沈自晋在多次强调汤显祖“平仄不叶”的前提下收录多支曲辞入谱，可见沈自晋在撰谱观念上的深刻变化。晚明至清初文人传奇的蓬勃发展，为沈自晋编撰翻新曲谱提供不竭曲源，有大量新鲜而规范的曲文被吸纳到曲谱当中。从载谱的例曲总目看，汤显祖的《邯郸记》《南柯记》《紫箫记》《牡丹亭》；范文若的《梦花酣》、《勘皮靴》(未刻稿)、《金明池》(未刻稿)、《鸳鸯棒》、《花眉旦》(未刻稿)、《雌雄旦》(未刻稿)、《欢喜冤家》(未刻稿)、《花筵赚》、《生死夫妻》；史槃《梦磊记》、冯梦龙《万事足》《风流梦》；屠隆《昙花记》、吕天成《神镜记》、袁于令《珍珠衫》《西楼记》《金锁记》；吴炳《绿牡丹》《西园记》；李玉《永团圆》；梅鼎祚《玉合记》等传奇，都有大量曲文入谱。

周维培先生在《曲谱研究》中，同样统计了《南词新谱》辑录宋元戏文、明初传奇、明中后期传奇的情况。沈璟传奇种类最多：《奇节记》1 曲、《串环记》1 曲、《双鱼记》1 曲、《鸳鸯记》1 曲、《四异记》1 曲、《同梦记》2 曲、《结发记》1 曲、《分钱记》1 曲、《埋剑记》2 曲、《坠钗记》1 曲、《博笑记》1 曲。范文若传奇辑录曲调最多：《梦花酣》37 曲、《勘皮靴》13 曲、《金明池》7 曲、《鸳鸯棒》8 曲、《花眉旦》2 曲、《生死夫妻》2 曲、《雌雄旦》2 曲、《欢喜冤家》2 曲、《花筵赚》3 曲。戏曲大师汤显祖的传奇第一次入选南曲曲谱，其中，《邯郸记》5 曲、《紫钗记》2 曲、《南柯记》2 曲、《紫箫记》1 曲、《牡丹亭》6 曲。沈自晋曲谱成稿于清顺治四年(1647)，刊行于顺治十二年(1655)，距离《牡丹亭》创作的 1598 年，过去了 49 年。据谱前的《古今入谱词曲传奇总目》云“玉茗堂传奇五

---

① 沈德符：《顾曲杂言 · 填词名手》，《中国古典戏曲论著集成》(第四册)，第 206 页。

种”,说明五种均有曲调入选。

依序,《邯郸记》新入【望乡歌】、仙吕入双调【柳摇金】“又一体”“青驴紧跨”,仙吕入双调【锦香花】“你既然承托”。《南柯记》新入【妆台带甘歌】“光景一时新,待相同随喜终是女儿身”,在曲谱顶端,沈自晋眉批道:“临川先生,平仄每多未叶,瑕瑜正不相掩,故当备录”;商调【黄莺穿皂罗】“又一体”“杯酒散愁容”,此曲是汤显祖集【黄莺儿】【皂罗袍】【黄莺儿】而成的犯调。《紫箫记》新入【四季花】“又一体”“仙酒醉婵娟,这肌儿脆声儿颤”。《牡丹亭》新入【朝天懒】“怕的是粉冷香销泣绛纱,又到高唐馆玩月华”,实际上为集曲,由【朝天子】上阕和【懒画眉】下阕组合而成;黄钟引子【玩仙灯】“又一体”“睹物怀人,人去物华销尽”;越调【番山虎】“则到你烈性上青天”,这是汤显祖集【蛮牌令】【下山虎】【忆多娇】而成的犯调;商调【黄莺玉肚儿】,这是汤显祖集【黄莺儿】【玉抱肚】【黄莺儿】而成的集曲;仙吕入双调【孝白歌】“乘谷雨,采新茶”;仙吕入双调【桂月锁南枝】“橐驼风味”,这是汤显祖集【桂枝香】【月上海棠】【锁南枝】而成的集曲。《紫钗记》新入仙吕入双调【玉供莺】“玉钗抛漾”,集【玉抱肚】【五供养】【黄莺儿】而成。

沈自晋在《南词新谱》“凡例”中高度评价汤显祖、冯梦龙、袁于令等词家“新词家诸名笔,如临川、云间、会稽诸家,古所未有。真似宝光陆离,奇彩腾越,与吾苏同调”①。认为在吴江派“地盘”范围之外的曲家也和“吾苏同调”,可见沈自晋在曲学理念上既微妙又深刻的变化。他不仅“严律韵”,而且也“重才情”,开始逐渐打破“吴江派”的门户之见,客观评价汤显祖传奇的重要地位,显示出沈自晋比沈璟更开放的曲学格局。

二

钮少雅、徐于室的《南曲九宫正始》刊刻时间是清顺治元年,即

① 沈自晋:《重定南词全谱凡例》,《南词新谱》,中国书店影印本,1985 年,卷首《凡例》第 5 页。

1651年，此时间文人传奇创作达到高潮。它选取例曲的原则很明确："兹选俱集大(天)历、至正间诸名人所著传奇套数，原文古调，以为章程。故宁质毋文，间有不足，则取明初者一二以补之；至如近代名剧名曲，虽极脍炙，不能合律者，未敢滥收。"①撰谱思路非常明确：原文古调，宁缺毋滥。确有缺额，偶取明代初期曲文补充。在钮少雅、徐于室的曲学观念中，曲谱原需雅正，必须以"古质"为取例标准。标示"明传奇"，共涉及传奇58种，例曲244支，有很多是明人改本戏文。有少数明初传奇入选，《明珠记》入选16曲，李开先的《宝剑记》选录8曲，梁辰鱼的《浣纱记》选录1曲，张凤翼的《窃符记》选录1曲，最负盛名的《红拂记》无曲调入选。沈璟传奇只有9曲入选，低于《南词新谱》。《临川四梦》没有曲调入选，范文若(范香令)也没有传奇曲调入选。

像沈自晋在《南词新谱》中大量引用的范香令《梦花酣》《鸳鸯棒》《花筵赚》以及未刊稿《勘皮鞋》《金明池》《花眉旦》以及汤显祖《临川四梦》诸曲，甚至词隐先生已刊和未刊的传奇《凿井记》《双鱼记》《鸳衾记》《同梦记》《四异记》《结发记》和诸多散曲，还有沈氏家族成员的散曲作品，沈自晋自身创作的《望湖亭》《耆英会》《翠屏山》等入选曲谱的曲调，冯梦龙改编的《新灌园记》《万事足》《风流梦》等原已入谱曲调，基本排除或者很少使用在《南曲九宫正始》例曲当中。这种"另起炉灶"的胆识和气魄是很大的。既反映出徐于室、钮少雅二人的曲学见识和积累，也反映出二人对待晚明至清初文人传奇的态度。更主要的是，钮少雅是著名曲师，他没有过多从曲律角度指责汤显祖。这种态度，与同时代的苏州人张彝宣《寒山堂曲谱》撰谱理念很相似。

张彝宣明确提出"论前明作家，首推汤临川"的观点。这是清代曲坛最标新立异的提法。他摆脱了明代曲家对沈璟、汤显祖并提，或者"一重声律，一重才情"，或者褒沈贬汤的曲论，直接把汤显祖摆在明代戏曲家第一位。张彝宣的《寒山堂曲谱》有若干个版本。中国艺术研究院音乐所所藏《寒山堂新定九宫十三摄南曲谱》收录曲话18则，第

① 钮少雅：《汇纂元谱南曲九宫正始·凡例》，黄山书社，2008年，第8页。

一至第三则是自撰，其余均抄录王骥德、凌濛初、沈宠绥有关论述。对汤显祖《临川四梦》才情与音律的评价，是张彝宣这三条自撰曲话的主要内容。其中有拾前人余唾，诸如说汤显祖“才足以逞，律实未谙，韵脚多用土音”之类的表述，也有对汤显祖传奇所表现的才情高度肯定，同时也说到《四梦》的改编问题。张彝宣高度肯定汤显祖在戏曲史的崇高地位。他没有像别的曲谱、曲论那样，把汤显祖和沈璟进行比较，认为汤显祖不谙音律，沈璟缺乏才情；而是说汤显祖多读元曲，潜心模仿，尽有佳处。《临川四梦》问世后，有众多的改编者，张彝宣只提到臧懋循、钮少雅两人，还有像明代沈璟、冯梦龙等重要的改编者却只字未提。他高度称赞臧懋循“精通律吕，妙解音声”，并是“四梦全部改作者”，但终不是汤显祖那样的绝世才情，所改四梦，“大失原本神味”，在曲坛黯然失色，“今亦不传”。所以，张彝宣赞赏钮少雅的做法：“不易一字”，改用“犯调”，而使旷世奇文协于律，顺于嗓，便于歌，“案头氍上，俱可供玩，可谓四梦之功臣”。张彝宣本身是传奇作家，他对传奇创作和改编的认识是有说服力的。

《新定九宫十三摄南曲谱》，分五部分，收录的仙吕宫、正宫、大石调、小石调、黄钟宫等九宫十三调曲牌，所录例曲分传奇、散曲两种，传奇以元传奇为主，极少几例明传奇，散曲主要选自《词林摘艳》《雍熙乐府》《凝云奇选》《乐府统宗》等散曲集，但无一例汤显祖《临川四梦》的曲调。这是正常的，符合张彝宣的撰谱理念。但北京大学图书馆藏《寒山曲谱》，所选例曲中，收录汤显祖“四梦”中三支曲调。其一是正宫犯调中的【花郎画眉】，旧名【朝天懒】，由【福马郎】【水红花】【懒画眉】三曲部分句段缀成，例曲是汤显祖《牡丹亭》“怕的是粉冷香消泣绛纱”曲；其二是仙吕犯调【望乡歌】，由【望吾乡】【排歌】二曲部分句段缀成，例曲是汤显祖《邯郸梦》“电转星摇，旌旗出陕郊”曲；其三是仙吕犯调【妆台带甘歌】，由【傍妆台】【八声甘州】【排歌】三曲部分句段缀成，例曲是汤显祖《南柯梦》“光景一时新，待相同，随喜终是儿女身”曲。所选三支曲子都是有争议的集曲，但张彝宣并没有从曲律角度的批评和指责汤显祖。

三

清康熙五十九年(1720)问世的,有官方背景的《新编南词定律》,明确提出曲谱既要"谙于律",也要"审于音",更多从舞台角度思考曲谱编撰的标准。代表文人传奇最高艺术成就汤显祖的《牡丹亭》入选例曲 72 曲,这也是《牡丹亭》在所有南曲谱中入选频次最高的,仅次于《琵琶记》入选的 143 曲,《拜月亭》的 106 曲。说明《南词定律》高度肯定了《牡丹亭》在明清曲坛的地位和影响。而在沈自晋《南曲新谱》中浓墨重彩推出的沈璟传奇,入选作品有《凿井记》《鸳衾记》《博笑记》3 种;范文若的传奇在《南词定律》中的收录略少于《南曲新谱》,但数量应该说还是不少的,说明撰谱团队对范文若剧作的整体评价还是较高的,计有《梦花酣》29 曲、《勘皮靴》12 曲、《鸳鸯棒》10 曲、《金明池》9 曲等。

《牡丹亭》演出频率非常高,影响很大。但由于没有严守格律,被许多明清文人曲家诟病。本谱拨开迷雾,不以僵化的格律为标准,大胆遴选《临川四梦》曲文新鲜生动者入例曲,体现出清初宫廷御臣与传统文人用曲观念的差异。《南词定律》对汤显祖曲调有很多眉批、夹批、尾注,着眼于舞台演唱角度分析。诸如"此曲衬字虽多,然板数俱同。其挪移最巧,唱法甚佳,可为作家法律"、"此调因转入中吕,故板式挪移,唱法更妙。然与本宫不可为法,姑存一体,以备查考"、"此曲板式挪移,其唱法最为精细,故收录,以为后学入门之津梁"。可见,订谱者更多是着眼于舞台演唱的精彩表现,而不是拘泥于衬字对严守格律的冲击。黄钟过曲【滴溜子】有"又一体",例曲选择《牡丹亭》第四十一出"耽试":"金人的,金人的,风闻入寇。李全的,李全的,前来战斗。报到了淮扬左右。怕边关早晚休,要星忙厮救。"本体七句、十八板,与正格的八句、二十二板差异很大。尾注云:"此曲与前曲皆同,惟少末句。今作家亦有添'仰仗天威,殄灭虏酋'一句补成全曲者。今将古体仍存。"对汤显祖选用曲调表示了极大的宽容。特别是汤显祖不按传统曲谱套路用调的曲牌,《南词定律》纂谱者也不顾及明清文人对汤显祖"失律"的各种指责,大胆选入曲谱例曲。像文人使用频率不高的黄钟犯调【画眉带一封】【啄木三鹂】等。另如中吕犯调【好事近】,在诸谱中争议较大,《南词定律》例曲选《牡丹亭》"风月暗消磨,画墙西,正南侧左"曲,尾注云:"此曲旧谱及坊本皆为【好事近】,不知何所取也?又名【颜子乐】者,似为有理。如纽谱之为【泣刷天灯】,则'灯'字无据也。"再如正宫过曲【锦缠道】"又一体"(换头),例曲选自《牡丹亭》"门儿锁,放着这武陵源一座"曲,尾注云:"此调因转入中吕,故板式挪移,唱法更妙。然与本宫不可为法,姑存一体,以备查考。"既然"与本宫不可为法",原则上应该弃选,但考虑"唱法更妙",所以,还是"姑存一体"。说明纂谱者没有走过去曲谱的老路,以文辞格律为矩矱,不合法度者坚决摒弃不选,而是把唱法放在更加突出的位置。双调过曲【幺令】"前腔"选择《牡丹亭》"偏则他暗香清源"曲,尾注云:"此曲板式挪移,其唱法最为精细,故收录,以为后学入门之津梁。"这也是从唱法角度肯定汤显祖选用此调的意义。从曲谱大量选择汤显祖《临川四梦》特别是《牡丹亭》所用曲调看,《南词定律》纂谱团队高度关注汤显祖传奇在曲苑的影响和地位。包括对有争议曲调的正本清源,纂谱者也大胆用汤显祖传奇创作使用的有争议的曲牌,说明《南词定律》撰谱观念的开放和包容。例如,双调过曲【彩衣舞】,七句,十九板,例曲选自《牡丹亭》"则他是御笔亲标第一红"曲,尾注云:"此曲诸谱以为犯调。以首句二句、末句为【侥侥令】,三句至六句为【锦衣香】。【侥侥令】虽有【彩旗儿】之名,首句、末句犹似【侥侥令】,二句板式即有勉强。至三句后【锦衣香】曲内遍寻并无此数句,总扭成【锦衣香】。奈今之作家不从,何故从诸谱将【锦上花】等曲收于正体之例,录于正体。"对这样争议较大且句式含糊的曲调,又是饱受失律诟病的汤显祖在传奇中使用,纂谱者依然纳入曲谱,这是不容易的。

到清乾隆七年(1742),庄亲王允禄(1695—1767)奉乾隆帝弘历之命,命馆阁臣工周祥钰、邹金生、徐兴华、王文禄等人集体编纂《新定九宫大成南北词宫谱》(简称《九宫大成》)。达到文人传奇顶峰的汤显祖的《临川四梦》、吴江派宗师沈璟的《凿井记》《埋剑记》《十孝记》《义侠记》均有辑录。其中，汤显祖的《牡丹亭》收录 40 曲，《紫钗记》收录 15 曲，《南柯记》收录 6 曲，《邯郸梦》收录 11 曲，合计 72 曲，在明清入选传奇作家中的比例是最高的。从《临川四梦》曲调入选《九宫大成》的分布情况看，引子、过曲、集曲都有，《牡丹亭》曲调较为集中地入选仙吕、中吕、越调、南吕、黄钟诸宫调最多。《九宫大成》是兼具格律和工尺的综合谱，也是明清曲谱的集大成者，但撰谱者是朝廷的馆阁臣工，完全褪却了明清文人曲家对汤显祖“格律失范”的指责，而是以极大的包容度接纳汤显祖使用的曲调格律。像收录在仙吕引、过曲、集曲的《牡丹亭》曲调，绝大多数都不是“正格”，而是“又一体”，曲谱都以“变体”的形式对待。像仙吕过曲【月儿高】，以“又一体”方式收录《牡丹亭》“几曲屏山展”曲，尾注云：“【月儿高】四阕，前两曲首句四字者，为正体，后二曲，句法用韵各异，是为变体。”越调正曲【杏花天】，以“又一体”形式收录《牡丹亭》“虽然是饱学名儒”曲，尾注云：“【杏花天】二阕，首阕为正体，二阕首句三句，用上三下四句法，较前阕有异，且末句七字变为六字句，此为又一体。”越调正曲【双声子】，收录《牡丹亭》“柳梦梅、柳梦梅，梦儿里成姻眷”曲，尾注甚至云：“【鲍老催】【双声子】二阕，原属黄钟宫曲，因《牡丹亭》‘惊梦’出，连在【山桃红】【绵搭絮】后，故亦收入本宫，声调有别，知音者当辨之。”另外，像双调正曲【夜雨打梧桐】，第四阕以“又一体”方式收录《邯郸梦》“盼雕鞍，你何日归来和我”曲，尾注云：“【夜雨打梧桐】四阕，前三阕，句法虽有参差，皆不出规范。第四阕较前体迥异，乃变体也。”这些都说明，《九宫大成》对格律轨范的重新理解和对汤显祖曲调的宽容。汤显祖很多入选的曲调，都存在句段句字与正格的差异，但《九宫大成》的编纂者都认定为可以入谱的“变体”或“又一体”。这在沈璟、沈自晋等人的曲谱中是做不到的。除了说明进入清代后，文人作家和曲师对曲调的传统格律变得更加松懈之外，更主要是纂谱者尊重了《牡丹亭》问世以来在昆曲曲坛的巨大影响和卓越成就，反映出传奇经典效应在曲谱中得到体现，在曲坛的影响力不断被释放出来。

作者单位：赣东学院

《牡丹亭》中戏折在清宫的演剧相关记载考

徐诗蕙　张夏菁

清代宫廷演剧活动中，《牡丹亭》是常演剧目。从嘉庆末期以后留存档案来看，最受宫中帝后喜爱的是其中的"游园""惊梦""拾画""叫画"等出，这些戏出的受欢迎程度与其艺术魅力紧密相关，也反映了明代以来昆曲折子戏从以叙事吸引观众转变为以艺术审美保持生命力这一转变。在《牡丹亭》中，也有以内容受到统治者关注的戏出，《劝农》即为其一。

中国古代统治系统对农业非常重视，因此，劝农这一母题一直受到剧作家的青睐。除《牡丹亭》外，还有《红梨记》《八义记》《荆钗记》等剧作中均有体现"劝农"的情节，而《牡丹亭》中"劝农"则是宫中演出最多的一出。

《劝农》一出取自《牡丹亭》第八出，是宫中常演的昆腔杂戏，多在农忙时节出演，宫中较常见的演出时间是三月初一前后。三月初一，古称"大昕"，是一年中蚕事将始之时。

《故宫博物院藏清宫戏本研究》有记载，《杜宝劝农》一折于道光三年、九年、十八年、二十二年、二十六年，同治五年，光绪三十年，宣统三年均有演出。[①]事实上，这一戏出最早在宫中演出可追溯至嘉庆元年。《清宫内廷演剧始末考》载，嘉庆元年四月十六日，嘉庆帝传旨："《劝农》张喜曲子话白念唱不沉着，着王麟祥、刘进喜学出来。【八声甘州】'平原麦洒'四字外唱，'翠波摇剪剪绿畴'合众唱。钦此。"[②]自此得

① 白帕晶：《故宫博物院藏清宫戏本研究》上册，紫禁城出版社，2017年，第398页。

② 朱家溍、丁汝芹：《清代内廷演剧始末考》，故宫出版社，2014年，第97页。

知，十六日前宫内演出过该戏，皇帝对演出的效果并不满意，在下旨换演员的同时，还细致地规定了合唱的曲词。而在同治五年时，同治帝在观戏以后，还将《劝农》戏本留下观看。这些记录除了体现皇帝对该出较为熟知以外，还能知道“劝农”这一主题在封建统治系统中的重要意义。

一、清宫戏本中《劝农》题纲年代

《故宫博物院藏清宫南府昇平署戏本》中存有五册《杜宝劝农》戏出题纲。其中一册名为《劝农》，其余均为《杜宝劝农》。清宫藏戏本数量庞大，种类繁多，但大多已丢失其所使用的年份信息，故很难断定其朝年，致使相关研究难以开展。然而，其中四册《劝农》题纲中尚存不少宫廷伶工姓名信息，其中涉内学，也涉外学，依靠这些记录，这些题纲所应用朝年可做出推断。最后一册题纲中虽未记录伶工姓名，但记载了《劝农》所用砌末，也具有价值。为方便读者对照阅读，笔者将题纲按顺序编号为甲、乙、丙、丁、戊，并移录如下：

杜宝劝农　题纲（甲）
杜宝劝农
手下　冯文玉　卢恒贵　袁庆喜
军牢
门子
书吏
杜宝
父老　李长喜　陆得喜　班进喜
快手　齐双喜
农夫　李平安　张长庆　吴进忠
牧童　狄得寿
采桑　宋福顺　尹升　孔得福　田进寿

采茶　马喜顺

伞　王山明

鼓

(散佚浮签)夏庆春　于进福　齐双喜

“甲”册题纲中涉演剧伶人二十人。其中三人姓名因浮签脱落,无法确定其饰演角色。宫中所藏戏本,这种情况很多见,但因为其已不在原处,故暂先不论。这些确定角色安排的伶工,各有其历史信息可追索。冯文玉,原名冯玉成,皇帝改名为文玉。道光十一年交进宫中,旗甲为镶黄五甲,迟至光绪二年在署。卢恒贵,咸丰十年正月入宫,食二两钱粮,旗甲厢黄头甲,道光七年时在署,迟至光绪十年在署。袁庆喜,道光十三年交进,旗甲正黄七甲,咸丰十年任八品,食三两钱粮,至同治八年仍在署,光绪二十二年十二月二十四日病故。李长喜,道光三年交进,旗甲正白五甲,咸丰十年食三两钱粮,至同治七年调至升平署火神庙看守,迟至同治十一年在署内。陆得喜,咸丰十年交进,同治二年、七年、八年、九年、十一年、十三年,光绪元年均有在署记录,至光绪三年任八品,食四两钱粮,旗甲正黄头甲,光绪二十年三月初六日病故。班进喜,道光十三年交进,旗甲正黄头甲,咸丰十年食二两五钱,至光绪元年仍在署,光绪三年署内名录不见其人。齐双喜,道光三十年交进,光绪三年任八品首领,食三两钱粮,旗甲正黄九甲,于光绪四年八月初四日逃走。李平安,道光十五年交进,旗甲正黄八甲,咸丰十年、同治二年在署,同治七年、九年任八品,十一年十一月十七日病故。张长庆,道光十三年交进入宫,光绪二十六年故。吴进忠,道光十五年交进,同治九年在署,同治十一年署内名录不见其人。狄得寿,咸丰元年交进。光绪元年时是署内演剧伶工,光绪四年为钱粮处副首领。宋福顺,道光十三年交进,光绪十五年在署。尹升(生),道光三年交进,咸丰十年、同治七年、光绪四年、五年在署。孔得福,道光十五年交进,光绪二十六年故。田进寿,道光十三年交进,旗甲正白三甲,至迟同治十三年在署。马喜顺,道光三十年交进,同治九年仍在署。王山明,道光三十年交进，光绪十五年仍在署内，十六年名册已不见其人。

以上伶工信息中可发现，最早入署者为尹升，最晚入署者为齐双喜、马喜顺、王山明，分别是道光三年、三十年。则题纲甲最早的可能应用时间是道光三十年。其中最早病故除名的伶工为李平安，是同治十一年。但由于该年，八品太监革退为民、病故等因离署共有三人，所以必须先考察三人中是否是李平安病故才能确定（一些情况下，“走”出宫的太监还有机会回署）。该年，同治帝先下旨“赏姚长泰病假一个月，安心调理”[①]，后又下旨为“五品为民总管李三德于十月初四日未时病故”[②]赏赐丧葬银两，而后因内学食四两七品官职首领姚长泰“病至半年，奴才奏过革退官职，止退月银二两五钱，每月食银一两五钱。今病至一年，实系不能当差，按例钱粮止退”[③]，由此确定同治十一年十一月十七日病故伶工为李平安。则这一题纲的应用时间在道光三十年至同治十一年之间。又见其中李长喜自同治七年起，被调至火神庙看守，故此题纲本可缩小应用时间范围为道光三十年至同治七年。

杜宝劝农　题纲（乙）

杜宝劝农

手下

军牢

门子

书吏

杜宝　黄春全

父老　陆得喜　勒夫

快手　齐双喜

---

① 中国国家图书馆编:《中国国家图书馆藏清宫升平署档案集成》，第 25 册，第 12837 页。

② 中国国家图书馆编:《中国国家图书馆藏清宫升平署档案集成》，第 25 册，第 12974 页。

③ 中国国家图书馆编:《中国国家图书馆藏清宫升平署档案集成》，第 25 册，第 12975 页。

农夫　张长庆　吴进忠　杨得福

（散佚浮签）李长喜　班进喜　孙喜　苏长庆　卢恒贵　冯文玉

牧童　齐双喜　狄得寿　杨进宝

采桑　尹升　孔得福　田进寿

采茶　孙得喜

伞

鼓　姜（姜）有才

（散佚浮签）李平安　刘招　王山明　马喜顺　王南清

以上题纲“乙”应为咸丰十年时，外学进宫后所列。其中黄春全，时为京城四喜班老生伶人。当年宫中档案记载有：“三月二十七日，奴才安福谨奏，前曾奴才叩请讨民籍学生四十一名，蒙恩允准。今于三月二十一日内务府交进外边各班承技人三十一名，奴才同首领等挑选得二十名，下剩十一名驳回。奴才叩请天恩，再挑补承技人十二名。四喜班：老生黄春全、老旦杨瑞祥、老生黄得喜、净侯福堂。三庆班：武旦乌松寿、小旦陈连生、小旦陶贵喜、小旦郝玉福、小旦杜步云。怡德堂：小生朱阿三、正旦许殷山。景福堂：小旦严宝麟。谨此奏请。”①在这班伶人未退出宫中之时，咸丰帝便薨逝。宫中又开始了禁绝外学的时期。

杜宝劝农　题纲（丙）

杜宝劝农

手下　何庆喜　杨进宝　齐双喜

军牢　狄得寿　王山明

门子　魏成禄

书吏　王禄

---

①　朱家溍、丁汝芹：《清代内廷演剧始末考》，故宫出版社，2014 年，第 311 页。

杜宝　韩福禄

父老　陈进喜　姚得禄　班进喜　袁庆喜

快手　丁进寿　李得安

农夫　李平安　张庆寿　吴进忠

（散佚浮签）王南清　郭福喜　宋福顺

牧童　丁进寿　陈得瑞　李得安　安进禄

采桑　欧来喜　田进寿　孔得福

采茶　李福贵　于进福　夏庆春

伞　文清

鼓　张松林

（散佚浮签）张得安　杨玉升　刘招　马喜顺

以上题纲“丙”中有外学随手张松林，故应为同治年间宫中有外学时承应戏出所列题纲。张松林，食二两钱粮，白米十口。其在署起始于同治六年，病故于同治十一年，则此题纲应是同治六年至十一年间所制。观题纲中其他伶人，何庆喜、杨进宝、齐双喜、王山明、陈进喜、王禄、于进福、夏庆春等人均为道光三十年时入署，其中齐双喜最早离署，为光绪四年八月初四日逃走，其他伶工或病故或于名册不见，多数在光绪十年以后离署。其中最晚离署的是丁进寿，其人于宣统十二年仍在宫中演出。

杜宝劝农　题纲（丁）

杜宝劝农

手下　张得禄

军牢

门下

书吏

杜宝　张庆贵

父老　李长喜

快手　齐双喜

农夫　张长庆　杨得福

（散佚浮签）卢恒贵　刘重喜　孔得福　宋福顺　勒夫　马喜顺　王南清　冯文玉

牧童

采桑

采茶　孙得喜

伞　张文顺

鼓　姜有才

（散佚浮签）班进喜　尹升　苏长庆　吴进忠　狄得寿　陆得喜　何庆喜　孙喜　齐双喜　于进福

考察题纲"丁"中伶工在署信息，其中张得禄卒于同治五年正月；张庆贵道光十三年交进，直至二十九年时仍在署；杨得福，食二两五钱银，旗甲镶黄九甲，道光十九年交进，同治四年卒；孙得喜咸丰元年交进，同治三年拨储秀宫出署；张文顺，旗甲正白三甲，道光三十年交进，迟至光绪十二年仍在署；姜有才，旗甲正黄十甲，道光二十三年交进，光绪十四年卒；刘重喜，道光十六年交进，光绪二十三年卒；勒夫，乾隆五十七年生人，嘉庆十一年交进，咸丰十一年时六十九岁，迟至同治元年仍在署，之后未见其人；王南清，旗甲正白五甲，咸丰元年怡亲王交进，同治九年卒；苏长庆，道光十五年交进，同治三年卒；吴进忠，道光十五年交进，迟至同治十二年在署；何庆喜，道光三十年交进，同治十二年仍在署；孙喜，道光七年交进，咸丰十一年卒；于进福，道光三十年交进，光绪六年仍在署，之后未见其人。综合以上伶工信息推断，丁册应为咸丰元年至咸丰十一年间所制题纲本。

劝农　题纲（戊）

农器四件　花篮四个　鱼篮四个　花钩子八个　酒坛子一抬

板子一对　鸭嘴棍一对　清道旗一对　黑鞭子一对　背笛四杆　马鞭子五把　印盒一　鸭蛋盘四

杯盘四分　蓝伞一把　小酒壶

劝农

四手下　四军牢　门子　书吏　杜宝　四夫老　二快手　农夫　四牧童　四采桑　四采茶　伞

题纲“戊”中未记录伶工名姓，应是一册未被使用的题纲，但其中也可析出一些信息，最为明显的是《劝农》在宫中演出时所应用道具。其道具种类较多，分工颇为细致，能够体现出宫廷演剧的考究特征；与民间相比，宫中演剧更为讲求道具的“写实性”。

二、咸丰、同治年间宫廷演出《劝农》记录

查现存升平署档案，上述题纲本所涉时间内共有三十一次《劝农》的排演记录，其中咸丰年间共十四次，同治年间十七次，如表1。

表1　咸丰、同治年间宫廷演出《劝农》记录①

档案出处	朝　年	《劝农》相关活动
“国图”第一四册第7201页	咸丰三年正月二十六日	日记档《杜宝劝农》
“国图”第一四册第7202页	二月初一日	早学说过　日记档《劝农》
“国图”第一五册第7650页	咸丰五年三月初一日	差事档《杜宝劝农》
“国图”第一五册第7796页	咸丰六年三月初一日	差事档《杜宝劝农》（张庆贵）
“国图”第一五册第7848页	二月廿五日	早学唱　晚学唱对日记档《劝农》
		日记档《劝农》

① 《中国国家图书馆藏清宫升平署档案集成》，下称“国图”；《清代内廷演剧始末考》，下称“始末考”。

续表一

档案出处	朝　年	《劝农》相关活动
"国图"第一五册第 7849 页	廿八日	早学排　日记档《劝农》
"国图"第一六册第 8027 页	咸丰七年二月廿八日	早学排晚学歇　日记档《杜宝劝农》
"国图"第一六册第 8217 页	咸丰八年三月初一日	差事档《杜宝劝农》（张庆贵）
"国图"第一六册第 8267 页	二月廿九日	早学老爷来排　日记档《劝农》
"国图"第一七册第 8847 页	咸丰九年三月初一日	差事档《杜宝劝农》（张庆贵）
"国图"第一七册第 8898 页	二月廿七日	早学先说后排　日记档《杜宝劝农》
"国图"第一八册第 9360 页	咸丰十年三月初一日	差事档《杜宝劝农》（张庆贵）
"国图"第一八册第 9404 页	二月廿八日	早学先说后排　日记档《杜宝劝农》
"始末考"第 339 页	同治五年三月初一日	恩赏日记档《杜宝劝农》上留《劝农》
"国图"第二一册第 10770 页	同治五年二月二十一日	早学唱对　日记档《劝农》
"国图"第二一册第 10771 页	二十三日	早学站　日记档《劝农》
	二十七日	早学先说后排　日记档《劝农》
"国图"第二一册第 10732 页	三月初一日	差事档《劝农》
"国图"第二二册第 11124 页	同治六年三月初二日	差事档《杜宝劝农》
"国图"第二二册第 11186 页	二月二十九日	早学过晚学过　日记档《杜宝劝农》
"国图"第二三册第 11542 页	同治七年二月二十七日	早学过　日记档《劝农》
"国图"第二三册第 11726 页	同治八年三月十四日	早学响排　日记档《劝农》
"国图"第二三册第 11997 页	同治九年二月初八日	晚学唱对　日记档《劝农》漱芳斋承应戏
"国图"第二三册第 12002 页	二十五日	晚学过　日记档《杜宝劝农》

续表二

档案出处	朝　　年	《劝农》相关活动
"国图"第二三册第 12002 页	二十九日	早学过　日记档《杜宝劝农》
"国图"第二四册第 12299 页	同治十年二月十九日	早学过晚学歇　日记档《杜宝劝农》
"国图"第二五册第 12735 页	同治十一年二月三十日	晚学过　日记档《劝农》
"国图"第二五册第 12735 页	三月初一日	早学过　日记档《劝农》
"国图"第二六册第 13093 页	同治十二年三月十四日	晚学说过　日记档《劝农》
"国图"第二六册第 13356 页	同治十三年三月十五日	漱芳斋承应戏　差事档《劝农》

根据以上梳理，可以发现几点：其一，伶工张庆贵是咸丰年间最为常见的"杜宝"扮演者，可以推断出皇帝对其的表演甚是满意；其二，《劝农》一出在同治年间上演较晚，从五年开始有记录，但已经不像咸丰时期稳定在三月初一开演。两朝间，《劝农》的演出次数相似，此出戏目的点演一直处于稳定水平。

由于档案记录的缺失，我们仅仅能够看得到咸丰时期常演"杜宝"的是伶工张庆贵。在题纲"丁"中，也能发现杜宝的扮演者为张庆贵，也即这一册题纲记录是咸丰五年、六年、八年、九年、十年其中一次演出所上场演员。按照宫中惯例，一般小戏所用配角均有固定搭配，鼓板等随手或有变化，则咸丰年间《劝农》的演出大致应是题纲所示用伶。此处需注意的是题纲"乙"中黄春全的角色安排。黄春全是咸丰十年三月底才入宫，而三月初一日已由张庆贵演出过《劝农》，所以或是因为咸丰帝又下旨令出演，又因为黄氏刚入宫，所以将其安排去"杜宝"一角，但直至皇帝崩逝仍未演出。

题纲"丙"中之张松林，于同治六年十一月初三日由四喜班挑进："总管奏准，挑得鼓板张松林，年四十九岁，苏州人"（22 册，第 11055 页），由此知张松林未参与该年三月的《劝农》演出；同治十一年《日记档》记载，二月三十日："当日因张松林、关永寿、汪三永此三名传知未到，每名罚香五对，进献祖师爷"（25 册，第 12735 页），由此可知，张松林该年二月底三月初时尚未身死，也即极有可能参与了三月初的《劝农》。也就是说，题纲“丙”是同治七年、八年、九年、十年、十一年五次演出其中一次所使用的题纲。题纲“丁”则是整个咸丰朝中一次演出的应用题纲。

三、宫中出演频次较高的《牡丹亭》折子戏记录考

清宫中《牡丹亭》的演出次数颇多，帝后颇为喜爱此本。为方便学界参考，本文整理其中排演记录较多的《牡丹亭》戏折相关信息，如表 2。

表 2　清宫中《牡丹亭》排演记录

档案出处	朝　　年	排演相关活动
《惊梦》		
“始末考”第 111 页	嘉庆十六年十月	进学生八名　花名年岁　戏出清单《惊梦》（小旦　高双宁）
“始末考”第 121 页	嘉庆二十四年六月十一日	恩赏档《草桥惊梦》
“始末考”第 125 页	嘉庆二十四年十一月十五日	恩赏档《草桥惊梦》养心殿承应(第 125 页)
“始末考”第 346 页	同治八年十月十六日	教升平署学唱《惊梦》(第 346 页)
“始末考”第 351 页	同治九年初二日	单《游园惊梦》(第 351 页)
“国图”第二三册第 11982 页	同治九年十一月初一日	(魏成禄、马得安、李福贵、安进禄)漱芳斋伺候戏
“国图”第二三册第 12063 页	闰十月十四日	早学排晚学歇
“国图”第二三册第 12065 页	十一月廿八日	早学过
“国图”第二四册第 12341 页	同治十年七月十九日	早学排《游园惊梦》漱芳斋承应戏
“始末考”第 361 页	同治十一年二月十六日	差事档《游园惊梦》长春宫伺候

续表一

档案出处	朝　　年	排演相关活动
“国图”第二四册第 12552 页	同治十一年三月十六日	(魏成禄、马得安、李福贵、安进禄)长春宫伺候戏
“国图”第二四册第 12565 页	七月初一日	漱芳斋承应
“始末考”第 363 页	同治十一年七月初一日	差事档《游园惊梦》漱芳斋承应
“国图”第二五册第 13132 页	同治十二年闰六月二十七日	早学响排
“国图”第二五册第 13053 页	七月初七日	漱芳斋承应
“国图”第二六册第 13358 页	同治十三年三月二十三日	(魏成禄、马得安、李福贵、安进禄)宁寿宫承应
“国图”第二六册第 13381 页	十月初七日	(魏成禄、李福贵、马得安、安进禄)长春宫承应
“国图”第二六册第 13383 页	同治十三年十月初七日、九日	宁寿宫承应
“始末考”第 375 页	光绪五年六月二十五日	差事档《游园惊梦》宁寿宫承应
“始末考”第 379 页	光绪六年十一月十六日	上传《游园惊梦》(马地安、李福贵、魏成禄、安进禄)长春宫伺候戏
“始末考”第 389 页	光绪十年六月二十七日	府《游园惊梦》(马得安、李福贵)漱芳斋承应
“始末考”第 394 页	光绪十三年十月十五日	传边得奎着金福保学《游园惊梦》
“始末考”第 446 页	光绪二十九年正月初九日	本《游园惊梦》宁寿宫承应
“始末考”第 448 页	正月十八日	本《游园惊梦》颐年殿承应
“始末考”第 450 页	四月初一日	本《游园惊梦》纯一斋承应
“始末考”第 457 页	七月十九日	本《游园惊梦》颐乐殿承应
“始末考”第 459 页	十月初三日	本《游园惊梦》颐乐殿承应
“始末考”第 477 页	光绪三十四年	《游园惊梦》颐年殿承应
“始末考”第 505 页	宣统十五年八月二十二日	《游园惊梦》(梅兰芳)漱芳斋承应

续表二

档案出处	朝　年	排演相关活动
《肃苑》		
"始末考"第 208 页	道光十三年四月十五日	《肃苑》(边得奎、萧龄)同乐园承应戏
"始末考"第 269 页	咸丰二年七月初七日	《肃苑》同乐园承应戏
"始末考"第 301 页	咸丰八年十二月二十九日	《肃苑》长春宫伺候帽儿排已正叫走午正
"始末考"第 362 页	同治十一年三月二十二日	宁寿宫承应《肃苑》
"始末考"第 388 页	光绪十年六月二十五日	宁寿宫承应《肃苑》
"国图"第二三册第 11754 页	同治八年七月初十、十一日	漱芳斋承应慈宁万寿礼
"国图"第二四册第 12553 页	同治十一年三月二十二日	刘重喜、李福贵
《冥判》		
"始末考"第 161 页	道光三年六月初一日	《冥判》(梁明诚)同乐园承应
"始末考"第 174 页	道光五年五月十七日	《冥判》(长清)根据后文此处长清为苑长清
"始末考"第 202 页	道光九年五月十七日	《冥判》同乐园承应
"始末考"第 214 页	道光十五年五月二十二日	涵月楼上排《冥判》(陈进朝)
"始末考"第 219 页	道光十七年八月初十日	《冥判》(长清)同乐园承应
"始末考"第 255 页	道光十九年四月初三日	《冥判》(长清)慎德堂后院帽儿排
"始末考"第 244 页	道光二十六年三月初一日	《冥判》同乐园承应
"始末考"第 246 页	七月十二日	《冥判》慎德堂后院帽儿排
"始末考"第 310 页	咸丰十年闰三月初一日	《冥判》(周双喜)同乐园承应
《拾画叫画》		
"始末考"第 110 页	嘉庆十六年十月	进学生八名　花名　年岁戏出清单《拾画》(小生　陈双贵)

续表三

档案出处	朝　　年	排演相关活动
"始末考"第 326 页	咸丰十一年七月初三日	《拾画叫画》(陈连儿)如意洲花唱:此时每日花唱后都无赏
"始末考"第 343 页	同治六年九月二十八日	《拾画叫画》慈禧万寿派演
"始末考"第 351 页	同治九年正月初一日	《拾画》
"始末考"第 362 页	同治十一年三月二十三日	《拾画》宁寿宫承应
"始末考"第 376 页	光绪五年六月二十六日	《拾画》宁寿宫承应
"始末考"第 380 页	光绪六年十一月二十四日	《拾画叫画》长春宫伺候戏
"国图"第二三册第 11963 页	同治九年正月初二日	(马得安)长春宫伺候差事
"国图"第二三册第 11967 页	九月初一日	(马得安)漱芳斋承应戏
"国图"第二四册第 12554 页	同治十一年三月二十三日	马得安
"国图"第二六册第 13355 页	同治十三年三月初三日	(马得安)漱芳斋承应
"国图"第二六册第 13359 页	三月二十三日	马得安
"国图"第二六册第 13386 页	同治十三年十月十一日	(马得安)宁寿宫承应

结　语

对清宫中《牡丹亭》所涉排演记录的考证,可以发现昆腔正统戏出在清代统治者欣赏审美中的特殊位置。他们既能够将《牡丹亭》的艺术美感作为一个审美存在来观赏,还能够提取其中与政治统治相关的主题来对臣民进行教化。从宫中所演《劝农》一出的频次、时令可以发现清代统治者对于"劝农"母题的重视;而《牡丹亭》戏出的排演频次与选角也能体现出固定角色与伶工的搭配相对稳定的规律。

作者单位:徐诗蕙,浙江理工大学;张夏菁,浙江理工大学

明清时期瓷绘戏曲《牡丹亭》图案的特征及启示*

陈丽芬

在明清时期的瓷绘戏曲图案里，以《牡丹亭》为题材进行绘制的作品，数量稀少、难得一见，然而，其在绘画的诗意表达以及构图的独特设计上，堪称独树一帜、无可比拟的经典之作。这些瓷绘图案给学界从人类文化考古学视角研究明清时期《牡丹亭》提供了宝贵的实物样本。本文试图通过分析瓷绘戏曲《牡丹亭》图案的特征，探究其背后蕴含的文化审美价值，阐发问题与启示。

一、数量与名气的不对等现象

明清以来，由于市民对戏曲文学及演出的喜爱，大量戏曲图案作为纹饰被绘制在各种陶瓷器具上，除了满足市民日常家用的瓶、罐、缸、碗、盘等器具，不少书房清供瓷具也开始出现戏曲图案纹饰。瓷绘戏曲图案的流行也在某种程度上反映了戏曲曲目在民间的盛行，诸如《西厢记》《白兔记》《红拂记》《红梅记》《千金记》《青袍记》《玉簪记》等流行的戏曲在各种陶瓷器具上均有反映。然而，明清时期广为流传的汤显祖的《牡丹亭》却在瓷绘戏曲图案中显得寥若晨星①，见于记载的能够明确辨析的主要有以下五件：

第一件是英国巴特勒家族所藏的清顺治时期的青花《牡丹亭》图

* 本文系国家社会科学基金一般项目“新时期以来历史剧中传统与现代之互动关系研究”（项目编号：23BZW156）的阶段性成果。

① 倪亦斌：《看图说瓷》，中华书局，2008 年，第 6 页。

盘，其图案绘制的是《牡丹亭》第十出“惊梦”的故事场景，图案内容为杜丽娘在梦中与柳梦梅相会的场景。画面简洁、主题明确，以表现人物为主，杜丽娘形象类似唐代的仕女形象，瓷盘的中心绘有杜丽娘一手托腮入梦的画面，杜丽娘的形象占据了瓷盘的大部分面积，从人物头像上延伸出一块云雾状区域至瓷盘右侧，绘有梦中思念情人柳梦梅的经典场面。

第二件则是英国维多利亚和阿尔伯特博物院所藏的清康熙时期的五彩《牡丹亭》图盘，其图案绘制的仍然是《牡丹亭》第十出“惊梦”的故事场景，图案内容与清顺治时期的青花《牡丹亭》图盘一致，也是表现杜丽娘在梦中与柳梦梅相会的场景。但图盘的绘画构思却极为不同，杜丽娘形象更接近明清时期的女性装扮。构图上采用了全景构图，更讲究人物的环境、情节的氛围。工笔绘制的凉亭雅致精细，人物置身于凉亭之中缓缓入梦，梦境画面中除了自身与情人柳梦梅，还多了一个脚踏祥云的花神形象。

第三件是瑞典东方博物馆收藏的清康熙时期的五彩《牡丹亭》图盘，其图案绘制的是《牡丹亭》第二十六出“玩真”的故事场景。“玩真”讲述的是书生柳梦梅在进京赶考的路上因患病在梅花观中休养。一日，他闲来无事来到后花园，在湖山之下偶然捡到一轴小画。柳梦梅被画中女子的美貌深深吸引，并题诗表达自己对她的倾慕和思念。图盘绘制的就是柳梦梅拾画题诗的场景，画面中心是一精致的长廊，柳梦梅正在廊中展画观瞻。长廊内有一个小桌子，桌子上摆放着茶具或文房四宝，地面铺有彩色的方砖，颜色鲜艳，增加了画面的层次感。长廊的左侧，有一棵苍劲的松树，枝叶繁茂，松树旁边是一片山石，山石的纹理和颜色表现得非常生动。远处背景可见轮廓柔和的山峦，山间点缀着几朵白云，营造出一种宁静祥和的氛围。

第四件为香港永宝斋藏清顺治至康熙早期的青花《牡丹亭》束腰笔筒，筒身绘制的是《牡丹亭》第二十三出《冥判》故事场景。笔筒采用典型的青花装饰，主体颜色为白色和蓝色，蓝色的青花图案绘制在白色的瓷胎上，形成鲜明的对比。画面中有多个人物，他们的姿态和表情各异，生动地展现了戏曲情节。判官位于画面中央，身穿传统的官服，头戴官帽，面部表情严肃，手持判笔，似乎正在进行审判。杜丽娘在画面右侧，身着飘逸的长裙，姿态优雅，似乎在向判官陈情或受审。牛头马面在画面左侧，形象狰狞，手持锁链，似乎在押送杜丽娘或执行判官的命令。在画面中还可以看到一些小鬼形象，他们或站或跪，似乎在协助判官进行审判或记录。背景中有类似舞台布景的元素，如帷幕和栏杆，暗示这是一个戏曲场景，其间绘制的松树和花草等自然元素，增加了场景的层次感和生动性。

第五件是在 2023 年，昆山亭林园的昆曲博物馆举办的一场题为"青瓷雅韵——瓷器上的昆曲"的展览上展出的清同治粉彩六角套壶，壶身图案为《牡丹亭·堆花》中的十二花神。壶身呈六角形，每一面都绘有多个人物，代表十二花神。他们身着华丽的服饰，姿态各异，有的手持花束，有的翩翩起舞，形象生动。图案生动地表现了《牡丹亭·堆花》中的情节，花神们的姿态和表情都非常细腻，展示了当时工匠对戏曲故事的深刻理解和精湛的绘画技艺。《牡丹亭·堆花》是《牡丹亭》中的一个经典场景，《堆花》这一折出现在剧中的第二十三出《冥判》之后，是杜丽娘死后，柳梦梅尚未登场前的一段情节。这一折戏一开始，舞台上出现了十二花神。他们分别代表十二个月份，身着华丽的服饰，手持象征各自月份的花朵或花枝。花神们唱词富有诗意，描述了春天的美景和百花盛开的景象，舞蹈动作轻盈优美，营造出一种如梦如幻的氛围。在《牡丹亭》的整体情节中，《堆花》这一折有着重要的寓意。花神们的出现象征着春天的到来和生命的复苏。在汤显祖的原著里，南安府花园的花神由一位老生扮演，且只唱一支曲子。而《牡丹亭·堆花》这一折是清中期昆曲艺人对《牡丹亭·惊梦》中"花神入梦"部分进行的改编，改编后形成了"大堆花"的表演程式，表演绚丽多彩，舞台调度复杂，涵盖了生旦净丑各个行当。每位花神手持代表本月的花朵或彩灯，展示相应的身段和队形，充分体现了中国传统文化中对花进行"人格化"的精神内涵。

瓷绘戏曲《牡丹亭》图案的数量屈指可数、十分罕见。这与《牡丹亭》在明清社会的名气明显不符。明清时期，坊间就流传“《牡丹亭》甫就本，而识者已口贵其纸，人人腾沸”的说法。从明万历年间至清朝末年，《牡丹亭》行世的版本都在三十种以上，不仅在阅读群中颇受欢迎，而且在演剧活动中盛行。沈德符在《万历野获编》卷二十五《词曲》中，以“家传户诵，几令《西厢》减价”①来形容《牡丹亭》在明末受欢迎的程度。由此可见，《牡丹亭》在明清社会的巨大反响，甚至一度超过之前风靡一世的《西厢记》。然而，在明清时期瓷绘戏曲图案中，《牡丹亭》的图案却难得寻觅。反观《西厢记》的图案纹饰，则蔚为大观，颇有铺天盖地之势。“明代万历至清代雍正年间，绘有《西厢记》故事的瓷画有 650 幅，分别被绘在 435 件瓷器上，这些图绘一般为一幅至四幅，多则二十多幅，绘在瓶、罐、缸、碗上，众多瓷画，涵盖了《西厢记》各曲目中所有的情节。”②其各种原因值得深思：第一，《牡丹亭》和《西厢记》虽然主要情节都是爱情故事，但《西厢记》更符合“才子佳人”的传统爱情模式，而《牡丹亭》中杜丽娘因梦生情，因情而死，又因情复生，这种情节在当时的礼教观念下显得更为大胆和离经叛道，这样超现实的浪漫主义故事可能会受到一定程度的抵制。第二，《西厢记》单纯讲述的就是张生与莺莺的爱情故事，其故事内容更为通俗易懂，更容易在民间广为流传。《牡丹亭》全本一共五十五出，它讲述的不仅仅是个爱情故事，而是借爱情故事，通过几个主要人物各自承担的社会责任与使命，生动且深刻地展现了明代社会在礼教、伦理、家国、战争等多方面的真实状况，全方位地勾勒出明代社会的面貌，让读者和观众能透过这部作品窥探到那个时代复杂而多元的社会画卷。其情节和思想内涵相对更为深邃，其受众更多集中在文人雅士阶层，在民间的传播广度相对较窄。第三，受陶瓷器具形体空间的有限性制约，画工在绘制戏曲图像时不可能像书本、版画那样面面俱到地呈现故事的完整性，只

---

① 沈德符撰，杨万里校点：《万历野获编》，上海古籍出版社，2012 年，第 541 页。

② 马长林：《从版画与瓷器里重新认识明清戏曲》，《文汇报》2023 年 2 月 9 日第 8 版。

能选取戏曲故事中最具戏剧冲突或最受欢迎的场景画面来表达,《西厢记》情节发展节奏明快,矛盾冲突较为集中;而《牡丹亭》情节结构更为复杂和奇幻,矛盾冲突也更为多元复杂。作为瓷绘戏曲题材而言,《西厢记》的情节更受工匠的青睐。

二、图案表现的奇幻性

《牡丹亭》的奇幻情节围绕"惊梦"展开,《惊梦》一出是《牡丹亭》中的经典场景,主要讲述了杜丽娘因梦生病直至伤春而亡的故事。杜丽娘游园后在花园中小憩,梦中邂逅了书生柳梦梅,二人情意缱绻、难解难分。醒来时,回到现实的杜丽娘,心中满是对梦中情人的眷恋与思念,情绪上郁郁寡欢、愁肠百结,终至香消玉殒。然后,才有后面的《冥判》一出。《冥判》讲述的是杜丽娘的鬼魂飘到阴曹地府,经胡判官的审判还魂重生的故事。杜丽娘死后,她的魂魄来到地府,胡判官不信有因梦而亡的事,欲依罪量刑,花神为之求情,为杜丽娘的遭遇作证。胡判官被杜丽娘的真情所感动,察看姻缘簿,发现杜丽娘和柳梦梅拥有姻缘之分,遂命花神护其肉身,放杜丽娘出枉死城,寻找柳梦梅。综观瓷绘戏曲《牡丹亭》图案纹饰可见,其选材更多偏爱其中的奇幻情节的经典场景来绘制。

在见于记载的能够明确辨析的五件瓷器中,绘制《惊梦》一出故事场景的就占有三件,一件是清顺治时期的青花《牡丹亭》图盘,来自英国巴特勒家族所藏17世纪景德镇瓷器中,一件是清康熙时期的五彩《牡丹亭》图盘,收藏于英国维多利亚和阿尔伯特博物院,两件瓷盘图案构图呈现及思路虽然完全不同,但都表现的是杜丽娘在梦中与柳梦梅相会的场景。还有一件清同治粉彩六角套壶,壶身图案绘制的是《牡丹亭·堆花》中的十二花神聚集在满园春色的花园中的场景,虽然没有正面表现杜丽娘与柳梦梅的形象,却是借花神来象征性地演绎两人的缠绵。除此之外,还有一件清顺治至康熙早期的青花《牡丹亭》束腰笔筒,绘制的则是《牡丹亭》《冥判》一出的故事场景。

瓷绘戏曲《牡丹亭》图案侧重呈现故事中的奇幻情节及场景，一方面与明末清初社会的尚奇风气相关，一方面与明清戏曲本身崇尚的"奇幻"叙事相关。

明末清初之际，社会风气悄然生变，"尚奇"心理仿若一股潜流，贯穿于市民阶级与文人阶层之中。无论是日常生活，还是艺术创作领域，奇异之事皆成为众人瞩目的焦点，那种超脱常规、别具一格带来的新鲜体验感备受推崇。其中，有饱含情愫的心之所向，也有单纯聚焦外在的视觉观感，从传统既定的审美中开拓出崭新的境界。正因如此，晚明清初的艺术与文学领域，仿若被一层"尚奇"的薄纱轻轻笼罩，处处弥漫着别样的气息。诸如，朱耷笔下，荒诞古怪之景跃然纸上，花鸟鱼虫皆似带着超脱尘世的乖张，诉说着内心的隐秘；徐渭笔端狂墨肆意挥洒，尽显洒脱不羁，那墨痕恰似他灵魂的肆意驰骋；石涛所绘奇峰，处处藏"变"，在山水的跌宕起伏里展露革新求变之心。戏曲表演领域更是盛行"尚奇之风"，视觉呈现方面可谓煞费苦心、巧思尽显，人物的发型精心打理，配饰琳琅华美，打造出独特的引人注目的舞台形象。在实际的戏曲表演中，更是妙招频出。像布火彩这一手段，刹那间舞台上烟火烈烈，光影灼灼，营造出紧张热烈或是奇幻神秘氛围；吐烟雾时，袅袅青烟升腾弥漫，仿若为剧情披上朦胧"纱衣"，助力营造仙境、鬼域等特殊情境；还有展把戏，凭借演员巧妙展示独特技艺，或是灵动的杂耍动作，或是令人称奇的机关变化，牢牢牵住观众的视线，使其沉浸于戏曲的"炫奇"表演中。

明清时期，戏曲情节开始崇尚"奇幻"叙事，即古典剧论中所称的"奇事""奇情"者。①中国古代文学中一直有着对奇幻、神异故事的喜爱和创作传统，如魏晋南北朝时期的志怪小说、唐代的传奇小说等，这些文学作品为明清戏曲情节的传奇性提供了丰富的素材和借鉴。

---

① 谭帆、陆炜：《中国古典戏剧理论史》，华东师范大学出版社，2005 年，第 308 页。

明清时期,“大量传奇的出现,意味着小说家已借助传奇这种形式,通过塑造形象表达自己的政治、道德教化的种种观念,并在传奇中抒发感情,获得审美快感”①。

汤显祖的“临川四梦”,宛如四座奇幻瑰丽的文学丰碑,皆由一场场别具深意的“奇梦”搭建而成。在那虚幻缥缈的梦境叙事里,笔锋如刀,犀利地剖析着社会的肌理。洪升的《长生殿》演绎了唐明皇与杨贵妃之间生死相恋的爱情故事,并将其与“安史之乱”的社会现实相结合,剧中既有宫廷的奢华生活、权力斗争的描写,又有浪漫的爱情故事和奇幻的仙境情节,如“密誓”“冥追”“仙忆”等曲目,将现实与虚幻相结合,展现了一幅宏大而传奇的历史画卷。孔尚任的《桃花扇》写明末复社文人侯方域与秦淮名妓李香君的爱情故事,剧中巧妙地将爱情、政治、历史等元素融合在一起,情节曲折复杂,真实地反映了明末清初的社会动荡和历史变迁,具有浓厚的传奇色彩。

于是,明清时期,瓷绘戏曲图案也更多偏爱戏曲中“奇幻”情节的经典场景来绘制,尤其以梦境图居多。瓷绘梦境图案凭借满布其上的精致富丽纹样、卓越超凡的品质以及梦幻旖旎的风格在众多瓷绘题材中脱颖而出,诸如,《西厢记》中的“草桥惊梦”、《牡丹亭》中的“惊梦”、《钱塘梦》《南柯梦》等梦境图案都纷纷出现在各种陶瓷器具的纹饰上。梦境图案往往与仙界幻境、鬼魂世界存在千丝万缕的联系,创作者秉持的审美理念解锁了梦的多元呈现方式。基于此,梦中那些神、鬼、妖、人被赋予别具一格的形象与姿态,进而营造出神秘莫测、玄幻绮丽、奇异诡谲乃至怪诞离奇的情境氛围,为观者打开一扇通往超现实异世界的大门。这也正是瓷绘《牡丹亭》图案中,“惊梦”“冥判”等故事情节受到青睐的原因所在。

---

① 吴绍釚:《文言梦小说的发展轨迹》,《延边大学学报(社会科学版)》1993 年第 2 期,第 55—62 页。

三、同一故事场景的不同版本构图

明清时期,戏曲的繁荣与制瓷业的发展,使得大量的戏曲图案纹饰被绘制在各种陶瓷器具上,在流传的过程中,那些受欢迎的戏曲图案反复被工匠套作,很容易出现戏曲中同一故事场景的不同版本构图。虽然瓷绘《牡丹亭》图案数量极少,见于记载的能够明确辨析的仅有五件,但是其中有关"惊梦"故事场景的就有两件,一件是英国巴特勒家族所藏的清顺治时期的青花《牡丹亭》图盘,另一件则是英国维多利亚和阿尔伯特博物院所藏的清康熙时期的五彩《牡丹亭》图盘。两件瓷器均为瓷盘,绘制的都是杜丽娘入梦后,梦里与柳梦梅相会的场景。然而,两件瓷器对同一故事场景的构图思路却截然不同,体现出不同的文化审美情趣。

英国维多利亚和阿尔伯特博物院所藏的清康熙时期的五彩《牡丹亭》图盘,采用的是全景式构图,画面内容丰富。画面整体呈现的是杜家后花园的场景,景物在瓷盘上的布局错落有致。亭子位于画面的右侧,占据大约三分之一的空间,亭子的结构较为精致,有细致的雕刻和装饰,亭子的飞檐翘角清晰可见,屋顶瓦片整齐排列,栏杆上隐约有一些花纹雕刻,尽管在瓷盘有限的空间内表现得较为含蓄,但仍能体现出建筑的精美。亭子的栏杆为红色,色彩鲜艳,与绿色的瓦片形成鲜明对比。亭下,杜丽娘斜靠在桌子上,右手托着脑袋,正缓缓入梦。杜丽娘的形象纤细柔美,上穿衫或袄,下穿裙,服饰的剪裁和样式都体现了古典美学端庄、典雅的气质。人物的服饰细节丰富,如褶皱、花纹等都被细致地描绘出来,能看到人物服饰上传统的花卉、云纹等装饰元素。杜丽娘的头部左上方飘出巨大的梦境云气团,占了整幅瓷绘的近二分之一,云气内部留有大量的空白空间,营造出梦境虚空神秘的特点。云气内绘制的是梦中杜丽娘与柳梦梅相会的场景,柳梦梅一手拈着梅花枝,一手搀扶着杜丽娘,两人倒向一边行走,脸相依偎着,四目传情,极尽缱绻之情。云气团的上方还有一个脚踏云彩飘然而来的花神形象。瓷盘图案中，现实场景中亭内打盹的杜丽娘、梦境中的两人、脚踩祥云的花神三部分正好形成较为工整的三角构图。亭子旁边有蜿蜒的小径，小径和云气将画面中的人物和建筑自然地连接在一起，形成一个有机的整体。背景中有一些树木和花草，树木郁郁葱葱，枝叶繁茂，呈现出一种生机勃勃的景象。树木的颜色以绿色为主，深浅不一的绿色层次感强，给人以视觉上的舒适感；花卉点缀在画面中，花朵颜色鲜艳，有红色、粉色等，为整个场景增添了色彩和活力，营造出一种春意盎然的氛围。背景中还有一些山石和围栏，围栏的设计简洁而富有层次感，增加了画面的深度。总体而言，瓷盘图案中的景物通过建筑、自然景观的巧妙结合，营造出了一种如梦如幻、富有诗意的氛围，体现了中国传统绘画艺术在瓷器装饰上的独特魅力。

英国巴特勒家族所藏的清顺治时期的青花《牡丹亭》图盘，构图以杜丽娘的半身像为中心，占据画面空间的三分之二以上，呈现出人物半身特写的独特面貌，杜丽娘的左侧有“玉茗堂”三个字，暗示了这幅瓷绘图案取材于汤显祖的《牡丹亭》。杜丽娘形象类似唐代的仕女形象，面部较为圆润，脸颊丰满。她内穿对襟竖领扣衬衫子，外罩直领无纽褙子，褙子对襟镶有罗质印金花边，双臂缠绕着绣花披帛，显得雍容华贵。宽大的衣袖和长裙很好地掩盖了身体的线条，同时又通过服饰的质感和褶皱来暗示出一种富态的身形，营造出身材丰满的视觉感受。所梳的发饰为流行的蓬松发髻，发丝都根根可见，发饰简洁而不失优雅，右鬓斜插一凤钗，呈现出大家闺秀的身份与气质。画面中，杜丽娘手翘兰花指，支着下颌，以“七分脸”姿态面对观者，神态平和，于闭目养神中缓缓入梦。左侧可见杜丽娘倚靠的一张方桌，桌上摆放着一个花瓶，上面插有些许鲜花，旁边还有一叠线装书。杜丽娘的头上延伸出一块云气团至瓷盘右侧，云气以流畅的曲线形式呈现，颜色为淡蓝色，与人物的深蓝色服饰相呼应。云气团中绘有杜丽娘与梦中情人柳梦梅相会的经典场面，云气从杜丽娘身后延伸出来，环绕在两人之间，象征着梦境的虚幻和神秘。梦境中，杜丽娘上穿花袄，下配一拖曳花式长裙,柳梦梅着布衣软带,手持柳枝。两人面对面相依偎,互诉衷肠,情意绵绵。画面整体构图简洁,人物和场景分布在盘的中央和右侧,左侧留有一定的空白,没有过多背景装饰。

两件瓷盘的梦境构图均采用了明清时期戏曲版画梦境图惯用的"做梦者 + 云气纹 + 梦中景"图式。在视角运用上,常选取全知视角展开画面布局统摄全局,赋予观者一种超脱局内、洞察一切的视野。云气图式成为描绘此类场景的关键元素,它承载着想象、梦境与仙界的象征意义,或用以烘托整体氛围,让缥缈梦幻之感满溢画面;或充当现实与梦幻的"楚河汉界",清晰划分出不同的时空维度。而在笔法运作、画面效果呈现方面,创作者多借助浓淡、深浅各异的分水法,精心雕琢虚实关系,巧用留白技巧,留出虚空之处,让画面满而不溢、张弛有度,进而营造出荒幻空灵的独特绘画风格,引人沉浸其中,仿若置身梦幻之境。

但两件瓷盘图案表达的侧重点和风格却截然不同。英国维多利亚和阿尔伯特博物院所藏的清康熙时期的五彩《牡丹亭》图盘的构图思路更多来源于戏曲版画插图。万历三个刊本《惊梦》插图都对杜丽娘梦中与柳梦梅相会的场景进行了细致的刻画,石林本《惊梦》图①、文林阁本《惊梦》图②以及臧改本《惊梦》图③中,均由"做梦者 + 云气纹 + 梦中景"的经典图式构成,它们都采用了全景构图,将整个庭院景致进行了全景绘制,画面分为现实与梦境两个部分。现实中,庭院的造型精美,具有典型的中国古典建筑风格。庭院的飞檐、栏杆、瓦片、门窗等都被细致地刻画出来,杜丽娘或在屋内靠着案桌熟睡,或在一个露天的平台小寐,杜丽娘的服饰均可见精美的花纹,发髻头饰也清晰可见。她一只手撑着脑袋,双腿自然盘曲,显得十分惬意舒适。她的头顶飘出一个巨大云气团,云气团内呈现的都是梦中的场景,梦中,杜丽娘与柳梦梅两相依偎,十分亲昵,或在牡丹亭下欢聊畅谈,或并肩

① 王彦颖:《万历〈牡丹亭〉图像叙事研究》,西南大学硕士学位论文,2023 年,第 54 页。

②③ 王彦颖:《万历〈牡丹亭〉图像叙事研究》,第 55 页。

坐在芍药栏上窃窃私语。三个版本略有不同的是，除石林本《惊梦》图现实中庭院繁茂紧密，与梦境中景物的简洁空旷形成强烈对比外，文林阁本《惊梦》图以及臧改本《惊梦》图中，与现实的庭院相比，梦境中的景物稍显丰富，以现实的荒芜来反衬梦中的绚丽多彩。清康熙时期的五彩《牡丹亭》图盘的构图明显来自万历三个刊本《惊梦》插图的思路，对景中实物均有精致的工笔刻画，并突出繁复的细节。瓷盘构图与插画明显不同的是，瓷绘图案中，现实场景一律繁复描摹，云气团内的梦境图只突出人物，背景则一律留白，而版画插图中，云气团内的梦境图除了主体人物还有丰富的背景装饰，说明瓷绘图案更讲究意境的营造和富有层次感、反差感、平衡度的视觉表达。除此之外，瓷绘《牡丹亭》"惊梦"图案中，还多了一个脚踏祥云的花神形象，这是戏曲版画插图中"惊梦"题材中不曾出现的，应该来源于绘图工匠的自我解读与发挥。根据瓷绘花神的形象，可知其形象来源于戏曲版画插图文林阁本中的《冥判》图。这说明，清康熙时期的五彩《牡丹亭》图盘的绘制中，工匠的绘画已经突破了一般的依样描摹戏曲版画阶段，而开始拥有自我的理解和创作灵感的呈现。

英国巴特勒家族所藏的清顺治时期的青花《牡丹亭》图盘，绘制的《牡丹亭》"惊梦"图案则更显得独具一格，因为它并非来自戏曲版画，而更多参考了清朝初期流行的仕女头像，其构图也明显突破了戏曲版画的全景构图以及繁复细致的背景描摹，而是独辟蹊径采取了人物半身像的特写镜头，重点表达的是一个怀春少女的娇羞与情韵。在所有戏曲版画的梦境图构图中，现实中人物与梦境中人物均呈现差不多的比例，而清顺治时期的青花《牡丹亭》图盘中，现实中杜丽娘的半身像尺寸明显要大于梦中杜丽娘与柳梦梅的全身像尺寸，占据画面空间的三分之二以上，这种加大现实人物比例的设计，强调了对现实人物神情风韵、精神面貌的表达，使"惊梦"题材图案从以前的强调人物故事、情节氛围转移到人物的特写上来。瓷绘图案中的杜丽娘神态温婉娴静，她微微低头，一手托腮，目光柔和，沉浸在自己的梦境之中。梦中的她与柳梦梅相会时那种含蓄而甜蜜的心境，也自然流露在做梦者杜丽娘那宁静而略带娇羞的表情之中。这样的画面设计张扬了女性情欲的合理性，具有强烈的视觉冲击，“这样一个要自主自己情欲的正面女性写真，你翻遍中国正统美术史都找不到！”①此瓷盘中留下的杜丽娘形象“很可能是唯一的时装特写像”②。

结　语

瓷绘戏曲《牡丹亭》图案虽然凤毛麟角、极为罕见，但其题材绘画的诗意性、特殊的构图方式却是明清时期瓷绘戏曲图案中独一无二的经典。在题材选择上，瓷绘梦境图案凭借满布其上的精致富丽纹样、卓越超凡的品质以及梦幻旖旎的风格在众多瓷绘题材中脱颖而出，使得《牡丹亭》故事中，“惊梦”“冥判”等故事情节更受工匠绘制的青睐。大量的戏曲图案纹饰被绘制在各种陶瓷器具上，在流传的过程中，那些受欢迎的戏曲图案反复被工匠套作，很容易出现戏曲中同一故事场景的不同版本构图。虽然瓷绘《牡丹亭》图案数量不多，但有关“惊梦”故事图案的瓷器就有两件，两件瓷器对同一故事场景的构图思路截然不同，体现出不同的文化审美情趣。相比戏曲版画图案，瓷绘《牡丹亭》图案更讲究意境的营造和富有层次感、反差感、平衡度的视觉表达。相比明清时期瓷绘戏曲题材图案，瓷绘《牡丹亭》图案的绘制已经突破了一般的工匠依样描摹戏曲版画阶段，而开始拥有自我的理解和创作灵感的呈现，尤其是英国巴特勒家族所藏的清顺治时期的青花《牡丹亭》图盘，独辟蹊径地采取了人物半身像的特写镜头，正面张扬了女性情欲的合理性，其独特的文化审美价值堪称瓷绘戏曲题材中的精品。

---

① 倪亦斌：《看图说瓷》，第 3 页。

② 倪亦斌：《故宫藏青花仕女刺绣图浅碗的“家族渊源”》，紫禁城出版社，2010 年，第 68—77 页。

附表　明清时期瓷绘戏曲《牡丹亭》图案纹饰代表性瓷器一览

瓷器名称	瓷器绘面	资料出处
清康熙青花《牡丹亭》图盘(英国巴特勒家族藏)		上海博物馆编:《上海博物馆与英国巴特勒家族所藏17世纪景德镇瓷器》,上海书画出版社,2005年,第31页。
英国维多利亚和阿尔伯特博物院藏的清康熙五彩《牡丹亭》图盘		英国维多利亚和阿尔伯特博物院藏,http://collections.vam.ac.uk/item/O116736/dish-unknown/,访问时间:2024年8月。
瑞典东方博物馆藏清康熙五彩《牡丹亭》图盘		搜狐:"康熙青花碗、盘、杯内所'装盛'的精神食粮",http://news.sohu.com/a/575322325_100143152,访问时间:2024年8月。
香港永宝斋藏清顺治至康熙早期的青花《牡丹亭》束腰笔筒		搜狐:"明末清初瓷器笔筒细图鉴赏",https://www.sohu.com/a/301697716_775399?sec=wd,访问时间:2024年8月。
清同治粉彩六角套壶		"'瓷器上的昆曲'令人大开眼界　探寻文化遗产内涵　弘扬传统艺术精神",https://www.163.com/dy/article/IB73TOUK0550D6TP.html,访问时间:2024年8月。

作者单位:南昌师范学院江右文化研究与传播中心

汤学学案

我与昆曲及汤显祖研究

——纪念青春版《牡丹亭》首演二十周年

邹自振

一、初涉昆曲与首部"汤学"专著出版

在我的宋元明清文学史研究中，"汤学"研究是重要一环。屈指一算，2024 年也是我与昆曲及《牡丹亭》结缘四十二周年。

我正式接触和了解以至爱上昆曲是 1982 年。此年 3 月，我求学苏州大学，在钱仲联先生、王永健先生门下研修明清诗文与戏曲，学习之余，则游园林、品昆曲、听评弹，开始对明清传奇、江南文化及昆曲有了直观感性的认知。

4、5 月间，苏州举办了苏、浙、沪二省一市昆曲会演，我观摩了《牡丹亭》的三个整本戏和"临川四梦"的十几个折子戏。整本戏有上海昆剧团改编的《牡丹亭》，分《闺塾训女》《游园惊梦》《寻梦情殇》《魂游遇判》《投观拾画》《叫画幽遇》《回生拷园》等 7 场；江苏昆剧院缩编的《牡丹亭》（上本）；还有浙江昆剧团演出的《学堂》《拾画》《叫画》等《牡丹亭》折子戏。这段经历为我后来研究汤显祖的戏剧诗文打下了坚实基础。10 月，在汤显祖故里江西，举办了纪念汤显祖逝世 366 周年活动，用赣剧弋阳腔、赣剧青阳腔、宜黄腔、盱河戏高腔、抚州采茶戏等唱腔、剧种演出"临川四梦"及其折子戏。

我为在抚州—南昌召开的纪念汤显祖逝世 366 周年学术研讨会撰写了论文《从崔莺莺到杜丽娘》。此文得到戏剧史家蒋星煜的肯定。蒋先生在《汤显祖与〈西厢记〉》中指出："在江西，汤显祖故乡抚州临

川,邹自振有《从崔莺莺到杜丽娘》的论文……徐朔方、邹自振、熊谷祐子等诸位已经在《西厢记》与《牡丹亭》、崔莺莺与杜丽娘的比较研究上做出了不少成绩,带了头,这是可喜的良好的开端。"①同年 12 月我还在苏州大学《明清诗文研究丛刊》发表了《汤显祖诗歌选评》。

时隔十八年,2000 年 10 月,我应邀由福州赴临川参加抚州撤地设市暨汤显祖诞辰 450 周年纪念活动,又集中观看了抚州采茶戏《牡丹亭》,以及用古老的海盐腔等唱腔演出的"临川四梦"折子戏:《牡丹亭・游园》《牡丹亭・冥誓》《紫钗记・怨撒金钱》《邯郸记・生寤》等。此外,我在抚州工作期间,还曾与剧作家龙雪翔、夏雪庆等友人商讨过"临川四梦"折子戏的改编,如《南柯记・蚁斗》《邯郸记・召还》等。

然而,戏曲经典的现代演绎毕竟会带来许多新问题。无论是《牡丹亭》,还是《南柯记》《邯郸记》或《紫钗记》,在现代大舞台的演出形式与古典文本之间,均存在着不适应不和谐的地方。古典文本的演出形式是将戏集中在一两个演员身上(包括舞台美术、舞台调度等),一旦搬上现代大舞台,就显得空荡荡的空间面对一两个演员的挤迫。如何充分利用舞台空间,就是编导在进行现代演绎时必须考虑的。从有利的方面来看,这是解决现代观众与古典文本之间差距的有力手段。

世纪之交的《牡丹亭》有四个演出本:

1999 年上海昆剧团的上、中、下三本 34 出《牡丹亭》

由谭盾作曲、彼得・塞拉斯导演的歌剧《牡丹亭》

由美籍华人陈士争执导的 55 出全本《牡丹亭》

由在美的中国戏剧工作坊,以及由昆曲演员和玩偶交错演出的《牡丹亭》

---

① 蒋星煜:《汤显祖与西厢记》,《江西师范大学学报》1984 年第 3 期。

这些无论是从古典文本中重新组合还是衍生出的歌舞，都使观众对经典演绎有了亲近感。但不利的地方也显而易见，即现代演绎将同时面对古典文本和传统戏剧表演艺术的继承，让现代观众和专家认可搬上现代大舞台演出的仍然是昆剧《牡丹亭》，而不是同名歌剧、玩偶剧或其他什么东西。在继承传统经典和现代演绎之间，戏剧艺术家们走了一回钢丝，并且走得颇为成功。从大文化角度来思考，这里面提供的东西具有文化普遍意义：如何让古老的中华文化发扬光大，走向世界，需要解决的就是对其进行现代演绎并使之能为今人接受，同时又不使其精义走样变味而保持"原汁原味"。

美国林肯艺术中心总监约翰·洛克盛尔在读完陈士争向他推荐的《牡丹亭》伯奇英译本后，和众多的中国人一样激动不已，遂投资 50 万美元，一定要将中国戏剧史这部足以与莎士比亚的《罗密欧与朱丽叶》相媲美的经典之作完完整整地搬上世界舞台。这一愿望的实现也使众多的异国戏剧爱好者激动不已。继之，上海昆剧团在美国舞台上成功演出 55 出全本《牡丹亭》，杜丽娘、柳梦梅的一往情深流淌于大洋彼岸，不能不说是世纪之交世界戏剧史上的一件幸事。

2001 年 4 月，巴蜀书社出版了我的第一部"汤学"专著《汤显祖综论》(1996 年 9 月百花洲文艺出版社出版的《临川才子论集》汇集相关研究论文 40 余篇，其中有关汤显祖的论文 12 篇，该书获江西省高等学校第五届社会科学优秀成果二等奖)。《汤显祖综论》将汤显祖放在整个中国文学发展史乃至世界文学的大背景下进行综合考察，将汤显祖与明清戏曲作家，将"临川四梦"与元明清戏曲名作，将汤显祖的文艺创作与中国古典小说、与莎士比亚的《罗密欧与朱丽叶》进行纵向横向比较，通过多角度全方位观照，全面论述了汤显祖的生平与戏剧创作、汤显祖与中国古代文学及明清文艺思潮的关系、汤显祖在中国乃至世界文学中的地位等重要问题。王永健教授在本书"序"中说："《汤显祖综论》不仅对前人和时贤的研究成果有所吸收和借鉴，更有自己的独到见解。比如第二编《汤显祖与古典文学名著》，可以说每一节皆

有新意和创见，与泛泛之综论不可同日而语。”[①]（此书获福州市第五届社会科学优秀成果二等奖）

据清人焦循《剧说》记载，当年汤显祖在写作《牡丹亭》时，“运思独苦……乃卧庭中薪上，掩袂痛哭”[②]，其中深意已不知几人能领会。汤氏亦自云：“玉茗堂开春翠屏，新词传唱《牡丹亭》。伤心拍遍无人会，自掐檀痕教小伶。”[③]然而，《牡丹亭》这一世界文化遗产的风华绝代还不断“迤逗”着四百多年后的人们，总想为着当年的“如花美眷，似水流年”，再去“惊梦”“寻梦”一番。

二、青春版昆曲《牡丹亭》的启示

2001 年 5 月 18 日，这在昆曲史上是一个永远值得纪念的重大日子。联合国教科文组织首次宣布“人类口述与非物质文化遗产代表作”名录，一共 19 项。中国的昆曲在入选项目中名列榜首，这是联合国教科文组织对中国昆曲的最高礼遇，也是对昆曲在人类文化传承中的特殊地位、贡献和价值的高度认定。这表明昆曲这项艺术已臻世界地位，属于全人类的文化遗产。一种艺术，尤其是表演艺术，能够超越时空限制、文化隔阂而达到世界性的地位并不多见，其艺术境界必须提升到一定的高度，才能为世界专家所欣赏。

2004 年 4 月，由白先勇先生主持制作，并由大陆、香港和台湾艺术家携手打造，苏州昆剧院青年演员俞玖林、沈丰英等担纲演出的青春版《牡丹亭》在台北首演。《牡丹亭》这部经典戏曲，案头剧本与场上演出同时并举，互相辉映，这无疑是昆曲的光辉与荣耀。白先勇先生说：

---

① 王永健：《〈汤显祖综论〉序》，邹自振：《汤显祖综论》，巴蜀书社，2001 年，第 4—5 页。

② 焦循：《剧说》，中国戏曲研究院编：《中国古典戏曲论著集成》（第八册），中国戏剧出版社，1959 年，第 181 页。

③ 汤显祖：《七夕醉答君东二首》，徐朔方校笺：《汤显祖全集》，北京古籍出版社，1999 年，第 791 页。

> 我们以“青春版”为号召，有几层涵意。首先《牡丹亭》本为一曲歌颂青春、歌颂爱情、歌颂生命的赞美诗，男女主角正值花样年华，因此，我们举用青年演员饰演杜丽娘与柳梦梅，符合剧中人物年龄形象。昆曲是有四百多年历史的古老剧种，但昆曲的演出不应老化；昆曲的前途，在于培养年轻的演员，吸引年轻的观众。①

《牡丹亭》以55出的篇幅，敷演了生死梦幻的奇情异彩——“梦中情”“人鬼情”“人间情”。全剧通过杜丽娘现实生活中的悲剧和幻想中的喜剧，深刻地揭露了封建礼教的残酷，表现了封建礼教的叛逆者冲决礼教罗网的决心，歌颂了他们为追求理想的婚姻所做的不屈不挠的斗争。《牡丹亭》这部悲喜剧，在中国古代文学中，透露了要求个性解放的可贵信息。

青春版《牡丹亭》，即以《训女》《闺塾》《惊梦》《言怀》《寻梦》《虏谍》《写真》《道觋》《离魂》9出为“梦中情”（上本），以《冥判》《旅寄》《忆女》《拾画》《魂游》《幽媾》《淮警》《冥誓》《回生》9出为“人鬼情”（中本），以《婚走》《移镇》《如杭》《折寇》《遇母》《淮泊》《索元》《硬考》《圆驾》9出为“人鬼情”（下本），展开全剧，敷演四百年前“生死梦幻的奇情异彩”。

青春版《牡丹亭》尽量保持昆曲抽象写意，以简驭繁的美学传统，也利用现代剧场的崭新概念，使全剧的演出既适应现代观众的视觉要求，又遵从昆曲委婉绮丽的古典精神，在音乐、唱腔、美术、服装、舞台、灯光、舞蹈乃至书法、绘画等艺术形式上都做了全新的追求与探索，让人耳目一新，自然激起了青年一代对民族优秀文化和高雅艺术的关注和热情。

高等院校不仅是现代流行文化和艺术聚集的场所，也是民族优秀传统文化和高雅艺术展现的舞台。昆曲艺术融会中国文学、戏剧、表演、音乐、舞蹈、美术于一体，是最富有诗情画意的综合性舞台

---

① 白先勇：《〈牡丹亭〉上三生路——制作“青春版”的来龙去脉》，白先勇策划：《姹紫嫣红〈牡丹亭〉——四百年青春之梦》，广西师范大学出版社，2004年，第97页。

艺术，它集中国古典艺术与美学之大成，是东方艺术的杰出代表。《牡丹亭》的改编与演出，让青年一代面对面地领略中国传统文化的美，感受到中国传统文化精髓，产生了对博大精深的中国传统文化的高度认同。

汤显祖《牡丹亭》上承“西厢”，下启“红楼”，是中国浪漫主义文学传统中一座巍巍高峰，四百多年来不绝于舞台。在崭新的21世纪，作为世界文化遗产的中国昆曲和它的代表作《牡丹亭》，随着青春版《牡丹亭》在全世界的巡演，标志着昆曲的全面复兴，它给予这门古老艺术与经典名著以青春的喜悦与生命，并必将以超越时空的限制和文化的隔阂走向世界，在世界多元文化中展示其永不熄灭的艺术风采。

青春版昆曲《牡丹亭》启示我们：如何看待、保存与继承中华文化的优秀遗产，以21世纪的眼光阐释与弘扬经典名著，这是时代交给我们当代学人的责任。所以，我们应该把《牡丹亭》盛名之下所固化的汤显祖不断扩充延伸，将其作品背后所折射的思想性与时代性结合起来，赋予人物与作品以时代的意义。

三、近二十年我的昆曲及《牡丹亭》研究

其实，四百多年前汤显祖所追求的“情”与“梦”与21世纪的人们所追求的“情”与“梦”并没有本质的区别，这种对于美好的向往是人类与生俱来的需求。一言以蔽之，对汤显祖的研究还有许多空白需要学者去填补，有更加宽阔的领域等待研究者去开拓，也有层出不穷的问题值得后人去重新思考。这就可以充分说明，汤学研究只有开始，没有结束。我后来汤显祖研究论著的陆续推出都源于青春版昆曲《牡丹亭》巨大的感召力。

我在百花洲文艺出版社2004年10月出版的《汤显祖》是一本汤显祖的文学传记。2007年6月，江西高校出版社出版了我的又一部“汤学”专著《汤显祖与玉茗四梦》，该书确切说是一部汤显祖学术传

论。全书共八章,前五章以汤显祖的生平为纲,阐述汤显祖生命的各个重要时期最为重大的事迹,涉及时代、师承、学术、思想、社交、政治、诗文创作和戏曲创作,可说是一部内容丰富而清晰的汤显祖评传;后三章《"玉茗四梦"的因袭与创新》《"玉茗四梦"的启迪与影响》《人类永恒的文化遗产》则是对汤显祖在文化史上承前启后的历史地位的综合评价。中国戏曲学院院长周育德先生在该书"序"中说:"邹自振在汤显祖诞生 450 周年之际,出版其《汤显祖综论》,在汤显祖逝世 390 周年之际又出版其《汤显祖与玉茗四梦》,以其信心之诚,笔力之健,称得起是汤显祖研究领域中的一位'壮劳力'了。"①

2006 年 9 月,抚州举办纪念汤显祖逝世 390 周年国际学术研讨会,我为此积极出谋划策,为抚州邀请来大批著名学者。2008 年,抚州汤显祖大剧院落成,我通过周秦教授,联系白先勇先生,邀请"青春版"昆曲《牡丹亭》剧组来抚州演出三天。

2010 年,我应香港特区政府中国文化研究院之邀,制作《灿烂的中国文明·汤显祖与"临川四梦"》的网上专题,并在联合国教科文组织的"中华文明之光"栏目播出(该专题的国内版《汤显祖及其"四梦"》2013 年 9 月由中国文史出版社出版)。此书及网上专题以浅近清新的文字,图文并茂的巧思安排,把汤显祖的思想、传略,"四梦"创作的背景,四剧思想主旨、艺术成就等,通过简洁明白的语言叙说出来。其中采集、插录的汤显祖手迹,"临川四梦"的版本、刻本、插图、名家题词、演出剧照等一一得以展现。我在汤显祖家乡生活了三十余年,通过悉心寻访,搜集了许多有关汤翁的珍贵的文物资料,以及新建修复的汤显祖的文物建筑,如汤显祖墓、汤显祖纪念馆等,配以形象的图片,使该书及网上专题既有学术的严谨规范,又有便于广大受众视听的简明通俗。

为纪念汤显祖诞辰 460 周年,南昌大学于 2010 年 12 月举办了以

① 周育德:《〈汤显祖与玉茗四梦〉序》,邹自振:《汤显祖与玉茗四梦》,江西高校出版社,2007 年,第 2 页。

“江西的汤显祖,世界的汤显祖”为主旨的学术研讨会。南昌大学人文学院院长王德保教授邀我参与会议的组织与筹划。会议就汤显祖文学思想研究、汤显祖诗文研究、汤显祖与赣鄱文化的关系等展开深度探讨。会议期间,还演出了赣剧“临川四梦”,包括《紫钗记·怨撒金钱》《牡丹亭·游园惊梦》《南柯记·南柯梦寻》《邯郸记·魂断黄粱》四个折子戏。

同年,百花洲文艺出版社为弘扬和传承中华文化,推进汤显祖戏曲研究和普及,决定编辑出版《汤显祖戏曲全集》,请我牵头促成。此前我曾有《邯郸记评注》,中国戏剧出版社 2010 年 9 月出版。我力邀中山大学黄仕忠教授、苏州大学周秦教授、闽南师范大学胡金望教授、南昌大学王德保教授分别与陈旭耀、刘玮、董瑞兰、吕贤平、尹蓉(作者按汤显祖五部剧作的顺序排列)五位文学博士共同完成。

经过近五年的努力,《汤显祖戏曲全集》评注本(含《紫箫记》《紫钗记》《牡丹亭》《南柯记》《邯郸记》,共五册)于 2015 年 3 月出版,并于 2016 年 3 月推出精装本。此书以 21 世纪的眼光,对四百年前的明代剧作进行了全新阐释,注解详细,评析到位,对于当代读者理解汤显祖的剧作有很大的启示。

我们编撰的这套《汤显祖戏曲全集》即以明人毛晋汲古阁刻本为底本,并与明清其他版本参校,尤其参考了当代钱南扬、徐朔方诸先生悉心整理的笺校本。我们的工作是对汤显祖的全部戏曲进行精当的注释和评析,力求通过简洁准确的注释为读者扫清阅读障碍,并从文本出发,联系舞台演出,涉及情节发展、人物性格、艺术特色等诸多方面,帮助读者进一步鉴赏和品评汤显祖戏曲,使全书成为一套兼顾学术性和普及性的汤显祖戏曲读本。

《汤显祖戏曲全集》出版后,得到学术界、出版界的赞誉。《汤显祖戏剧全集》(英文版)的翻译者汪榕培教授(曾任大连外国语学院院长)评价道:“这部全集的编纂有承前启后的作用,既体现了前人的研究成果,又有新的发挥;既有字词的解释,又有句子的阐释;既标明了集句诗的作者,又引述了原诗的全文,是到目前为止最有参考价值的汤显祖研究专著。”[1]其中,邹自振、董瑞兰的《牡丹亭评注》获福建省第十二届社会科学优秀成果三等奖。

同时,百花文艺出版社于2015年3月出版的《汤显祖与明清文学探赜》一书,则是我的学术考证之作。其中关于罗汝芳、李贽和陆王心学的考述,具体论证了汤显祖与其“四梦”创作的思想基础。关于“临川四梦”对《长生殿》《红楼梦》等明清戏曲、小说的影响,关于汤显祖诗歌、散文的论述,反映了我对汤显祖成就多方面的认识和研究。尤其引起学术界关注的,是我较早地把“临川四梦”作为《西厢记》与《红楼梦》之间重要的一环,写过系列文章,阐释其传承、发展与影响,多有新的创见。

另外,我主编的“汤显祖研究书系”由江西高校出版社于2016年10月出版。“汤显祖研究书系”共四册,分别为《汤显祖与“临川四梦”》(邹自振著)、《汤显祖与罗汝芳》(罗伽禄著)、《汤显祖与蒋士铨》(徐国华著)、《汤显祖与莎士比亚》(张玲、付瑛瑛著)。以专著组合的方式策划的这套书系,是汤显祖研究的一个创举。如果说,《汤显祖与“临川四梦”》所涉及的是汤显祖的本体研究,那么,其余三本则是从三个完全不同的角度来解读汤显祖的。其中《汤显祖与罗汝芳》上溯他的思想渊源,《汤显祖与蒋士铨》《汤显祖与莎士比亚》则侧重于研究他的影响,这又包括国内与国外两个方面。汪榕培先生在序言中所期待的汤学研究的世界意义和汤显祖研究的深入与拓展,在这套书系中已经有了初步的显现。我们从不同角度考察“临川四梦”、罗汝芳、蒋士铨、莎士比亚等与汤显祖之间的关系。这就为书系从多角度观照、研究汤显祖提供了开阔的视野。该书系获2016年“赣版十大好书”、2017年国家出版基金、江西省第十七次社会科学优秀成果一等奖。

我对汤显祖关注的视角是多方位的。《汤显祖综论》《汤显祖与明清文学探赜》《汤显祖与“临川四梦”》等专著都涉及汤显祖的生平与思想、戏曲与诗文,涉及汤显祖对中国文化多方面的影响,以及汤显祖文

---

① 汪榕培:《世间只有情难诉》,《剧谈》第144期,2015年9月。

化的国际传播等广阔的论题。这些著作既有学术的严肃性,又有便于广大受众视听的通俗性。2016年,抚州汤显祖纪念馆做升级版改造,我为之撰写了一整套展板解说词,也是属于学术性与通俗性相结合的产物。多年来我在省内外高校、图书馆、电视台等开设相关汤显祖的专题学术讲座60余场,特别注意学术性与普及性相结合,引导听众、读者观赏《牡丹亭》,读懂汤显祖及其剧作。最近几年的主要活动如下。

《跟着习近平总书记读文学经典之"临川四梦"》,江西教育电视台2017年8月首播。2015年9月,中国国家主席习近平访问英国的时候建议中英两国共同纪念汤显祖和莎士比亚这两位文学巨匠,以此推动两国人民交流、加深互相理解。2016年,中英两国举行了纪念两位世界文化名人的系列活动。在中国,多种汤显祖的作品集隆重出版,多种"临川四梦"重排上演,多种研究论著相继问世。我在讲座中指出,当莎士比亚的辉煌剧作轰动英国舞台的时候,中国的汤显祖也成为闪耀明清剧坛的最明亮的星辰。作为剧作家,汤显祖当属世界第一流。汤显祖还给我们留下2 200多首诗歌、600多篇散文,新近发现的皇皇巨著《玉茗堂书经讲意》足以证明他还是一个称职的学者。汤显祖的学问涉及政治、哲学、宗教、文学、艺术、教育等方面。就天纵逸才和学问广博而论,在世界戏剧史上也很难找到与汤显祖并肩的人了。

为中央纪委、江西省纪委《汤显祖家风家训的启示》专题片撰稿,江西电视台2017年9月首播。我在文中指出:临川号称"才子之乡",这种荣誉的取得,与历代重视书香传家的家风、重视教育的民风息息相关,以汤显祖为代表的悠久的家学文化传统是临川文化乃至中华文化绵延至今的一个重要原因。

2018年4月22日,"世界读书日"前夕,我与周秦教授接受江西省宣传、文化部门特邀,在南昌面向汤显祖故里的听众、读者做了一场《昆曲与赣剧双语背景下的〈牡丹亭〉》学术讲座。讲座之后,我们与来自苏州的昆曲名家和江西省赣剧院的青年演员当场互动,演唱了昆曲、赣剧《牡丹亭》《邯郸记》片段,回答了戏曲爱好者、青年演员和听众的提问。大家一致表示要弘扬和传承中华优秀传统文化,加强文化自信,让中国文化走出国门、走向世界。

2021 年春,深圳卫视邀我在汤显祖故乡抚州之梦湖、文昌里及汤显祖大剧院,拍摄《东方戏剧巨匠的寄梦人生》电视纪录片,片中插播了青春版昆曲《牡丹亭》及乡音版盱河高腔《牡丹亭》折子戏,引起较大的社会反响。

我也注重昆曲艺术的传播与弘扬。我先后 20 余次到苏州、昆山参加中国昆曲学术研讨会、中国昆剧艺术节以及相关会议。发表的学术论文主要有:《汤、莎剧作比较论》(《中国昆曲论坛 2005》)、《临川剧作与洪昇的〈长生殿〉》(《中国昆曲论坛 2006》)、《走向世界的汤显祖研究》(《中国昆曲论坛 2007》)、《汤显祖剧作的当代阐释——〈汤显祖戏曲全集〉总序》(《中国昆曲年鉴 2016》)、《汤显祖研究的回顾与前瞻》(《中国昆曲年鉴 2017》)、《冯梦龙编剧学理论初探》(《中国昆曲年鉴 2021》)、《汤显祖戏剧对前代文学的继承与革新》(《中国昆曲年鉴 2019》)、《论徐渭对汤显祖的影响与启迪》(《中国昆曲年鉴 2022》)。后二文分别入选“中国昆曲 2018 年度推荐论文”“中国昆曲 2021 年度推荐论文”。

诚然,自己对于昆曲乃至《牡丹亭》研究,无论功力还是成绩,都是有限的,但自以为所作所为对于弘扬民族文化的精粹,促进包括《牡丹亭》在内的中国文学经典的研究与普及无疑都具有一定的积极意义。2024 年时值青春版昆曲《牡丹亭》演出二十周年,作为世界文化遗产的中国昆曲和它的代表作《牡丹亭》,在学术界与艺术节的不懈努力下,已从“美丽的古典”走向“青春的现代”。

作者单位:福建省文史研究馆

学术动态

汤显祖研究资料目录索引(2014—2020)

廖舒婷　王婷婷　辑译

说明:本索引收入有关汤显祖研究的著作及论文(2014 年 1 月至 2020 年 12 月)共计 895 篇,包括汤显祖原著新版本、研究专著、剧作改编、研究论文及演出评介等内容。索引共分五大部分:一是原著新版本及研究;二是剧作外译、改编、演出及评论;三是研究论文;四是港澳台及国外汤显祖研究;五是硕博士学位论文。某些部分根据需要又分二级或三级标目。著录体例包括:原著(或专著、改编本、论文、资料)名称、著者、版本(包括出版单位或报刊名称、卷期、出版或发表时间)等项。港澳台及国外研究资料以出版商及发表刊物所在地排列。报纸版号以()标明,期刊页码用—标明。该索引参考了 CNKI 系列数据库、人大复印报刊资料数据库、书生之家、OCLC Firstsearch 数据库、PQDD 硕博士论文数据库、Proquest 系列数据库及 Ebsco 系列数据库等多种网络资源,还参阅了台湾博硕士论文知识加值系统、Tao 台湾学术期刊数据库、Calis 外文期刊网、Muse 电子图书、《全国报刊索引》、AHCI 戏剧艺术类期刊相关论文等;个别材料参考了《2001 年—2020 年汤显祖及牡丹亭研究论著简目》(张敏、姚瑶、刘亚玲编),本索引在分类方式与体例上参考了赵蝶的《汤显祖研究资料目录索引(2005—2013)》,在此表示感谢。由于掌握的材料有限,本索引疏漏错讹在所难免,恳请方家批评指正。

一、汤显祖原著新版本及其研究专著

1. 原著新版本

汤显祖戏剧全集 (明)汤显祖著 汪榕培、张玲主编 上海外语教育出版社 2014 年版

汤显祖作品精编 (明)汤显祖著 王春煜、耿建华编 海南出版社 2016 年版

汤显祖集全编 (明)汤显祖著 徐朔方笺校 上海古籍出版社 2016 年版

牡丹亭 (明)汤显祖著 国家图书馆出版社 2020 年版

2. 研究专著

汤显祖编年评传 黄芝冈著 文化艺术出版社 2014 年版

明代汤显祖之研究 龚重谟著 花木兰文化出版社 2014 年版

第二届中国(抚州)汤显祖艺术节学术论坛论文集 陈伟铭主编 中国戏剧出版社 2014 年版

人物、角色与心灵——《牡丹亭》与《桃花扇》中的身份认同 吕立亭著,白华山译 江苏人民出版社 2014 年版

点读西厢记·牡丹亭 邓凌原主编 广西师范大学出版社 2014 年版

白先勇与青春版《牡丹亭》 傅谨主编 中央编译出版社 2014 年版

汤显祖:戏梦人生与文化求索 郑培凯著 上海人民出版社 2015 年版

魅力汤显祖 杨友祥著 团结出版社 2015 年版

汤显祖新论 邹元江著 上海人民出版社 2015 年版

汤显祖研究集刊(创刊号) 黄振林主编 中国社会科学出版社 2015 年版

汤显祖与牡丹亭 黄芝冈著 国家出版社 2015 年版

牡丹亭还魂记汇校 根山彻编校 山东大学出版社 2015 年版

汤显祖与莎士比亚文化国际学术研讨会论文集 华治武主编 浙江大学出版社 2015 年版

世间只有情难诉 汤显祖和《牡丹亭》 王永宽著 海燕出版社 2015 年版

走近汤显祖 华玮著 上海人民出版社 2015 年版

汤显祖与明清文学探赜 邹自振著 百花洲文艺出版社 2015 年版

寻梦牡丹亭 陈平散文随笔集 陈平著 广西师范大学出版社 2015 年版

重读经典牡丹亭 蔡孟珍著 台湾商务印书馆 2015 年版

汤显祖与莎士比亚 张玲、付瑛瑛著 江西高校出版社 2016 年版

汤显祖与罗汝芳 罗伽禄著 江西高校出版社 2016 年版

汤显祖研究集刊(纪念汤显祖逝世 400 周年专号) 徐国华主编 中国戏剧出版社 2016 年版

汤显祖与临川四梦 叶长海主编 上海古籍出版社 2016 年版

汤显祖研究论文集粹 周育德、邹元江主编 人民出版社 2016 年版

汤显祖的贵生观 党红梅著 黑龙江人民出版社 2016 年版

汤显祖的岭南行 周松芳著 南方日报出版社 2016 年版

汤显祖研究资料汇编 毛效同编著 上海古籍出版社 2016 年版

追梦人汤显祖 李伟昉著 河南大学出版社 2016 年版

并世双星——汤显祖与莎士比亚 李建军著 二十一世纪出版社 2016 年版

岭南行与临川梦 中共徐闻县委员会、徐闻县人民政府编 花城出版社 2016 年版

汤显祖评传 徐朔方著 中国电影出版社 2016 年版

玉茗花开 黄玉剑主编 江西人民出版社 2016 年版

汤显祖与莎士比亚文化国际学术研讨会论文集 华治武主编 浙江大学出版社 2016 年版

汤显祖研究论集 江巨荣著 上海人民出版社 2016 年版

汤显祖论稿 周育德著 上海人民出版社 2016 年版

汤显祖大传 龚重谟著 上海人民出版社 2016 年版

汤显祖 郑培凯著 上海人民出版社 2016 年版

汤显祖研究集刊 黄振林主编 中国社会科学出版社 2016 年版

汤显祖新论 尹恭弘著 社会科学文献出版社 2016 年版

汤显祖和莎士比亚走进了朋友圈 张溦编著 上海古籍出版社 2016 年版

汤学刍议 叶长海著 上海人民出版社 2016 年版

汤显祖与蒋士铨 徐国华著 江西高校出版社 2016 年版

汤显祖与"临川四梦" 邹自振著 江西高校出版社 2016 年版

中西方戏剧比较研究——以昆曲《牡丹亭》和歌剧《奥菲欧》为例 毕益芳著 中国文联出版社 2016 年版

汤显祖和莎士比亚的女性观与性别意识 张玲著 中国传媒大学出版社 2017 年版

汤显祖研究文献目录续编(1996—2016) 陈美雪主编 万卷楼图书股份有限公司 2017 年版

汤显祖"临川四梦"传奇故事集 吴凤雏著 中国戏剧出版社 2017 年版

新中国舞台上的汤显祖和莎士比亚 宫宝荣著 上海书店出版社 2017 年版

处州十大历史名人——汤显祖 凌硕为著 中国文史出版社 2017 年版

情里梦里汤显祖 朱虹著 二十一世纪出版社 2017 年版

汤学聚珍 抚州汤显祖国际研究中心编 上海古籍出版社 2017 年版

《牡丹亭》注释汇评 周锡山编著 上海人民出版社 2017 年版

旷世奇才汤显祖 刘宗鹤著 浙江人民出版社2017年版

汤显祖生平交游稽考 万文斌著 江西人民出版社2017年版

2016年中国·抚州汤显祖剧作展演暨国际高峰学术论坛论文选集 吴凤雏编 上海古籍出版社2017年版

汤显祖学刊(创刊号) 抚州汤显祖国际研究中心编 商务印书馆2017年版

汤显祖曲文鉴赏辞典 上海辞书出版社2017年版

汤显祖、莎士比亚文化的当代生命国际高峰学术论坛文集 朱芝贵主编 浙江古籍出版社2017年版

汤显祖与明代文学 周锡山著 上海人民出版社2017年版

兰有秀兮菊有芳——《并世双星:汤显祖与莎士比亚》评论集 李建军等著 二十一世纪出版社集团2017年版

艺术哲学视角下的莎士比亚与汤显祖戏剧美学观之比较研究 汪莹著 中国水利水电出版社2017年版

汤显祖学刊(第二、三辑合刊) 抚州汤显祖国际研究中心编 商务印书馆2018年版

汤显祖及明代戏曲家研究 吴书荫著 复旦大学出版社2018年版

大师汤显祖 张石泉编著 中国言实出版社2018年版

汤学探胜 龚重谟著 南方出版社2018年版

走向世界的汤显祖(汤显祖逝世400周年纪念专辑) 中华人民共和国文化部艺术司主编 文化艺术出版社2018年版

汤显祖 龚顺荣著 团结出版社2018年版

汤显祖与明代戏曲 何小青、赵晓红主编 北京经济科学出版社2018年版

传播视野中的"临川四梦"研究 王省民、杨桐著 中国戏剧出版社2018年版

东方莎翁汤显祖 刘臻、沈闻、陈鑫颖著 浙江教育出版社2018年版

永远的汤显祖 甘少华主编 百花洲文艺出版社 2018 年版

在北大听汤显祖 吴凤雏、陈均主编 学苑出版社 2019 年版

汤显祖学刊(第四、五辑合刊) 抚州汤显祖国际研究中心编 商务印书馆 2019 年版

“临川四梦”戏剧情境探赜 宣晓晏著 中国戏剧出版社 2019 年版

昆剧牡丹亭英译的多模态视角探索 朱玲著 中国戏剧出版社 2019 年版

千秋永赞牡丹亭 杨立辉主编 福建美术出版社 2019 年版

大师汤显祖 张石泉著 中国言实出版社 2019 年版

走近汤公 吴凤雏著 北京中国戏剧出版社 2020 年版

汤显祖研究集刊(第三辑) 徐国华主编 中国戏剧出版社 2020 年版

纳书楹玉茗堂四梦全谱新译(全四册) 叶堂订谱,王正来译谱 现代出版社 2020 年版

汤显祖、莎士比亚文化的传承与影响高峰论坛文集 浙江古籍出版社 2020 年版

汤显祖文献辑刊 孙爱霞编 凤凰出版社 2020 年版

汤显祖学刊(第六、七辑合刊) 抚州汤显祖国际研究中心编 商务印书馆 2020 年版

汤显祖家族研究 刘昌衍著 中国戏剧出版社 2020 年版

汤显祖诗学理论研究 万文斌著 社会科学文献出版社 2020 年版

二、剧作外译、改编、演出及其评论

1. 剧作外译

古典戏剧英译中的“中国英语”——以汤显祖的《紫箫记》英译为例 张玲撰 《山东外语教学》2014 年 4 期第 100—104 页

汤显祖戏剧英译的副文本研究——以汪译《牡丹亭》为例 张玲

撰 《中国外语》2014 年 3 期第 106—111 页

《牡丹亭》海外还魂 华玮撰 《社会科学报》2016 年 1 月 21 日

汤显祖戏曲在英语世界的译介、演出及其研究 徐永明撰 《文学遗产》2016 年 4 期第 31—42 页

《牡丹亭》法译本序言 雷威安、李佳藤撰 《国际汉学》2017 年 2 期第 64—71 页

汤显祖及其《牡丹亭》在俄罗斯的翻译和研究 高玉海撰 《戏曲艺术》2018 年 3 期第 12—16 页

关于汤显祖英译《邯郸记》的研究 张余辉撰 《湖北开放职业学院学报》2019 年 15 期第 176—177 页

2. 改编、演出及评论

思想与情感的简化:论臧懋循改本《南柯记》 华玮撰 《戏剧艺术》2015 年 6 期第 14—24 页

汤显祖《牡丹亭》与"青春版"比较研究 钱颖撰 《名作欣赏》2015 年 9 期第 44—46 + 84 页

昆曲《牡丹亭》舞台搬演传递的文化生态意义 刘志宏撰 《戏曲艺术》2016 年 1 期第 122—125 + 137 页

鸳鸯复绣出 金针可度人——上世纪 80 年代《牡丹亭》两个主要改编本的文本改编述评 邹荣学、杨超撰 《大舞台》2016 年 2 期第 22—24 页

唐涤生版《牡丹亭·惊梦》的岭南传播及戏曲史意义 徐燕琳撰 《东华理工大学学报(社会科学版)》2016 年 3 期第 255—260 页

"良辰美景"闪耀伦敦舞台——新编《牡丹亭》片段推进中国戏曲海外交流 王臻青撰 《新世纪剧坛》2016 年 3 期第 22—25 页

看上昆《临川四梦》 品汤显祖戏梦人生 叶长海撰 《光明日报》2016 年 7 月 18 日

上昆圆了"临川四梦" 郑娜撰 《人民日报海外版》2016 年 7 月 28 日

昆剧《南柯梦记》艺术创作导向 沈斌撰 《戏曲艺术》2016 年 3

期第 125—128 + 135 页

《牡丹亭》的前世今生——汤显祖《牡丹亭》与青春版《牡丹亭》出目形式的对比分析　邬清清撰　《名作欣赏》2016 年 6 期第 101—103 页

邯郸道上黄粱梦　记传承版昆剧《邯郸梦》　朱锦华撰　《中国戏剧》2016 年 9 期第 41—43 页

"临川四梦"与上昆的担当　傅谨撰　《中国戏剧》2016 年 10 期第 22—23 页

清朝昆班如何搬演《牡丹亭》——以《缀白裘·叫画》为中心　康保成撰　《学术研究》2016 年 10 期第 162—169 页

乡音版《临川四梦》剧目八人谈　《艺术评论》2016 年 11 期第 36—41 页

经典评价的本土立场与文化语境——从上昆版"临川四梦"谈起　刘祯撰　《中国文艺评论》2016 年 11 期第 82—89 页

一点情千场影戏——《南柯梦》案头与舞台杂记　熊芳撰　《戏剧之家》2016 年 18 期第 270 页

开百年先河　作盛世佳音——纪念汤显祖逝世 400 周年《南柯梦》观后有感　孙小迪撰　《戏剧之家》2016 年 22 期第 4—6 页

边文彤、胡耀辉谈昆曲《汤显祖与临川四梦》　边文彤、胡耀辉撰　《演艺科技》2017 年 1 期第 72—73 页

《紫钗记》文本的舞台阐释——以上海昆剧团《紫钗记》导演读解为例　郭宇撰　《戏曲艺术》2017 年 3 期第 50—55 + 49 页

一梦悠悠四百载——评乡音版《临川四梦》　韩贵东撰　《影剧新作》2017 年 3 期第 15—18 页

赣剧《临川四梦》的创编及其美学思考　刘珺撰　《南昌航空大学学报(社会科学版)》2017 年 4 期第 116—120 页

从汤莎会《邯郸梦》看跨文化戏剧创作的有机链接　赵天为撰　《艺术百家》2017 年 6 期第 82—85 页

英国大学生《梦南柯》英中演出的跨文化意义　邹元江撰　《艺术

百家》2017 年 6 期第 33—37 页

南柯异梦——一群英国大学生的南柯梦 吴凡撰 《东方艺术》2017 年 11 期第 32—36 页

当代昆曲舞台上的汤显祖剧作 朱栋霖撰 《中国文艺评论》2017 年 11 期第 64—70 页

形式即意义——评词剧《邯郸记》的舞美设计 孙晓红撰 《演艺科技》2017 年 12 期第 53—56 页

昆剧《汤显祖与临川四梦》编、导艺术创作阐述 陈俊撰 《四川戏剧》2018 年 1 期第 74—76 页

越剧舞台上的《牡丹亭》 郭梅撰 《中国社会科学报》2018 年 3 月 12 日

原著·2016 版赣剧《邯郸记》艺术初探 邱青撰 《老区建设》2018 年 16 期第 81—82 页

扭曲·扼抑·伪形——试论子弟书对于《牡丹亭》的改编 毛誉澄撰 《安徽文学(下半月)》2018 年 12 期第 16—18 页

原著·2016 版赣剧《邯郸记》艺术初探 邱青撰 《老区建设》2018 年 16 期第 81—82 页

昆曲《牡丹亭·惊梦》之音乐学分析 曾晨撰 《人文天下》2019 年 4 期第 78—80 页

几个版本的《牡丹亭》舞台美学赏析 陈秋撰 《美与时代(下)》2019 年 7 期第 114—117 页

"中国故事"的"乡音"表达——盱河高腔"乡音版"《牡丹亭》观后 刘新阳撰 《新世纪剧坛》2019 年 4 期第 9—13 页

从经典作品入手谈舞美设计的基础教学——以《牡丹亭》舞台设计教学为例 徐上撰 《戏曲艺术》2020 年 1 期第 113—119 页

论莆仙戏《牡丹亭》的文本改编特色 林景文撰 《闽台文化研究》2020 年 2 期第 67—73 页

不一样的黄衫客——试论粤剧《紫钗记》中功能性人物的作用 龚思祺撰 《戏剧之家》2020 年 16 期第 10—11 + 19 页

三、研究论文

1. 生平、交游

汤显祖谪尉广东徐闻的前后 邱苑丹撰 《南方论刊》2014年6期第101—102页

汤显祖被贬徐闻典史原因考略 刘世杰撰 《中国社会科学报》2015年1月30日

汤显祖的遂昌知县经历对《牡丹亭》创作的影响 金伟明撰 《戏剧之家》2015年5期第18—19页

汤显祖量移遂昌县令时间考 刘世杰撰 《甘肃社会科学》2015年3期第36—39页

行踪·交游·情怀——试论江苏经历对汤显祖思想和作品的影响 徐阳撰 《浙江艺术职业学院学报》2016年2期第18—21页

汤显祖与临川 何文珺撰 《中国地名》2016年6期第41—43页

汤显祖与晚明 庞乃明、段帅帅撰 《同舟共进》2016年8期第19—22页

汤显祖与江苏 徐耀新撰 《中国文化报》2016年9月19日

探赜汤显祖的海南梦 罗畅撰 《戏剧之家》2016年16期第252页

从汤显祖在抚州正觉寺的活动看儒禅相融 万斌生撰 《东华理工大学学报(社会科学版)》2016年3期第272—278页

汤显祖与岭南 黄树森撰 《岭南文史》2016年1期第3页

汤显祖澳门行考述 周松芳撰 《岭南文史》2016年1期第1—6页

文人汤显祖:做官也成功 赖晨撰 《文史博览》2016年5期第36—37页

作为体制边缘人的汤显祖 胡一峰撰 《文史天地》2016年10

期第22—25页

汤显祖的亢直与坚正 李建军撰 《文学自由谈》2016年5期第33—43页

汤显祖与明藩王朱权后裔的交游 姚品文撰 《文化遗产》2016年6期第10—17+157页

论汤显祖与江南 朱恒夫、倪金艳撰 《东南大学学报(哲学社会科学版)》2017年1期第131—136+145页

关于中西戏剧文化最初的碰撞——从汤显祖与利玛窦会晤问题谈起 李惠撰 《文化遗产》2017年2期第88—94页

汤显祖的岭南想象及远赴徐闻之思想研究 徐燕琳撰 《佛山科学技术学院学报(社会科学版)》2017年2期第1—9页

汤显祖的岭南经历对柳梦梅形象创作的影响 陈麒如撰 《名作欣赏》2017年15期第152—154页

汤显祖与宣城士人交游考论 李燕清撰 《安徽电气工程职业技术学院学报》2017年2期第68—73页

汤显祖杭州交游考 高萌撰 《呼伦贝尔学院学报》2017年4期第79—84页

论汤显祖澳门之行的意义 李伟昉撰 《河南大学学报(社会科学版)》2017年5期第98—103页

最爱是广州,塑造柳梦梅——汤显祖的广州情缘 周松芳撰 《岭南文史》2017年3期第44—52页

汤显祖与赵邦清之交谊考 蔡新红撰 《丽水学院学报》2017年6期第67—71页

汤显祖与泰州学派 柳旭撰 《古籍整理研究学刊》2017年6期第60—66页

论罗汝芳对汤显祖的影响 朱义禄撰 《中共宁波市委党校学报》2018年1期第67—75页

明代戏曲史上"临川派"相关问题新证——以汤显祖与同乡曲家交游的史实为基础 陈志勇撰 《文艺理论研究》2018年3期第

129—140 页

汤显祖平昌梦 刘志宏撰 《影剧新作》2018 年 2 期第 29—44 页

试说汤显祖上疏的动因 杨友祥撰 《东华理工大学学报(社会科学版)》2018 年 2 期第 101—104、124 页

追梦,一生守望的精神家园——汤显祖其人其事 陈岭撰 《东方艺术》2018 年 24 期第 97—100 页

京畿落第与汤显祖诗歌创作 金晓琳撰 《滇西科技师范学院学报》2019 年 2 期第 64—70 页

江山不殊,悲欢异代——苏轼与汤显祖的岭南行吟 周松芳撰 《书城》2019 年 9 期第 48—58 页

“长安”夜雪识英杰——袁宏道与汤显祖交往考论 钱礼翔撰 《中国石油大学学报(社会科学版)》2019 年 6 期第 76—80 页

汤显祖与江右文化 刘上洋撰 《江西社会科学》2020 年 1 期第 5—14 页

江南文化诗性特质的深刻烙印——以明代汤显祖的活动为考察 金白梧撰 《佳木斯职业学院学报》2020 年 2 期第 220—221 页

2. 思想观念、艺术理论

狂禅之于汤显祖的“有情世界” 王树海、柳旭撰 《学术交流》2014 年 1 期第 152—156 页

试论汤显祖的“情至说” 李丹撰 《中国文化报》2014 年 2 月 27 日

汤显祖“因梦成戏”戏曲观的形成及其审美价值 储著炎撰 《南京师范大学文学院学报》2014 年 1 期第 22—26 页

试论汤显祖的桃源情结 赵山林、赵婷婷撰 《四川戏剧》2014 年 5 期第 10—14 页

汤显祖“至情”文论观探析 李琴撰 《大众文艺》2014 年 11 期第 54—55 页

“情”的独特内涵与汤显祖的美学追求 韩学君撰 《湖南科技学

院学报》2014 年 12 期第 29—31 页

汤显祖的“至情说”论略 王春晓撰 《北京教育学院学报》2014 年 6 期第 32—37 页

汤显祖“因梦成戏”戏剧观成因及美学初探 张宇撰 《山西师大学报(社会科学版)》2015 年 4 期第 82—85 页

中国古典文学研究的几种可视化途径——以汤显祖研究为例 徐永明撰 《浙江大学学报(人文社会科学版)》2018 年 2 期第 164—174 页

从杜丽娘的团圆结局看汤显祖“至情说”与封建礼教的和解 商梦同撰 《湖南大众传媒职业技术学院学报》2016 年 2 期第 66—68 页

晚明反理学思潮与汤显祖的戏曲“主情观” 徐阳撰 《戏剧之家》2016 年 9 期第 4—5 页

汤显祖的文学史观与文体选择 廖可斌撰 《文学遗产》2016 年 3 期第 4—18 页

情之至,理之存——论汤显祖的情理观 蔡欣兰撰 《大众文艺》2016 年 12 期第 45 页

汤显祖《牡丹亭》之“为情作使,以情反理”的戏曲观浅探 胡梦撰 《戏剧之家》2016 年 15 期第 43 页

“死文学”:王国维对汤显祖的一个偏见 李建军撰 《读书》2016 年 9 期第 136—143 页

“贵生说”与“大人之学”:汤显祖教育思想的再认识及其现代启示 黄建荣、苏立、刘昌衍撰 《东华理工大学学报(社会科学版)》2016 年 3 期第 279—284 页

汤显祖的死亡观及其践行浅说 罗伽禄撰 《东华理工大学学报(社会科学版)》2016 年 3 期第 285—289 页

张坚《玉燕堂四种曲》对汤显祖“主情说”之承继与开拓 陈新瑜撰 《东华理工大学学报(社会科学版)》2016 年 3 期第 245—254 页

“情丝”与“茧翁”——乡贤汤显祖晚年文化心态探识 周华斌撰

《东华理工大学学报(社会科学版)》2016 年 3 期第 201—209 页

汤显祖"闲"的美学　司徒秀英撰　《文化遗产》2016 年 6 期第 18—29 页

汤显祖:多情的心性与温情的写作　李建军撰　《名作欣赏》2016 年 34 期第 31—36 页

汤显祖的"尚奇"精神与养成之道　李建军撰　《名作欣赏》2017 年 1 期第 43—47 页

浅析汤显祖"人生如梦"的人生观　丁可含撰　《戏剧之家》2017 年 1 期第 19—20 + 26 页

论汤显祖的"唯情说"与西方绘画"表现主义"的联系　杨建平撰　《美与时代(中)》2017 年 1 期第 25—26 页

汤显祖的人本教育思想研究　黎佳佳、董文浩、黎瑛撰　《现代教育科学》2017 年 2 期第 147—150 页

戏剧救世　以情悟人——谈汤显祖的政治理想　龚重谟撰　《影剧新作》2017 年 1 期第 18—20 页

汤显祖的情结:政治理想与精神解脱　李建军撰　《名作欣赏》2017 年 10 期第 26—29 页

汤显祖"至情"美育论析解　潘黎勇撰　《淮北师范大学学报(哲学社会科学版)》2017 年 2 期第 23—29 页

汤显祖对女性的尊重与赞美　李建军撰　《名作欣赏》2017 年 13 期第 23—26 页

汤显祖晚年"三变而力穷"说辨析　钱礼翔撰　《新余学院学报》2017 年 3 期第 115—118 页

论汤显祖的理想型政治人格对其戏曲创作的影响　李骋昊撰　《戏剧之家》2017 年 17 期第 29 + 7 页

汤显祖情理观微探　张旭光撰　《黑龙江教育学院学报》2018 年 4 期第 108—111 页

汤显祖尚情观的理学视角——《玉茗堂书经讲意》乐论新解　卢哲撰　《戏剧(中央戏剧学院学报)》2018 年 3 期第 130—140 页

汤显祖的至情论与儒家思想 王玉撰 《佳木斯职业学院学报》2018年7期第41—42页

汤显祖"情不知所起"新论 王天觉撰 《文化遗产》2019年1期第57—64页

论汤显祖"贵生"思想对其戏曲创作的影响 张雨欣撰 《文学教育(上)》2019年9期第31—33页

汤显祖至情论文化价值阐释 孙雨飞撰 《戏剧之家》2020年34期第32—34页

3. 剧作研究

(1) 总论

"因情成梦,因梦成戏"——从"临川四梦"看汤显祖的戏剧观 陆博、王思海撰 《赤子(上中旬)》2014年13期第58页

论汤显祖的戏曲创作主张——"意趣神色" 梁虹撰 《名作欣赏》2015年9期第36—37页

"临川四梦"叙梦结构探析 于真撰 《集美大学学报(哲学社会科学版)》2015年2期第91—95页

关于《牡丹亭》与《紫钗记》中形容词的研究 余绮撰 《语文建设》2015年18期第37—38页

浅谈汤显祖在《临川四梦》中的讥托 刘墨撰 《黑龙江史志》2015年13期第223页

汤显祖"临川四梦"中的颜色词押韵情况 吴剑撰 《泰山学院学报》2015年4期第128—130页

"临川四梦"人物塑造的空间表征法 王琦撰 《江西社会科学》2015年9期第230—234页

《风流院》、《临川梦》与"临川四梦" 叶长海撰 《戏剧艺术》2015年6期第4—13页

汤显祖四题 郑培凯撰 《戏剧艺术》2015年6期第25—34页

汤显祖戏剧的梦境阐释 于真撰 《东华理工大学学报(社会科学版)》2015年4期第301—304、320页

被误读的汤显祖——汤显祖剧作的文本与表演接受 戚世隽撰 《文化遗产》2016 年 6 期第 30—34 页

“后二梦”写尽汤显祖的大彻悟 叶长海撰 《解放日报》2016 年 7 月 21 日

“临川四梦”的独特意趣 周育德撰 《光明日报》2016 年 8 月 12 日

至情:“临川四梦”的审美时代性 刘玲华撰 《中国社会科学报》2016 年 10 月 17 日

汤显祖的“临川四梦”:从花园春色到荒野秋凉 陈丽勤撰 《戏剧文学》2017 年 1 期第 87—100 页

浅议“临川四梦”当代传播之地方化、全国化、国际化 王鑫撰 《新世纪剧坛》2017 年 1 期第 13—16 页

论汤显祖戏曲中的时尚小曲 尹蓉、魏亚冲撰 《四川戏剧》2017 年 2 期第 127—131 页

“临川四梦”说的来由与《牡丹亭》的深层意蕴 康保成、陈燕芳撰 《文艺理论研究》2017 年 3 期第 53—65 页

临川四梦生角小探 石倩撰 《钦州学院学报》2017 年 6 期第 21—25 页

汤显祖作品中的“番鬼”形象研究 秦玉芳、毛继光撰 《东华理工大学学报(社会科学版)》2017 年 2 期第 101—104 + 110 页

论汤显祖戏曲理论与批评 冉常建撰 《戏曲艺术》2017 年 3 期第 65—69 页

文化话语视域下的中国梦文化研究——以汤显祖“临川四梦”为例 秦玉芳撰 《文化与传播》2017 年 6 期第 7—11 页

论晚清宫廷演剧中昆腔剧目的变化——以汤显祖“临川四梦”为中心 裴雪莱、彭志撰 《社科纵横》2018 年 4 期第 111—116 页

汤显祖戏剧作品的特色研究 冷姝玫撰 《农家参谋》2018 年 19 期第 286 页

理想寄托下的希望之梦——解读“临川四梦”中汤显祖的政治思

想 何雨撰 《戏剧文学》2018 年 11 期第 111—117 页

汤显祖戏剧对前代文学的继承与革新 邹自振撰 《福建艺术》2018 年 10 期第 17—23 页

试论汤显祖戏剧的艺术魅力与审美意蕴 李品撰 《艺术评鉴》2019 年 5 期第 144—145 页

镜像书写与价值诉求的荒诞——汤显祖临川四梦的文化言说 张恒正撰 《枣庄学院学报》2019 年 6 期第 105—109 页

从汤显祖"记梦诗"看"临川四梦"的至情书写 许珮珩撰 《大众文艺》2020 年 13 期第 26—27 页

汤显祖的戏剧美学思想研究 吕丹妮撰 《大众文艺》2020 年 14 期第 142—143 页

论汤显祖"二梦"中的欲望叙事 任怡姗撰 《辽宁经济职业技术学院辽宁经济管理干部学院学报》2020 年 4 期第 47—49 页

(2)《紫钗记》《紫箫记》

《紫钗记》中李益形象的重塑与至情主题 马芫硕撰 《文学教育(下)》2014 年 7 期第 100—101 页

也论《紫钗记》对李益形象的重塑 周春艳撰 《肇庆学院学报》2015 年 3 期第 9—12 + 17 页

《紫钗记》的梦幻艺术 谭丽娜撰 《湖北大学学报》2015 年 18 期第 184—185 页

从《紫箫记》到《紫钗记》看汤显祖创作思想的变化 傅涌撰 《艺术评鉴》2016 年 11 期第 157—158 页

新时期《紫钗记》人物形象研究 季通宙撰 《哈尔滨师范大学社会科学学报》2017 年 3 期第 112—115 页

《紫箫记》中边关何处 杨彦妮撰 《读书》2019 年 9 期第 32—39 页

(3)《牡丹亭》《才子牡丹亭》

① 综论(思想、艺术等)

《牡丹亭》中有关爱情的语词赏析 郭英撰 《安顺学院学报》

2014 年 1 期第 14—15 页

从《牡丹亭》论汤显祖的平民文学观 龙怀菊撰 《贵州文史丛刊》2014 年 1 期第 61—65 页

浅析《牡丹亭》的细节描写 张俏撰 《辽宁师专学报(社会科学版)》2014 年 1 期第 10 + 15 页

浅谈汤显祖《牡丹亭》的婚姻局限意识 马瑞撰 《佳木斯教育学院学报》2014 年 3 期第 84 + 90 页

戏曲《牡丹亭》里汤显祖的大"爱"情怀——汤显祖的爱情进化论 周鑫撰 《吉林广播电视大学学报》2014 年 3 期第 111—112 页

从明清《牡丹亭》评点看"情"的嬗变 李克撰 《齐齐哈尔大学学报(哲学社会科学版)》2014 年 2 期第 85—87 页

《西厢记》与《牡丹亭》浪漫主义创作手法分析 卢晶晶撰 《哈尔滨学院学报》2014 年 3 期第 101—105 页

《牡丹亭·写真》之精神分析 刘信蔚撰 《黑龙江史志》2014 年 7 期第 210—211 + 213 页

《牡丹亭》梦境意义探微 章芳撰 《长江大学学报(社科版)》2014 年 4 期第 25—26 页

《牡丹亭》之"至情"与泰州学派的戏剧精神 陈燕华撰 《地方文化研究》2014 年 2 期第 41—50 + 22 页

汤显祖《牡丹亭》与澳门宗教文艺 黎羌撰 《艺术百家》2014 年 3 期第 150—156 页

超越生死的浪漫主义想象——《牡丹亭》和《罗密欧与朱丽叶》的审美 郑瑞林、李伟民撰 《四川戏剧》2014 年 5 期第 24—27 页

《牡丹亭》中的亵语现象 廖悰撰 《戏剧文学》2014 年 7 期第 83—87 页

中西文化互观下的《牡丹亭》与《罗密欧与朱丽叶》 李丹撰 《内蒙古师范大学学报(哲学社会科学版)》2014 年 4 期第 117—120 页

用弗洛伊德精神分析理论解读汤显祖的戏剧创作——以《牡丹亭》为例 郑妮撰 《北方音乐》2014 年 8 期第 117 页

论《牡丹亭》对《杜丽娘慕色还魂》的创造性改编 郑尚宪撰 《四川戏剧》2014 年 7 期第 20—22 页

传统文化视角下的《牡丹亭》题材渊源 夏伟撰 《大庆师范学院学报》2014 年 5 期第 65—68 页

《牡丹亭》的悲剧意蕴和价值困惑 黄德龙撰 《大众文艺》2014 年 17 期第 33—34 页

《牡丹亭》在主情中体现的理性审美特征 张莹撰 《戏剧之家》2014 年 12 期第 57 + 64 页

试论《牡丹赋》与《牡丹亭》中牡丹形象的文化意蕴 姜维枫撰 《辽东学院学报(社会科学版)》2014 年 5 期第 28—34 页

20 世纪以来《牡丹亭》主题研究综述 王雪松、蒋小平撰 《江苏第二师范学院学报》2014 年 10 期第 75—78 页

从《牡丹亭》看汤显祖的科举情仇 伏涛撰 《戏剧文学》2014 年 11 期第 104—109 页

《春阳曲》与《牡丹亭》——兼论声诗与戏曲之间的关联性问题 曾莹撰 《文化遗产》2014 年 6 期第 53—60 + 157 页

戏曲《牡丹亭》的媒介传播及其变迁研究 王文萃撰 《戏剧之家》2014 年 16 期第 7—8 页

《牡丹亭》中的“性意识”再探究 王珏、孙海蛟撰 《戏剧艺术》2014 年 6 期第 29—34 页

略论《牡丹亭》的“至情”理念 李春霞撰 《大舞台》2014 年 12 期第 3—4 页

程琼的《才子牡丹亭》及其“色情论” 俞为民撰 《兰州大学学报(社会科学版)》2015 年 1 期第 26—34 页

牡丹意象与《牡丹亭》中杜丽娘形象的塑造 王前程、王晓东撰 《辽东学院学报(社会科学版)》2015 年 1 期第 123—127 页

从《牡丹亭》看女性教育 伏涛、闫佳坤撰 《贵州文史丛刊》2015 年 1 期第 60—64 页

李贽的“人欲观”对汤显祖文学创作的影响——以《牡丹亭》为例

马骁彧撰 《名作欣赏》2015 年 8 期第 70—74 页

从《牡丹亭》的三种交流方式看古典戏曲的困境 刘小梅撰 《河南教育学院学报(哲学社会科学版)》2015 年 2 期第 35—38 页

至情至性汤显祖，梦回莺啭牡丹亭——从《牡丹亭》看汤显祖的至情论 王凯撰 《戏剧之家》2015 年 8 期第 51—52 页

“生者可以死，死者可以生”何以可能？——论《牡丹亭》之“情” 朱松苗撰 《太原理工大学学报(社会科学版)》2015 年 2 期第 57—61 页

梅兰芳搬演汤显祖《牡丹亭》述论 谷曙光撰 《四川戏剧》2015 年 6 期第 17—20 页

生命叩寻的悲歌——论《牡丹亭》的生命意识 喻芳撰 《名作欣赏》2015 年 20 期第 148—150 页

论《牡丹亭》所蕴涵的文化传统 李仙芝、李胜男撰 《名作欣赏》2015 年 24 期第 109—110 页

明代戏曲概念隐喻研究——以《牡丹亭》为例 邓麦茵撰 《南昌教育学院学报》2015 年 4 期第 11—13 + 16 页

成全还是毁灭——《牡丹亭》《罗密欧与朱丽叶》结局之比较 盖芸杰撰 《名作欣赏》2015 年 27 期第 150—151 页

《罗密欧与朱丽叶》与《牡丹亭》创作之比较 徐鹏撰 《焦作大学学报》2015 年 3 期第 33—36 页

《牡丹亭》摭谈 李珊撰 《戏剧之家》2015 年 18 期第 14—15 页

虚实之间，情爱所在——《牡丹亭》的空间叙事艺术赏析 苏梓龄撰 《名作欣赏》2015 年 36 期第 131—133 页

至情《牡丹亭》 孙德馨撰 《赤子(上中旬)》2015 年 24 期第 105 页

汤显祖的《牡丹亭》与唐诗 周衡撰 《武汉理工大学学报(社会科学版)》2015 年 6 期第 1223—1227 页

“离魂”故事的发展与《牡丹亭》创作的成熟 杨柳青撰 《许昌学院学报》2016 年 1 期第 65—69 页

汤显祖《牡丹亭》与此前的离魂故事 刘萱仪撰 《吉林省教育学院学报》2016 年 2 期第 128—130 页

《牡丹亭》的人文精神与现代诠释 龚国光撰 《创作评谭》2016 年 2 期第 27—36 页

《牡丹亭》对离魂故事的继承与更演 赵旭冉撰 《哈尔滨师范大学社会科学学报》2016 年 2 期第 94—96 页

《牡丹亭》中的戏拟 米亚运撰 《郑州航空工业管理学院学报(社会科学版)》2016 年 2 期第 79—84 页

“情”与“理”的冲突——浅析《牡丹亭》 郭健撰 《戏剧之家》2016 年 9 期第 35 + 37 页

文学人类学文本解读的新探索——以《牡丹亭》的教学与研究为例 张丽红撰 《玉溪师范学院学报》2016 年 5 期第 48—51 页

《牡丹亭》永远有着青春生命力 汪世瑜撰 《中国文化报》2016 年 9 月 21 日

《牡丹亭》“至情”主题与人文情怀 王东林撰 《文学教育(上)》2016 年 6 期第 62—63 页

论《牡丹亭》的叙事特色 任佳希撰 《河北科技师范学院学报(社会科学版)》2016 年 2 期第 51—55 页

论汤显祖《牡丹亭》对晚明政权的销蚀 刘建明撰 《延安大学学报(社会科学版)》2016 年 3 期第 72—77 页

论《牡丹亭》对明清女性情感的教育影响——从《牡丹亭》的内涵到明清女性思想 刘舒畑撰 《大舞台》2016 年 6 期第 35—36 页

《牡丹亭》:一个花季少女的“白日梦” 杨景霞撰 《四川戏剧》2016 年 6 期第 133—135 页

汤显祖与《牡丹亭》 俞为民撰 《金融博览》2016 年 7 期第 26—27 页

论《牡丹亭》的创新精神 黄天骥撰 《文艺研究》2016 年 7 期第 85—93 页

《牡丹亭》:炽热的仲夏夜之梦 邹自振撰 《福建艺术》2016 年 4

期第43—47页

“一生儿爱好是天然”——如何解读《牡丹亭》 黄天骥、周泽铭撰 《同舟共进》2016年8期第4—8页

《牡丹亭》梦境描写在中国文学史上的意义 陈文辉撰 《昆明学院学报》2016年4期第98—106页

论汤显祖《牡丹亭》“至情”之美 张硕撰 《大庆师范学院学报》2016年4期第53—56页

《牡丹亭》隐性之梦的文化意蕴 王雪峰撰 《戏剧文学》2016年9期第60—65页

女人如花花如梦——《牡丹亭·冥判》“报花名”浅说 杨友祥撰 《东华理工大学学报(社会科学版)》2016年3期第268—271+278页

从《劝善记》到《牡丹亭》——晚明思潮与戏曲出口 罗丽容撰 《东华理工大学学报(社会科学版)》2016年3期第210—224页

梦幻、梦境与神话仪式——汤显祖的《牡丹亭》与莎士比亚的《仲夏夜之梦》 胡志毅撰 《艺术评论》2016年10期第25—30页

感官里的《游园》——从接受心理看《牡丹亭·游园》的艺术魅力 徐阳撰 《苏州教育学院学报》2016年5期第35—39页

审美视域中的《牡丹亭》女性意识研究 张祥丽撰 《昌吉学院学报》2016年6期第30—33页

为诗章讲动情肠——试论汤显祖在《牡丹亭》中对《诗经》的文学阐释 肖静撰 《大众文艺》2016年23期第21—22页

泰昌吴兴刻本《牡丹亭》插图与剧本关系研究 饶黎撰 《戏剧文学》2016年12期第140—145页

《牡丹亭》中喜剧性因素研究 陈芳撰 《集宁师范学院学报》2017年1期第17—21页

论汤显祖《牡丹亭》唱词中“红”的英译 吴剑撰 《集美大学学报(哲社版)》2017年1期第120—126页

梅兰芳搬演、研讨汤显祖《牡丹亭》再论 谷曙光撰 《戏曲艺术》2017年1期第11—18页

《牡丹亭》“蓝本”新辨 张正学撰 《戏曲艺术》2017 年 1 期第 55—61 页

“寻梦”与“追爱”——论《牡丹亭》与《仲夏夜之梦》的共性与差异 黄心文、张瑗撰 《南昌航空大学学报(社会科学版)》2017 年 1 期第 81—85 页

梦魂惯得无拘检——《牡丹亭》的梦魂情节 仝婉澄撰 《古典文学知识》2017 年 3 期第 75—80 页

试论汤显祖《牡丹亭》的“至情观” 张军辉、张梦媛撰 《戏剧之家》2017 年 9 期第 18—19 页

对《牡丹亭》叙述方式的反思 邹元江撰 《艺术探索》2017 年 3 期第 119—124 页

《牡丹亭》在文学史上的经典化 朱万曙、秦军荣撰 《抚州日报》2017 年 9 月 13 日

《牡丹亭》的述说——一种发展文化人类学的解析 李楯、秦蓓蓓撰 《中国艺术时空》2017 年 3 期第 125—128 页

论《牡丹亭》的情色描写 周松芳撰 《文化遗产》2017 年 3 期第 74—81 页

“牡丹亭上三生路”——从接受美学角度浅析三妇评本《牡丹亭》 宣融融撰 《新余学院学报》2017 年 3 期第 111—114 页

古典戏曲中艺术意境的多层次构成:以《牡丹亭》为例 胡洋撰 《文化艺术研究》2017 年 2 期第 83—90 页

《牡丹亭》的戏剧改编探析 安璐撰 《现代商贸工业》2017 年 22 期第 152—153 页

从《牡丹亭》看明代思想家的“情”“理”观 王金文撰 《三门峡职业技术学院学报》2017 年 3 期第 89—92 + 111 页

论汤显祖唯情文学观的复古倾向——以《牡丹亭》为例 盛志梅撰 《文艺理论研究》2017 年 5 期第 43—51 页

从《牡丹亭·惊梦》到《罗密欧与朱丽叶》——爱情悲剧意识的形成和消解 侯楠撰 《戏剧之家》2017 年 22 期第 15—16 页

论《牡丹亭》之季节意识　陈威俊撰　《戏剧(中央戏剧学院学报)》2017 年 6 期第 28—36 页

略论《诗经》在《牡丹亭》叙事中的意义　林梦瑶撰　《湖北文理学院学报》2018 年 1 期第 55—60 页

唐诗在《牡丹亭》中的文学功用及价值论析　许文伯、杨萍撰　《长春师范大学学报》2018 年 1 期第 131—133 页

浅析《牡丹亭》女性自我意识的萌发——以《水浒传》为比较背景　高小慧撰　《新余学院学报》2018 年 1 期第 59—63 页

明代才子佳人传奇中的女性意识探析——以汤显祖《牡丹亭》为例　张萍撰　《中共济南市委党校学报》2018 年 1 期第 73—76 页

论《牡丹亭》"雅俗并陈"的曲辞风格及其戏曲史意义　李亦辉撰　《文化遗产》2018 年 3 期第 39—46 页

《才子牡丹亭》:女性视阈下的《牡丹亭》评点　高雯撰　《新世纪剧坛》2018 年 3 期第 52—58 页

语文教材中的中西鬼魂形象比较——以《牡丹亭》和《哈姆莱特》为例　翁晓琴撰　《语文建设》2018 年 17 期第 72—75 页

生命美学语境中的《牡丹亭》艺术内涵透视　李劲松、罗可曼撰　《铜陵学院学报》2018 年 3 期第 73—76 页

《牡丹亭》与《聊斋志异》中的相思主题比较　张梦杰撰　《湖北科技学院学报》2018 年 3 期第 63—68 页

论《牡丹亭》中的"至情"思想　申一诺撰　《兰州教育学院学报》2018 年 6 期第 14—15 页

《牡丹亭》杜丽娘"死而复生"论析　秦怡梵撰　《兰州教育学院学报》2018 年 6 期第 3—4 + 47 页

论《牡丹亭》中的"情"　文静撰　《大舞台》2018 年 4 期第 36—38 页

从《惊梦》看《牡丹亭》所反映的禅学思想　黎凤来撰　《戏友》2018 年 4 期第 28—30 页

关于中国乐文化传统视域下的《牡丹亭》评价问题——兼与朱恒

夫等商榷 施旭升撰 《社会科学文摘》2018年8期第31—33页

《牡丹亭》《长生殿》中的魂游情节探析 李寅生、胡艳菊撰 《钦州学院学报》2018年9期第32—37页

《牡丹亭·圆驾》一出所引诗句考述 杨奔奔撰 《东华理工大学学报(社会科学版)》2018年3期第212—216+220页

从《牡丹亭》浅析明代女子教育 蔡舒暄撰 《汉字文化》2018年19期第61—62页

论《牡丹亭》中的道教文化 杨艳丽撰 《文学教育(上)》2018年11期第46—47页

教材里的中西爱情书写对比——以《牡丹亭》《罗密欧与朱丽叶》为例 胡慧撰 《语文建设》2018年21期第46—48页

牡丹亭上三生路 于蕊、王文章撰 《人文天下》2018年24期第9—12页

中国古代文学作品中的"离魂"现象——以《倩女离魂》和《牡丹亭》为例 郎娟娟撰 《普洱学院学报》2019年1期第79—81页

论《牡丹亭》的梦境构建及其文化意蕴 刘燕撰 《文山学院学报》2019年1期第82—86页

民俗学视阈下的《牡丹亭》 李艳兵撰 《戏剧之家》2019年15期第10+12页

文学经典《牡丹亭》的文本演变与历时性传播 杨光宗、刘悠然撰 《三峡大学学报(人文社会科学版)》2019年3期第58—62页

世间只有情难诉?——《牡丹亭》的"情真""情深"与"情至" 潘万钧撰 《当代电力文化》2019年5期第90—91页

文化原型与文学意象视野下的《牡丹亭》 焦中栋撰 《江西社会科学》2019年5期第137—143页

《牡丹亭》集句与汤显祖的唐诗阅读——基于文本文献的阅读史研究 叶晔撰 《文学评论》2019年4期第174—183页

春深劝农焕烟霞——论《牡丹亭·劝农》中的意趣 王翼撰 《文化艺术研究》2019年4期第70—77页

从《牡丹亭》看汤显祖的诗文观念嬗变 杨榕撰 《广西大学学报(哲学社会科学版)》2019 年 5 期第 135—140 页

以人传戏 以戏传人——《临川梦》对《牡丹亭》的文化建构探究 吉灵娟撰 《四川戏剧》2019 年 11 期第 21—27 页

《牡丹亭》蓝本为《杜丽娘记》补说 周明初撰 《文艺研究》2020 年 1 期第 121—131 页

戏曲《牡丹亭》的季节叙事 王叙涛撰 《今古文创》2020 年 3 期第 78—81 页

场上之曲创作不应强"辞"而夺"理"——《牡丹亭》创作得失论析 李明山撰 《艺术百家》2020 年 1 期第 53—58 页

论《牡丹亭》至情思想与明清知识女性 李小娟撰 《吕梁学院学报》2020 年 1 期第 5—10 页

《牡丹亭》的大团圆与《曾根崎心中》的悲剧 黄梦娴、叶霞撰 《戏剧之家》2020 年 8 期第 14—15 页

《牡丹亭记》与明代婚姻 刘容撰 《艺海》2020 年 4 期第 7—8 页

《牡丹亭》的空间叙事及其文本建构意义 刁生虎、白昊旭撰 《文化艺术研究》2020 年 2 期第 77—87 页

《牡丹亭》自然规律与原始活动的原型解析 田恬撰 《延边教育学院学报》2020 年 3 期第 39—41 + 44 页

为情作使但立新言,劬于伎剧沈博绝丽——汤显祖作品《牡丹亭》的现代性追求探微 高建恒撰 《人文天下》2020 年 12 期第 11—12 页

简论《牡丹亭》的经典价值 裴玉撰 《今古文创》2020 年 25 期第 9—11 页

《牡丹亭》"情与理"冲突的主题探究 刘仍学撰 《戏剧之家》2020 年 21 期第 22—23 页

《牡丹亭》"毛克喇"一词考释 胡云晖撰 《阴山学刊》2020 年 4 期第 52—55 页

试论《关雎》在《牡丹亭》中的意义 冯英善撰 《戏剧之家》2020年24期第49+51页

从喜剧的《牡丹亭》到悲剧的《红楼梦》 张一丹撰 《戏剧之家》2020年28期第23—25页

论《牡丹亭》的情味——并与《罗密欧与朱丽叶》比较 王文生撰 《长江学术》2020年4期第70—79页

关于《牡丹亭》创作与韶关文化挖掘的几个问题 周松芳撰 《中国文化报》2020年11月9日

汤显祖情寄岭南行 《牡丹亭》寻梦古梅关 秦丹华撰 《中国文化报》2020年11月9日

② 人物研究

浅析杜丽娘两种活动空间的设置 代珍撰 《商丘师范学院学报》2014年1期第100—103页

梦即生存:杜丽娘的生存场域 邹元江撰 《艺术百家》2014年1期第184—187页

《牡丹亭》中杜丽娘亡于思疾的原因 庞杰撰 《成都师范学院学报》2014年2期第102—105页

试论杜丽娘性格中"情"与"理"的矛盾冲突及其文学意义 高杰撰 《海南广播电视大学学报》2014年1期第1—4页

杜丽娘的矛盾性格:情理的冲突与调和 施彩云撰 《黑龙江生态工程职业学院学报》2014年3期第135—136页

20世纪80年代以来的《牡丹亭》女性评点研究述略 赵雅丽撰 《东华理工大学学报(社会科学版)》2014年2期第101—105页

在审美幻象中创造瑰丽的艺术形象——论《牡丹亭》杜丽娘的艺术形象 臧宝荣撰 《戏剧丛刊》2014年4期第55—57页

杜丽娘意象之生命美学阐释 杨翠娟撰 《安徽文学(下半月)》2014年10期第73—74页

《牡丹亭》中石道姑人物形象意义探析 王鹂撰 《艺术百家》2014年S1期第250—252页

从《牡丹亭》前二十出人物关系浅析杜丽娘人物性格 王圣临撰 《科学大众(科学教育)》2015 年 6 期第 167 页

从杜丽娘形象看 16 世纪中国女性的解放 鲁淑霞、周榆华撰 《老区建设》2015 年 12 期第 36—38 页

《牡丹亭》中的男性形象探析 潘小玉撰 《齐齐哈尔工程学院学报》2016 年 2 期第 64—67 页

从杜丽娘看《牡丹亭》的生命意识 孟翔为撰 《淮北职业技术学院学报》2016 年 4 期第 71—73 页

试论《牡丹亭》杜丽娘形象的多重意蕴 缪丹撰 《戏剧之家》2016 年 18 期第 65 页

《牡丹亭》春香传奇 黄振林撰 《东华理工大学学报(社会科学版)》2016 年 3 期第 238—244 页

杜丽娘与朱丽叶:用生命诠释爱情的人 李建军撰 《名作欣赏》2017 年 22 期第 41—47 页

从杜丽娘形象看汤显祖的至情论 黄晓玲撰 《人文天下》2017 年 16 期第 9—10 页

谈杜丽娘的“天然”美——从“可知我一生儿爱好是天然”说起 李辉撰 《古典文学知识》2017 年 5 期第 28—33 页

浅谈《牡丹亭》中杜丽娘的形象 庹皓程撰 《农家参谋》2017 年 19 期第 247 页

从崔莺莺到杜丽娘——因袭与变异 史可悦撰 《大众文艺》2018 年 10 期第 22 页

从杜丽娘形象视角分析《牡丹亭》的艺术特点 徐燕凌撰 《名作欣赏》2018 年 20 期第 167—168 页

浅析《牡丹亭》中女性人物的自我意识 任怡姗撰 《开封教育学院学报》2019 年 2 期第 32—33 页

生者可以死,死者可以生——朱丽叶与杜丽娘的至情观 程琳撰 《华夏文化》2019 年 1 期第 49—51 页

杜丽娘心路旅程与社会思潮的逻辑关系 胡炜撰 《湖北开放职

业学院学报》2019 年 9 期第 193—194 页

论汤显祖《牡丹亭·惊梦》中杜丽娘的审美活动 徐紫云、王霞辉撰 《新乡学院学报》2019 年 8 期第 24—27 页

浅析《牡丹亭》中杜宝形象 楚二强撰 《江科学术研究》2020 年 1 期第 88—91 页

(4)《南柯记》《邯郸记(梦)》

梦了为觉 情了为佛——从文本对照角度解读《南柯梦》意旨 王锦源撰 《戏剧之家(上半月)》2014 年 3 期第 151—152 页

情入梦中梦是情——试论《南柯太守传》与《南柯记》的内蕴差别 李芳撰 《商》2014 年 13 期第 69 + 58 页

戏剧中的梦幻与宗教——汤显祖《南柯记》与卡尔德隆《人生如梦》之比较 史风彩撰 《英语广场(学术研究)》2014 年 9 期第 38—40 页

《南柯记》的情节结构与思想表达 王建军、许建中撰 《南京师大学报(社会科学版)》2014 年 5 期第 127—134 页

汤显祖《南柯记》佛理禅趣探论 魏远征撰 《安庆师范学院学报(社会科学版)》2014 年 6 期第 15—19 页

浅析《南柯记》对中国山水画技法的借鉴 牛荃撰 《赤峰学院学报(汉文哲学社会科学版)》2016 年 5 期第 229—231 页

一场人生秋天的失落之梦——评汤显祖《南柯记》 邹自振撰 《艺术评论》2016 年 8 期第 11—17 页

深情的痛苦与"假实证幻"的精神超越——汤显祖《南柯记》人文精神分析 张福海撰 《民族艺术研究》2016 年 4 期第 54—64 页

汤显祖《南柯记》人文精神分析 张福海撰 《东华理工大学学报(社会科学版)》2016 年 3 期第 231—237 页

《李泌传》与《邯郸记》——管窥汤显祖的历史意识与时代感受的交互关系 董上德撰 《东华理工大学学报(社会科学版)》2016 年 3 期第 225—230 + 244 页

汤显祖《邯郸记·行田》【柳摇金】曲"克膝的短裘,揸不住沙尘刮"

点断及释义商榷 黄武松撰 《辞书研究》2017 年 2 期第 84—92 页

因情成梦 因梦成戏——分析《邯郸记》中的“情”与“梦” 陈雅萍撰 《艺术科技》2017 年 5 期第 151 + 159 页

汤显祖名剧《南柯记》西行东归的文化翻译 杨陇、王斌华撰 《中国翻译》2017 年 3 期第 77—83 + 128 页

二十一世纪以来《邯郸记》研究综述 侯嫣如撰 《语文教学通讯 · D 刊(学术刊)》2017 年 5 期第 71—72 页

《南柯记》,不可多得的哲理剧典范 张福海撰 《抚州日报》2017 年 8 月 23 日

汤显祖《南柯记》与洪炳文《后南柯》之比较 陈田珺撰 《温州职业技术学院学报》2017 年 2 期第 63—67 页

《邯郸记》在明清时期的文本传播研究 杨桐、王省民撰 《东华理工大学学报(社会科学版)》2018 年 2 期第 105—109 页

从幻到实:《邯郸梦》的阐释接受 戴健撰 《中国社会科学报》2018 年 12 月 3 日

汤显祖《邯郸梦记》的思想意蕴解读 刘春光撰 《佳木斯职业学院学报》2019 年 1 期第 223 + 225 页

汤显祖和莎士比亚作品中女性观之比较——以《邯郸记》和《麦克白》为例 付智茜撰 《湖南人文科技学院学报》2019 年 2 期第 46—50 页

《邯郸记》中的“恶情”观 李治甫撰 《齐齐哈尔师范高等专科学校学报》2020 年 1 期第 46—48 页

浅谈“南柯梦”系列文本中“槐”意象寓意的逐渐定型 穆树荣撰 《红河学院学报》2020 年 1 期第 129—132 页

《邯郸记》与《达尔杜弗》之比较 郑艳玲、李艺璇撰 《新余学院学报》2020 年 4 期第 63—68 页

(5) 诗文及其他

汤显祖的诗与剧诗 安葵撰 《戏剧文学》2014 年 2 期第 58—62 页

明代伪汤显祖字书述略 张道升撰 《辞书研究》2014年3期第70—75页

《玉茗堂评〈花间集〉》研究述评 周春艳撰 《濮阳职业技术学院学报》2015年1期第75—77+86页

汤显祖《芳树》与徐渭《渔乐图》关系发覆 叶晔撰 《古典文学知识》2015年2期第60—66页

汤显祖一首佚诗 唐葆祥撰 《上海戏剧》2015年7期第29页

代言尽意 择理精淳——论汤显祖的八股文创作 高琦撰 《东华理工大学学报(社会科学版)》2015年3期第201—206页

"典"耶?"薑"耶?——汤显祖"举子文"甄读 刘昌衍、饶芳撰 《影剧新作》2015年3期第108—112页

汤显祖《粤行五篇》考 刘世杰撰 《学术研究》2016年5期第172—176页

汤显祖的文品 谢柏梁撰 《党建》2016年6期第58—59页

汤显祖著作的新发现:《玉茗堂书经讲意》 郑志良撰 《文学遗产》2016年3期第47—50页

从汤显祖诗文谈江西曲艺演唱活动 万叶撰 《影剧新作》2016年2期第14—24页

汤显祖及其文学作品对当代作家的重大启示 周锡山撰 《创作评谭》2016年4期第39—44页

汤显祖评点《花间集》辨伪 叶晔撰 《文献》2016年4期第3—12页

汤显祖尺牍相关问题考订 高虹飞撰 《文献》2016年4期第13—25页

爱好是天然 雅志在山川——论汤显祖的山水诗创作 高琦撰 《东华理工大学学报(社会科学版)》2016年3期第290—294页

《四书百方家问答》所见汤显祖佚著考辑 苏铁戈、王文佳撰 《古籍整理研究学刊》2016年2期第33—39页

汤显祖佚文《勅封孺人李氏墓志铭》系年 李成晴撰 《温州大学

学报(社会科学版)》2016 年 2 期第 102—105 页

汤显祖诗歌创作的艺术特色探讨 罗畅撰 《戏剧之家》2016 年 19 期第 290 页

汤显祖尺牍相关问题再考 高虹飞撰 《中国典籍与文化》2017 年 1 期第 143—154 页

论戴良、宋濂、汤显祖谢绝之文对嵇康《与山巨源绝交书》的模仿 徐永明撰 《昆明学院学报》2017 年 2 期第 21—25 页

试论汤显祖传奇作品的民俗文化特征 李志云、黄爱武撰 《广西大学学报(哲学社会科学版)》2017 年 5 期第 119—124 页

谈汤显祖两组“亡蘧”诗 辛玮撰 《东华理工大学学报(社会科学版)》2017 年 3 期第 205—210 页

《汤显祖集全编·诗文续补遗》辨伪 周明初撰 《文献》2017 年 6 期第 146—160 页

古代戏曲中花神的“兼职神祇”形象考论 张菁撰 《濮阳职业技术学院学报》2018 年 4 期第 87—89 + 99 页

汤显祖的制义文写作与早年文学追求 王玉超撰 《文学评论》2018 年 6 期第 202—210 页

出世的理想与入世的精神——论汤显祖的度脱剧 齐静撰 《文化艺术研究》2018 年 4 期第 78—85 页

汤显祖佚诗《送龚方伯之任浙省》小考 曾瑶、毛静撰 《东华理工大学学报(社会科学版)》2018 年 4 期第 322 页

论汤显祖戏曲文体选择之后的诗学宗尚 袁茹撰 《东华理工大学学报(社会科学版)》2019 年 4 期第 308—313 页

4. 影响及比较研究

莎士比亚与汤显祖作品梦幻背后的能指和所指之比较——以《仲夏夜之梦》与《牡丹亭》为例 冯王玺撰 《大众文艺》2014 年 2 期第 39—40 页

汤显祖与曹雪芹两大诗学范畴考释 潘海军撰 《临沂大学学报》2014 年 2 期第 67—71 页

试析李渔对汤显祖爱情观的继承与突破 毛莎莎撰 《韶关学院学报》2015 年 1 期第 52—55 页

海内外汤显祖研究的回顾与展望 邹自振撰 《创作评谭》2016 年 3 期第 35—41 页

汤显祖与明代扬州昆曲 韦明铧撰 《浙江艺术职业学院学报》2016 年 2 期第 6—9 页

全本戏复原:莎士比亚与汤显祖的对话 谢雍君撰 《当代戏剧》2016 年 3 期第 10—13 页

汤显祖戏曲研究在日本 磯部祐子撰 《文学遗产》2016 年 3 期第 29—34 页

汤显祖《牡丹亭》东传朝鲜王朝考述 程芸撰 《文学遗产》2016 年 3 期第 19—28 页

叶长海:"汤学"的中国文化魅力 鱼丽撰 《检察风云》2016 年 11 期第 4—5 页

比较文学视域下的文化差异——以《牡丹亭》与《罗密欧与朱丽叶》的差异为例 席薇撰 《亚太教育》2016 年 17 期第 277 页

汤显祖与李渔怎样绘"牡丹" 钟明奇撰 《人民日报》2015 年 12 月 4 日

莎士比亚与汤显祖代表的不同文化现实 吴言撰 《华夏时报》2016 年 3 月 28 日

汤显祖与莎士比亚:同时同代,万里之遥 王宏图撰 《解放日报》2016 年 7 月 21 日

汤显祖与莎士比亚:东西方文化的两朵瑰丽之花 辜正坤撰 《光明日报》2016 年 7 月 22 日

莎士比亚与汤显祖:中西戏剧史上的并峙双峰 谈瀛洲撰 《光明日报》2016 年 7 月 29 日

汤显祖戏剧的世界影响——从屠岸先生的预言谈起 汤逸佩撰 《上海艺术评论》2016 年 3 期第 75—77 页

汤显祖与莎士比亚,我们今天应该如何做比较? 周锡山撰

《上海艺术评论》2016年3期第69—74页

缪斯殿堂的台阶是有层级的——汤显祖与莎士比亚的不可比性 张霁撰 《上海艺术评论》2016年3期第65—68页

四百年来的莎士比亚和汤显祖 《上海艺术评论》2016年3期第64页

从"临川四梦"到《临川梦》——汤显祖与蒋士铨的精神映照和戏曲追求 杜桂萍撰 《文学遗产》2016年4期第14—30页

临界1599:汤显祖与莎士比亚的时空对话 刘恩平撰 《群言》2016年7期第46—49页

由莎士比亚想起了汤显祖 沈茂鹤撰 《上海房地》2016年7期第64页

并世双星灿大空——论《牡丹亭》与《罗密欧与朱丽叶》 李建军撰 《兰州学刊》2016年8期第5—24页

比较研究视域下汤显祖与莎士比亚戏剧意象的异同论 许爱珠、韩贵东撰 《浙江艺术职业学院学报》2016年3期第24—28页

照亮两种不同戏剧传统的差异与共性——论说《1616:莎士比亚和汤显祖的中国》 孙玫撰 《艺术百家》2016年5期第11—14+74页

比较文化:汤显祖与莎士比亚? 廖奔撰 《艺术百家》2016年5期第1—4页

汤显祖戏剧在海外传播的契机和途径 张玲撰 《东华理工大学学报(社会科学版)》2016年3期第303—306页

评介《1616:莎士比亚和汤显祖的中国》 孙玫撰 《中国比较文学》2016年4期第210—213页

走向世界的汤显祖 谢柏梁撰 《中国戏剧》2016年10期第23页

纪念汤显祖 讲好中国故事 肖毅撰 《艺术评论》2016年11期第42—47页

袁宏道与汤显祖文学观的相互影响——以二人"尊情"观之发展

浅谈明末文学观之变迁 罗畅撰 《戏剧之家》2016 年 21 期第 269 页

试论刘凤与汤显祖的乐律之争——从隆万政治的复杂变局说起 李舜华撰 《文化遗产》2016 年 6 期第 1—9 + 157 页

“汤显祖与莎士比亚”话题提出的时代语境及问题实质 范方俊撰 《学术研究》2016 年 12 期第 158—164 + 178 页

国外的汤显祖研究 《南京师范大学文学院学报》2016 年 4 期第 144 页

再度创作:汤显祖与莎士比亚的文学经验 李建军撰 《当代文坛》2017 年 1 期第 4—9 页

汤显祖与莎士比亚伟大艺术成就的总体比较和评论 周锡山撰 《艺术百家》2017 年 1 期第 187—192 页

情与梦:以至性至情之人入戏——中西同时代剧圣汤显祖与莎士比亚创作精髓一瞥 洪忠煌撰 《贵州大学学报(艺术版)》2017 年 1 期第 99—101 页

汤剧和莎剧:都有超越时代和国界的美学魅力 邹元江撰 《中国文化报》2017 年 2 月 13 日

莎士比亚与汤显祖爱情戏剧的异同 付雪撰 《中外企业家》2017 年 5 期第 271 页

国际化视角下汤显祖与莎士比亚比较研究 张广才撰 《牡丹江大学学报》2017 年 2 期第 17—19 页

汤显祖与莎士比亚女性文学形象比较研究 熊芳芳撰 《汉字文化》2017 年 7 期第 41—42 页

“汤”(显祖)、“莎”(士比亚)比较在中国:历史与路向 刘文辉撰 《戏剧(中央戏剧学院学报)》2017 年 4 期第 45—56 页

汤显祖与莎士比亚戏剧异同 龚国光撰 《创作评谭》2017 年 6 期第 46—52 页

冯梦龙《风流梦》与汤显祖《牡丹亭》之比较 邹自振撰 《福建艺术》2017 年 8 期第 8—13 页

悲剧意识与共同体精神——关于汤显祖与莎士比亚悲剧艺术的一种分析 王维民撰 《汉语言文学研究》2017 年 4 期第 83—91 页

逃避与和解——汤显祖和莎士比亚人文观比较 王萍撰 《郑州航空工业管理学院学报(社会科学版)》2018 年 3 期第 86—91 页

文化转型期汤显祖与莎士比亚"死生命题"比较 秦鹏举撰 《广东开放大学学报》2018 年 3 期第 66—70 页

汤显祖戏剧与莎士比亚戏剧的精神向度 刘凤涛撰 《四川戏剧》2018 年 10 期第 76—79 页

为什么汤显祖不是中国的莎士比亚? 邹元江撰 《武汉科技大学学报(社会科学版)》2018 年 6 期第 675—681 页

士人精神与商人心态的悖立——汤显祖与李渔戏剧创作比较论 钟明奇撰 《中华文史论丛》2018 年 4 期第 309—334 + 402 页

汤显祖和莎士比亚戏剧中诗歌的比较研究 徐紫云、贾小玉撰 《东北农业大学学报(社会科学版)》2019 年 1 期第 89—94 页

莎士比亚和汤显祖戏剧跨文化改编中的"象"与"意" 刘昊撰 《外国文学研究》2019 年 4 期第 42—51 页

人文回归与独抒性灵——莎士比亚和汤显祖戏剧作品中情理冲突的文化比较 吴倩茹、金安民、方新撰 《芜湖职业技术学院学报》2019 年 3 期第 65—68 页

世俗的爱情,觉醒的人性——汤显祖与莎士比亚人文观分析 王萍、江杰撰 《长春大学学报》2019 年 11 期第 69—73 页

曹禺与汤显祖剧作的场面开掘艺术 曾树钧撰 《新文学史料》2020 年 2 期第 72—78 + 2 页

觉醒与反思——莎士比亚与汤显祖人文观比较研究 王萍撰 《枣庄学院学报》2020 年 4 期第 47—51 页

汤显祖与莎士比亚——中西戏剧双星的"相遇" 淡洵撰 《戏剧之家》2020 年 30 期第 17—18 页

5. 其他

词场玉茗古今师——清代诗人对汤显祖的回望与热评 江巨荣

撰 《四川戏剧》2014 年 7 期第 12—19 页

有感于汤显祖的“四香” 向迎佳撰 《解放军报》2015 年 5 月 14 日

“汤沈之争”对明代剧坛的影响 黄雪、邹宜宁撰 《兰台世界》2015 年 3 期第 89—90 页

仕途偃蹇 玉茗流芳——纪念汤显祖逝世 400 周年 苏子裕撰 《影剧新作》 2016 年 2 期第 4—13 页

汤显祖的鲜活形象——读《汤显祖传奇》 汤彬如撰 《南昌教育学院学报》2016 年 3 期第 35—37 页

激活传统 感受传承——“江西抚州纪念汤显祖逝世 400 周年文化活动”的感官体验构建 孙冬宁、黎珏吟撰 《艺术评论》2016 年 7 期第 117—122 页

无场次新编话剧 朱丽叶还魂记 纪念汤显祖与莎士比亚逝世四百周年 王伯男撰 《上海戏剧》2016 年 6 期第 50—67 页

汤显祖:艺术魅力穿越四百年时光 杨鸥撰 《人民日报海外版》2016 年 3 月 17 日

“巨人时代”产生的“时代巨人” 邹元江撰 《人民日报海外版》2016 年 3 月 17 日

汤显祖戏剧思想的现实意义 郭梅撰 《中国社会科学报》2016 年 5 月 9 日

走向世界的汤显祖 谢柏梁撰 《中国文化报》2016 年 7 月 22 日

清代戏曲论争中的汤显祖 黄桂娥撰 《艺术评论》2016 年 8 期第 32—37 页

汤显祖对当代戏曲创作的启示 李伟撰 《艺术评论》2016 年 8 期第 18—24 页

海外戏剧教育理念方法在中国戏曲传承传播中的应用——以汤显祖、莎士比亚剧作为研究中心 徐燕琳、George Belliveau 撰 《大舞台》2016 年 8 期第 54—60 页

汤显祖戏剧的艺术魅力与审美意蕴　谢柏梁撰　《人民论坛》2016年S2期第138—139页

士伶关系视野下的汤沈之争　黄中玲撰　《戏剧之家》2016年15期第42页

走近汤显祖　叶长海撰　《世纪》2016年5期第86—87页

从汤显祖映照当今戏曲　羊咪撰　《戏剧之家》2016年6期第4—5+10页

20世纪以来汤显祖研究的回顾与反思　雍繁星撰　《文学遗产》2016年3期第35—46页

感念先贤　敬思如梦——莎士比亚、汤显祖仙逝四百年祭　齐致翔撰　《当代戏剧》2016年5期第4—8页

中国的悲剧、喜剧和悲喜剧——从汤显祖和莎士比亚的剧作谈起　安葵撰　《戏剧文学》2016年9期第17—24页

由汤显祖的"四香"说开去　向贤彪撰　《江西日报》2016年9月8日

词赋倾海内:汤显祖全景式创作　王小岩撰　《中国社会科学报》2016年10月17日

走向2016汤显祖—莎士比亚年　邹元江撰　《艺术百家》2016年5期第5—10页

汤显祖的曲学修养　杨秋红撰　《光明日报》2016年10月14日

洋溢东方浪漫主义色彩的临川梦　谢廷秋撰　《贵州日报》2016年9月23日

礼敬优秀传统文化　增强中华文化自信　纪念汤显祖逝世400周年　刘奇葆撰　《中国戏剧》2016年9期第4—5页

汤显祖书法艺术及其书画交谊　方亚伟撰　《东华理工大学学报(社会科学版)》2016年3期第295—298页

素描汤显祖剧作在马来亚时期　沈国明撰　《东华理工大学学报(社会科学版)》2016年3期第299—302页

汤显祖戏曲资源的影视产业开发——以《牡丹亭》为例　姚馨灵

撰 《湖北工程学院学报》2016 年 5 期第 48—52 页

传承和彰显汤翁的审美风范 季国平撰 《中国戏剧》2016 年 10 期第 20 页

汤显祖的“四香” 向贤彪撰 《中国纪检监察》2016 年 20 期第 63 页

汤显祖“走出去”的焦虑与可能性 李建军撰 《名作欣赏》2016 年 31 期第 19—24 页

莫让经典陷沉默——汤显祖作品传播得失谈 赵建新撰 《中国文艺评论》2016 年 11 期第 90—94 页

城市文化品牌的塑造与传播研究——以抚州市打造“汤显祖”为核心的城市文化品牌为例 侯丽娟撰 《老区建设》2016 年 24 期第 43—44 页

如何发挥历史名人的当代对外传播效应——江西抚州打好汤显祖“国际牌” 崔远程、涂中平撰 《对外传播》2017 年 1 期第 66—67 页

来自汤公故里的新发现——读最新出土两篇汤显祖撰墓志铭 吴凤雏撰 《文学遗产》2017 年 2 期第 135—142 页

从汤显祖教育改革看当下教育领导力提升 鹿永建撰 《人民教育》2017 年 6 期第 25—30 页

汤显祖戏剧与遂昌戏剧文化之关系 饶苏青撰 《扬州教育学院学报》2016 年 4 期第 6—9 页

论汤显祖与北曲 朱夏君撰 《中国音乐》2017 年 2 期第 59—67 页

纪念汤显祖与当前戏曲创作 安葵撰 《中国文艺评论》2017 年 6 期第 56—60 页

汤显祖怎样过节 翁敏华撰 《解放日报》2018 年 2 月 18 日

江西抚州汤显祖家族墓出土墓志 张杰、余志忠、丁潮康、余琦、张庆撰 《文物》2018 年 8 期第 72—87 + 1 页

汤显祖传世画像辨析 邹元江撰 《文化遗产》2018 年 5 期第

65—68 页

情不知所起 一往而深——汤显祖“至情”美学所引发的舞蹈思考 高旭撰 《教育教学论坛》2019 年 2 期第 224—225 页

以汤显祖为例管窥明代士人的创作精神 龚雅哲撰 《汉字文化》2019 年 4 期第 41 + 58 页

从一字一音到依字行腔以及汤、沈之争 张哲俊撰 《文艺研究》2019 年 9 期第 99—112 页

近十年汤显祖研究综述 郑腾尧撰 《齐齐哈尔师范高等专科学校学报》2020 年 1 期第 60—62 页

6. 2016 年中国 · 抚州汤显祖剧作展演暨国际高峰学术论坛论文

关于《汤显祖戏剧全集》的英译 张玲撰

为什么汤显祖不是中国的莎士比亚? 邹元江撰

汤显祖与莎士比亚,我们今天应该如何作比较? 周锡山撰

比较视域下汤显祖与莎士比亚戏剧意象的异同论 许爱珠、韩贵东撰

全本戏复原:莎士比亚与汤显祖的对话 谢雍君撰

论《牡丹亭》和《罗密欧与朱丽叶》母题性质的异同性 吴双撰

汤显祖《牡丹亭》东传朝鲜王朝考述 程芸撰

汤显祖是用戏曲救世、以情悟人的戏剧政治家 龚重谟撰

被误读的汤显祖 戚世隽撰

汤显祖与晚明曲坛 吴凤雏撰

汤显祖与王孙交游之历史光影 姚品文撰

从汤显祖与抚州正觉寺等的交往看儒禅相融 万斌生撰

汤显祖负笈从姑山略考 罗伽禄撰

汤显祖贬谪徐闻行程初探 邱苑丹撰

“情丝”与“茧翁”——乡贤汤显祖晚年文化心态探识 周华斌撰

以“至情”匡扶“世情”——试析汤显祖“至情”思想之哲学内蕴与晚明文化思潮的关系 汪若如撰

汤显祖至情论是陆象山心学重情论的逻辑发展 吴牧山撰

汤显祖“闲”的美学 司徒秀英撰

论李贽对汤显祖的影响 邹自振撰

借径词学，以诗论曲——试论汤显祖曲学观与明代中后期复古主义诗学的关系 涂育珍撰

汤显祖“临川四梦”中的民族文化理念纵论 黎羌、宋华燕撰

“临川四梦”说的来由与《牡丹亭》的深层意蕴 康保成、陈燕芳撰

玉茗堂四梦文本考 汪天成、金雯、蒋瑜娟撰

《牡丹亭》主题“以情反理说”献疑 陈志勇撰

介于游戏与现实之间的《牡丹亭》 李昌淑撰

从《劝善记》到《牡丹亭》——晚明思潮与戏曲出口 罗丽容撰

梦魂惯得无拘检——论《牡丹亭》的梦魂情节 仝婉澄撰

《牡丹亭》与八股文——从王季重评点本论汤显祖的士人品位 胡梓颖撰

汤显祖《南柯记》人文精神分析 张福海撰

依《南柯记・禅请》文本语言特点初探汤显祖与禅宗思想关系——兼与曹洞宗思想关系探微 李旭、王汉定撰

《邯郸记》的剧情结构与思想表达 许建中撰

《李泌传》与《邯郸记》——管窥汤显祖的历史意识与时代感受的交互关系 董上德撰

汤显祖“二梦”梦境的特色与其意蕴 赵得昌撰

从“临川四梦”到《临川梦》——汤显祖与蒋士铨的精神映照和戏曲追求 杜桂萍撰

《汤显祖集全编》“诗文续补遗”所收《水田陈氏大成宗谱序》辨伪 周明初撰

“玉茗堂词”选本与明代曲家词撰 谢燕撰

爱好是天然　雅志在山川——论汤显祖的山水诗创作 高琦撰

何以“足解千古之疑”——天一阁藏汤显祖答策《第三问》文本析读与略考 刘昌衍撰

重论汤显祖作《华盖山志序》的可能性 黄建荣撰

汤显祖四篇涉徐闻诗文考略 钟大生撰

探索人类集体潜意识的幽微欲望——从《恋恋南柯》到《南柯梦》 沈惠如撰

传奇《西楼记》与《牡丹亭》之比较 王永恩撰

“拗折天下人嗓子”评议 曾永义撰

试论刘凤与汤显祖乐律之争——从隆万政治的复杂变局说起 李舜华撰

越调吴歈可并论，汤词端合唱宜黄——清初南昌李明睿沧浪亭观剧活动一瞥 苏子裕撰

汤显祖“句字转声”与沈璟“合律依腔”辨析 顾闻钟撰

试探《宜黄县戏神清源师庙记》中的戏剧传播思想 王省民撰

中国戏神的崇高使命：娱人·祈丰·求子·驱疫——从汤显祖《宜黄县戏神清源祖师庙记》谈起 曾志巩撰

汤学二题 顾聆森撰

试论汤显祖《牡丹亭》对昆剧音乐的贡献 周雅文撰

论《邯郸记》中的时尚小曲 尹蓉撰

明末清初的“《牡丹亭》热” 王永健撰

素描汤显祖剧作在马来亚时期 沈国明撰

文学史书写与《牡丹亭》的经典化 朱万曙、秦军荣撰

试析《六十种曲》收录《紫箫记》的原因——兼谈毛晋的编选原则与戏剧思想 刘建欣撰

汤显祖研究资料的新发现 江巨荣撰

张坚《玉燕堂四种曲》对汤显祖“主情说”之承继与开拓 陈新瑜撰

汤显祖对当代戏曲创作的启示 李伟撰

从《汤显祖集》到《汤显祖集全编》——五十余年出版历程考述 刘赛撰

梅兰芳搬演、论析汤显祖《牡丹亭》补述 谷曙光撰

汤显祖剧作在当代昆曲舞台 2011—2015 朱栋霖撰

经典评价的本土立场与文化语境——从上昆版“临川四梦”谈起 刘祯撰

汤显祖与张居正 周育德撰

读明清汤显祖传 叶长海撰

7. 汤显祖研究通讯(总目)

19 期

青春创意与传统典范——关于青春版《牡丹亭》公演 200 场的回顾与思考 周秦撰

再论汤词端合唱宜黄——答蔡孟珍教授 苏子裕撰

善驱睡魔——《牡丹亭》中的科诨 蔡孟珍撰

汤显祖的词作 江巨荣撰

谭纶和汤显祖在宜黄腔崛起中所起的作用 朱建宜撰

“演员中心制”环境中的《牡丹亭》(下) 史恺悌撰

英语国家学者对白芝英译《牡丹亭》的副文本研究——兼及汪榕培英译《牡丹亭》的副文本评析 张玲撰

论《牡丹亭》之“情” 朱松苗撰

古韵频发青春活力 剧坛绽放惊世华彩——对近 10 年不同剧种演绎汤显祖名剧《牡丹亭》盛况之回顾 高琦撰

秀情场晒官场聊战场——《临川四梦》创作题材管窥 杨友祥撰

浅说汤显祖的善政 张伟红、朱旭明撰

20 期

在汤显祖和莎士比亚文化国际学术研讨会上的致辞 何卫宁撰

汤显祖—莎士比亚文化国际学术研讨会闭幕辞 华治武撰

《题叶氏重修宗谱序》再辨伪——兼答罗兆荣先生《汤显祖佚文署款的思考》 周明初撰

索解人不易得——大考《牡丹亭》的争议 蔡孟珍撰

“词场玉茗古今师”——清代诗人对汤显祖的回望与热评 江巨荣撰

冯小青其人真伪考述 徐永明撰

新加坡歌仔戏舞台上的《大将军和小巫婆》和《邯郸梦》 蔡曙鹏撰

从"临川四梦"宫谱的变迁看"清宫"与"戏宫" 毋丹撰

汤显祖研究资料目录索引(2005—2013) 赵蝶辑译

实践殊途,理想同归——从汤显祖平民教化和莎士比亚十四行诗看两者人性价值理念之异同 楼晓峰撰

在美国密歇根大学的昆曲推广和研讨活动 赵山林撰

21 期

"勇敢的新戏剧——1616 年的中国和英格兰"国际学术研讨会掠影 孙玫撰

伦敦大学亚非学院举办 1616 中英戏剧国际学术研讨会 徐永明撰

《邯郸梦记》的道教表现与淡化 郑艳玲撰

汤显祖《南柯记》佛理禅趣探论 魏远征撰

神性视野下《南柯太守传》与《南柯梦记》人物形象比较研究——以淳于棼形象为中心 邓斯博撰

"雅俗结合" 史恺悌撰

"双性同体"与《牡丹亭》的经典重读——以周祖炎的研究为例 何博撰

《春阳曲》与《牡丹亭》——兼论声诗与戏曲之间的关联性问题 曾莹撰

《牡丹亭》的梦与真 赵蝶撰

汤显祖对联赞 杨友祥撰

浅谈《牡丹亭》与《仲夏夜之梦》戏剧创作比较 黄雅娟撰

22 期

从清代文网看冰丝馆本的避讳与评点 蔡孟珍撰

海波终日鼓,深悉贵生情——汤显祖在徐闻研究 龚重谟撰

俞粟庐《度曲刍言》手稿的新发现 唐葆祥撰

《牡丹亭》在法国的传播与接受:以 1998、1999 年的两出制作为例

齐烨撰

《牡丹亭》在清宫的特殊接受——以《肃苑》为例 文淑菁撰

书评:《人物、角色和思想:〈牡丹亭〉与〈桃花扇〉中的人物身份》 柯林·马克拉斯撰

汤显祖传记的一部力作——龚重谟《汤显祖大传》读后 江巨荣撰

“典”耶? “雚”耶? ——汤显祖“举子文”甄读 刘昌衍、饶芳撰

汤显祖与达观禅师西山云峰寺莲池坠簪题壁诗踪迹考 萧德齐等撰

忠君思想的幻灭——《临川四梦》中皇帝形象初探 杨友祥撰

23 期

借“拗嗓”说曲律 立昆腔为正宗——我看晚明吴越曲家爆炒的“汤沈之争” 苏子裕撰

明末清初的“《牡丹亭》热”——纪念汤显祖逝世四百周年 王永健撰

戏曲在英语世界的译介与接受——以《牡丹亭》为例的英译与传播研究 董单撰

汤学园地里的壮劳力 周育德撰

汪榕培教授主持翻译的《汤显祖戏剧全集》出版发行 张玲撰

《汤显祖戏曲全集·总序》 邹自振撰

龚重谟和他的《汤显祖大传》 王东明撰

闹热、风情、奇趣——《牡丹亭·劝农》的戏曲审美本质论考 吴民撰

一万年太久,只争朝夕——两岸合力昆曲传承 杨振良撰

《牡丹亭》中的遂昌方言 鲁之平撰

汤显祖与遂昌古黄岩坑银矿 陈少华撰

代言尽意 择理精淳——论汤显祖的八股文创作 高琦撰

24 期

彼得·塞勒斯复兴昆曲的努力 史恺悌撰

英语国家汤显祖戏剧研究的多样化视角 张玲撰

青春版《牡丹亭》如何走出国门？——以《青春版牡丹亭美西巡回演出 2006》剪报册为例 陈均撰

《红楼梦》中“新样”演剧与《寻梦》 朱萍、麻永玲撰

戏曲行业清源神产生初探 宋希芝撰

《紫钗记》对《霍小玉传》的改写 刘玮撰

汤显祖的家庭是耕读世家 龚重谟撰

试论《南柯记》中汉化佛教仪轨的叙事功能 何晗撰

蔡孟珍教授《重读经典〈牡丹亭〉》序 周育德撰

欲明曲理，须先唱曲——评蔡孟珍《重读经典牡丹亭》 杨振良撰

那个人和那座城——“仙县”遂昌与汤公显祖的戏梦人生 郭梅撰

文人参与　提升文化——遂昌纪念研究汤显祖活动四百年的启示 罗兆荣撰

《临川四梦》中的婚俗及其意义 杨友祥撰

汤显祖高标明诗坛——以王夫之《明诗评选》为例 杨友祥撰

汤显祖与明王孙交游补记 杨友祥撰

近十年汤显祖研究的新动向——《汤显祖研究资料目录索引》(2005—2013) 赵蝶撰

25 期

难得明白——汤显祖人生观的当代启示 周育德撰

走向 2016 汤显祖、莎士比亚年 邹元江撰

汤显祖著作的新发现：《玉茗堂书经讲意》 郑志良撰

玉茗堂文三篇 叶长海选注

阅读汤显祖——晚明《牡丹亭》评点中“文本意识”之转化与其批评语境 王瑷玲撰

试论《牡丹亭》的艺术魅力 赵山林撰

《柳浪馆批评玉茗堂还魂记》的评点意趣 蔡孟珍撰

“临川四梦”中的圣贤语录与民间教化 杨振良撰

《邯郸记》的剧情结构与思想表达 许建中撰

《牡丹亭》法文全译本前言 雷威安著,罗仕龙译

“演‘传奇’,再创造一个传奇” 史恺悌著,黄蓓译

人间唱遍《牡丹亭》——明清诗家观演《牡丹亭》考略 江巨荣撰

越调吴歈可并论,汤词端合唱宜黄——清初南昌李明睿沧浪亭观剧活动一瞥 苏子裕撰

走近大师版《牡丹亭》的大师们 刘祯撰

杜丽娘形象的心理解读——“情欲”与“道德”的情感矛盾 杨鹏慧撰

从《劝农》看汤显祖的礼治思想 马舒婕撰

赣剧改编《临川四梦》艺术得失论 黄振林撰

汤显祖负笈从姑山事迹考 罗伽禄撰

汤显祖文化的现代传播方式研究 肖冬丽、朱旭明撰

《牡丹亭》:皆大欢喜的悲剧 黄雅娟撰

汤公颂——纪念汤显祖逝世四百周年 刘宗鹤撰

谒遗爱祠感赋 龚重谟撰

苏幕遮·汤公知遂昌 邓全恩撰

26期

新见明刊朱墨套印本《南柯记》述评 华玮撰

关于《问棘邮草》的版本问题 郑志良撰

试论杜丽娘“心灵成长”的三个问题——阐释汤显祖的独创性 董上德撰

汤显祖贵生书院和刘应秋《贵生书院说》考证 刘世杰撰

汤显祖被贬徐闻典史时间考略 刘世杰撰

遇见《牡丹亭》,倾听女性的品评与感伤——论《牡丹亭》与女性情感教育之关系 谢雍君撰

《牡丹亭》艺术思辨抉微 张来芳撰

体用混淆——论达观与汤显祖的“情理之辨”写真 吕立亭撰,张玲译

《牡丹亭还魂记》版本系统试探 根山彻撰

论译者的隐现——以《牡丹亭·闺塾》三个英译本为例 魏城璧、袁诗朗撰

谢洛娃谈俄罗斯与西方的汤显祖研究 陈世雄编译

唐涤生版《牡丹亭惊梦》的岭南传播及戏曲史意义 徐燕琳撰

董每戡先生的《牡丹亭》研究 施懿真撰

汤显祖贬谪徐闻到底与《牡丹亭》创作有多大关系 金虎撰

汤显祖到过海南岛吗——与龚重谟等先生商榷 钟大生撰

汤显祖的贵生行政观 党红梅撰

新发现"上海弹词"本《牡丹亭》说唱艺术初论(节选) 章军华撰

抗壮成三友 吐属自清华——汤显祖与饶仑、周宗镐的相知相交 高琦撰

抚州纪念汤显祖活动事略 杨友祥撰

论汤显祖和莎士比亚爱情剧的当代生命和价值 楼晓峰撰

27 期

新见明刊朱墨套印本《南柯记》述评 华玮撰

兴自"莎士比亚—汤显祖逝世四百年纪念";兴自成语"南柯一梦"——从《南柯记》到《梦南柯》 李如茹、Adam Strickson, Steve Ansell 等撰

利兹大学学生参与者《莎士比亚—汤显祖国际项目笔记》(摘录) 吴凡、杨陇译,Steve Ansell、李如茹辑

英国大学生《梦南柯》英中演出的划时代意义 邹元江撰

以彼此为镜像认识自身——从《南柯记》到《梦南柯》 陶庆梅撰

改编剧《仲夏夜梦南柯》结尾匠心独运的设计 杨陇撰

"戏上也有好文章"——略论《牡丹亭》文本阅读与接受的特点及意义 朱伟明撰

真色人难描——《牡丹亭·写真》昆剧舞台演出史考略 刘轩撰

论达观与汤显祖的"情理之辨" **庞婧绮万历戊子顺天乡试案对汤显祖、沈璟戏曲创作的影响——以《牡丹亭》《坠钗记》为例** 卢晶晶撰

汤显祖被贬徐闻典史时间考略 刘世杰撰

汤显祖的岭南想象及远赴徐闻之思想研究 徐燕琳撰

戏剧政治家汤显祖:用戏曲救世 龚重谟撰

新发现“上海弹词”本《牡丹亭》说唱艺术初论(节选) 章军华撰

论汤显祖和莎士比亚爱情剧的当代生命和价值 楼晓峰撰

28 期

来自汤公故里的新发现——读最新出土两篇汤显祖撰墓志铭 吴凤雏撰

原乡无梦南柯成——从王本“还原”看《南柯梦》的空间归转与自性证成 丁淑梅撰

论《牡丹亭》的情色描写 周松芳撰

牡丹亭:文化原型与文学意象初探 焦中栋撰

也谈新出《汤显祖集全编》的收获与遗憾 龚重谟撰

《牡丹亭》的地方戏改编 赵天为撰

论晚清宫廷昆腔剧目演出——以汤显祖“临川四梦”折子戏为例 裴雪莱撰

试析清代以降昆曲“折柳阳关”唱腔之流变——兼论曲腔与曲律之关系 毋丹撰

汤显祖在徐闻时间新探——兼与刘世杰教授商榷 钟大生撰

汤显祖为母家——广溪吴氏族人所作《墓志铭》考 刘昌衍撰

纳西古乐与遂昌十番异同浅谈 程希明撰

29 期

莎翁汤公的民族性和世界意义 周育德撰

汤显祖的画像问题 邹元江撰

论民国报刊视阈中的《牡丹亭》传播 孙书磊撰

汤显祖与莎士比亚伟大艺术成就的总体比较和评论 周锡山撰

理解杜丽娘:为了反抗还是为了实现 徐大军撰

落落韵语　别有风致——论子弟书对《牡丹亭》的接受与重构 仝婉澄撰

《牡丹亭》所反映之明代时弊 陈新瑜撰

泰昌吴兴刻本《牡丹亭》插图、剧本、山水画关系的研究 饶黎撰

署名汤显祖之《明故南营聂公冯氏孺人合葬墓志铭》辨伪 周明初撰

新编越剧《寇流兰与杜丽娘》对《牡丹亭》改编之审美述评 窦笑智、尹震撰

"节编全本《牡丹亭》"考述 陈均撰

2016纪念汤显祖逝世四百周年海外活动述评 董单撰

论瑶芳在"南柯一梦"中的关系建构与自我出离 宗妙姗撰

简析青春版《牡丹亭》中的后戏剧剧场审美符号 李斯佳撰

汤显祖及其《牡丹亭》在俄罗斯的翻译和研究 高玉海撰

谢洛娃谈俄罗斯与西方的汤显祖研究 陈世雄编译

典故妙用含真趣 珠圆玉润显才情——汤显祖《牡丹亭》引用典故探析 高琦撰

试探汤显祖《牡丹亭》的徐闻土产元素 钟大生撰

从书院古碑看明清徐闻贵生书院教育体制 邱苑丹撰

30期

残梦香消半掩扇——汤显祖之梦与玉茗堂四梦之由来 简锦松撰

汤显祖研究三题 汪超宏撰

汤显祖第三夫人傅氏考 刘世杰撰

求神寻药之旅——试探汤显祖贬谪徐闻的岭南行秘密 钟大山撰

汤显祖与宜伶 杨友祥撰

世总为情,情生诗歌——由汤显祖诗歌解读汤公深情 黄雅娟撰

从"情之至"到"情之正"——论孟称舜对汤显祖至情精神的继承与倒退 王永恩撰

时代与"精神病"——汤显祖与莎士比亚的戏曲形象新谭 王维民撰

张继青《牡丹亭》“二梦”唱演艺术解析 顾聆森撰

论戏曲舞蹈的表演节奏兼论梅兰芳对昆曲游园惊梦的舞台演绎 祝凡淇撰

“惊梦《牡丹亭》”——论昆曲艺术现代发展的“变与不变” 罗涛撰

《牡丹亭》舞台剧在日本成功传播的原因探析 贾军琴撰

“汤学”绪论 顾侠强撰

31 期

试论刘凤与汤显祖乐律之争——从隆万政治的复杂变局说起 李舜华撰

汤显祖《牡丹亭》东传朝鲜王朝考述 程芸撰

万历二十年的汤显祖 刘昌衍撰

亦有山水 谁则牙期——汤显祖与黄汝亨的相知相交 高琦撰

论汤显祖戏曲对洪升戏曲的影响 邹自振撰

晚清《申报》中的《牡丹亭》 尹丽丽撰

论汤显祖哀亡诗 李玉鑫撰

明代时曲与“古调” 顾闻钟撰

遂昌昆曲十番音乐形态及其美学意蕴研究 谭啸撰

徐朔方先生的戏曲研究 徐宏图撰

徐朔方先生的《论诗》诗 裴喆撰

徐朔方(步奎)先生研究文献目录 陈东辉、徐笑笑撰

32 期

汤显祖评点《花间集》辨伪 叶晔撰

莫为浮云遮望眼——再谈汤显祖到过海南岛 龚重谟撰

《牡丹亭》与《欧也妮·葛朗台》花园描写比较研究 周锡山撰

论曹禺与汤显祖剧作的场面开掘艺术 曹树钧撰

徐朔方注本《牡丹亭》释词补证 徐宏图撰

能于笔墨之外言所欲言者——汤显祖嘉、隆时期应试制艺研究 胡梓颖撰

汤显祖、潘之恒交游考辨三题 李颖瑜撰

我与徐朔方先生的点点滴滴 徐永斌撰

蒋星煜先生的汤显祖及江西文史研究 邹自振撰

《牡丹亭》杜丽娘著名扮演者张冉及其2019年演出概况 杜清华撰

四、港澳台及国外汤显祖研究

1. 研究专著

***1616*：*Shakespeare and Tang Xianzu's China 1616*（莎士比亚和中国的汤显祖）**

作者：Paul Edmondson（保罗·埃德蒙森）、Shih-pe Wang（王士培）、Tian Yuan Tan（谭天元）（编辑）

出版：The Arden Shakespeare（雅顿·莎士比亚出版社），2016

2. 研究论文

（1）港台类

明清家班演玉茗堂剧作探析 廖藤叶撰 《台中科技大学通识教育学报》2014年3期第157—185页

汤学园地里的壮劳力——评邹自振及其主编《汤显祖戏曲全集》评注本 周育德撰 《戏曲研究通讯》2015年10期第291—294页

世间只有情难诉——贺邹自振教授主编的《汤显祖戏曲全集》出版 汪榕培撰 《戏曲研究通讯》2015年10期第298—300页

"汤学"土地上的耕耘者——邹自振兄的汤显祖研究 江巨荣撰 《戏曲研究通讯》2015年10期第295—297页

论《牡丹亭》中的夫妻之情及其意义 林宗毅撰 《艺见学刊》2016年12期第33—41页

一事两史——从《邯郸梦》与唐史及明史之关系说起 伍亭因撰 《书目季刊》2016年50期4期第55—65页

与汤显祖四度同行 点描绘出时间无常 二分之一Q剧场《流

光似梦》 李玉玲撰 《PAR表演艺术杂志》2017年290期第20—21页

上海音乐学院《汤显祖》评论风暴看始末 李翠芝撰 《PAR表演艺术杂志》2017年294期第20页

汤显祖三考 李洁撰 《戏曲研究通讯》2017年11期第49—65页

再谈《牡丹亭》"柳"、"梅"意象 林宗毅撰 《艺见学刊》2017年14期第71—80页

《玉茗堂四梦》抄本之收录出目与音乐书写 林佳仪撰 《戏剧学刊》2017年26期第121—158页

论冯梦龙《三会亲风流梦》"同梦"之改编 苏婉菁撰 《辅大中研所学刊》2018年39期第135—151页

以元剧为方法:再论《牡丹亭》之经典性 汪诗佩撰 《台大中文学报》2018年61期第191—238页

汤显祖《牡丹亭》魂梦故事之渊源与发展探究 金雯撰 《静宜中文学报》2018年13期第133—159页

情之辨析——汤显祖情感论之再思 谢旻伦撰 《东吴中文研究集刊》2018年24期第57—79页

情之会通——汤显祖的理学立场 谢旻伦撰 《有凤初鸣年刊》2019年15期第261—284页

《汤显祖研究文献目录续编(1996—2016)》评介 何淑苹撰 《书目季刊》2019年53卷1期第99—104页

(2) 海外类

Incest, Zoophilia, and Lust for Power in Tang Xianzu and Shakespeare(论汤显祖和莎士比亚戏剧中的乱伦,兽欲和权力欲望) By: Maoqing Chen(陈茂清) ***Partial Answers*(局部答案)** Jun. 2016

Shakespeare and Tang Xianzu: their significance to the formation of world drama(莎士比亚和汤显祖:他们对世界戏剧形成的意义) By: Liu, Hao(刘好) ***Neohelicon*(世界文学与比较文学评论)**

Jun. 2019

Performing Commemoration: The Cultural Politics of Locating Tang Xianzu and Shakespeare(表演的纪念:从文化政治角度看汤显祖和莎士比亚的比较) By: Joubin, Alexa Alice(亚历克斯·爱丽丝·朱宾) ***Asian Theatre Journal*****(亚洲戏剧研究)** FALL. 2019

Intercultural and Cross-cultural Encounters during the Quatercentenary of Tang Xianzu and Shakespeare(汤显祖和莎士比亚四百年间的跨文化和跨文化碰撞) By: Mazzilli, Mary(玛丽·马齐利) ***Asian Theatre Journal*****(亚洲戏剧研究)** FALL. 2019

Looking for Common Ground: A Thematic Comparison between Tang Xianzu's and Shakespeare's Dramatic Imagination(寻找共同点:汤显祖与莎士比亚戏剧想象力的主题比较) By: Fusini, Letizia(莱蒂齐亚·福西尼) ***Asian Theatre Journal*** **(亚洲戏剧研究)** FALL. 2019

Engaging Tang Xianzu and Shakespeare in the Quest for Self(汤显祖和莎士比亚对自我的追问) By: Chen, Liana(陈·莉安娜) ***Asian Theatre Journal*****(亚洲戏剧研究)** FALL. 2019

3. 演出、改编及评论

Passion, Romance, and Qing: The World of Emotions and States of Mind in Peony Pavilion(热情、浪漫与情:牡丹亭中的情感世界和思想状态) By: Mackerras, Colin(科林·马克拉斯) ***Journal of the American Oriental Society*****(美国东方学会会刊)** Jan. 2017

1616: Shakespeare and Tang Xianzu's China(1616:莎士比亚和中国的汤显祖) By: Kwa, Shiamin(石敏库二) ***Bulletin of the School of Oriental & African Studies*****(东方与非洲研究学院简报)** Feb. 2017

1616: Shakespeare and Tang Xianzu's China(1616:莎士比亚和中国的汤显祖) By: Owen, Stephen(史蒂芬·欧文) ***Renaissance Quarterly*****(文艺复兴季刊)** Sum. 2017

1616: Shakespeare and Tang Xianzu's China(1616:莎士比亚和中国的汤显祖) By: Joubin, Alexa Alice(亚历克斯·爱丽丝·朱宾) ***Asian Theatre Journal*(亚洲戏剧研究)** Spr. 2018

1616: Shakespeare and Tang Xianzu's China(1616:莎士比亚和中国的汤显祖) By: Bartley, Sean(肖恩·巴特利) ***The Drama Review*(戏剧评论)** Sum. 2018

1616: Shakespeare and Tang Xianzu's China(1616:莎士比亚和中国的汤显祖) By: Qiao Xueying(乔学英) ***Multicultural Shakespeare Translation*, Appropriation and Performance(莎士比亚翻译、挪用、表演的多元化研究)** Sep. 2018

五、硕博士学位论文

1. 大陆地区

汤显祖与蒋士铨戏曲比较研究 陈日峰撰(徐国华指导) 东华理工大学硕士学位论文 2014 年提交

汤显祖的诗学思想及其对前代诗歌接受研究 冯琪撰(孙学堂指导) 山东大学硕士学位论文 2014 年提交

汤显祖戏剧创作中的梦幻思想研究 宿东明撰(朱万曙指导) 安徽大学硕士学位论文 2014 年提交

汤显祖与莎士比亚戏剧意象比较研究 朱熙撰(俞晓红指导) 安徽师范大学硕士学位论文 2014 年提交

汤显祖交游述考 谢梦洁撰(万文斌指导) 南昌大学硕士学位论文 2015 年提交

汤显祖道家、道教思想与诗歌创作研究 杜西凤撰(尹蓉指导) 南昌大学硕士学位论文 2015 年提交

从上下场诗看中晚明传奇之嬗变 杨文佳撰(曾莹指导) 云南大学硕士学位论文 2015 年提交

试论汤显祖的浪漫主义文论 吴恺撰(王永豪指导) 中国石油

大学(华东)硕士学位论文 2015 年提交

汤显祖诗词研究 赵芳撰(胡元翎指导) 中国石油大学(华东)硕士学位论文 2015 年提交

晚明佛教与汤显祖"情至"文学创作的关联研究 柳旭撰(王树海指导) 吉林大学博士学位论文 2016 年提交

汤显祖唯情美学思想研究 吴锐撰(邓志伟指导) 湖南师范大学硕士论文 2016 年提交

以临川四梦为例看汤显祖的"至情论"戏剧思想 李法亮撰(涂维民指导) 江西师范大学硕士论文 2016 年提交

论汤显祖的"真情"世界观 郭宏英撰(盛志梅指导) 天津师范大学硕士学位论文 2016 年提交

汤显祖戏曲文本叙事研究 王琦撰(刘松来指导) 江西师范大学博士学位论文 2017 年提交

汤显祖与莎士比亚戏剧情与理冲突比较 付芳丽撰(李伟昉指导) 河南大学硕士论文 2017 年提交

汤显祖岭南诗研究 罗畅撰(薛泉指导) 海南师范大学硕士学位论文 2017 年提交

汤显祖诗学思想研究 陈衍伟撰(吴中胜指导) 赣南师范大学硕士学位论文 2018 年提交

首届汤显祖文化戏剧节文化传承与创新论坛交替传译实践报告 左悦撰(汪滢指导) 广西师范大学硕士学位论文 2018 年提交

汤显祖"情分善恶"在"临川四梦"中的体现 孟令阳撰(黄季鸿指导) 东北师范大学硕士学位论文 2018 年提交

汤显祖诗歌叙事性研究 王雨琦撰(叶晔指导) 浙江大学硕士学位论文 2018 年提交

汤显祖诗学理论研究 崔鑫撰(侯敏指导) 苏州大学硕士学位论文 2018 年提交

汤显祖序体文研究 辛玮撰(宋巧燕指导) 闽南师范大学硕士学位论文 2019 年提交

汤显祖小品文研究 孙春杰撰(戴健指导) 扬州大学硕士学位论文 2019 年提交

汤显祖咏物诗研究 张洪晋撰(郑艳玲指导) 燕山大学硕士学位论文 2020 年提交

浅析歌剧《汤显祖》中吴氏的角色塑造 苏航撰(李秀英指导) 上海音乐学院硕士学位论文 2020 年提交

2. 港澳台地区

汤显祖及其文艺观之研究 洪慧敏撰(王伟勇指导) 东吴大学硕士学位论文 2015 年提交

情与梦的思考:论汤显祖剧作的思想脉络 许翔曦撰(林鹤宜指导) 台湾大学戏剧学研究所硕士学位论文 2016 年提交

汤显祖南柯梦研究 蒋瑜娟撰(汪天成指导) 国立嘉义大学大学硕士论文 2017 年提交

汤显祖"主情"析论 谢旻伦撰(罗丽容指导) 东吴大学硕士学位论文 2018 年提交

作者单位:廖舒婷,武汉大学哲学学院;
王婷婷,四川省成都市郫都区人民政府办公室

近十年抚州汤显祖研究述略

何映芳

本文梳理2015年以来抚州籍和在抚学习工作的学者相关成果和学术活动，以期对抚州汤显祖研究情况有一个综合性了解。有遗漏或不当之处，请方家批评指正。

一、研究成果基本情况

近十年来，抚州籍学者围绕汤显祖进行了多角度的研究和探讨。2015年7月，东华理工大学黄振林教授主编论文集《汤显祖研究集刊（创刊号）》由中国社会科学出版社出版，收录论文19篇。2016年1月，抚州汤显祖国际研究中心挂牌，汇聚来自全国各地的汤学专家和学者，为共同探讨"汤学"提供了平台。9月，抚州市举办纪念汤显祖逝世400周年剧目展演暨国际高峰学术论坛，征集论文126篇。同时，由东华理工大学徐国华教授主编《汤显祖研究集刊（纪念汤显祖逝世400周年专号）》由中国戏剧出版社出版，收录论文27篇；又于2020年7月出版《汤显祖研究集刊（第三辑）》，收录论文22篇。明万历四十年刻本《玉茗堂书经讲意》也在此时由江西人民出版社影印出版，为从事汤显祖研究的学者提供更加丰富的资料。2016年10月，抚州本地专家团队推出的"汤显祖研究书系"（《汤显祖与"临川四梦"》《汤显祖与罗汝芳》《汤显祖与蒋士铨》《汤显祖与莎士比亚》）由江西高校出版社出版，该成果是关于汤显祖研究著作的一个创举，获得江西省第十七次社会科学优秀成果奖一等奖。2017年8月，抚州汤显祖国际研究中心精选会议论文86篇，编印《汤学聚珍：2016年中国抚州汤显祖剧作展演暨国际高峰学术论坛论文选集》；并创刊《汤显祖学刊》，以书代刊形式陆续推出“汤学”研究成果；同年，还举办了第二届“文化传承和创新国际论坛”，征集论文22篇。2019年，举办汤显祖国际学术论坛，征集论文46篇；2022’中国（抚州）汤显祖学术研讨会，征集论文50篇；2024’中国（抚州）汤显祖学术研讨会，征集论文48篇。截至目前，《汤显祖学刊》已出刊11辑，收录论文183篇。此外，还有抚州籍学者出版原著点评本及研究著作15部；检索CNKI期刊论文33篇，硕士学位论文3篇。相关“汤学”研究课题获市级及以上社科基金项目立项39项①。可以说，抚州已成为“汤学”研究的胜地和高地。

二、研究情况略述

（一）汤显祖考据研究

作为汤显祖的家乡，抚州在有关汤显祖考据方面取得了相当可观的成绩，是抚州“汤学”研究中最为浓墨重彩的一笔，其中最为亮眼的成果当属刘昌衍的《汤显祖家族研究》。刘昌衍是从事汤显祖研究多年的地方学者，不断从史料、家谱、文物等方面“边边角角”的文献中进行考证，陆续形成了多篇涉及汤显祖及其家族考据方面的成果，凝聚成《汤显祖家族研究》这一专著，不仅开辟了本乡本土与边边角角文献核查的研究方向②，也为汤显祖研究挖掘了许多新的史料依据。如：其《新发现的汤显祖为母家广溪吴氏族人所作两篇〈墓志铭〉考》③，对《广溪吴氏六修族谱》和《广溪吴氏七修族谱》中的《宠十七公墓志

---

① 数据来源于2015—2024年抚州市社科联和江西省社科联关于社科基金项目立项文件。

② 刘昌衍：《汤显祖家族研究》，中国戏剧出版社，2020年，第2页。

③ 抚州汤显祖国际研究中心编：《汤显祖学刊（创刊号）》，商务印书馆，2017年，第73页。

铭》《养所公郑氏孺人墓志铭》两篇《墓志铭》进行考证，从分析广溪吴家是汤显祖母家、对照汤显祖诗文并对落款进行推考后，认定该两篇《墓志铭》为汤显祖所作。其《〈原谱考〉：一篇了解临川文昌汤氏世系之源的重要文献》[①]以第六修《文昌汤氏宗谱》为蓝本对《原谱考》进行句读与注释，考析其文献价值并对文昌汤氏在《原谱考》鼓动下独立修谱的诛伐进行了辩驳。其《何以"足解千古之疑"——天一阁藏汤显祖答策〈第三问〉文本析读与略考》[②]析读了隆庆庚午年江西秋试第三场策题《第三道》及汤显祖策论答卷《第三问》，考论了汤显祖"八卦九畴"专论的价值。其《万历二十年的汤显祖》[③]对学界关于"汤显祖万历二十年在徐闻还是在临川"的问题以文献为证，考证得出：万历二十年春，汤显祖不仅从徐闻回到临川，又从临川返回徐闻，直至深秋才真正离开徐闻回到临川，并从临川赴浙江遂昌令。他还与饶芳一道考据了《皇明贡举考》所列万历十一年癸未科会试题中标注"刊"刻的《天下之政出于一》和《拟大驾北征次玄石坡擒胡山清流泉勒铭凯还群臣贺表》两文为汤显祖所作（《汤显祖科考试卷佚存略考》[④]）。与吴凤雏推考了汤显祖文昌里祖宅的方位、环境、形制和建造时间（《汤显祖文昌里祖宅之推考》[⑤]）；考证了汤显祖家族墓园灵芝园名称由来、规模以及兴废史（《汤显祖家族墓园——灵芝园考》[⑥]）；考证了永丰汤氏与临川文昌汤氏并非同宗共祖（《从〈永丰汤氏宗谱〉到汤显祖〈吉永丰家族文录序〉——虽有世家，其文献之存与

---

① 抚州汤显祖国际研究中心编：《汤显祖学刊（第六、七辑合刊）》，商务印书馆，2020年，第134页。

② 抚州汤显祖国际研究中心编：《汤学聚珍——2016年中国·抚州汤显祖剧作展演暨国际高峰学术论坛论文选集》，上海古籍出版社，2017年，第370页。

③ 抚州汤显祖国际研究中心编：《汤显祖学刊（第四、五辑合刊）》，商务印书馆，2019年，第49页。

④ 抚州汤显祖国际研究中心编：《汤显祖学刊（第八、九辑合刊）》，商务印书馆，2021年，第169页。

⑤ 抚州汤显祖国际研究中心编：《汤显祖学刊（第四、五辑合刊）》，第137页。

⑥ 抚州汤显祖国际研究中心编：《汤显祖学刊（第二、三辑合刊）》，商务印书馆，2018年，第93页。

亡,固将有待于国也》[①])。

吴凤雏、罗伽禄等抚州知名学者在汤显祖考据研究上也不断出新。如,吴凤雏根据2016年11月文昌里汤显祖家族墓新出土《祖母魏夫人迁祔灵芝园墓志铭》和《明敕赠吴孺人墓志铭》,撰写《来自汤公故里的新发现——读最新出土两篇汤显祖撰墓志铭》[②],对汤显祖祖母魏夫人墓园迁祔时间、魏夫人生卒年、出身行状以及汤显祖原配吴氏出身家世、生卒年时、子息生养以及夫妻情感等进行考析。罗伽禄《汤显祖负笈从姑山略考》[③]考述汤显祖师从罗汝芳及问学从姑山情况;陈伟铭《〈明故义士汤公子高墓志铭〉考》[④]对汤显祖的高祖子高公墓志铭进行考证和解读,并基于此梳理了子高公世系关系图;郭海波《临川新发现汤显祖佚作四篇考》[⑤]考析了新发现的四通尺牍《候高太史同年启》《奉太谏仰冈刘公启》《贺刘参戎征苗奏捷》《贺陈侍御启》;万安飞《新发现汤显祖为广昌县黄太次先父母所作的墓铭一篇》[⑥]校对考析了一篇从广昌县《银溪黄氏八修家谱》中发现的汤显祖为黄立言父母所作墓志铭等。抚州汤显祖考据研究的兴盛一方面得益于作为汤显祖故里的地域优势,另一方面也体现了抚州地方研究者讲究证据、实事求是的治学态度和孜孜不倦、甘坐冷板凳的学术精神,为汤显祖研究提供了诸多新的文本史料和发现。

(二)汤显祖戏曲及传播研究

抚州对汤显祖戏曲及传播方面的研究占比也颇重。黄振林着重分析了石凌鹤赣剧弋阳腔改编《临川四梦》以及江西地方声腔聚焦《临

---

① 抚州汤显祖国际研究中心编:《汤显祖学刊(第十、十一辑合刊)》,商务印书馆,2023年,第31页。

② 抚州汤显祖国际研究中心编:《汤显祖学刊(创刊号)》,第58页。

③ 抚州汤显祖国际研究中心编:《汤学聚珍——2016年中国·抚州汤显祖剧作展演暨国际高峰学术论坛论文选集》,第54页。

④ 抚州汤显祖国际研究中心编:《汤学聚珍——2016年中国·抚州汤显祖剧作展演暨国际高峰学术论坛论文选集》,第365页。

⑤ 抚州汤显祖国际研究中心编:《汤显祖学刊(第六、七辑合刊)》,第364页。

⑥ 抚州汤显祖国际研究中心编:《汤显祖学刊(第四、五辑合刊)》,第47页。

川四梦》的改编情况，由此启示当代戏曲，他认为：只有遵循和顺应戏曲艺术规律，才能焕发传统艺术光彩。①同时，他指出，抚州文昌里大型实景演出《寻梦牡丹亭》在尊重原著和保留原创情感基础上，创新演出形式、场景设计，实现了古典名剧从有限舞台到无限舞台的精彩跨越。②《经典唱尽雅俗韵　玉茗千秋绝妙词》(《艺术评论》2016 年 8 月)指出，改编《临川四梦》要实事求是地尊重经典的内在意蕴。李惠惠认为乡音版《临川四梦》采用盱河高腔还原了广昌孟戏地方剧种的魅力，是对地方戏曲文化传播的一次成功尝试，提出应利用新媒体技术有效传播、传承与发展地方戏曲，深入探讨地方戏曲的当代传播路径。辛惠欣对江西地方《牡丹亭》改编进行了较为系统的研究，有硕士学位论文《江西地方戏改编的〈牡丹亭〉研究》，还有对地方戏曲改编个案的探析，如《江西地方〈牡丹亭〉改编特色探析——以盱河高腔·乡音版为例》③。

戏曲传播方面，以王省民、与杨桐合著《传播视野中的"临川四梦"研究》为代表。王省民曾在《试探〈宜黄县戏神清源师庙记〉中的戏剧传播思想》④中指出，汤显祖对于戏剧传播的自觉意识主要表现在时刻关注戏剧传播的各个环节；阐述了戏曲演出传播者如何加强自身修养、演出传播所创造的传播场及其传播效应、戏曲声腔传播以及戏剧演出传播的教化作用和情感魅力；引发戏曲理论家对戏曲演出传播的关注。他还从戏曲点评的角度，梳理阐述了点评者对"临川四梦"中情的诠释、梦仙佛的认识、批判精神的发掘，以此反映点评者对"临川四梦"的接受与传播情况(《评点者对"临川四梦"的接受与传播》⑤)。在

---

① 黄振林：《汤显祖〈临川四梦〉在当代江西舞台的美丽蝉蜕》，《创作评谭》2016 年第 1 期，第 27—32 页。

② 储瑶、黄振林：《从小舞台到大舞台的精彩跨越——临川文昌里大型实景演出〈寻梦牡丹亭〉的舞台策略》，《戏剧文学》2021 年第 8 期，第 76—80 页。

③ 抚州汤显祖国际研究中心编：《汤显祖学刊(第十、十一辑合刊)》，第 172 页。

④ 抚州汤显祖国际研究中心编：《汤学聚珍——2016 年中国·抚州汤显祖剧作展演暨国际高峰学术论坛论文选集》，第 539 页。

⑤ 抚州汤显祖国际研究中心编：《汤显祖学刊(第八、九辑合刊)》，第 319 页。

书中,王省民则以具体个案及现象丰富了这些论点,并关注到“图像传播”这一在戏曲文本及其传播方式研究中较少人问津的课题,对“临川四梦”的插图传播进行论述,系统阐述《牡丹亭》文本传播、改编传播、演出传播和传播形式多样化,对《紫钗记》《邯郸记》《南柯记》的文本传播进行研究,同时探讨了古典戏曲传播中的不均衡现象,指出“中国文学史的写作只关注到文学经典,而没有描述中国文学发展的全貌,大量文学作品因为传播中的不均衡现象而散佚,没有办法进入历史文献的传播系统”①。事实上,文学作品从创作到经典化的过程便承载了它的传播史,正如沈德符《顾曲杂言》说:“《牡丹亭梦》一出,家传户诵,几令《西厢》减价。”印刷术的发展,促使文学作品传播逐渐商品化,并在流通过程中大浪淘金,形成经典。

抚州学者还逐渐关注到汤显祖戏剧的海外传播情况。程娟、丁文菁论述在“一带一路”背景下,向海外传播汤显祖戏剧的方法策略②;周鑫琴、廖华英、陈彩芬讨论了“一带一路”倡议与汤显祖文化传播的相互影响③;闻慧莲分析了舞蹈剧场《牡丹亭:惊梦彼岸》的“自画像”创作理念、表现手法、视效环境等,认为这是《牡丹亭》以另一种方式在现代海外的传播(《〈牡丹亭〉跨文化戏剧舞蹈的改编及海外传播》④)。

此外,黄建荣对《南柯记》、《邯郸记》的古今传播情况进行整理叙述(《〈南柯记〉古今传播述略》⑤《〈邯郸记〉古今传播述略》⑥)。苏英伟分析了汤显祖戏剧文化创意产业优势与定位,提出培塑标识鲜明的文化名片、与科技文创深度融合、培养文化产业创意型人才等对策建

---

① 王省民、杨桐:《传播视野中的“临川四梦”研究》,中国戏剧出版社,2018年,前言第4页。

② 程娟、丁文菁:《“一带一路”背景下汤显祖戏剧国际传播策略》,《文化创新比较研究》2019年第3卷,第87—88页。

③ 周鑫琴、廖华英、陈彩芬:《“一带一路”倡议与汤显祖文化传播的相互影响》,《长春教育学院学报》2019年第35卷12期,第38—40页。

④ 抚州汤显祖国际研究中心编:《汤显祖学刊(第六、七辑合刊)》,第239页。

⑤ 抚州汤显祖国际研究中心编:《汤显祖学刊(第六、七辑合刊)》,第263页。

⑥ 抚州汤显祖国际研究中心编:《汤显祖学刊(第八、九辑合刊)》,第339页。

议，推动显祖戏剧的当代创新和活化应用①；并基于文化创意产业发展理论，重点探讨戏剧资源优势如何转化为经济优势，促进汤显祖戏剧文化的创意性发展②。邓潇肯定了地方高校将汤显祖的文化元素融入校本课程的价值，分析了汤显祖文化在视听编导与创意课程中的开发方式，提出了建议和展望。③谢平以城市新闻传播的角度，分析了抚州对汤显祖文化的推广。④

从这些研究成果可以看出，抚州在基于汤显祖作品的文本传播、视觉传播等方面做出了较深入的研究和有益的实践探索，也关注到了对外传播的可能性，从对向外拓展、对内深化、活化利用等方面提出了一些建议，但收效不显著。

（三）汤显祖生平与交谊研究

关于汤显祖生平及其事迹上，抚州学者出版了多部成果，如杨友祥《魅力汤显祖》，龚重谟《汤显祖大传》，甘少华《永远的汤显祖》，龚顺荣《汤显祖》，罗伽禄、揭方晓《汤显祖故事》等。这些成果因其可读性、大众性等需求，其学术性、专业性上稍显不足，但更适用于大众阅读，是学术成果向大众普及转化的积极探索。

在交谊研究上，罗伽禄《汤显祖与罗汝芳》论述了罗汝芳与汤显祖的师生交谊，罗汝芳心学思想对汤显祖为人、从政乃至文学创作的深刻影响。徐国华《汤显祖与蒋士铨》较系统地对汤、蒋二位的人格风范进行比较，对汤氏“至情”观与蒋氏“正情”观加以区分。万斌生指出，汤显祖涉及故乡诗作中，记叙与寺院交往甚多，并以抚州正觉寺诗作及相关史料论述汤显祖在正觉寺学习、交游情况，探寻晚明儒禅相亲

---

① 苏英伟：《汤显祖戏剧文化创意发展新路径探索》，《今古文创》2021 年第 48 期，第 98—99 页。

② 苏英伟：《文旅融合背景下汤显祖戏剧文化创意产业发展研究》，《戏剧之家》2022 年第 19 期，第 42—44 页。

③ 邓潇：《汤显祖文化在地方高校校本课程中的开发——以视听编导与创意为例》，《知识窗（教师版）》2024 年第 1 期，第 51—53 页。

④ 谢平：《城市文化塑造中的新闻传播——以抚州市重推汤显祖文化创国家历史文化名城为例》，《新闻研究导刊》2020 年第 20 期，第 221—222 页。

相融的关系(《从汤显祖与抚州正觉寺等的交往看儒禅相融》)。[①]罗伽禄概述了汤显祖与谢兆申交谊的情况,并指出两人交谊的媒介为南城麻姑山(《汤显祖与谢兆申交谊述略》)[②];梳理了汤显祖与沈懋学从姑山同学习、宣城同游玩、京城同考试的亲密交往(《汤显祖与沈懋学交谊述略》)[③]。杨友祥探讨了汤显祖与宜伶的亲密关系:悉心教导宜伶、与宜伶共同活动和对宜伶的关心照顾。[④]杨华林论述了汤显祖与清官赵邦清的莫逆之交[⑤];与同门吴道南虽相会不过四五次,但仍得其高赞的情谊[⑥]。方亚伟独辟蹊径,从汤显祖存世书法墨迹着手,探究其书法渊源、性情志趣,并查阅相关史料研究其书画交谊[⑦]。汤显祖曾多处游历,结交了一些好友,作为明清文坛最为著名的戏曲学家,研究其交游情况,对研究明清文学大有裨益。抚州在这方面的研究已有较多收获,但就目前来看,在汤显祖交游对象上相对集中,而更能够凸显地方特色方面,如汤显祖对其子女教育,与本地亲友、地方文人交游等方面还有很大拓展空间;在汤显祖家族方面,除了前论的考据研究外,其他方面的挖掘稍显薄弱。

(四)汤显祖思想研究

1. 教育思想。黄建荣、苏立等从汤显祖提出的“贵生说”和“大人之学”论述汤显祖教育思想,分析了“贵生说”与“大人之学”教育理念产生的背景及其内涵,他们认为“贵生说”和“大人之学”分别是汤显祖平民教育思想的目标、出发点与途径,二者互相支撑、融合。汤显祖在“贵生说”和“大人之学”基础上升华的教育思想及其付诸的办学实践,

---

① 抚州汤显祖国际研究中心编:《汤学聚珍——2016 年中国 · 抚州汤显祖剧作展演暨国际高峰学术论坛论文选集》,第 46 页。

② 抚州汤显祖国际研究中心编:《汤显祖学刊(第八、九辑合刊)》,第 47 页。

③ 抚州汤显祖国际研究中心编:《汤显祖学刊(第十、十一辑合刊)》,第 87 页。

④ 抚州汤显祖国际研究中心编:《汤显祖学刊(第四、五辑合刊)》,第 35 页。

⑤ 抚州汤显祖国际研究中心编:《汤显祖学刊(第六、七辑合刊)》,第 161 页。

⑥ 抚州汤显祖国际研究中心编:《汤显祖学刊(第八、九辑合刊)》,第 71 页。

⑦ 方亚伟:《汤显祖书法艺术及其书画交谊》,《东华理工大学学报(社会科学版)》2016 年第 35 卷,第 295—298 页。

对于深化当今的中国教育改革的启示有：注重素质教育、强调德育教育、践行师德教育等。①

2. 哲学思想。李旭、王汉定则依照《南柯记·禅请》文本的语言特点探析汤显祖与禅宗思想关系。②罗伽禄论述汤显祖在贫困中感悟生死、在亲人离世中感受死亡、在生命尽头安排后事以及"死可以生"与"归虚返真"的死亡观及其践行情况。③邹自振《汤显祖的人生哲学与文艺思想》认为，汤显祖深受罗汝芳思想影响，其哲学的核心是提出了著名的"情至说"，并论述汤显祖文艺思想的核心是"言情"，主要在于"尚真"的文艺观，反对摹拟、提倡灵气的文学理论以及借鉴传统、遵时知变、发挥才情的文学创作等。④储瑶通过分析《宜黄县戏神清源师庙记》中的戏曲理论，阐释其中蕴含的儒释道思想，即重视戏剧社会功能——儒家的三纲五常，建戏庙拥戏神——佛道家思想交融的反映，"人生而有情"——佛道"悟"与儒家王学的结合。⑤

（五）汤显祖诗词研究

刘国芳《文昌里汤显祖诗文选读》收录了汤显祖有关文昌里的诗、文、赋共 90 余篇，在注释、翻译基础上进行评析，内容涉及文昌桥、正觉寺、千金陂、祖业旧居等，表达了汤显祖浓浓的乡情和对社会人生的思考。黄振林《论汤显祖的诗学观与晚明曲学评论》以晚明曲学思潮演变为背景，从曲律学角度对汤显祖思想进行梳理，归之为"意趣神色"与汤显祖的诗学本质观、"字句转声"与汤显祖的曲学声律观、"率性而已"与汤显祖的诗学实践观。高琦对汤显祖 300 首左右的山水诗进行研究分析，认为山水文化滋润了汤显祖山水诗创作的灵性，并从

---

① 黄建荣、苏立、刘昌衍：《"贵生说"与"大人之学"：汤显祖教育思想的再认识及其现代启示》，《东华理工大学学报(社会科学版)》2016 年第 35 卷，第 279—284 页。

② 抚州汤显祖国际研究中心编：《汤学聚珍——2016 年中国·抚州汤显祖剧作展演暨国际高峰学术论坛论文选集》，第 285 页。

③ 罗伽禄：《汤显祖的死亡观及其践行浅说》，《东华理工大学学报(社会科学版)》2016 年第 35 卷，第 285—289 页。

④ 抚州汤显祖国际研究中心编：《汤显祖学刊(第八、九辑合刊)》，第 79 页。

⑤ 储瑶：《论〈宜黄县戏神清源师庙记〉戏曲理论的儒释道思想》，《戏剧之家》2015 年第 24 期，第 14—15 页。

六个方面论述汤显祖难舍难忘的山水情结，以临川、金陵、岭南、遂昌四地诗词彰显汤显祖山水诗创作的地域特色。①涂育珍论述汤显祖曲学观与明代中后期复古主义诗学的关系（《借径词学，以诗论曲——试论汤显祖曲学观与明代中后期复古主义诗学的关系》）。②刘洋、周鑫琴、彭程以《南柯记》第八出《情著》中的代表性诗词为研究对象，分析禅宗与诗学的关系，窥探诗词中的禅意。③

（六）汤显祖比较研究

较为典型的是刘文辉在《"汤"（显祖）、"莎"（士比亚）比较在中国：历史与路向》④一文中，较为全面梳理了汤、莎比较的历史演变、内在动机及路径选择。龚重谟则在《汤显祖与塞万提斯》⑤中对比分析了汤显祖和塞万提斯所处的时代背景、家世与求学、社会经历、文学成就、文学主张及唏嘘的身后等。

（七）其他

此外，还有一些学者从较为新奇的角度研究汤显祖，如：王斐然《以茶文化视角解析汤显祖传奇作品的民俗文化特征》⑥《浅析〈牡丹亭〉的巫元素》⑦；高琦《代言尽意择理精淳——论汤显祖的八股文创作》⑧《汤显祖〈牡丹亭〉中的医药情怀》⑨等，为拓展汤显祖研究领域做出了有益探索。

---

① 抚州汤显祖国际研究中心编：《汤学聚珍——2016 年中国 · 抚州汤显祖剧作展演暨国际高峰学术论坛论文选集》，第 359 页。

② 抚州汤显祖国际研究中心编：《汤学聚珍——2016 年中国 · 抚州汤显祖剧作展演暨国际高峰学术论坛论文选集》，第 114 页。

③ 刘洋、周鑫琴、彭程：《汤显祖〈南柯记 · 情著〉中的古代诗词禅意研究》，《长春师范大学学报》2023 年第 42 卷，第 114—118 页。

④ 抚州汤显祖国际研究中心编：《汤显祖学刊（第四、五辑合刊）》，第 312 页。

⑤ 抚州汤显祖国际研究中心编：《汤显祖学刊（第二、三辑合刊）》，第 29 页。

⑥ 王斐然：《以茶文化视角解析汤显祖传奇作品的民俗文化特征》，《福建茶叶》，2021 年第 43 卷，第 279—280 页。

⑦ 王斐然：《浅析〈牡丹亭〉的巫元素》，《东华理工大学学报（社会科学版）》，2022 年第 41 卷，第 211—214 页。

⑧ 高琦：《代言尽意　择理精淳——论汤显祖的八股文创作》，《东华理工大学学报（社会科学版）》2015 第 34 卷，第 201—206 页。

⑨ 抚州汤显祖国际研究中心编：《汤显祖学刊（第十、十一辑合刊）》，第 238 页。

三、小　结

综上,近十年来的抚州汤显祖研究取得了一些可喜的成果,尤其是在对汤显祖考据和戏剧传播方面成果斐然。抚州"汤学"在研究广度上,无论是汤显祖的诗文、戏曲,还是较为冷僻的应试八股体裁均有研究;在研究深度上,对汤显祖家族、戏曲唱腔、交游交往等有较为明显的拓展和挖掘。虽然在全国范围内看,汤显祖研究经历2016年的热潮后,学界的热情有所减退,但在抚州,关于汤显祖的研究一直在深耕,未有懈怠。不仅体现抚州作为汤显祖家乡为深入挖掘汤显祖研究做出的使命担当,更彰显了抚州文化传承和创新的地域特色。研究短板在于:一方面,对汤显祖研究的广度上不够,如基于汤显祖个人生平及家族考证研究较多,涉及汤显祖家族其他人物的挖掘研究还有待深化;对与汤显祖同时期的国内外文人比较研究、影响研究等方面着力不多等。另一方面,对汤显祖作品研究深度不够,在戏曲理论、文学思想、文艺评论等方面成果不多、水平不高。此外,抚州"汤学"研究还存在一定程度的不均衡,主要是本地研究队伍建设不足,老中青学者接力不够,研究能力和水平相对较弱。

下一步,抚州还需加大"汤学"研究力度与深度,取长补短,强化创新,向内求索,充分拓展"汤学"研究领域。更加充分发挥抚州汤显祖国际研究中心连接"汤学"专家学者纽带作用,注重人才引进和青年学者的培养,引导专家学者发挥"传帮带"作用,积极培育本地"汤学"青年学者,为抚州"汤学"研究接续发展发掘人才、储备人才、培养人才,不断推出更多更广更优的"汤学"研究成果。

作者单位:抚州市社会科学研究中心

大事记

(2023.4—2025.3)

▲ 中国诗歌之城论坛永久落户江西抚州

2023 年 4 月 3 日,中国诗歌学会与江西省抚州市政府在北京召开新闻发布会,宣布中国诗歌之城论坛将永久落户江西抚州,以"用诗歌讲好中国故事"为主题的首届中国诗歌之城论坛也于 5 月中旬在抚州举办。

中国诗歌之城论坛由中国诗歌学会发起,旨在弘扬中华优秀传统文化,通过诗歌艺术形式展现人文之美、生态之美、精神之美,讲好中国故事。首届中国诗歌之城论坛由中国诗歌学会、抚州市政府共同主办。

▲ 第九届浙江遂昌汤显祖文化节开幕

2023 年 4 月 13 日晚,伴随着古典文学名著《牡丹亭》的上本在遂昌县汤显祖大剧院上演,第九届浙江遂昌汤显祖文化节正式拉开帷幕。此次汤显祖文化节围绕"一曲《牡丹亭》 满城汤公情"主题,策划了包括开幕式、"班春劝农"典礼、汤显祖文化高峰对话等九项主要活动,着力呈现一场弘扬中华优秀传统文化、向世界讲好中国故事、促进中外文化交流的艺术盛会。

自 2006 年以来,遂昌已成功举办 8 届汤显祖文化节。

▲ 遂昌推动汤显祖戏曲进校园

2023 年 4 月 14 日上午,在遂昌县实验小学,戏曲大师进校园活动开启。舞蹈教室里,上海昆剧团部分演员辅导学生昆曲动作;校园牡丹亭旁,小演员们身着戏服表演昆曲《游园》《寻梦》;美术工作室中,学生们将戏曲元素融入泥塑、陶艺、版画、绘本……

汤显祖戏曲在浙江遂昌有着深厚的群众基础。

▲ 抚州汤显祖国际研究中心文昌里讲习基地挂牌

"远色入江湖,烟波古临川""文昌通旧观,东井饮余晖",这是明代戏剧家汤显祖对他的故里——抚州市文昌里的赞美。2023 年 4 月 23 日，抚州汤显祖国际研究中心文昌里讲习基地在文昌里历史文化老城区文昌书院挂牌。

4 月 23 日是第二十八个世界读书日。基地挂牌之际，抚州汤显祖国际研究中心、江西日报文昌里活动馆、抚州市传统文化促进会，抚州市文化产业促进会、抚州诗词楹联学会和文昌里文化旅游公司在文昌书院一并举办“书香润才乡，汤学促振兴，阅读·悦文昌”主题读书会。来自乡村和城市的读书人汇聚一堂，聆听抚州市人大常委会原副主任、汤显祖国际研究中心主任吴凤雏的精彩演讲。

吴凤雏从四个方面阐述了“东方莎士比亚”汤显祖对于人类文明的贡献，探讨如何把抚州深厚的文化优势转化为地方经济发展优势，通过汤学助力乡村、企业、城市振兴，助力民族伟大复兴。

▲ 首届中国(抚州)诗歌之城论坛在资溪举行

2023 年 5 月 20 日，以“用诗歌讲好中国故事”为主题的首届中国(抚州)诗歌之城论坛在抚州市资溪县举行。活动旨在打造诗歌文化交流新阵地，彰显城市历史文化底蕴，弘扬中华优秀传统文化。抚州自古文风鼎盛，素有“才子之乡、文化之邦”的美誉。本次论坛邀请了众多诗坛名家、知名学者以及 33 个“诗歌之城”代表参加，其间举办两场研讨会，围绕“诗歌文化建设在城市发展中的作用”“诗歌普及与诗歌活动开展的社会意义和价值”等主题进行深入交流探讨，促进诗歌在新时代更好发展。

▲ 缘结汤显祖、情系《牡丹亭》，江西、上昆两演员同获梅花奖

2023 年 5 月 21 日晚，由中国文联、中国戏剧家协会、广州市人民政府主办的第 31 届中国戏剧梅花奖、第 25 届曹禺戏剧文学奖颁奖典礼在广州大剧院举行。江西大型原创黄梅戏《汤显祖》演员梅院军、上海昆剧院全本《牡丹亭》演员罗晨雪，因精彩演绎汤显祖及其代表作《牡丹亭》而斩获本届中国戏剧梅花奖。

中国戏剧“梅花奖”是经中宣部批准设立的中国戏剧表演艺术最高奖，旨在表彰和奖励优秀中青年戏剧表演人才，推动戏剧事业繁荣发展。第九届中国戏剧奖·梅花表演奖(第 31 届中国戏剧梅花奖)终评结果，共 15 名演员获奖。同一届梅花奖获奖演员中有两名因演绎汤显祖及其代表作《牡丹亭》脱颖而出，这在历届梅花奖评选中仅此一例。

▲ 抚州举办“文化抚州、梦想之舟”品牌建设座谈会

2023 年 5 月 24 日，由抚州市委宣传部、北京大学文化传承与创新研究院(抚州)主办的“文化抚州、梦想之舟”品牌建设座谈会在北京大学举行。北大艺术学

院教授、博士生导师，北大文化产业研究院院长向勇，中国文化报周刊中心主任杨晓华，清华大学国家形象传播研究中心品牌研究室执行主任眭谦，中国社会科学院财经战略研究院研究员刘彦平，北京大学新闻传播学院院长、教授、博士生导师陈刚，新华网文化频道主编袁思陶等十余位专家学者与媒体人齐聚一堂，发挥学术资源优势，围绕抚州市品牌建设工作开展交流研讨。专家学者就抚州如何建设好“文化抚州、梦想之舟”品牌发表了高屋建瓴的意见，对抚州实施文化强市战略极具建设性。

▲ 沈世华耄耋之年再演《牡丹亭》

2023 年 10 月 28 日，昆曲表演艺术家沈世华教授从艺七十周年教学成果展演在北京梅兰芳大剧院上演。

沈世华携众弟子精彩演绎《孽海记・思凡》《牡丹亭・惊梦》等昆曲经典剧目。83 岁的沈世华教授演绎 18 岁的杜丽娘，沈世华的丈夫、国家级非物质文化遗产京剧项目代表性传承人、中国戏曲学院教授、90 岁的钮骠先生为夫人助演杜母。

▲ 昆剧《邯郸记》首演

2024 年 2 月 20 日晚，由江苏省苏州昆剧院创排的昆剧《邯郸记》在苏州湾大剧院首演。

《邯郸记》是明代著名戏曲家汤显祖经典代表作品之一，与《牡丹亭》《紫钗记》《南柯记》并称“临川四梦”。《邯郸记》为最后一“梦”，同时也是“临川四梦”中最富戏剧张力的一“梦”。

苏昆版《邯郸记》由国家一级导演徐春兰担任剧本缩编和导演，江苏省苏州昆剧院中国戏剧梅花奖得主、国家一级演员周雪峰，国家一级演员翁育贤主演，国家一级演员唐荣、“振”字辈优秀青年演员共同演绎。此次创排，苏昆回归原著，在尊重传统、保留精华的前提下，只删减、不改编、不颠覆，提取戏眼，将原著三十出删减为《入梦》《赠试》《夺元》等十出，将卢生断崖式沉浮的人生悉数演绎，使观众在一个晚上就能够体验人生如梦的荒诞离奇，领略汤翁《邯郸记》的艺术魅力。

▲ 青春版《牡丹亭》在台举办二十周年庆演

2004 年，白先勇担任总制作人兼艺术总监，两岸文化及戏曲界精英联手创作的昆曲大戏青春版《牡丹亭》在台北首演；2024 年 3 月，该戏原班人马回到台湾举办二十周年庆演，依然吸引着新老观众，又一次引发热潮。

▲ 全本《牡丹亭》情绽香港艺术节

2024 年 3 月 2 日至 3 日，上海昆剧团受邀参加第 52 届香港艺术节，在香港文化中心大剧院的舞台上唱响全本 55 出《牡丹亭》，呈现汤翁原著精髓，复原昆曲风流雅韵。

本次演出也是全本《牡丹亭》的首次境外演出，三本全部售罄。1 700 余座的香港文化中心大剧院满坑满座，座无虚席，盛况一时。香港艺术节是举足轻重的表演艺术节，亦是国际艺坛中重要的文化盛事。

▲ 数字研汤新趋势——清华两学者推出“四梦”可视化分析模式

在大数据技术的支持下，古典文学的文本挖掘与可视化分析或成数字人文研究新趋势。2024 年 4 月，两位学者——清华大学日新书院张琳越和清华大学人文学院钟钰婷在《北京未来学者》推出论文《汤显祖“临川四梦”的文本勘探与可视化分析》，尝试借助数字人文的方法，对“四梦”的词汇、人物网络及文本主题做比较分析，以探究“四梦”之间的差异，并对学界关于“四梦”的一些推断重新论证，以期提高关于“四梦”研究的整体性与实证性。

▲ 汤公故里讲汤公——文化抚州大讲堂探讨“四梦”文学经典意义

2024 年 4 月 7 日下午，汤公故里探讨起了“临川四梦”的文学经典意义。由抚州市文广新旅局、抚州市社科联共同主办，抚州市图书馆、市社科研究中心联合承办的人文社科类公益讲座——“文化抚州大讲堂”第二期在抚州幼儿师范高等专科学校开讲。

讲座上，抚州汤显祖国际研究中心特约研究员、东华理工大学黄建荣教授以《汤显祖“临川四梦”的文学经典意义》为题，从“以情格理：蕴含深刻的思想内涵”“因梦成戏：高超奇巧的艺术构思”“生死为情：独特不朽的女性形象”三个方面，结合原文原句，深入阐述了“临川四梦”的经典之处。浓厚的抒情氛围、梦与非梦的奇幻交织、典雅绚丽的曲文铺排，“临川四梦”的浪漫主义风格和多重艺术魅力，让在场听众如醉如痴。

“文化抚州大讲堂”意在弘扬临川文化精神，普及人文社科知识，营造全民阅读良好风尚。

▲ 学生版《牡丹亭》绽放国际舞台

当地时间 2024 年 4 月 17 日下午，一场特别的昆曲演出在法国巴黎上演。由上海昆剧团与同济大学共同培育的大学生昆曲爱好者们，以“杜丽娘”与“春香”这两个中华戏曲里最为经典的形象亮相国际舞台。

这出经典又创新的《游园》刚刚结束在意大利佛罗伦萨的演出行程。这是首次由非专业大学生独立演绎的昆剧演出走出国门，向海外观众展示深厚的中华文脉和广泛的文化根基。这出特别版的《游园》，出自上海昆剧团联合同济大学打造的学生版《牡丹亭》，是继学生版《长生殿》之后专业院团与高校探索传统文化育人新模式的又一次尝试。

▲“相约牡丹亭——汤显祖对话莎士比亚”友城交流在英举行

英国当地时间2024年4月20日下午，由中国江西抚州市政府、英国斯特拉福德市政府、莎士比亚出生地基金会共同举办的“相约牡丹亭——汤显祖对话莎士比亚”友城交流活动在英国斯特拉福德市罗瑟街杉园举行。

抚州市政府代表团、中英两国媒体、伯明翰大学莎士比亚学院师生以及斯特拉福德市当地居民100余人参加活动。其间，与会人员共同观看了抚州演员带来的《牡丹亭》游园惊梦选段和省级非物质文化遗产金溪手摇狮，以及伯明翰大学莎士比亚研究院演出的《牡丹亭》选段、《罗密欧与朱丽叶》、《麦克白》选段。当日上午，抚州市政府代表团参加了在斯特拉福德市举办的庆祝莎士比亚诞辰460周年巡游活动。

▲2024’汤显祖国际戏剧交流月活动在抚州开幕

2024年9月26日晚，以“戏聚文化抚州，共促文明互鉴”为主题的2024’汤显祖国际戏剧交流月活动在抚州市文昌里历史文化街区开幕。

第十二届全国政协副主席齐续春宣布活动开幕。江西省委常委、省委宣传部部长卢小青，中国人民对外友好协会副会长袁敏道致辞，万广明主持。

文明因交流而多彩，文明因互鉴而丰富。英国驻广州总领事孟诗然表示，汤显祖和莎士比亚是同时期的伟大艺术家，都于1616年逝世，他们对东西方文学产生了深远影响，成为中英文化沟通的一座桥梁。

时任抚州市委书记魏晓奎在开幕式致辞中表示，抚州将致力于打造汤翁戏曲品牌，传承和弘扬中华优秀传统文化，努力把抚州打造成“城中有戏、戏在城中”的“中国戏剧之都”。同时，抚州将致力于扩大对外文化交流，向世界讲好中国故事，大力推动中华优秀传统文化“走出去”。此外，抚州还将发挥文化引领优势，促进经济社会发展迈上新台阶，为抚州高质量发展注入强大生机和活力。

本次汤显祖国际戏剧交流月活动由江西省人民政府、中国人民对外友好协会、中国戏剧家协会主办，抚州市人民政府等多个单位承办。活动内容丰富多样，包括全民戏剧嘉年华、多城联动经典剧目邀请展、“茶香中国”第三届全国采茶戏汇演、驻华使节（总领事）抚州行、戏剧电影展、漫画《半小时爱上临川四梦》首发式以及 2024’中国(抚州)汤显祖学术研讨会等。

▲ 2024’中国(抚州)汤显祖学术研讨会开幕

2024 年 9 月 27 日,2024’中国(抚州)汤显祖学术研讨会开幕式举行。时任抚州市委书记魏晓奎出席并致欢迎辞。中国梅兰芳文化艺术研究会会长刘祯,中国社会科学院文学研究所纪委书记、副所长饶望京致辞。中国戏曲学会汤显祖研究分会会长周育德,中国民间文艺家协会香港分会主席郑培凯,中国古代戏曲学会会长、上海戏剧学院中国戏剧高等研究院院长叶长海作主旨报告。赣东学院党委书记陈克胜,市人大常委会原副主任、抚州汤显祖国际研究中心主任吴凤雏出席。抚州市委常委、市委宣传部部长廖晓勇主持。

魏晓奎说,汤显祖创作的“临川四梦”,是世界文学史上的不朽名篇,历经数百年仍然保持着旺盛的生命力。魏晓奎表示,在传承弘扬汤显祖戏曲文化的历史进程中,梅兰芳先生对汤显祖艺术经典的倾情演绎,有力推动了中华优秀传统文化在世界范围内的广泛传播。2024 年,适逢梅兰芳先生诞辰 130 周年,我们以“中华文化经典与传承——汤显祖与梅兰芳”为主题开展学术研讨,向这位艺术大师致敬。

刘祯表示,汤显祖与梅兰芳在不同时代创造了中国戏曲艺术的永恒辉煌,并产生了广泛的世界影响,是中华优秀传统文化中的两个代表,也是我们“提炼”和“展示”出的“中华文明的精神标识和文化精髓”象征。

饶望京指出,汤显祖的文词和梅兰芳的表演,都是传统戏曲文化在新时代生生不息的最佳代表。此次研讨会以“中华文化经典与传承——汤显祖与梅兰芳”为主题,将地方文化特色与国际文化热点相结合,具有高度的契合性,堪称匠心独运。

9 月 27 日到 28 日,来自海内外及抚州本土的近 80 位学者、专家携带论文,围绕“梅兰芳及其表演艺术研究”“汤显祖及其作品研究”“汤显祖戏曲及其传播研究”三个副主题进行深入交流与研讨。

中国戏曲学会汤显祖研究分会会长周育德依托明代潘之恒《鸾啸小品》里收录的一篇《情痴》,对汤显祖名作《牡丹亭》演出进行了深入研究。

中国梅兰芳文化艺术研究会会长刘祯探讨了梅兰芳表演艺术体系的来源、形成与特征。

中国社会科学院文学研究所当代文学研究室研究员李建军深入分析了汤显祖与莎士比亚的伟大经验。

中国传媒大学教授施旭升从情与梦出发，阐释了《牡丹亭》意象世界的建构。他认为，《牡丹亭》绚丽多彩的意象世界的营构，乃缘情成梦、因梦成戏；其内在动力在“情”，其构造机理却在“梦”。

2024’汤显祖国际戏剧交流月以及汤显祖学术研讨会开幕之际，汤学专家周育德、郑培凯、叶长海、周锡山、陈均、苏子裕、吴凤雏、徐国华、黄振林等接受了记者的专访，就与汤学相关联的问题畅所欲言。

▲“汤显祖学术文化联盟”在抚州成立

2024年9月28日，汤显祖故里传出一条重磅消息：由国内15家涉及汤显祖文化研究、传播、推广的部门和单位联合发起，“汤显祖学术文化联盟”在抚州成立。

这一联盟的问世，旨在团结海内外相关汤学研究力量、戏曲传承院团、文化传播群体，集思广益，让汤学研究、经典传演、汤显祖文化更好地承担起助推文化和经济社会发展、扩大中华优秀传统文化影响的使命责任。

2023年10月13日，抚州市7家初始发起单位召开了第一次“汤学联盟”筹办工作会议。2024年9月27日至28日，中国艺术研究院戏曲研究所、中国社会科学院文学研究所、北京大学文化传承与创新研究院(抚州)、上海戏剧学院、上海昆剧团、南昌大学、东华理工大学、赣东学院、抚州职业技术学院、抚州市文化艺术发展中心、抚州汤显祖纪念馆、遂昌汤显祖纪念馆、徐闻博物馆、抚州文昌书院和抚州汤显祖国际研究中心等15家发起单位相聚抚州，共襄“汤显祖学术文化联盟”成立盛举。

与会者听取了“汤显祖学术文化联盟”筹办工作报告，审议通过了《汤显祖学术文化联盟章程》(草案)，选举出“汤学联盟”第一届常务理事会及组织机构人选。

“汤学联盟”成立大会上，选举产生了第一届常务理事会22名常务理事。大会选出了联盟主席王馗和执行主席吴凤雏，以及副主席饶望京、彭锋、李伟、谷好好、陈均、江马益、陈克胜、何建江、胡德勇、徐国华、陈伟铭。秘书长为陈伟铭(兼)；副秘书长为熊君玥、饶芳、邓文宗。并聘请周育德、叶长海为联盟名誉主席，郑培凯、周锡山、邹自振为联盟顾问。“汤学联盟”新任主席、中国艺术研究院戏曲研究所所长王馗教授发表了书面讲话，联盟执行主席、抚州汤显祖国际研究中心主任吴凤雏先生做了关于《汤显祖学术文化联盟》的筹办工作报告。

“汤学联盟”是学术研究、文化艺术交流的协作机制，各成员之间互不隶属，只是协作伙伴关系或全面合作关系。联盟设理事成员大会和常务理事会。日常工作设联盟秘书处，暂设在抚州汤显祖国际研究中心。

▲ 青春版《牡丹亭》在苏州保利大剧院落幕

“良辰美景奈何天，赏心乐事谁家院。”一曲雅韵，梦里江南。2024 年 10 月 27 日，青春版《牡丹亭》在苏州保利大剧院圆满落幕，为 20 年的演出暂时画下一个逗号。

当杜丽娘与柳梦梅的爱情故事跨越时空的藩篱，《青春版》牡丹亭将昆曲的古典美学，与 21 世纪的审美意识磨合接轨，创造了将“新”比心的经典传奇。它是一封给年轻观众和演员的情书，20 年，依旧唯美动人。

▲ 著名作家莫言到访抚州汤显祖纪念馆

2024 年 12 月 1 日，莫言与好友王振到访抚州市汤显祖纪念馆。

莫言，中国当代著名作家。20 世纪 80 年代中期以乡土作品崛起。2000 年，莫言的《红高粱》入选《亚洲周刊》评选的“20 世纪中文小说 100 强”。2005 年，莫言的《檀香刑》全票入围茅盾文学奖初选。2011 年莫言凭借作品《蛙》获得茅盾文学奖。2012 年莫言获得诺贝尔文学奖。

王振是知名书法家。他曾经在中国首任书法家协会主席舒同先生处工作多年，其间展纸调墨，耳濡目染，深受影响。先生逝世后，他牵头成立“舒同文化艺术研究会”。几十年来，他孜孜不倦地搜集先生的作品与资料，用心编撰年谱，成绩斐然。

莫言十分仰慕明代戏曲家、文学家汤显祖。他曾与王振前往英国参观莎士比亚故居，见此地建有纪念汤显祖代表作《牡丹亭》的牡丹亭，颇有感触。此次来抚州参观汤显祖纪念馆，他联想此前参观莎士比亚故居斯特拉斯福的经历，特意题字：“雕龙绣虎　汤祖莎翁　甲辰冬月　与王振兄参观临川汤显祖博物馆后，归京书之。莫言”并手书一副自撰联：三株圣诞树，两座牡丹亭。

言犹未尽，手书新诗云：

“世界文坛双子星，中西两座牡丹亭。我曾斗胆发宏愿，一梦更比一梦灵。”

诗后附录：“甲辰十一月，与王振同游临川，参观汤显祖博物馆，盘桓于馆外牡丹亭中，忆起去年在莎翁故里参观抚州市所建牡丹亭情景，顿感时空如梦，文学永恒，汤祖莎翁已逝四百余年，但他们的戏还在上演，而一切梦中之人何时能醒乎？甲辰冬月望日　齐叟　莫言”

▲ “汤显祖与梅兰芳——文化经典与传承”系列讲座全部完成

2024 年 12 月 25 日，北京大学图书馆南配楼艺术鉴赏厅，北京京剧院领衔主演、梅派第三代男旦传承人胡文阁主讲的《梅派艺术精神与经典传承》在热烈的掌声中结束。这标志着，“汤显祖与梅兰芳——文化经典与传承”系列讲座全部完成。

为纪念梅兰芳先生诞辰130周年、弘扬以汤显祖与梅兰芳为代表的中国戏曲文化，2024年，抚州汤显祖国际研究中心、中国梅兰芳文化艺术研究会、北京戏曲评论学会、北京大学文化传承与创新研究院（抚州）、北京大学昆曲传承与研究中心联合发起“汤显祖与梅兰芳——文化经典与传承”系列讲座。系列讲座与北京大学热门通选课程《经典昆曲欣赏》《戏曲与中国传统文化》深度融合，邀请国内外著名学者、京昆艺术家从不同角度对汤显祖、梅兰芳及其作品进行讲解，共同纪念汤显祖与梅兰芳这两位伟大的戏剧家。

“汤显祖与梅兰芳——文化经典与传承”系列讲座共分七讲。中国汤显祖研究学会会长周育德的“汤显祖与《牡丹亭》”；青春版《牡丹亭》主演俞玖林老师为大家分享青春版《牡丹亭》里柳梦梅的表演心得及昆曲小生的表演艺术；擅演《牡丹亭》且塑造了别具一格的杜丽娘舞台形象的国宝级艺术家张洵澎老师为大家解读《牡丹亭》里杜丽娘的表演艺术；抚州汤显祖国际研究中心主任吴凤雏先生的《晚年汤显祖的追寻与坚守》；中国梅兰芳文化艺术研究会会长，南昌大学特聘教授，中国傩戏学研究会名誉会长刘祯“梅兰芳与新中国”，北大副教授、北大昆曲传承与研究中心主任陈均的“情感与艺术——《牡丹亭》的三重制作”以及胡文阁主讲的《梅派艺术精神与经典传承》等讲座，均以主题鲜明、风格明快、语言生动、表演精彩，获得学子们的点赞无数。

▲ 周锡山先生美学成就研讨会在上海举行

2024年12月14日下午，周锡山先生美学成就研讨会在百年古建上海艺术研究中心隆重举行。

周锡山先生是上海艺术研究中心资深研究员、抚州汤显祖国际研究中心特约研究员。他的研究涉及文、史、哲、艺诸领域，贯通古今，横跨中外，体现了宏大的学术格局，学术影响力辐射至多个学科。他的美学研究从王国维与金圣叹研究出发，后以《西厢记》《牡丹亭》的注释汇评为标志，兼及《史记》研究、《红楼梦》研究、十大《流民皇帝》、十大《临朝太后》以及鲁迅、金庸等，其《汉匈战争全史》出入二十四史，描述了汉匈战争的整个历史画卷，更是一部不能忽视的奇书。迄今为止，周先生出版各类文史著作约40种，字数逾2 000万，成就卓著，影响甚广。有专家认为，他的美学研究特色是勤、诚、通、深、勇。

此次研讨会由上海市美学学会主办，上海艺术研究中心、豫园股份东方生活美学研究院、《文化艺术研究》杂志社共同协办。

▲ 吴凤雏向国家机关第六批赴赣挂职干部介绍临川文化

2024 年 12 月 20 日晚，抚州汤显祖国际研究中心主任吴凤雏先生应邀举办讲座，向赴抚州市开展专题调研活动的中央国家机关及有关单位第六批赴赣对口支援挂职干部介绍了临川文化的精髓，受到了听众的一致好评。

2024 年 12 月 18 日至 21 日，抚州市举办了中央国家机关及有关单位第六批赴赣对口支援挂职干部专题调研活动。参加这次专题调研活动的挂职干部共有 55 位。吴先生从何为临川文化、它的发展内在逻辑、临川文化发展的几个重要阶段、促使临川文化昌盛的几大影响因素、它的重要特质和代表人物等方面，对临川文化做了较为全面的介绍。深入浅出、生动有趣的介绍，引起了全场听众对临川文化的极大兴趣。

▲ 邹元江教授荣登"'中国知网高被引学者 TOP1%'榜单"

2024 年 12 月 31 日，从武汉大学哲学学院传出消息：近日，备受学术界瞩目的 2024 年中国知网高被引学者 TOP1%名单正式揭晓。汤研中心学术委员、武汉大学哲学学院邹元江教授凭借卓越的学术成就和广泛的影响力，成功入选该名单。

"2024 中国知网高被引学者"评选活动，以其权威的学术评价标准和科学的体系，再次吸引了学术界的广泛关注。该活动采用论文引证标准化指数(PCSI)作为评价指标，通过加权总 PCSI 衡量作者在近十年(2014—2023 年)的学术影响力。在约 335 万名符合条件的作者中，中国知网严格筛选出 PCSI TOP1%和 TOP5%两类高被引学者，其中 TOP1%学者 3 万人(基线值 31.016)，TOP5%学者 8.9 万人(基线值 10.297)。入选学者不仅总 PCSI 高于基线值，还需至少发表 5 篇符合条件论文，并包含至少 1 篇高影响力论文。

▲ 浙江文学院举办《汤显祖与莎士比亚》主题展

2024 年 12 月 27 日至 2025 年 3 月 23 日，浙江文学院(浙江文学馆)会同浙江大学中华译学馆、浙江大学外国语学院中世纪与文艺复兴研究中心、遂昌县汤显祖纪念馆，在浙江文学馆举办《汤显祖与莎士比亚》主题展。

汤显祖是中国明代杰出的戏曲家，以《牡丹亭》为代表的"临川四梦"闻名于世，被誉为"中国戏圣"。莎士比亚，英国文艺复兴时期的文学巨匠，他的《哈姆雷特》《罗密欧与朱丽叶》等不朽剧作，影响了无数的心灵。汤显祖与莎士比亚是东西方同时代的剧作家。

2024年正值莎士比亚诞辰460周年、莎剧翻译大师朱生豪逝世80周年。浙江文学院(浙江文学馆)会同浙江大学中华译学馆、浙江大学外国语学院中世纪与文艺复兴研究中心、遂昌县汤显祖纪念馆,举办本次纪念展览。

▲ 贵州省歌舞剧院立项打造舞剧《牡丹亭》

由贵州省歌舞剧院立项创作的舞剧《牡丹亭》计划于2025年10月在贵阳首演。

舞剧《牡丹亭》剧本成熟于2007年,由贵州省作家协会副主席郑欣创作,曾发表于同年《剧本》杂志,后被国内知名院团多次进行艺术实践和应用,取得了较高的艺术成就,为该剧的策划、创作奠定了坚实的基础。

贵州省歌舞剧院总经理、艺术总监王松雪介绍,决定立项创排舞剧《牡丹亭》,是对在国际上已经产生巨大影响力的传统文化大"IP"进行创造性转化和创新性发展,这一系列文艺作品的创作和推出,从区域少数民族题材,到更具传播性的国际视野的文艺产品,更将系统、持续地丰富贵州文艺供给,推动贵州文化、中华文化"走出去"。本剧导演由中国著名青年舞蹈家王亚彬担任。

▲ 抚州:盱河高腔·乡音版《紫钗记》剧目创作启动

2025年3月7日,抚州举办了盱河高腔·乡音版《紫钗记》创作座谈会,这标志着,盱河高腔·乡音版《紫钗记》的编排创作正式启动。

抚州先贤、明代戏剧大家汤显祖的"临川四梦"问世四百多年来,不但感动了一代又一代中国人,而且已经成为中华传统文化的一面旗帜。为了大力弘扬汤显祖文化,让这块抚州文化建设的金字招牌闪闪发亮,正在申报全国戏曲文化生态保护区的抚州着手开展盱河高腔·乡音版《紫钗记》的编排创作工作。

这次编排创作的主创团队中,除了抚州市文化艺术发展中心的众多本土戏剧家,更邀请到国内一流的戏剧创作大家:上海戏剧学院原院长、舞美系教授、博士生导师、中国著名舞美设计家韩生担任本剧的舞美设计,上海戏剧学院教授、著名编剧曹路生担任本剧改编,著名导演艺术家、上海越剧院国家一级导演童薇薇担任本剧导演,浙江省戏剧家协会会员、浙江省音乐家协会会员、金华市音乐家协会常务理事王加南担任本剧音乐设计,中国戏剧家协会会员、浙江省剧协主席团委员、中国舞美学会理事、浙江分会副会长、中国电影电视化妆技术委员会委员、一级舞美设计蓝玲担任本剧服装化妆设计。

抚州市对本次盱河高腔·乡音版《紫钗记》的编排创作高度重视。市委常委、宣传部部长廖晓勇在创作座谈会上认真听取了专家们的意见建议,并期待主创团队和相关单位牢固树立精品意识,全环节把控艺术水准;精益求精打磨剧本、表演、音乐、舞美等环节,将现代元素与传统艺术有机结合,与古为新,推动地方戏曲观众年轻化;树立传播意识,全方位宣传推介作品;搭建多元化宣传矩阵,精准定位受众,推动《紫钗记》"破圈""出圈",提升作品的影响力和传播度;树立人才意识,全过程培养青年后辈;通过参与剧目创作,以"传、帮、带"方式传承艺术精髓,提升专业素养,助力青年戏曲人才成长成才。

就如何将盱河高腔《紫钗记》打造成抚州的文化名片,抚州汤显祖国际研究中心研究员梁家田做了发言,并向主创团队转达了汤研中心的八项建议,得到了大家的赞同。

据悉,在做好各项准备后,盱河高腔《紫钗记》将于 2025 年 6 月开排,预计于第四季度上演。

▲ 徐闻:《临川四梦——汤显祖的人生与戏剧》展览

为纪念汤显祖诞辰 475 周年,3 月 12 日,由广东省博物馆(广州鲁迅纪念馆)、抚州市汤显祖纪念馆、江西大余县博物馆主办,广东省流动博物馆、徐闻县博物馆承办的《临川四梦——汤显祖的人生与戏剧》展览在徐闻县博物馆开幕。

本次展览持续至 5 月 13 日。展览内容丰富翔实,共分为《星耀文昌　才子蹭蹬》《浮沉宦海　名臣铿锵》《堂开玉茗　临川终老》《情铸四梦　传奇辉煌》《东方戏圣　汤学播扬》五个部分。通过丰富的展品、翔实的史料,全方位展示汤显祖的生平事迹、戏剧创作成就、文化影响力及其当代价值,引领观众深入了解汤显祖的一生,感受其在文学创作上的才华与魅力。

广东省博物馆(广州鲁迅纪念馆)党委专职副书记吴武林、江西大余县博物馆馆长黄敏、徐闻县副县长何华、徐闻县文化广电旅游体育局副局长黄晓等领导,以及当地文化界代表、师生代表共同见证了这一文化盛宴的开启。

▲ 日本著名学者田仲一成仙逝

抚州汤显祖国际研究中心《汤显祖学刊》编委会成员、日本著名汉学家、中国戏剧研究专家、东京大学东洋文化研究所名誉教授、日本学士院会员(院士)田仲一成于 2025 年 3 月 29 日逝世,享年 93 岁。

田仲一成教授,1932 年生于东京都。早年毕业于东京大学法学部(1955 年),却在鲁迅作品与中国新文学的感召下,毅然投身中国文学研究。战后日本社会对新中国的高度关注,成为他学术转向的重要契机。他师从工藤篁等学者,深入研读《白毛女》《李有才板话》等边区革命文学,怀揣"通过中国研究理解社会主义革命”的使命感，开启了毕生的学术探索。1962年修完东京大学中国文学博士课程后，他辗转北海道大学、熊本大学任教，1972年重返东京大学东洋文化研究所，1983年获文学博士学位，1993年荣休后获名誉教授称号。

作为东亚祭祀戏剧研究的奠基人，田仲一成以独树一帜的学术视角重构了中国戏剧史。他突破传统以宫廷、都市戏剧为中心的研究框架，提出中国戏剧起源于农村祭祀活动，并系统揭示其与宗族社会、地方信仰的深层关联。通过文献考据与田野调查的结合，他将中国戏剧置于与日本、西洋戏剧同源的祭祀传统中，颠覆了学界固有认知。其代表作《中国祭祀演劇研究》(1981)、《中国戏剧史》(1998)等著作，不仅开创了跨学科方法论——融合社会学与民俗学视角，聚焦戏剧的镇魂、祈福等社会功能，更推动了战后日本中国学的转型。他的研究虽引发“过度强调祭祀功能”的争议，却为中国非遗保护、东亚区域文化比较研究提供了重要范式。

田仲一成著作等身，晚年完成的《东アジア祭祀芸能比较论》(2023)进一步拓展学术视野，将中国戏剧与东亚祭祀传统进行系统性对比。其作品被北京大学、上海古籍出版社等机构译介，深刻影响了中国学界。他长期担任东洋文库图书部长，致力于东亚文献的整理与传播；曾任南京传媒学院客座教授，成为中日学术交流的桥梁。因其卓越贡献，他先后获日本学士院奖、恩赐奖、瑞宝重光章等殊荣，并于2000年入选日本学士院(The Japan Academy)会员(院士)，这一终身荣誉标志着其学术成就的至高认可。

先生毕生从事中国戏剧研究。在中国戏剧史、中国祭祀戏剧、中国地方戏研究等领域卓有建树，尤以祭祀与戏剧有关研究，成就最为突出。所著有《中国祭祀戏剧研究》《中国的宗族与戏剧》《中国乡村祭祀研究——地方剧的环境》《中国戏剧史》《明清的戏曲——江南宗族社会的表象》《中国地方戏曲研究——元明南戏在东南沿海地区的传播》《古典南戏研究》《明代江南戏曲研究》《中国演剧史论》《中国的秘密结社与演剧》等数十种。

田仲先生的学术研究，始终坚持文献实证与田野考察相结合，为此曾到中国大陆、香港、台湾和新加坡、马来西亚等地做中国戏剧田野调查120余次，留下大量珍贵的照片、视频、报告等研究资料，并公之于世，以便于学界使用。

田仲先生十分尊崇中国明代戏曲家、文学家汤显祖。2016年，世界各地隆重纪念汤显祖、莎士比亚、塞万提斯逝世400周年，抚州汤显祖国际研究中心应运而生。田仲先生欣然接受抚州汤显祖国际研究中心的诚邀，担任了中心所办学术刊物《汤显祖学刊》编委，为在世界范围弘扬汤显祖文化做出了杰出贡献。

编后记

2024年对于汤显祖研究而言是一个重要的年份。是年九月，汤显祖国际戏剧交流月在抚州举办。其间，中国(抚州)汤显祖学术研讨会也成功举行。这次会议还有一个重要的成果就是，成立了"汤显祖学术文化联盟"。这是海内外汤显祖研究的个人和机构进一步走向团结与联合，共同推进汤显祖学术文化繁荣与发展的标志性事件。

本辑合刊主要选自这次会议中产生的学术研究成果。会议收到五十多篇来稿，编辑部经过反复审读、讨论，最终确定发表其中的二十五篇，并根据内容的不同，分别安排在相应的栏目中。总的看来，所选文章的创新性是明显的。比如，"临川汤公"栏中，杨华林先生的文章将汤显祖的伴郎周孔教都挖出来进行研究，非常罕见；"文献文物"栏中，胡梓颖对前些年发现的《玉茗堂书经讲意》进行了研究，也是对这部新发现的颇为艰深的文献的初步探讨；"艺文哲思"栏中，邓俊对汤显祖的文人茶美学思想进行了研究，也是别开生面；"案头场上"栏中，周育德先生对潘之恒的名篇《情痴》再次精读、细读，有"温故而知新"之感；"影响传播"研究方面，青年学者的视野已经触及了《牡丹亭》在清宫中的演出状况和明清瓷绘中的传播样貌；等等。这里不能一一列举本辑所有篇目，但窥斑见豹，也能见到汤学研究在不同维度的深入展开。而本辑的"汤学学案"则隆重推出在汤学研究方面卓然成家的邹自振先生，让我们对这位学者颇不平凡的治学历程与学术经验有了深入的了解。关于"学术动态"，我们要感谢学者们对于汤学研究的不断梳理、总结，为后来学术的精进提供了基础。

在"汤显祖学术文化联盟"即将迎来成立一周年之际，我们热切地期待更多、更新的汤学研究成果的产生。再次感谢商务印书馆对本刊出版发行的支持,不得不说,本刊的装帧设计还是配得上“汤显祖”这三个金光闪闪的大字的。

《汤显祖学刊》编辑部

2025 年 7 月 18 日

稿约

一、本刊刊发有关汤显祖的研究性论文。

二、来稿一般以 20 000 字以内为宜。

三、来稿使用标准简体字,可以保留必须的繁体字、异体字与俗字。

四、来稿请用 A4 型纸单面打印,正文用小四号宋体字,行距为 1.5 倍;引文用小四号楷体,行距为 1.5 倍,左缩进两格。

五、来稿注释请采用当页脚注,注释当页连续编号,下页另起,均用阿拉伯数字加圆圈号表示(即①②……)。注释用小五号宋体字,行距为 1 倍。

六、关于注释格式。

注释书写格式:①作者(含编译者);②书名;③篇名、子目或卷次;④版本(含出版机构、出版年份);⑤页码(影印本出新编页码,线装书或影印无新编页码者出原书页面)。如:

《汉书》卷九九《王莽传》,中华书局,1962 年,第 4121 页。

张禄辑:《词林摘艳》卷一,影印明嘉靖四年刻本,《续修四库全书·集部》(1740),上海古籍出版社,2002 年,第 4 页。

李斗著,周光培点校:《扬州画舫录》卷五,江苏广陵古籍刻印社,1984 年,第 107 页。

李零:《中国方术正考》,中华书局,2006 年,第 52 页。

卡尔·古斯塔夫·荣格著,储昭华等译:《象征生活》,国际文化出版公司,2011 年,第 151 页。

如引用报刊,则格式为:①作者(含编译者);②篇名;③报刊名;

④刊物出版年份及期次、卷次或报刊出版日期(年、月、日)。如:

孙作云:《敦煌画中神怪画》,《考古》1960 年第 6 期。

范宁:《〈桃花扇〉作者孔尚任》,《光明日报》1951 年 11 月 10 日。

七、来稿请发电子版本,于文末注明作者工作单位(如××大学××系)、通讯地址、邮政编码、联系电话、电子邮箱。

八、来稿文责自负;本刊有权对文字来稿做文字修改。如不同意修改,请在稿件上注明。

九、联系方式:中国江西省抚州市竹山路规划展示馆三楼(1-7信箱)

抚州汤显祖国际研究中心《汤显祖学刊》编辑部

邮　　编:344000

电　　话:(86)794-8266279; 13767644276(李娟)

电子邮箱:3363664029@qq.com; jxfztxz@163.com

网　　站:www.fztxz.cn